中國古代地理總志叢刊

# 讀史方輿紀要

三

〔清〕顧祖禹撰
賀次君 施和金點校

中華書局

# 讀史方輿紀要卷二十二

## 南直四

淮安府，東至海岸二百三十里，南至揚州府三百二十里，西至鳳陽府泗州百九十里，北至山東莒州五百九十里，西北至山東沂州五百四十里，自府治至應天府五百里，至京師二千五百五十里。

禹貢揚州之域，春秋屬吴，戰國屬楚。秦屬九江郡，漢屬臨淮郡，後漢屬廣陵郡及下邳國，三國魏爲臨淮、廣陵二郡地，晉因之。東晉時建爲重鎮，義熙中分廣陵立山陽郡。劉宋因之，泰始中又僑立兗州。治淮陰縣。齊曰北兗州，亦爲重鎮。梁因之。太清中没於東魏，改置淮州，又分置淮陰郡。隋開皇初改置楚州，十二年移治山陽。大業初州廢，改屬江都郡。唐武德四年置東楚州，八年改爲楚州，天寶初曰淮陰郡，乾元初復故。五代時升爲順化軍。舊史：「後唐長興三年升楚州爲順化軍，授吴越錢元珣爲節度使，鎮明州。」時楚州屬於楊吴，蓋遥領也。宋亦曰楚州，亦曰山陽郡。建炎四年置楚、泗、承州及漣水軍鎮撫等使於此，尋廢。宋末改淮安州。元爲淮安路，屬河南行省。明初改爲淮安府，直隸京師。領州二，縣九。今仍曰淮安府。

府阻淮憑海，控制山東。春秋時夫差欲通中國，道出江、淮，即從事於此。及曹丕謀吴，舟師亦繇此而南也。其後南北有事，輒倚爲重鎮。東晉初，以祖約、劉隗相繼守此，荀羡曰：羡永和中鎮淮陰。「淮陰舊鎮，地形都要，水陸交通，易以觀釁，沃野有開殖之資，方舟有運漕之利。」是也。太元三年，苻秦入寇襄陽，其兖州刺史彭超曰：「願更遣重將攻淮南諸城，爲碁劫之勢，東西並運，丹陽不足平也。」堅從之，益發兵寇淮陰、盱眙。蓋淮陰去丹陽四百里而近，北對清、泗，則轉輸易通，南出江津，則風帆易達，繇淮入江，此其必争之道矣。梁沈約曰：「山陽北接清、泗，臨淮守險，有陽平石鼈，〔二〕田稻豐饒。」北魏高閭謂壽陽、盱眙、淮陰，爲淮南之本原，豈不信哉？唐李邕曰：「淮陰者，江、海通津，淮、楚之巨防也。」其後楊吴據有淮南，以山陽清口爲門户，遂能挫朱温之鋒。及山陽入於後周，而南唐之烽火近在江濱矣。宋人南遷，以江、淮立國，於是山陽之勢益重。吴表臣曰：「山陽控扼之地，失之則無以屏蔽淮東。」徐宗偃曰：「山陽南北必争之地也，我得之可以進取山東，敵若得之淮南不能以朝夕固矣。」陳敏曰：「楚州南北襟喉也。長淮二千餘里，河道通北方者凡五：曰潁，曰蔡，曰渦，曰汴，曰泗。而通南方以入江者，惟楚州運河一處。周世宗自北神堰鑿老鸛河，通戰艦入大江，唐之淮南不可復保，此前車也。是故韓世忠嘗保山陽以拒方張之寇，陳亮曰：「韓世忠頓兵八萬於山陽，如老熊之當道，而淮東得以安寢，此守淮之要法也。」劉錡議塞清口以阻逆亮之師，紹興三十一年，金亮南侵，劉錡鎮楚州，鑿敵舟沉清口，敵之舟師不能越也。會淮西喪敗，錡孤軍不能獨立，又病甚不能治軍，乃引而南，敵勢遂益張。及蒙古侵陵，叛臣劉整亦勸其從事於清口、桃源爲進取之計，豈非地利不可或忽乎？」元董搏霄曰：「淮安南北噤喉，江、浙衝要，其地一失，兩淮皆未易保。」今歲漕數百萬，咸取道於淮安，哽咽或生，則京師有立槁之慮，故特設重臣，置屯軍以經略之。然則南北安危所係，豈不以淮安哉？

山陽縣，附郭。漢臨淮郡射陽縣地，後漢屬廣陵郡，晉因之。義熙中置縣，爲山陽郡治，以境內有山陽津而名。宋、齊及梁因之，後魏亦爲山陽郡治。隋廢郡，尋爲楚州治，大業初屬江都郡。唐亦爲楚州治。宋因之。紹定初升山陽縣爲淮安軍，端平初又改爲淮安州，尋曰淮安縣。德祐元年，元人於馬羅寨立山陽新城以逼淮安。明年淮安陷，仍曰淮安縣。二年以淮安并入山陽。明因之。編户一百有二里。

淮安城，即山陽舊城也。沈約云：「義熙中始立山陽縣。」或曰城本東晉初所置，太和四年桓温伐燕敗還，收散卒屯於山陽，即此城矣。自義熙以後皆爲山陽郡治。宋元嘉二十八年，魏主燾南寇至瓜步，山陽太守蕭僧珍悉斂其民入城，蓄陂水令滿，須魏人至決以灌之。魏人還至山陽，不敢留而去。梁太清中没於東魏。陳大建五年吴明徹復取山陽，尋没於後周。自隋以後楚州皆治此。五代周顯德四年，周主攻楚州，克其月城是也。宋末始改山陽曰淮安，元省。志云：今郡有三城，曰舊城、新城、聯城。舊城相傳即義熙故址，南宋初復修築之，北使過此目爲銀鑄城是也。其北門曰閶門，南門樓曰宴花樓，西門曰望雲。城周十一里有奇。新城在舊城北一里北辰鎮，元所置山陽縣城也。張士誠改築，周七里有奇。洪武二年置大河衛於城内。舊城之北、新城之南有隙地，嘉靖三十九年築爲聯城，今亦謂之夾城，四門十二樓，爲垣凡七千丈有奇。

**淮陰城**，府西北四十里。秦縣。漢仍爲淮陰縣，韓信以楚王改封淮陰侯是也。尋屬臨淮郡。後漢屬下邳國。晉爲廣陵郡治。東晉時建爲重鎮。建興末祖逖渡江屯淮陰，起冶鑄兵，募兵而前。大興四年以劉隗爲青州刺史，鎮淮陰。永和五年，荀羨鎮淮陰，以地形都要，屯兵無地，乃營立城池。八年以荀顗監青州軍事，鎮淮陰。太元三年，苻秦將俱難等寇陷淮陰。既而謝玄等進攻，帥舟師乘潮而上，夜焚淮橋，秦人敗遁。淮橋，秦人作於淮上以渡兵者也。十年，謝玄鎮淮陰。明年以朱序代玄。義熙五年以南燕屢寇淮北，詔并州刺史劉道憐鎮淮陰。宋泰始三年，使行徐州事蕭道成鎮淮陰。五年，盡失淮北地，淮陰益爲重鎮，移兖州治焉。七年謂之北兖州。齊建元初魏人南侵，遣將拓跋嘉等分道出淮陰及廣陵。梁亦謂之北兖州，後又改置淮州及淮陰郡。太清三年没於東魏，亦曰淮州及淮陰郡，而改淮陰縣曰淮恩。〔二〕後齊因之。陳大建五年伐齊，淮陰降。九年没於後周，又改縣曰壽張，僑置東平郡治焉。隋開皇初復改郡曰淮陰。尋廢郡，以縣爲淮陰縣，屬楚州。大業初州廢，又併縣入山陽。唐乾封二年復析置淮陰縣，仍屬楚州。宋因之。紹興五年廢爲鎮，明年復故。三十一年金亮南侵，將自清口渡淮，劉錡次於淮陰，列兵運河岸以遏之，敵不敢進。嘉定七年移縣於八里莊，尋復舊治。元至元二十年并入山陽。

**新城**，在府西三十里。宋咸淳五年置新城縣爲控扼之處，屬楚州。元至元二十年省入山陽。今城東北有仁、義二壩，自城南引湖水東北抵壩口；城西北有禮、智、信三壩，亦引湖水西北抵壩口。每遇清江口淤塞，運船從東二壩入淮，官民商船經西三壩入淮，所謂淮安五壩也。永樂十三年陳瑄所置。

韓信城，府西十里。相傳韓信受封時所築。元至正十六年張士誠遣兵攻淮安，褚不華與劉甲拒守，甲別將兵守韓信城，與淮安城相犄角，寇不能陷。會甲奉檄別往擊賊，淮南孤危，遂爲士誠所破。又有韓王莊，在淮陰故城西北，信冢、宅皆在焉。○甘羅城，在淮陰故城北一里。相傳甘羅所築，故淮陰亦兼甘羅之稱。運道攷：「甘羅城東有天妃祠，祠東北爲天妃口，永樂初陳瑄置新莊閘於此，爲入淮之口。後移於三里溝，在甘羅城東南，謂之通濟閘。萬曆六年又移閘於甘羅城南，西接淮口，即今之運道。」

倉城，在府城東南。寰宇記：「山陽東南有故倉城，與郡城相接。」隋文帝將伐陳，因舊城修築，儲積餘百萬石，大業末恒有陳穀，亂後荒廢。志云：今府東南六十里有倉城。○拓塘城，在府西南四十里。有三城，約圍一里許，水經其西，相傳煬帝幸江都聚糧處也。又有劉王城在府東南十里運河西岸，相傳吴王濞所築。又有西遼城，在府治東二里。相傳唐太宗征遼時徵兵屯此，因名。

鉢池山，府西北四十里，以形似名。岡阜盤旋凡三四里，今堤此以禦河患。又有金牛洞，在府西北十里。五代周世宗嘗宿兵於此。

淮水，在城北五里。自泗州龜山北麓東流，稍折而北，至清河縣南，黄河來會焉，又東北流至城北，復東流九十里，經安東縣城南，又東北流入海。天下之大川莫過於河，而淮又與之合，兩瀆同流，奔騰盤曲，郡適當其衝，故水患常多，而形勝亦萃焉。今詳見大川河、淮及川瀆異同。

清江浦，在府城西。自城外達於淮，凡六十里。舊爲沙河，一名烏沙河。宋志：「楚州北有山陽灣，淮流迅急，每致沉溺。雍熙中漕臣劉蟠議開沙河避淮水之險，喬維岳繼之，自楚州至淮陰開導凡六十里，舟行便利。其後淤塞。」明永樂中平江伯陳瑄修治運河，故老言：「城西管家湖西北至鴨陳口僅二十里，與清河口相值，宜鑿爲渠，引湖水入淮，以便漕運。」瑄從之。乃鑿清江浦，引水繇管家湖入鴨陳口達淮。繇管家湖築堤亘十里以便引舟。其入淮之處設河口壩新莊閘，以時啓閉。自新莊閘而東，因其高卑遞爲福興、清江、移風等閘，至府南淮陰驛而合於瀆河。復慮北河漲溢南侵漕河，於是隄北河南岸長四十里以防之。又慮南河漲溢北侵漕河，於是築漕河南高家堰一帶長二十六里以防之。漕河只許糧船及進奉船入口，五百一放，旋過旋塞，設官監督。其大小官民船艦，悉繇五壩車盤以達外河，無敢闌入者，於是運道通行無阻。後稍廢弛，至隆慶四年淮決高家堰，清口淤塞，糧道艱阻。五年漕臣王宗沐於府西南築高家堰隄，北自武家墩經大、小澗至阜寧湖，計三十餘里，以捍淮之東侵；又於府之北境堤新城，起清江浦經鉢池山至柳浦灣，凡六十餘里，以捍河之南溢。萬曆五年漕臣吳桂芳等修新莊等閘，增築清江浦南堤以禦湖水，加北岸以禦黃、淮，又創板閘漕堤，南連舊堤，北接新堤。六年河臣潘季馴復經理之，而運河復爲安流。浦旁有倉，以備積儲，爲轉輸之利，即今常盈倉也。

山陽瀆，在府城東。古邗溝也。其入淮處謂之末口。春秋哀九年：「吳城邗溝通江、淮。」杜氏曰：「於邗江築城穿溝，東北通射陽湖，西北至末口入淮以通糧道。」是也。國語：「夫差使王孫苟告勞於周曰：『余沿江泝淮，闕溝深水，出於商、魯之間。』」吳越春秋「吳將伐齊，自廣陵闕江通淮」，即此瀆矣。歷秦、漢至南北朝，道出江、淮必繇此瀆。隋開皇九年將伐陳，於揚州開山陽瀆以通漕。大業元年以邗溝水道屈曲，發民濬治，自山陽至揚子入江，渠廣四十步。舊自府城東南郭又西北流至城北達於淮，唐、宋以來運道皆繇此。明永樂初創開新河，繇郡西徑達於淮。自府南六十里平河橋南抵瓜、儀，則瀆河舊道也。今皆隄湖鑿渠，置閘設洞，以時啓閉，使旱潦相準，爲轉輸之利。亦謂之濁水，亦謂之内河。

**老鸛河**，在城西七十里。五代周顯德四年略唐淮南，欲引戰艦自淮入江，阻北神堰不得度，因鑿楚州西北鸛水以通其道，旬日而成，巨艦數百艘皆達於大江，蓋繇鸛河出山陽瀆以入江也。或謂之灌口。隋大業中築汴堤自大梁至灌口，即此。

**故城河**，在府東南五十里。本名壽河。唐景福初朱全忠將劉瓚據楚州，感化節度使時溥自楚州而南，楊行密將張訓敗之壽河，遂取楚州是也。河東入射陽湖，西南連黃浦，明弘治間嘗濬之以達鹽城、高郵、寶應、興化諸處。

**永濟河**，在府南十里。一名新河。萬曆六年以清江浦淺阻，開此濟運，長六十五里，設三閘，東接運瀆口。一曰窑灣閘，又西曰永清閘，又西曰龍江閘，以接於淮。行運一年，議者以妨於部稅，旋閉。二十四年，河臣楊一魁以淮水泛溢，乃分引淮流繇永濟河達涇河，下射陽湖入海。既而復塞。天啓三年以淮河正流淤淺，乃濬新河以通回空等船，而大挑正河。明年工畢，運船仍繇正河，新河復壩塞之。今涸。常居敬云：「新河北去清江浦十里，內有管家湖、徐家湖二澤瀦水，宜時濬之，以防正河之匱乏。」

**涇河**，府南五十里。亦入寶應縣界，分引漕河漲溢，東流注於射陽湖。又澗河，在府東南五十里。舊爲鹽城運道，府東境小水多會於此，下流入射陽湖。○范家河，在府城東。萬歷十四年，河決范家口。今有石堤防衛。又草灣河，在府西二十里淮河北岸，南對清江浦。嘉靖三十二年淮河旁決於此，分流成河。萬歷四年河臣吴桂芳復開濬之。後通塞不時。十七年河復繇此分流，凡六十里至安東赤宴廟仍歸正河。

射陽湖，府東南七十里。亦曰射陂，一名博支河。闊三十丈，長三百里，與鹽城、寶應縣分界。漢武帝子廣陵王胥有罪，其相勝之奏奪王射陂是也。唐大曆三年嘗置官屯於此，尋廢。今府境東南諸水皆匯於湖中，復灌輸於淮以入海。而潮沙溢入，淺淤且過半矣。

管家湖，在府城西望雲門外。宋嘉定間郡守應純之言：「本州向西一帶，湖蕩相連，可以設險。合别開新河一道，與運河接，取土填壘捍岸，則舊運河與湖通連，水面深闊，形勢益便。」遂開河於湖北，築壘湖岸以限湖水，自馬家灣西至陳文莊，於是管家湖與老鸛河相接，楚州西北，宛然巨浸，且練習舟師，爲戰守計，敵不敢犯。一名西湖，其接老鸛河處亦謂之新路。○阜寧湖，在府西南五十里，在高家堰之南。又西接洪澤湖，淮水盛漲，往往挾湖水爲患，堤防常切焉。

洪澤屯，在府東。唐志：「上元中於射陽湖置洪澤屯，厥田沃壤，大獲其利。」又有洪澤閘，宋隆興中魏勝守海州，調發兵糧，繇運河至洪澤出閘入淮是也。○白水塘，在府西南九十里。魏鄧艾修此灌田，置屯四十九處，與盱眙破釜塘相連。今詳揚州府寶應縣。

柳浦灣，府東北四十里。萬曆初河臣潘季馴築堤防河處也。河防攷：「柳浦東有高嶺巡司，亦河濱要口。季馴自柳浦接築長堤至此，凡四十里。」

**馬邏港**，在府東北九十里。繇此陸路走廟灣。明初徐達攻淮安，敗張士誠援兵於此，遂拔淮安城。今有巡司戍此。唐順之曰：「自馬邏陸路至廟灣，兵勢迂而饋餉亦艱。」是也。又蘆浦港，在府東北百十里，東南入射陽湖。○建義港，在府東北八十里。東南流合通濟溝入射陽湖，又北注於淮。志云：通濟溝在府東北六十里，東經馬邏港而入射陽湖，西自橫溝入於淮。○高良澗，在府西南九十里。志云：繇清河澗沙埠橋西入淮。萬歷二十一年淮水決入此。

**海**，府東二百里。有大海口，爲淮河入海處。其南爲廟灣，廟灣之西爲劉莊，又西南爲鹽城縣之姚家場，皆沿海大鎮也。大海口東南有蛤蜊、麻線二港，爲窺伺之徑道。宋末李全作亂據楚州，遣海舟出海口，繇蘇州洋入平江、嘉興以習海道。明嘉靖中倭亂，廟灣、劉莊受害尤劇云。

**北神堰**，在府城北五里。古末口也，吳王夫差溝通江、淮之處。後人於此立堰，以淮水低溝水高，防其洩也。舟行度堰始入淮，亦號爲平水堰。五代周顯德五年，自將兵攻楚州，欲引戰艦自淮入江，盡略淮南地，而齊雲艦大，阻北神堰不得度。謀鑿鸛水以通其道，遣使行視，還言地形不便。周主自往規畫，發民夫濬之，旬日而成，巨艦數百艘皆達於江，唐人大驚以爲神。宋天聖四年易爲水堰，今新河導而北神堰遂廢。

**高家堰**，府西南四十里。漢陳登築堰防淮，此其故址也。明永樂初陳瑄始爲築治。隆慶四年淮水決於此，王宗沐復修葺之。萬曆三年又爲淮水決壞，六年潘季馴更爲修築，堤長六十里。河防攷：「高家堰西有阜陵、洪澤諸湖，隆慶中淮水挾湖水決於此，合揚州寶應縣之白馬、氾光諸湖，又決黄浦、八淺，山陽、高、寶、興、鹽諸境悉爲巨浸。淮既東，黄河亦躡其後，西灌鳳、泗，而清口堙塞，淮、黄交病矣。萬曆中更爲修築，堰南有越城周家橋，地勢稍亢，因築減水壩，淮水漲則溢入白馬湖，消則仍爲陸地，而後運道無阻。蓋高堰者，黄、淮兩河之關鍵也。

**常豐堰**，在府東南。唐大曆中黜陟使李承置以禦海潮，溉屯田瘠鹵，收常十倍他税。又棠梨涇，志云：在淮陰西九十里。唐長慶初所開。

**通濟閘**，在淮陰故城南，即濁水入淮處。永樂中陳瑄於天妃寺東北通河之口置新莊閘，爲運道咽喉之地。自新莊以至板閘，或爲四閘，或爲五閘，以時增減，達於城南。弘治七年河灌新莊，閘口至清江浦三十餘里淤淺不通，詔有司修濬。嘉靖末廢新莊閘，改置通濟閘於三里溝。隆慶中河臣萬恭復開天妃口閘以濟運。既而復閉天妃口，谿通濟閘。六年河臣潘季馴奏遷通濟閘於甘羅城南，今因之。

**廟灣鎮**，府東北百八十里，爲濱海衝要處。亦曰廟灣場，嘉靖中倭寇往往闌入於此。志云：府東北九十里爲馬邏鎮，有馬邏巡司戍守。百六十里爲北沙鎮。又二十里即廟灣，有廟灣巡司。○劉莊，在府東南百五十里。嘉靖二十八年倭據廟灣，東侵淮安，官兵敗之於姚家蕩，又敗之於劉莊。賊復遁入廟灣，尋敗走。官軍追至蝦子港，賊乘舟開洋遁去。

**南昌亭**，在府西三十里。秦置亭於此，韓信寄食南昌亭長是也。又歐陽戍，亦在淮陰舊縣界，南北朝時戍守於此。宋泰始中吴喜使蕭道成屯軍歐陽，即此。○羊砦，在府東北二百二十里，有巡司戍守。其西爲戴百户營，亦海口列戍處也。

周家橋。府西南九十餘里。北去高堰五十里，又南爲翟家壩。淮水東溢，往往從此奔衝，爲高、寶一帶之患，隄防至切。又平河橋，在府西南四十里。南至寶應縣六十里，爲往來通衢。○西義橋，在新城西門外。舊名西鐵橋，爲行旅輳集之所。又東義橋，在新城東門外。河防攷：「清河而下，黄、淮交流注海，越二十里一大折於淮郡之西橋，又五十里一大折於徐家壩，湍激之勢，不可無備。」○志云：府城望雲門外有淮陰驛。又崇河、滿浦二驛，今革。

清河縣，府西五十里。西南至泗州百五十里，南至泗州天長縣二百十里。漢淮陰縣地，唐爲臨淮縣地。乾符中高駢置淮寧軍於淮口，即此。宋爲泗州清河口地，紹興初屯重兵於此，咸淳末始置清河軍及縣。元至元十五年廢軍，以縣屬淮安路。縣無城。今編户三十六里。

吴城，縣西二十里。大清河之涯有東西三城，宋南渡後嘗置縣於此。會要云：「紹興五年罷楚州吴城縣爲吴城鎮。」是也。又有清河舊城，志云：縣初治大清口，元泰定中黄河决溢，遷於甘羅城，大曆初以地僻水灾，民居稀少，遷於小清河口之西北，即今治也，東去淮陰城十里。

黄河，在縣西。自桃源縣流入境，至縣治西南清河口而入淮。自是河、淮合一，沂、泗諸流，盡失其舊。○淮河，在縣治南。自泗州流入境，至小清河口，黄河流合焉。自此以東淮皆變爲河，而客大主小，决溢不能免矣。

清河，在縣治西，即泗水下流也。自山東泗水縣流經徐、邳之境，過桃源縣北，又東至縣西北三十里之三汊口分爲大小二清河，大河谿縣治東北入淮，小河谿縣治西南入淮，即古清口也，今爲河、淮交會之口。詳見大川。

洪澤湖，在縣南六十里。湖長八十里。與泗州盱眙縣相接。又北萍湖，在縣南九十里，與淮水通流。〇三角湖，在縣西北八里。四圍高阜，水瀦其中，雨潦漲溢，則注於大清河。志云：縣境湖澤相連，大小以數十計，其下流皆達於河、淮，縣蓋鍾水之區矣。又雙溝，在縣西南三十里。出泗州迮家灣，通流入淮。

魚溝鎮，縣北四十里。又北二十里舊爲金城驛，亦曰金城鄉，往來孔道也。又有浪石鎮，在縣東北二十里。萬歷十四年，議者欲自桃源縣界三汊鎮濬老黄河，經魚溝、浪石又東至瓦子灘、顔家河仍合安東縣赤宴廟之正河是也。

洪澤鎮。亦曰洪澤驛，在河北岸。唐咸通九年龐勛據彭城，其黨吴迥攻泗州甚急，勅使郭厚本將淮南兵救之，至洪澤不敢進。辛讜從泗州出求救，因邀五百人至淮南岸度淮擊賊，走之。明設洪澤巡司於此。〇馬頭鎮，在縣東七里。其下爲馬頭渡，有巡司戍守，亦淮濆要地。

鹽城縣，府東南二百三十里。西南至高郵州二百四十里，北至安東縣二百里。漢鹽瀆縣，屬臨淮郡，後漢屬廣陵郡，三國時廢。晉復置，仍屬廣陵郡，義熙中改曰鹽城縣。劉宋屬山陽郡，齊、梁因之。高齊置射陽郡，陳改曰鹽城郡，後周因之。隋初郡廢，仍曰鹽城縣，屬楚州，大業初改屬江都郡。唐仍屬楚州，南唐屬泰州。宋復屬楚州，紹興初屬漣水軍，尋復舊。元屬淮安路。今城周七里。編户九十三里。

射陽城，縣西九十里。漢縣，屬臨淮郡，高祖封項伯爲侯邑。功臣表「漢六年封劉纏爲射陽侯」，即項伯也。後漢屬廣陵郡。陳登爲廣陵太守，治射陽。三國時廢。晉復置，仍屬廣陵郡。劉宋僑置於江南，屬臨淮郡，而故射陽縣遂廢。齊、梁因之。隋末韋徹據鹽城，置射州於故射陽縣，又分置新安、安樂縣。唐廢射州，省三縣俱入鹽城。戴延之西征記曰：「吴王濞反於廣陵，射陽侯率衆至山陽拒之。」縣有山陽津，晉因以名郡。○巢城，在縣北百二十里。相傳黄巢將寇廣陵，屯兵於此，因築是城。

沙岡，在縣西北。南抵縣西十八里之岡門鎮，東北距海，延袤五六十里。

海，在縣東。自海浦東北出洋凡五十里，相傳元時漕運繇此港出海以達直沽。有隄在東門外二里，謂之捍海堰。唐大曆中李承爲淮南節度判官，謂海潮漫爲鹽鹵，良田必廢，因自縣東北接山陽縣南抵通、泰海門，築堤障岸，綿亘數百里。宋天聖初張綸刺泰州，留意修復。時范仲淹監西溪鹽倉，力贊之。議移堤勢稍西，壘石以固其外，迤邐如坡，不與水争，雖洪濤不能衝擊。五年堤成，長一百四十三里有奇，俗謂之塘潮岸。淳熙八年，淮東提舉趙伯昌言：「捍海堰遮護民田，屏蔽鹽竈，其功甚大。今日就頽圮，每風潮泛溢，輒渰没田廬，毁壞亭竈，自宣和、紹興以來屢被其害。望勑有司隨時修葺，務令堅久。」從之。亦謂之范公堤。於是濱海沮洳瀉鹵之地復爲良田，民得奠居。元詹士龍爲興化宰，復加修葺，民被其利。明景泰三年重修。嘉靖中倭賊從山陽入海口闌入縣境，官軍據岸遏之，賊不能前，蓋不特田疇攸賴，而亦守禦所資也。

射陽湖，縣西北百四十里。明萬歷中興化令歐陽東鳳議以射陽淤塞，欲於湖旁二十餘里開神臺河，迤北繇葫蘆港，迤西出朦朧、喻口直走廟灣入海，不果。今與山陽、寶應縣接界。○大蹤湖，在縣西南百里。南北徑三十里，東西廣十五里，與興化分湖爲界。南接魚鯨湖，北達射陽湖。又馬鞍湖，在縣西三十里。環三十里。下流亦北入於射陽湖。

蘆溝河，在縣西北六十里。志云：縣西五十里有東塘河，又西曰西塘河，俱自大蹤湖分流，至此合爲蘆溝河，又西北二十里合於張岐塘，塘袤三十里，又北經縣西北百里之侍其汊而合馬鞍湖之水，又西北達於射陽湖。

運河，在縣西南七十里。志云：通、泰以北諸水，經縣西南八十里爲東、西界河，與興化縣中流分界，西入大蹤湖，自界河分流北出爲舊運河。又有新運河在縣東南五十里，流經縣東南三十里伍祐鹽場西北合於舊運河，又西北注於東塘河。又有官河亦自大蹤湖引流而北，至縣西五十里注東塘河，謂之鹽河。

廣惠磋，縣東三里。舊名白波湫。運河水漲則自此決泄入海以殺水勢，夏秋海潮浩大亦繇此衝入侵田。宋淳熙六年攝縣事教授劉煒始用磚石甃砌，名曰廣惠。明萬曆四年河臣王宗沐修鹽城石磋海口以疏運河漲水入海之路，即此。邑志：廣惠磋，宋紹興五年重修，洪武二十九年復建。

鹽城監，在縣南。古鹽亭也，歷代海岸煎鹽之所。南唐置監，管鹽亭百二十三。寰宇記：「南唐立鹽城鎮，周平江淮，因之不改，管鹽場九所：曰伍祐，曰紫莊，曰南八遊，曰北八遊，曰丁溪，曰竹子，曰新興，曰七惠，曰四安，俱在縣南北三五十里之間。」邑志：縣人以煎鹽爲業，不耕種而富饒，公私商運，舳艫千計，此吴濞所以富國强兵，而抗衡漢室也。今府境之鹽場凡十，而在鹽城者四：曰白駒，曰劉莊，曰伍祐，曰新興；在山陽者一：曰廟灣；在海州者三：曰板浦，曰莞瀆，曰臨洪；在安東者凡二：曰興莊團，曰徐浦瀆；皆民生所賴，而國用所資也。

喻口鎮，縣西北百二十里。有喻口渡，淮河津要也。宋紹定三年，叛賊李全據楚州，襲陷鹽城，誘射陽湖人造浮橋於喻口，以便鹽城往來。明設喻口鎮巡司。嘉靖中倭屯廟灣，唐順之謂：「若從寶應拖船過壩，自清溝、喻口水路進攻，路徑而餉易。」是也。清溝鎮，今在縣西百四十里，有清溝渡。縣西北四十里又有清溝巡司，舊名崖溝。

**朦朧鎮**。縣北百八十里。志云：廣洋、射陽諸湖下流，昔時俱經朦朧、喻口出廟灣入海。又伍祐鎮在縣東南三十里，新興鎮在縣北十八里，即伍祐、新興二鹽場也。又沙溝鎮在縣西百四十里，又縣西七十里有大岡鎮，又西十里爲唐橋鎮，皆商民輳集之所。○姚家蕩，在縣西北。商賈輳集，爲濱海大鎮。

**安東縣**，府東北九十里。北至海州二百八十里，西至桃源縣百六十里。漢淮浦縣地，屬臨淮郡，後漢屬下邳郡，晉屬廣陵郡，後省。齊建元年始移東海郡治漣口縣，仍僑置襄賁縣於此。東魏曰海安郡。隋初廢郡，改縣曰漣水，屬海州。唐武德四年置漣州，貞觀初州廢，縣屬泗州。總章初改屬楚州，咸亨五年仍屬泗州。宋太平興國五年置漣水軍，熙寧五年改爲縣，隸楚州。元祐初復爲軍，紹興五年廢爲縣。三十二年復爲軍，旋没於金。紹定初歸宋，改爲縣，屬寶應州。端平初又爲漣水軍，景定初改安東州，治漣水縣。元省縣，以州屬淮安路。明初改州爲縣。縣無城。編户四里。

**金城**，縣東北三十里。唐武德四年分漣水縣置金城縣，貞觀初省。今爲金城鎮。志云：縣治東有三城，曰大城，曰東城，二城相連，夾城有濠，謂之市河；又有西城，與大城稍遠百餘步，亦有濠；俱宋嘉熙中知州蕭均所築。今廢。

城邑攷：「縣北十五里有營城，元末董搏霄駐兵於此。」

**淮水**，在縣治南。自山陽縣流入境。縣西南三里有金剛嘴，突出淮岸，當波流衝激處，因砌築之以殺水勢，遂爲西城捍蔽。過縣南東流五十里，折旋入海。海北有雲梯關，亦曰雲梯海口。志云：縣東十五里有淮堤，即范公堤也。

**漣水**，縣西北三里。即沭陽縣之沭水分流也。在沭陽者曰南漣，在縣境者曰北漣，又有西漣、中漣、東漣之名。中漣闊八十丈，北通官河，南通市河。其上流曰西漣，下流曰東漣，皆闊三十餘丈，自城東入淮，謂之漣口。漢志：「淮浦縣有游水，北入海。」水經注「淮水自淮陰又東至淮浦縣，枝分爲游水，北至朐縣與沭水合」，蓋即漣水矣。蕭齊建元四年，魏人南侵，分遣元泰等一軍出漣口。杜佑曰：「漣水縣有漣口渡。」今黄河南注，漣水入於黄河。萬歷三十六年水漲，徙去民居，作壩相隔，漣水雖仍入河，離縣東漣口已十五里，謂之塹上。

官河，縣北三十里。一名漕河。唐會要：垂拱四年開泗州漣水縣新漕渠以通海、沂、密等州，南入於淮。」宋元符初，工部言：「淮南開修楚州支家河，導漣水與淮通。」賜名通漣河，即此河也。今自西漣南通中漣，至縣東北百里接過鑾等河，南入淮，北通海州諸鹽場，爲商旅輳集之道。○一帆河，在縣東北五十里。南接東漣，北通海。縣東北過鑾、白陽等河凡十餘道，皆西接官河，東入一帆河以達於海。

支家河，在縣西十五里。其上流爲縣西七十里之古寨河，經縣西北十五里爲成子河，又南爲支家河，南入於淮。志云：支家河西有古月城，去縣二十五里。又大義河，在縣西北五十里。又西北二十里爲小義河，自沭陽縣桑墟湖導河東流，達於漣水。

碩項湖，縣西北百二十里。湖東西四十里，南北八十里，與海州、沭陽、贛榆接境。亦曰太湖，又謂之石濩湖，一名碩灌湖。其西接桑墟湖，爲漣水之上源。○傅湖，在縣東北八十里。袤十里，廣六里。又龍潭，在縣治東南。南臨長淮，爲堰以瀦水。本名澳河，城中市河流入焉。

海，在縣東北百餘里。縣境之水皆匯於此。志云：縣東迤北有五港、灌口諸處，向爲黄河委流達海之道，迂曲周迴，幾二百餘里，深闊不及正流十分之一。

白頭關，縣東北百里。輿程記：「繇縣東北三十里至金城鎮，又四十里爲對江口，又三十里爲白頭關，繇陸路趣海州之道也。」○雲梯關，在縣東北。輿程記：「自縣東水道抵雲梯關，凡二百四十里，與海州接界。」今詳見海州。又老鸛亭，在金城鎮東北六十里。自縣境趣山東登、萊之道也。

長樂鎮。在縣東北百里，有巡司戍守。又魚場口鎮，在縣東北百三十里。又有壩上巡司，在縣治東南。即漣水壩也，爲淮濱之津要。

桃源縣，府西北百二十里。西北至宿遷縣九十里，南至泗州百九十里。本宿遷縣之桃園鎮，金興定初置淮濱縣，屬泗州，尋廢。元復置桃園縣，屬淮安路。後訛「園」爲「源」。今土城周三里。編户四十三里。

古城，縣西北六十里。志云：晉石崇鎮下邳時築此城。今爲古城驛，嘉靖四十五年改巡司。又靈城，在縣北二十里。相傳楚靈王所築。城南二里有章華臺故址云。

馬廠坡，在縣東黄河南岸。明隆慶四年，大河決於此，萬曆中因堈築堤以防潰決。河防攷：「馬廠坡地勢平漫，黄水漲則從此入淮而淮淤，淮水漲則從此分入河而清口溺，築横堤於此，所以障黄、淮之浸淫也。」

黄河，在縣城北。其西北三十里曰崔鎮口，有崔鎮渡，河嘗決於此。崔鎮而東二十里曰徐昇口，又東二十里曰季泰口，又東二十里即三汊鎮口，東至清河縣三十里。萬歷六年河臣潘季馴築滚水石壩於崔鎮一帶以防大河之潰溢，皆在河北岸。

崇河，縣北四十里。上有崇河橋。相傳晉石崇嘗立倉於此，因開河以通舟楫，西自宿遷縣界接倉基諸湖之水，東入沭陽縣界，下流注於漣水。

杜村湖，縣東南三十里，又五里爲大莊湖，黄河餘流所匯也。水漲則南通淮河。

白洋河鎮。縣西六十里。有白洋河渡，與宿遷縣接界。又縣北八十里有赤鯉湖鎮。○三汊鎮，在縣東三十里。與清河縣接界，有三汊巡司。又縣東十里有張泗衝鎮。○桃源驛，在縣北四十里。與崇河橋相近，陸道所必經也。

沭陽縣，府北百七十里。西南至桃源縣百二十里，東北至海州百六十里，西北至山東郯城縣百六十里。漢東海郡厚丘縣地，劉宋於此置潼縣，屬北下邳郡，齊屬北東海郡。梁置潼陽郡，東魏改爲沭陽郡，兼置懷文縣。後周改縣曰沭陽。隋初郡廢，縣屬海州。唐因之，總章初改屬泗州，後復屬海州。宋因之，南渡後没於金，尋復得之，仍屬海州。明改今屬。今土城周四里。編户六十七里。

潼縣城，縣南六里。劉宋置縣治此。又有下城廢縣，在縣南三里。魏收志：「魏武定七年置下城縣，屬沭陽郡。」是也。高齊仍屬沭陽郡。陳大建五年吴明徹等伐齊至淮南，齊沭陽郡守棄城走，遂省下城入懷文。後周又改懷文曰沭陽縣，隋、唐因之。五代周廣順二年，慕容彦超以兖州叛歸南唐，唐援軍至下邳，周遣軍拒之，唐兵退屯沭陽，徐州將張令彬進擊，大敗唐兵，即今縣也。俗名潼縣城曰舊縣城，嘗置潼陽驛，今革。

厚丘城，縣北四十六里。漢縣，屬東海郡，晉因之，劉宋省，後魏置戍守於此。齊建武二年魏人攻義陽，詔青、冀二州出軍攻魏以分兵勢。軍主桑係祖攻魏建陵、驛馬、厚丘三城，皆拔之，因仍置厚丘縣，屬北東海郡。魏廢。唐武德四年復置厚丘縣，屬海州，八年省入沭陽縣。驛馬城，或曰在厚丘北，亦魏置戍處。

建陵城，在縣西北。古郯國地，亦曰中城，後屬魯。左傳成九年：「城中城。」杜預曰：「厚丘縣西南有中城。」是也。漢置建陵縣於此，屬東海郡，景帝時封衛綰爲侯邑，又宣帝封魯孝王子遂於此。後漢縣省。或謂之不其城，晉、宋間往往置戍於此。後魏復置建陵縣，縣有建陵山，郯郡治焉。齊建武二年拔魏建陵城，又梁普通五年裴邃等攻魏克建陵城是也。後周廢。

陰平城，縣西北四十里。漢縣，屬東海郡，成帝封楚孝王子回爲侯邑。後漢仍屬東海郡，晉武帝嘗封魯芝於此，其縣旋廢。章懷太子賢曰：「故城在承縣西南。」蓋其地與山東嶧縣接境。○平曲城，在縣東北。漢縣，屬東海郡，宣帝封廣陵厲王子曾爲侯邑。後漢省。

建陵山，縣西北百里。與山東郯城縣接境。山南北長而東西狹，上多陵阜，漢因以名縣。又有荻丘山，在縣西八十里。○韓山，在縣東北五十里。相傳韓信爲楚王時曾講武於此，因名。

沭水，在縣治東南。水經注：「沭水出琅邪東莞縣西北大弁山。」是也。今自山東沂水縣流經莒州入沂州界，又東南經郯城縣合馬脊固諸澗水，流至縣境，又東入於桑墟湖。志云：沭水至縣分爲五道，一入漣水，一入桑墟湖，三入太湖。太湖即碩項湖也。蕭梁時土人張高等於縣北鑿河，引水溉田二百餘頃，俗呼紅花水。又宋沈括爲沭陽簿，疏沭水爲百渠九堰，得上田七千頃。

碩項湖，縣東八十里。亦曰太湖，與安東縣接境，東南各有小河下達於淮。又桑墟湖，在碩項湖西北，入海州境內。

曲沭戍，在縣西北。水經注：「沭水過建陵縣故城東，又南經建陵山西，魏立大堰遏水西流，兩瀆之會置城防之，曰曲沭戍。」梁普通五年裴邃等克魏建陵城，又克曲沭戍，蓋曲沭在建陵之西也。

洪溝鎮，縣西六十里，又西六十里而達宿遷縣。○桑墟鎮，在縣北四十里，以近桑墟湖而名；又縣東四十里有柳莊鎮：皆往來要地也。

新興營。縣西北二十里。又縣西北十里有西營，元至正間沂州守將王信所築以禦寇。又黑軍營，在縣西十五里。縣南十里爲東營，則董摶霄所築也。○黄軍營，在縣西南五里。縣東南十五里有南營，東十五里有浮營。志云：元至元中達如真所築。

附見

淮安衛。在府城内。洪武初建。又大河衛，在府北新城内。洪武初建。又有鹽城守禦千户所，在縣城内。洪武末建，屬高郵衛。

海州，府北三百七十里。東至海岸二十八里，西南至鳳陽府泗州五百四十里，西至徐州四百八十里，西北至山東沂州二百二十里，北至山東莒州四百七十二里。

古徐州地，春秋時郯子國，後爲魯之東境。秦屬薛郡，後分爲郯郡。漢爲東海郡，後漢及晉因之。劉宋泰始中僑置青、冀二州治鬱洲。于此，齊、梁置南北二青州，治懷仁。東魏改州爲海州。治龍沮。隋初仍曰海州，始治朐山。大業初又改爲東海郡。唐復曰海州，天寶初亦曰東海郡，乾元初復爲海州。宋因之。亦曰東海郡。南渡後没於金，紹興七年收復。隆興初復割以畀金，嘉定十二年復。寶慶末爲李全所據，紹定四年全死又復。端平二年州徙治東海縣。淳祐十一年全子璮據州治朐山，景定二年璮降，改置西海州，而海州仍治東海縣，尋復以西海州爲海州。元曰海州路，又改爲海寧府，尋降爲海寧州，隸淮安路。明初復爲海州，以州治朐山縣省入。編户九十三里。領縣一。

今仍之。

州阻海連山，爲南北襟要，六朝時置重鎮於此，以掣肘索頭南寇之鋒。隋平江南，分道朐山，捷出三吴，而東南遂無堅壘。宋魏勝取海州，而山東響應。及羣盗李全據之，南窺浙右，北擾青、齊，江、淮之間，幾於困弊。蓋水陸交通，可左可右，用兵之際，未始非形勝所關也。王應麟曰：「海、泗者東南之籓蔽，得泗可以取淮北，得海可以收山東。」

朐山廢縣，今州治。秦曰朐縣，屬薛郡，漢屬東海郡。後漢建武五年，董憲等自郯走保朐，吴漢進圍朐，尋破斬之。晉仍屬東海郡，宋初因之，尋廢。蕭齊建元二年角城降魏，魏遣將郎大檀出朐城應之，即故朐縣也。亦曰朐山。是年魏將拓跋嘉帥衆十萬圍朐山，朐山戍主玄元度嬰城固守，魏人敗却。四年以青州移鎮朐山，又東莞、琅邪二郡俱僑治焉。後没於魏。梁天監五年，青、冀二州刺史桓和克魏朐山城。十年琅邪民萬壽殺東莞、琅邪二郡太守劉晣，據朐山召魏軍，魏徐州刺史盧昶遣兵據之。詔馬僊琕圍朐山，青、冀二州刺史張稷權頓六里以督饋運，魏將胡文驥以朐山降。梁書：「時改郡曰琅邪，縣曰招遠。侯景之亂，没於東魏，復曰朐縣，仍屬琅邪郡。」陳大建五年伐齊，别將劉桃枝克朐山城。尋屬後周，亦曰朐山縣，兼置朐山郡治焉。隋爲海州治，唐、宋因之，明初省。城邑攷：「州城梁天監中馬僊琕築，宋紹興中魏勝復築之，寶祐中李璮亦嘗修治。」今有東西二城。洪武中置守禦海州中千户所，在西城内；守禦東海中千户所，在東城内。城周九里有奇。續通典：漢朐縣故城在今州西南九十里。

東海廢縣，州東十九里。漢贛榆縣地，即鬱洲山也。劉宋泰始二年僑置青、冀二州於此，累石爲城，高八九尺，四面環海，虚置郡縣，荒民無幾。七年立東海縣，屬東海郡。宋志：「明帝於鬱州僑立青州及齊郡、北海郡，泰始七年又割贛榆立鬱縣。」蕭齊時鬱洲爲齊郡治，建元初徙北海郡治齊郡故城，改鬱洲爲都昌，而分置廣饒縣。梁仍爲北海郡。東魏武定七年改東海郡，治贛榆，仍領廣饒縣。陳大建五年吴明徹等伐齊，東海來降。隋初廢郡及東海縣，仁壽初復改廣饒曰東海，屬海州。唐武德四年置環州。八年州廢，仍屬海州，又廢青山、石城、贛榆等縣入焉。元和十四年楚州刺史李聽攻平盧叛帥李師道，克東海、朐山、懷仁等縣。宋仍屬海州，端平二年徙海州治此，尋復故。城邑記：「東海故城有大小二城，賈似道獻捷時通爲一城，西南控海，東北抵山，周圍十三里，皆砌以石。」元至元二十年省縣入朐山。向有東海巡司戍守，嘉靖十六年改置巡司於新壩。

海西廢縣，州南百二十里。漢東海郡屬縣，武帝封李廣利爲侯邑。後漢屬廣陵郡。建安初先主保廣陵，與袁術戰敗，屯於海西，即此。晉縣廢。宋泰始七年置鬱縣，立西海郡。齊建元二年，魏分軍南侵，遣將白吐頭等出西海，元泰等出漣口。永明中改鬱縣爲都昌，後魏改爲安流。魏收志：「武定七年分襄賁縣地置海西縣，屬海安郡。」梁承聖末吴明徹圍海西不克，引還，即此。後齊廢安流入海西縣，後周復以海西并入朐山。漣口即漣口，見安東縣。

懷仁廢縣，州北八十里。漢贛榆縣地，宋爲艾塘戍。泰始三年垣崇祖戍朐山，魏人來襲，戍者皆下船欲走，崇祖紿之曰：「艾塘義人已得破賊。」謂此也。魏於其地置黃郭戍。齊建武四年黃曇紛以萬餘人攻魏南青州黃郭戍，爲戍主崔僧淵所敗，舉軍皆没。梁得其地，置南北二青州於此。太清三年北青州刺史王奉伯舉州附魏。胡氏曰：「梁大通二年魏北青州刺史元世儁以州來降。」魏北青州治東陽，去梁境甚遠，蓋世儁以懷仁之地來降耳。東魏武定七年又改置義塘郡及義塘、懷仁等縣，尋并義塘縣入懷仁。隋初廢郡，屬海州。唐因之。元和十五年，楚州刺史李聽討李師道，克懷仁等縣是也。南唐又移縣治贛榆城，而故城遂廢。

龍沮城，州西六十里。城冢記：「楚將龍沮所築也。韓信下齊，項羽遣沮築壘，大小凡二。」劉宋泰豫初以垣崇祖行徐州事，戍龍沮。蕭梁置龍沮縣，兼置東彭城郡，後魏因之，并移海州治龍沮城，高齊時廢。唐武德四年亦置龍沮縣，屬海州，八年廢。今爲龍沮鎮。魏收志龍沮縣有即丘城，蓋與山東沂州接界。

青山城，州東北六十里青山之麓。唐武德四年置青山縣，屬環州，八年廢。寰宇記：「青山之陰有漢贛榆縣故城。」○鍾離昧城，郡國志：「在州東南百里伊盧鄉。」史記：「項王亡將鍾離昧家伊盧。」是也。城旁有羽泉，相傳爲舜殛鯀處。一統志云：「州西八十三里又有東安廢縣。」東安，漢城陽國屬縣，後漢屬琅邪，在今山東沂水縣，或南北朝時僑置於此。

朐山，州南四里。上有雙峯如削，俗呼馬耳峰。旁有龍潭，水甚清冽。秦始皇三十五年東巡，立石東海上朐界中，以爲東門闕，蓋在此。後漢和平二年，朐山崩。宋泰始三年薛安都以彭城降魏，垣崇祖將部曲奔朐山據之，朐山瀕海孤危，崇祖浮舟山側爲備。自是每置戍於此。其東北嶺曰石棚山，有巨石覆壓巖上如棚，因名。嶺甚高峻。又州西二里有謝禄山。禄，東海人，赤眉將也。嘗屯兵於此，因名。

鬱洲山，州東北十九里。海中有大洲，周圍數百里，謂之鬱洲，亦曰郁洲，山海經所謂「郁山在海中」者也。晉隆安五年，孫恩襲建康不克，浮海北走郁洲，將軍高雅之禦之，爲恩所執，既而劉裕破走之。宋元嘉二十七年，魏人南寇，進逼彭城，時江夏王義恭督兵彭城，甚懼，長史何最議席捲奔鬱洲，不果。泰始三年，魏人圍青州刺史明僧嵩於東陽，劉懷珍自山陽浮海赴救，至東海，聞僧嵩已敗保東萊，懷珍進據朐城，衆懼，欲保郁洲，懷珍不可而止。自是青、冀二州皆僑治焉。七年，垣崇祖保郁洲，自洲將數百人入魏境七百里，據蒙山。齊初亦爲青州治。齊志：「鬱洲有田疇魚鹽之利。」宋劉明善爲青州刺史，以海中易固，不峻城雉，乃聚石爲之，高可八九尺。後爲齊郡治。永明初徙齊郡治瓜步，以北海郡治焉。梁復爲青、冀二州治。天監十二年鬱洲近魏境民多私與魏人交市。先一年朐山外叛，鬱洲亦陰與魏通，朐山平，心不自安，其民徐道用等遂作亂，夜襲州城，殺青、冀二州刺史張稷降魏。魏遣兵赴之，游肇諫曰：「朐山濱海，卑濕難居，鬱洲又在海中，得之無用，於敵要近，不當勞軍旅，費饋運以争之。」不聽。既而梁北兖州刺史康絢遣兵進討，復取鬱洲。自隋以後，皆爲東海縣治。通典：「郁洲即田横所保，東魏武定中置臨海鎮於此。」其山亦名郁鬱山，又名蒼梧山。山有九峰，俗傳自蒼梧飛來也。東陽，今見山東益都縣。蒙山，今見山東費縣。

巨平山，州北三十里。一名谿吾峰，南接東海，北抵虚溝。中有龍潭。其南嶺上有吕母固，高二里，即王莽時琅邪海曲吕母招亡命數千，殺縣令還保海島處也。山之東嶺曰棲雲山。海曲，見山東莒州日照縣。○馬嶺山，在州西五十里。與山東沂州接界。

盧石山，州東南六十里。山多黑石，因名。相傳韓信爲楚王鎮於三盧。宋張耒云：「三盧者，盧石山、伊盧山、句盧山也。」伊盧山在州東南八十二里，近伊盧鄉，一名大伊萊山。句盧山在州東南百二十里。○古城山，在州東五里。地理新書以爲海州故城也，基址猶存。宋時戍守其上。一名孔望山，相傳孔子問官於郯子，嘗登此望海。

小鬲山，州東北六十里。孤峰特秀，三面壁立，俯臨深谿，惟東隅可通人行。其上累石爲城，亦謂之田横固。又有平山，在州東北百里。其相去十五里曰嚶游山，周回浮海中，羣鳥多翔集於此。元時海運所經。○蠣山，在州東南百里海中。四面平坦，潮生則没其半。山多蠣，因名。又州南百里有大、小伊山，南北相距約二十里。又東西二陬山，亦在州東南百里。一在海隅，一在海中，東西相對，皆濱海守望處也。

海，州東二十八里。南接朐山，北接贛榆，西趨州城，往來渡處廣二十餘里。寰宇記：「州渡海處名黑風渡，七月渡者多覆溺之患，餘月則否。」州東有捍海堰。南兖州記：「堰有二：一在東海城東北三里，西南接鬱洲山，東北至巨平山，長三十九里，隋開皇十五年縣令元暖造，外以捍潮，内以儲水，大獲灌溉之利；一在城北三里，南接謝禄山，北至石城山，長六十三里，高五尺，開皇九年縣令張孝徵造。亦名東、西堰。」

桑墟湖，州西南九十里。與沭陽縣接界，上接沭河，下流入海。又碩項湖，在州南百四十里。與桑墟湖相接，安東、沭陽境内之水皆蓄洩於此，謂之太湖。又有龍溝湖，源出太湖，東入官河，在州南百三十里。

薔薇河，州治西一里。東北通海，西北通贛榆，南通新壩，直抵淮陰，内接市河，入州城。先時漕運繇此入淮，北場鹽課亦從此達安東，後以潮汐往來，旋濬旋塞。志云：河源出州西北百里之羽山，過州北八里獨樹浦達石湫河。其石湫河在州南二十里，舊時州境之水，多匯於此以達海云。○臨洪河，在州北十里，自贛榆縣流入境，州南二十里有銀山，下爲銀山壩，臨洪水流至此接於石湫河。

漣河，在州西南。上引沂、沭及桑墟湖之水，經石湫鎮及縣東南三十里之黑土灣渡入海。又有景濟河，在州東南二十里，爲運鹽通道。○官河，在州西十里。即唐垂拱中所開漕河，自沂、密達州至漣水縣入淮者也。後廢。志云：今州南四十里有新壩，西障沂、沭，東捍海潮，導漣河之水達於官河，東南流接安東縣之支家河。又有房山河，在州西南六十里房山鎮。源自馬嶺山，流入官河。又有一帆河，在州東南八十里。自官河分流至伊盧山，南達安東縣。

于公浦，州北十里，産鹽，以漢于公爲名。自此而北有白溝等十餘浦，皆通湖汐，居民以煎鹽爲業。又徐瀆浦，在州東北四十餘里，上接巨平諸山之水入海。有徐瀆浦場。又宿城浦，在州東北七十里。四面俱山，舟楫遇風則宿於此。

石闥堰，在州西南。或曰即石湫河上游也。宋天禧四年，淮南勸農使王貫之導海州石闥堰水入漣水軍以溉田。紹興中金人攻海州，先遣一軍自州西南斷城中餉道，魏勝拒之於石闥堰，金人敗退。○沙堰，在州城東北。宋紹興三十一年金人圍海州，魏勝拒之於北關。金人從間道渡河趨關後，勝斂兵入城。金人欲越沙堰圜城爲營，勝據堰拒之，金人敗退。今與石闥堰俱堙廢。又十三陂皆在州境。唐志：「海州有陂十三，蓄水溉田，皆貞觀以來所築。」今廢。或曰祝其即春秋時魯地，左傳定十年「公會齊侯於祝其，實夾谷」，即此云。○虎坑城，在縣西北，南北朝時置戍處也。蕭齊建武二年魏人攻義陽、鍾離，詔青、冀二州刺史張冲出軍攻魏，以分其勢。冲分遣軍主杜僧護攻魏虎坑、馮時、即丘，拔之。三城蓋相近。即丘，今見山東沂州。

**武陵城**，縣南五十九里。蕭梁時僑置齊郡於此。東魏武定七年改置武陵郡，領上鮮、洛要二縣。魏收志：「梁置高密縣，魏改曰洛要。其地有武陵城，因改置武陵郡是也。」後齊郡廢。寰宇記：「縣南五十里有沂州城，宋泰始中僑置沂州於此。」按宋未嘗置沂州。又云：「縣西十五里有莒城，即古莒國。」皆傳訛矣。○艾不城，在縣東南。相傳田横避難，漢使艾不追横，因築此城。晉時嘗移贛榆縣理此。寰宇記：艾不城在東海縣北二十四里。

**利城故城**，縣西六十里。漢縣，屬東海郡，後漢因之。建安三年曹操嘗析置利城郡，魏廢。晉仍屬東海郡，後廢。唐初復置，尋省入懷仁縣。又歸義城，在縣北二十四里。魏收志：「武定七年置歸義縣，屬義塘郡。」是也。後齊因之，後周并入懷仁縣。

**羽山**，縣西北八十里。高四里，周迴八里，相傳舜殛鯀處。禹貢「羽畎夏翟」，曾氏注：「羽山之谷，雉具五色，山因以羽名。下有羽淵。」志云：山西北至沂州亦八十里，蓋接界處也。又有分水嶺，在縣北七十里。自嶺而北至日照縣九十里，蓋與日照縣分界。今置遞運所於此。○夾谷山，寰宇記：「在縣西三十八里，即孔子相定公會齊侯處。」

**攔頭山**，縣東北七十里。有石攔際海，可遮洪濤，因名。其並峙者曰阿夜山。山臨海，霧氣嘗昏如夜，因名。亦接日照縣界。○懷仁山，在縣北四十里，昔以此名縣。又有末山，在縣西南七十里。志云：西北之山，至此而盡，因名。

劍水，縣西南七十里。志云：源出沂州界三嶢山，即弱馬溝也，東流入縣界，又有堯水同源東注，合流入海。○腰帶河，在城南。志云：源亦出沂州，環繞縣城，東流入海。又有臨洪河，在縣南六十里，流入海州境。

海，縣東十五里。北接山東，東通大洋，汪洋迴繞，島嶼參差，稱爲易守而難犯云。

荻水鎮，縣東北七十里。有荻水，源出莒州，東流入海。五代漢乾祐二年，密州刺史王萬敢擊南唐荻水鎮，大掠而還。今有荻水鎮巡司。又有臨洪鎮巡司，在縣南六十里。

洛要鎮。縣東南六十里。後魏洛要縣蓋置於此。○上莊驛，在縣南七十里。又縣北八十里爲王坊驛，自海州北出山東之通道也。又中岡遞運所，在縣北二十里。

邳州，府西北四百五十里。西至徐州百八十里，北至山東沂州二百八十里，東北至海州三百五十里。

古徐州地，夏爲邳國，春秋時爲薛國地，戰國爲齊地。秦屬薛郡，漢屬東海郡。東漢永平中改臨淮郡爲下邳國，治於此。晉因之。宋、齊俱爲下邳郡，後魏因之。孝昌初置東徐州，梁中大通五年得之，改爲武州。後周曰邳州。隋初廢下邳郡，大業初廢州復爲下邳郡。移治宿豫縣。唐初仍曰邳州。仍治下邳。貞觀初州廢，改屬泗州，元和中改屬徐州。宋太平興國七年置淮陽軍。金復曰邳州，元因之，屬歸德府。明初改今屬，以州治下邳縣省入。編户四十七里。領縣二。今仍之。

州北控齊、魯，南蔽江、淮，水陸交通，實爲衝要。春秋時謂之淮北地。戰國策：蘇代謂齊王：「有淮北，則楚之東國危。」蓋淮南襟要，恒在上遊也。漢室紛更，徐、淮最爲多事，曹操得之，遂以控扼東南。及晉室之衰，縱横馳逐，下邳幾無寧歲。劉裕之平南燕也，帥舟師自淮入泗，至下邳留船艦步進。及盧循逼建康，裕還至下邳，以船載輜重，自帥精鋭步歸建康，則下邳實水陸之衝矣。故後魏尉元亦云：「宋人向彭城，必繇清泗過宿預，歷下邳；趨青州，亦繇下邳沂水經東安。此數者皆宋人用師之要。今若先定下邳，平宿預，鎮淮陽，戍東安，見山東沂水縣。則青、冀諸鎮時冀州治歷城。可不攻而克。」蓋争淮北必争下邳也。歷梁、陳之季，下邳嘗爲戰場。後周取邳、徐以臨淮南，朱温争邳、徐以阻行密，唐光化二年楊行密攻徐州，不克引還，汴人追之及於下邳，殺千餘人。亦其證也。蓋南北争雄，得失之機，常視淮、泗，下邳豈非必争之地與？

下邳城，州治東。古邳國也。左傳昭元年：「趙文子曰：『商有姺、邳。』」此即邳國矣。應劭曰：「邳在薛，後徙此，故曰下邳。」薛瓚曰：「有上邳，故云下。」春秋定元年傳云「薛祖奚仲遷於邳」，或以自北遷此，故謂之下邳。秦置下邳縣，屬薛郡。二世二年項梁西渡淮，軍下邳是也。漢初封韓信爲楚王，都下邳。後爲縣，屬東海郡。後漢建武四年董憲等保下邳，既而去下邳還蘭陵。五年帝徇彭城、下邳。永平十五年東巡，耕於下邳。十七年改置下邳國於此。建安初先主爲徐州牧，屯下邳，呂布襲取之。三年曹操破斬布於下邳。四年先主取徐州，留關羽守下邳，尋爲操所敗。魏、晉皆爲下邳國，嘗爲重鎮。晉永興二年瑯邪王睿監徐州軍事，留守下邳。太寧中没於石勒，永和五年收復。太元三年没於苻堅，堅使揚州刺史戍焉。九年謝玄取下邳，秦人遂棄彭城，玄進據之。義熙五年劉裕伐南燕，自下邳步進。宋元嘉二十七年魏主燾南寇，分遣拓跋那自青州趨下邳。泰始二年下邳爲魏所取。梁天監五年張惠紹攻下邳不克，還軍宿預。魏孝昌初置東徐州於此。永熙二年降梁，梁置武州，改下邳曰歸政縣。太清二年又降於東魏，復曰東徐州。陳大建六年復得之。十一年爲周所取，亦曰下邳郡，兼置邳州。隋郡廢州存，大業初復置郡於宿豫縣，下邳縣屬焉。唐初置州，尋復爲下邳縣。宋置淮陽軍。金、元皆爲州治，明初省。宋武北征記：「下邳城凡三重：大城周十二里半，其南門曰白門。中城周四里，吕布所築，南臨白門。」漢建安三年，廣陵太守陳登爲曹操先驅，至下邳攻城，吕布拒之，操引泗、沂二水灌城，擒布斬之白門樓下。又有小城，累甓堅峻，周二里許，相傳石崇所築。州城西又有一小城，周三百四十步，相傳亦崇所築也。宋嘉定十六年，李全欲攻金邳州，州四面阻水，不能進而還，蓋州嘗恃水爲險云。志云：今州東三里有土城故址，即下邳舊城。今城金人所置，明初修築，周五里有奇。

武原城，在州西北八十里。漢縣，屬楚國，後漢屬彭城國，晉因之，宋初廢。泰始二年薛安都以彭城降魏，宋將張永等進軍逼彭城，軍於下磕，分遣別將王穆之守輜重於武原，爲魏將尉元所破，即故縣也。魏仍爲武原縣，屬下邳郡。東魏武定八年復置武原郡治焉，後周郡縣俱廢。下磕，見徐州。

良城，州北六十里。春秋時邾地。昭十三年，晉侯將會吴子於良，水道不可，吴子辭，乃還。哀十五年，楚伐吴，陳侯使公孫貞子弔焉，及良而卒。史記：「越王無彊謂齊威王使者曰：『願齊之試兵南陽莒地，以聚常、郯之境。』」常即良也。南陽，齊西境邑。漢置良成縣，屬東海郡，後漢屬下邳國。晉曰良城縣，宋仍屬下邳郡。後魏亦爲良城縣。蕭梁嘗置武原郡於此，高齊及後周因之。隋郡廢，仍曰良城縣，屬下邳郡。唐屬邳州，貞觀初省。〇郯城，在州東北八十里，漢郯縣城也。通典：「下邳縣北有故郯縣。」志云：城在沂、武二水間。今見山東郯城縣。或云在州北五十里，恐悞。

**葛嶧山**，州西北六里。古文以爲即禹貢之嶧山。似悞。俗名距山，謂與沂水相距也。今亦見山東嶧縣。〇半戈山，在州西三里。迴繞州治，形如半戈。又羊山，在州西南六里，即睢寧縣之陽山也。昔在大河南岸，今河經山南，遂爲州境。州西九里又有青羊山。

**艾山**，州北百里，接山東沂州界。魏收志「武定八年置艾山縣，屬武原郡」，蓋以此山名也。縣旋廢。或以爲沂水所出，悞。〇憂路山，在州東北百四十里。峰巒峻險，行者崎嶇，因名。又磬石山，在州西南八十里。禹貢「泗濱浮磬」，志以爲此山所産石也。山北去泗水四十里，蓋洪水時近泗濱矣。

**泗水**，在州南二里。自山東泗水縣流經徐州，又東入宿遷縣界，下流至清口合淮。今爲大河經流。志云：州東南二十里有匙頭灣，在大河北岸，又有張林浦、沙坊諸處，俱掃灣要害也。又郭灣，亦在州東。又東近宿遷縣界爲直口、磨兒莊口、劉口，俱爲險溜。又東則董家溝矣。今詳川瀆異同。

**沂水**，在城西一里。自山東沂州西南流經州北，分爲二：一繞城北西南流入泗；一繞城東至城南，亦注於泗，謂之小沂水。水上有橋，張良遇黄石公處，所謂圯橋也。圯音夷。曹操攻下邳，於此壅沂、泗灌城。元和志："下邳沂水一名長利池。"邑志："古圯橋在今州治東南，亦謂之圯上。今堙。

泇河，在州西北九十里。源出山東嶧縣，合蛤、鰻、連汪諸湖，東會沂水，從周湖、柳湖接州東之直河，又東南入宿遷縣境之黄墩湖、落馬湖，從董、陳二口入於黄河。河防攷："隆慶中河臣翁大立議開泇河濟運，不果。萬歷三年巡漕御史劉光國等復請從沛縣夏鎮馬家橋經州北葛墟嶺、良城、侯家灣入泇口河，至清河縣大河口入黄河，計五百三十里，以便漕。"議者謂："泇口穿葛墟諸山，皆沙石不可鑿，南北大河相連，不易隄，非計。"乃止。二十一年舒應龍挑徐州北境韓莊中心溝，鑿山劖石，通彭河水道入黄河而泇口始闢。二十五年劉東星因韓莊故道鑿良城侯遷莊及挑萬莊，繇黄泥灣至宿遷縣之董家口試行運，而泇脉始通。三十五年李化龍復循舊迹，起自夏鎮，迄於直口，凡二百六十餘里，避黄河險者三百餘里，中間開李家港以避河淤，開王市田家口以避河險，鑿郄山以展河渠，建良城、臺莊、侯遷、頓莊、丁廟、萬莊、張莊、德勝等閘以節宣水利，而泇河之利始備。崇禎七年漕臣楊一鵬復議濬之，上言云："泇河上自沛縣李家港，下至直河口，計長二百六十里。今新挑之河，避灣取直，實二百四十里。宿遷至趙村約百二十里，趙村至嶧縣萬家莊約九十餘里，萬莊至夏鎮亦約九十里。自李家港至劉昌莊全挑新河八里，建閘一座。劉昌莊至萬家莊計長八十里，内除韓莊等處二十里六分舊渠外，全挑新河十六里，濬舊河四十四里四分，建閘一座。萬家莊至黄林莊計長四十里，内濬舊河三十八里三分，全挑新河一里七分，建閘三座。黄林莊至直河出口計長一百三十一里，内除梁家、紀家、田家集共七十里舊河深闊免挑，并王市東新河三十里，派山東助挑外，實濬舊河四里五分，全挑新河二十六里，建閘三座。」自是東南之漕，皆取道於此。

直河，州東五里。志云：蒙、沂諸山之水匯爲沭縷湖，〔三〕又分派而南，至州東南六十里爲直河口，入於泗河。萬曆十五年，濁流倒灌，河口遂塞，諸山水俱繇落馬湖經董家、陳家二溝出大河。議者謂築直堤於直河東岸，近北閻家集口，遏諸山水不使東入落馬湖，直河口可不淤也。二十九年分黃開泇之議定，運艘皆繇直河而達於泇河矣。

武河，州西北五十里。源自山東嶧縣馬旺山許家泉，流經州西北二十五里匯爲蛤河。州西北二十里又有蝘湖，亦武水所注也，引流五十里，繇乾溝口注於泗河。志云：州北百里有營河，自沂州流入境注於武河。又城子河，在州西北五十里。自沂州蘆塘湖流注營河。○洪河，在州東南三十里。又有曲呂河，在州東二十里。自壩頭入洪河，合直河而入泗河。

泇口鎮，州西北九十里。亦曰泇口集。又州北八十里有郭家莊，正統中劉六等作亂，官軍敗之於泇口集，又敗之於郭家莊是也。○源雀鎮，在州東北。金史「保大中棄山東地，惟戍守邳州之源雀鎮以拒蒙古」，蓋其地當山東衝要也。或曰即故良城矣。

焦墟，在州東。宋泰始三年，沈攸之奉詔攻彭城，至焦墟，去下邳五十里是也。又州境有高遷亭，後漢桓帝延熹中以誅梁冀功，封尚書令周承爲高遷亭侯。十三州志：「下邳有高遷鄉。」

直河鎮。州東南三十五里。志云：直河驛在州東南六十里。會要云：「嘉靖四十五年改置直河巡司於此。又有新安驛，在州西四十里。嘉靖四十五年改巡司。皆濱大河。」○余行鎮，在州北七十里。志云：其地有余行省城，元末沂州將王信所築。

**宿遷縣**，州東南百二十里。東南至府城二百四十里，西南至鳳陽府虹縣百四十里，西北至山東郯城縣百八十里。春秋時鍾吾子國也。左傳昭二十七年：「吴公子燭庸奔鍾吾。」又三十年吴執鍾吾子，即此。秦爲下相縣地，漢爲厹猶縣，屬臨淮郡。厹，仇同。後漢縣省。東晉義熙中置宿豫縣，屬淮陽郡，宋仍之。泰始中没於魏，魏置南徐州治焉。齊永元初，魏南徐州刺史沈陵帥宿豫之衆來奔，魏人因廢爲鎮。梁天監中得之，改置東徐州。太清三年，東徐州刺史湛海珍降魏是也。東魏改置東楚州，仍曰宿豫郡。陳大建五年伐齊克之，改置北徐州，尋改安州。後周改曰泗州，仍置宿豫郡。隋初郡廢，大業初又改泗州爲下邳郡，仍治宿豫。唐初復置泗州，治宿豫。開元二十三年州移治臨淮，以宿豫屬之。寶應初以代宗諱改曰宿遷，尋隸徐州。五代因之。宋屬邳州。元初省入邳州，至元十二年復置，屬淮安軍，十五年還屬邳州。故無城，今城周四里。編户五十四里。

**宿豫故城**，在縣東南。杜佑曰：「故泗口也。」晉明帝太寧中，兖州刺史劉遐自彭城退屯泗口，即此。義熙初始置城邑。其地東臨泗水，南近淮水，自後常爲重鎮。義熙五年南燕將慕容興宗等寇宿豫，拔之，大掠而去。宋泰始三年魏將孔伯恭攻宿豫，宿豫戍將魯僧遵棄城走，自是没於後魏。梁天監五年張惠紹侵魏徐州，拔宿豫，執城主馬成龍。未幾，魏邢巒圍宿豫，敗梁兵於清南，惠紹棄城南走。七年魏將成景雋殺宿豫戍主嚴仲賢以城來降，魏將楊椿將兵攻之，不克。普通六年，蕭綜以彭城降魏，魏乘勝取諸城戍，至宿豫而還。侯景作亂，爲東魏所取。承聖三年齊宿預民東方白額以城降梁，梁遣將杜僧明助之，齊將王球來攻，敗退。尋復入於齊。陳大建五年伐齊，魯廣達克南徐州，詔以廣達爲北徐州刺史鎮其地。十一年又爲後周所陷。隋大業中下邳郡治焉。唐廢郡，尋改縣曰宿遷。志云：春秋時宋遷宿國之人於此，因名。歐陽忞曰：「晉元帝督運軍儲於此以爲邸閣，後因有宿預之名。」宋白曰：「故城在邳州東南百八十里。」近志：在縣西五里。恐悮。

下相城，在縣西北七十里。秦置下相縣，項羽下相人也。漢亦爲下相縣，屬臨淮郡。應劭曰：「相水出沛國，〔四〕流至此故曰下相。」後漢屬下邳國，曹操攻徐州，屠男女四十餘萬口於下相，泗水爲之不流，即此。晉屬臨淮郡。後魏亦曰下相縣，孝昌三年置盱眙郡。東魏武定八年改臨清郡，治此。尋廢。

角城，在縣東南百餘里。宋志作「甬城」。晉安帝義熙中土斷，立爲淮陽郡治。宋因之，常爲重鎮。泰始二年徐州刺史薛安都舉兵應晉安王子勛，詔以申令孫爲徐州刺史。令孫進據淮陽，降於安都。既而魏將孔大恒攻淮陽，淮陽太守崔武仲焚城走。齊建元二年角城戍主舉城降魏，魏遣將封延等出角城應之。三年魏主寇淮陽，圍軍主成買於角城，買敗死。永明六年角城戍將張蒲因大霧乘船入清中採樵，潛納魏兵，戍主皇甫仲賢拒却之。梁天監三年，角城戍主柴慶宗以城降魏，徐州刺史元鑒遣淮陽太守吴泰生將兵赴之。五年，將軍蕭昞擊魏徐州，圍淮陽，魏將趙怡等救淮陽。按魏將高閭云：「角城蕞爾，處在淮北，去淮陽十八里。」是角城與淮陽有二城也。東魏亦曰角城縣。魏收志：「武定七年改梁臨清、天水、浮陽三縣置，仍爲淮陽郡治。」高齊改爲文城縣，後周又曰臨清縣，隋省入淮陽縣。淮陽，今見泗州。○柵淵城，在縣西南。魏收志下邳郡有柵淵縣，武定八年分宿豫縣置，屬下邳郡。陳大建六年，樊毅克齊下邳高柵等六城。高柵蓋即柵淵也。

凌城，縣東南五十里。漢縣，爲泗水國治，後漢屬廣陵郡，晉屬下邳國，宋省。應劭曰：「凌水所出。」水經注：「水東流逕縣城東，又東南入於淮，縣以此名。」○泗陽城，在縣東南八里。漢縣，屬泗水國，後漢省。或謂之魏陽城，蓋曹丕時所改。

司吾城，在縣西北。漢縣，屬東海郡，後漢屬下邳國。應劭曰：「古鍾吾國也。」晉屬臨淮郡，後省。梁普通五年，魏東海太守韋敬欣以司吾城來降是也。今縣西北有司吾鄉，舊設鍾吾驛，在縣西南。

濟岷城，在縣北。東晉時以蜀西、濟北流人置濟岷郡，咸和三年濟岷太守劉闓等殺下邳内史夏侯嘉，以下邳叛入後趙，郡尋廢。沈約宋志：「淮陽郡晉寧縣，本屬濟岷郡，宋改屬淮陽。」○樊階城，在縣東，南北朝時爲戍守處。宋泰始三年魏將孔伯恭造火車攻宿豫，沈攸之退保樊階城。齊建元三年遣將桓康敗魏人於淮陽，進拔樊諧城。樊諧，即樊階之訛也。又縣有高平城，漢臨淮郡屬縣也，後漢省。又漢武封欒大爲樂通侯，表在高平。韋昭曰：「在臨淮之高平。」

馬陵山，縣北二里。高十五丈，周十二里，陵阜如馬。其岡脉曰靈傑山，前阻運河。○峒峿山，在縣北七十里。上有石洞，泉流不竭。宋紹興中首領張榮屯此以拒金人。志云：縣西北七十里又有司鎮山，高五十丈，周十五里。又二十里有塔山，高數丈，周數里。上有土城，相傳五代時郭彦威屯兵其上。

黄河，在縣南。又東南經廢陵城南入桃源縣界，即泗水故流也。亦謂之清水。梁天監五年，將軍藍懷恭與魏將邢巒戰於睢口，敗績，巒進圍宿預，懷恭復於清南築城，巒等攻拔之。時張惠紹守宿預，遂棄城南走。

睢水，在縣東南十里。自睢寧縣流入境，俗謂之小河，至此合於黄河，謂之睢口，亦謂之睢清口，今亦曰小河口渡。宋泰始三年，沈攸之與魏人戰，敗績於此。今詳見大川。

白洋河，縣東南三十五里。即小河之支流也，亦流入於大河。河防攷：「小河口之通塞，乃歸仁堤之關要也。而縣東北耿車、時兒灘一帶，上自高阜，下至時灘，皆應接築長堤，使睢水不得漫入於埠子等湖，則河口常通，而歸仁之防益固。」蓋歸仁堤所以束睢、湖之水，并入於黄河，睢利則臨、睢、宿三縣皆無沮洳之患矣。

落馬湖，縣西北四十里。又西即黄墪湖。縣西二里有陳溝口，又西二十里曰董溝口，即落馬湖南通大河之口也。繇湖口至邳州直河東岸馬頰口可五十里，中有河可因者二十里，壅塞宜通者三十里，天啓中議開新河於此，避磨兒莊、劉口等處七十里之險，自是運艘皆繇陳溝口達於泇河。崇禎八年，河臣劉榮嗣以落馬湖阻運，自宿遷至徐州開河注之，黄水遷徙，不可以舟，遂獲罪。

倉基湖，縣東南三十里。寰宇記：「湖周四十五里，舊爲石崇積貯之所。」有閘曰石崇閘。其水導流爲崇河，入桃源縣界。○白鹿湖，在縣西南五十里，繇小河入泗。又有上泊水湖，在縣南三十里，繇武家溝入泗。志云：縣西北八十里有諸葛湖。又侍丘湖，在縣東北五十里，水繇新溝口入泗。潘季馴曰：「侍丘與落馬湖相連，山東蒙、沂諸水，俱繇侍丘、落馬諸湖入於大河。湖外有馬陵諸山蜿蜒環抱，爲天然遥隄」云。

孫溪渚，在縣東。胡氏曰：「在淮陽之北，清水之濱。」齊建元三年，魏人圍角城，不克而退，齊將李安民等追之，敗魏兵於孫溪渚。

**峒峿鎮**。在峒峿山下。五代漢乾祐初，南唐遣將皇甫暉出沂、泗，招納淮北羣盜，漢徐州將成德欽敗之於峒峿鎮，唐兵引還，即此。或曰即故司吾縣也。志云：縣東北百二十里有劉馬莊關，一作劉家莊，有巡司。又東北百八十里而至海州。

**睢寧縣**，州南六十里。西北至徐州二百里，西至宿州二百四十里，東南至泗州二百里。本宿遷縣地，金興定三年以宿遷縣之古城置睢寧縣，屬泗州，元改屬邳州。今土城周三里餘。編户二十六里。

**新城**，縣南五十里。相傳宋韓侂胄所築。

**陽山**，縣西北五十里。上有五層石臺。亦謂之羊山。萬歷中潘季馴於羊山、龜山、土山相接處創築横堤數十里，以防大河泛溢是也。又有劉胡山，在縣西北七十二里。山周數里。相傳昔有劉胡將軍屯此而名。

**黄河**，縣北五十里，與邳州接界。志云：縣西北七十里爲馬家淺，東至邳州新安淺二十里，西接靈壁縣之雙溝亦二十里。河南岸又有王家口、白浪淺等處，皆河防要地也。又黑山口，在馬家淺西，接徐州界，亦爲大河東決之口。

**睢水**，在縣治北。自宿州靈壁縣流經此，又東北流四十里，引芹溝湖水入宿遷縣界。志云：芹溝湖在縣東十五里，周八里，流入睢河。

**峰山湖**，縣東北四十里。周十二里。萬歷中，河臣潘季馴築雙溝遥堤，恐河漲直至峰山湖，分流旁決，因築羊山横堤以備之。又合湖，在縣西北七十里。一名葛湖。流合沂水南入大河。

**高作鎮**。縣東十五里。又縣西三十里有子僊鎮，縣北六十里有本社鎮，縣西北六十里爲新安鎮，皆居民商旅萃集之所也。

附見

邳州衛。在州治東南。洪武十三年建。

## 校勘記

〔一〕有陽平石鼈　「陽平」，底本原作「平陽」，本書卷二一三寶應縣石鼈城下云：「蕭齊建元二年表於石鼈立陽平郡」，南齊書卷一四州郡志（以下簡稱南齊志）亦作「陽平郡」，今據乙正。又南齊志北兗州序原作「有平陽石鼈」，本書蓋因其而誤，今中華書局標點本已乙正，其校勘記引錢大昕廿二史考異云：「據下文，當爲陽平郡，轉寫傎倒耳。周山圖傳亦云於石鼈立陽平郡。」

〔二〕而改淮陰縣曰淮恩　「淮恩」，後魏志卷一〇六中作「懷恩」。

〔三〕沐纓湖　「沐」，底本原作「沭」，今據敷本、鄒本改。

〔四〕相水出沛國　水經睢水注作「相水出沛國相縣」。

# 讀史方輿紀要卷二十三

## 南直五

揚州府，東至海三百六十里，南渡江至鎮江府五十里，西至滁州二百六十里，西北至鳳陽府泗州二百十里，北至淮安府三百二十里，自府治至應天府二百二十里，至京師二千三百二十里。

禹貢揚州之域，春秋時屬吴，後屬越，戰國時屬楚，秦屬九江郡。楚、漢之際分置東陽郡，漢初屬荆國，後又屬吴，景帝更名江都國，武帝更名廣陵國。後漢爲廣陵郡，三國屬魏爲重鎮，後屬吴。吴主亮建興二年，使衛尉馮朝城廣陵。晉亦爲廣陵郡，初治淮陰，後治射陽，江左還治廣陵。東晉以廣陵控接三齊，嘗使青、兖二州刺史鎮此。太寧三年郗鑒都督青、兖二州軍事，兖州刺史鎮廣陵，蘇峻平後還治京口。宋亦置廣陵郡，元嘉八年始定爲南兖州治，齊、梁因之。北齊改爲東廣州，陳復爲南兖州，後周改爲吴州。隋初爲揚州，置總管府。大業初曰江都郡。煬帝幸江都，制江都太守秩與京尹同。唐武德三年改爲兖州，六年又改邗州，九年改爲揚州，置大都督府。唐紀：「是年以襄邑王神符檢校揚州大都督，始自丹陽徙州府及居民於江北，繇此廣陵專有揚州之名。」天寶初曰廣陵郡，乾元初復曰揚州，兼置淮陽節度於此。五代時楊氏都焉，曰江都府。南唐以爲東都。周世宗取之，復曰揚州，仍置大都督節度。宋因之。亦曰廣陵郡、淮南節度，建炎初升爲大都督府。元曰揚州路。至元十三年置大都督府，又置江淮等處行中書省。明年改爲揚州路，尋又改屬河南江北行中書省。明初曰淮海府，舊志：龍鳳六年改。尋曰淮揚府，後復爲揚州府，時龍鳳十二年，元至正二十六年也。直隸京師。領州三，縣七。今仍曰揚州府。

府根柢淮左，遮蔽金陵，自昔爲東南都會。賈誼曰：「漢以江、淮爲奉地，蓋魚鹽穀帛多出東南，廣陵又其都會也。」吴王濞稱兵於此，漢室幾爲動摇。孫權不得廣陵，雖數争淮南，而終以長江爲限。東晉以後，皆建爲重鎮。梁末没於高齊，而烽火照於闕下。隋人命賀若弼鎮廣陵，陳祚不可復保也。李子通竊取江都，亦復南據京口，規有數郡。唐時淮南雄鎮莫若揚州，及高駢擁節自雄，外成巢、温之毒，内釀畢、吕之禍。楊行密收其餘燼，猶能并孫儒，却朱温，繕兵積粟，保固江、淮，沿及南唐，尚爲强國。及周世宗克揚州，江南於是日蹙矣。宋室南遷，以揚州枕江臂淮，倚爲襟要。趙范曰：「揚州者國之北門，一以統淮，一以蔽江，一以守運河，皆不可無備。」王應麟曰：「揚州俯江湄，瞰京口，南躡鉅海之滸，北壓長淮之流，必揚州有備，而後淮東可守。」西山真氏曰：「維揚、合肥，兩淮之根本。」又魯氏涣曰：「淮東控扼有六，一曰海陵，二曰喻口，三曰鹽城，四曰寶應，五曰清口，六曰盱眙，而皆以揚州爲根本。」及宋運已移，李庭芝竭蹶於此，强寇且畏其鋒。明初既定金陵，即北收揚州，不特脣齒攸寄，亦即以包并淮南也。都燕之後，轉輸特重，揚州爲之咽喉，故防維常切。邇者闖、獻之難，中原被其蹂躪，十餘年間，或再至三至，而揚州晏然，爲烽燧所不及，固由陪都左右，控制嚴密，亦因其地爲東南扼要之區，而非西北所亟也。〔一〕

江都縣，附郭。秦廣陵縣，漢析置江都縣，屬廣陵國，後漢因之。晉仍屬廣陵郡，宋、齊皆因之。自梁至隋，廢置不一，大業初爲江都郡治。唐爲揚州治，宋因之。今編户一百八十里。

廣陵城，在府城東北。楚舊縣。史記表：「懷王十年，城廣陵。」秦因之，二世二年廣陵人召平爲陳王徇廣陵是也。漢因之，吴王濞都此。劉昫曰：「濞築廣陵城，周十四里半。」後江都國及廣陵國皆治焉。後漢爲廣陵郡治。三國魏移郡治淮陰，而以故城爲邊邑。魏主丕黄初五年伐吴，自壽春至廣陵，登故城，臨江觀兵，有問渡之志。後入於吴。吴建興二年孫峻使馮朝城廣陵，功不成。晉滅吴，廣陵郡仍治淮陰，南渡後還治廣陵。太和四年桓温發徐、兖二州民築廣陵城，遂移鎮焉。時兖州寄治廣陵，徐州寄治京口，發此二州民以供役也。宋大明三年竟陵王誕據廣陵以叛，詔沈慶之攻之，克其外城，進克小城，誕敗死。北齊增置江陽郡，與廣陵郡並治焉。隋初郡廢。開皇十八年改縣曰邗江，大業初更名江陽，與江都縣並爲郡治。唐初江陽縣并入江都，貞觀十八年復析置江陽縣於郭下。南唐又改爲廣陵縣，宋初因之。熙寧五年省，南渡後復置。元廢。城邑攷云：「揚州城舊有大城，又有子城，亦曰牙城。楊行密據揚州，改牙城南門曰天興。其後楊溥僭號，稱爲都城，南唐又號曰東都。及周克揚州，顯德五年使韓令坤鎮之。州故城西據蜀岡，北抱雷陂，令坤以城大難守，築故城東南隅爲小城以治之。既而李重進復改築州城，周十二里。宋紹興中郭棣知揚州，以爲故城憑高臨下，四面險固，重進始夷之而改卜今城，相距二十里，處勢卑渫，寇來襲瞰，易如鼓掌，請即遺址建築，許之。未幾役竣，與舊壖南北對峙，中夾甬道，疏兩濠，緩急足以轉餉，謂之大城。後又於大城西南隅改築州城，即今城也。周九里有奇。明初因之。嘉靖三十三年復築新城，起舊城東南至東北角樓，周十里有奇，與舊城相埒，於是揚州有新舊兩城。」

**江都故城**，在府西南四十里。志云：漢縣治此。三國時廢，晉太康六年復置。江左時廢時置。隋、唐爲附郭縣。今故城已圮於江。一統志：「江都縣，宋治州城東南隅，元徙治北關外，至正中燬，明初改置於今治。」

**邗溝城**，寰宇記：「在州西四里蜀岡上。」左傳哀九年：「吳城邗溝，通江、淮。」時將伐齊，北霸中國也。漢已後荒圮，謂之蕪城。胡三省云：「魏曹丕登廣陵故城，即蕪城矣。」又有廣陵故城，在府北十八里。志云：楊吳時嘗分江都地置城於此。

**輿縣城**，府西四十五里。漢縣，屬臨淮郡，後漢屬廣陵郡，晉因之，宋元嘉十三年并入江都縣。○齊寧城，在府東南六十里。蕭齊永明初置縣，屬廣陵郡。阮昇之記：「齊建武五年遏艾陵湖水立裘塘屯，移齊寧縣於萬歲村，中興元年廢。」又圖經：「隋末嘗分江陽立本化縣於郡東南二里合瀆渠上，旋廢。」

**新城**，府北二十五里。晉太元十年謝安上疏求北征，出鎮廣陵之步丘，築壘曰新城。宋德祐二年李庭芝固守揚州，元將阿朮遣兵守高郵、寶應以絶其餉道，博羅歡又拔新城以逼之，即此。又張公城，在府西四十里。志云：東漢桓帝時廣陵賊張嬰所築。張綱爲郡守，單騎造賊壘，示以恩信，嬰悅服歸降，即此處也。○寶祐城，在府北七里。志云：城周千七百丈，遺隍斷塹，隱隱可尋，即隋迷樓故基也。宋寶祐四年賈似道奉詔築，所謂「包平山而瞰雷塘」者。時又築新寶城，二城相連，名曰「夾城」。

**瓜洲城**，府南四十里江濱。昔爲瓜州村，揚子江之沙磧也。沙漸長，狀如瓜字，接連揚子江口，民居其上。自唐開元以後，漸爲南北襟喉之處。上元初，劉展據廣陵，設疑兵於瓜洲若趨北固者，潛自上流濟襲取潤州。明年平盧將田神功等討展，軍於瓜洲，濟江擊展敗之。或謂之瓜埠洲，亦曰瓜洲步。新唐書「開元十二年潤州大風，自東北海濤没瓜步」，即此。唐末漸有城壘。宋建炎二年金人入淮南，陷天長軍，自揚州馳騎至瓜洲步，得小舟渡江，至鎮江府，江、浙大震。紹興三十一年金亮南侵，揚州陷，劉錡留屯於此以拒之。〔二〕既而金人盛兵塞瓜洲口，金亮亦引大軍至此，居龜山寺。金人既劫史浩，議築城置守，張浚謂：「棄淮而守江，是以弱示敵也。」議遂阻。乾道四年始築城置堡於此。德祐初元伯顏陷建康，遣張弘範屯兵瓜洲，宋軍水陸進攻不能克。既而伯顏復遣阿术行省瓜洲，斷淮東援兵，遂分軍三道進窺臨安。二年，元人劫少帝、太后北去，時李庭芝鎮揚州，遣其將姜才夜擣瓜洲以邀帝后，元人避去，才追戰至浦子市而還。今城東西跨壩址，周千五百四十三丈，有五門，江防分司駐焉。居民商賈，駢集輻輳，謂之瓜洲鎮，南岸即京口也。下蜀、東陽，見應天府句容縣。浦子市，即江浦縣之浦子口矣。

**甘泉山**，府西北三十五里。高二十餘丈，周圍二里。山有七峰聯絡如北斗，平地錯落。又有圓岡二十八，如列宿之拱北。上有泉甚甘，因名。○得勝山，在府西北三十里。宋紹興初韓世忠敗金人於大儀，還軍至此，因名。又席帽山，在府西北十二里。與得勝山皆周二十五里，而高不過數丈。○大銅山，在府西北七十二里。又有小銅山，在儀真縣西北二十五里。志云：皆漢吴王濞即山鑄錢處。

蜀岡，府城西北四里。綿亘四十餘里，西接儀真、六合縣界，東北抵茱萸灣，隔江與金陵相對。上有蜀井，相傳地脉通蜀也。志云：自邵伯埭以南地勢皆高卬，岡阜連亘，幾數百里，淮之不能合於江也，勢也。圖經云：「州城在蜀岡東南，城之東南北皆平地，溝澮交貫，惟蜀岡諸山西接廬、滁，凡北兵南侵揚州，率循山而南，據高爲壘以臨之。」唐光啓三年，楊行密以畢師鐸之亂，自廬州援廣陵，軍於揚子，並西山以逼廣陵，即蜀岡也。既而行密克揚州，蔡賊秦宗權遣其弟宗衡等與行密争揚州，抵城西據廣陵故寨，即行密舊屯處矣。周顯德三年克揚州，南唐將陸孟俊自泰州進攻揚州，屯於蜀岡，周將韓令坤懼而出走，會救至乃復入城。蓋據蜀岡則斷周兵糧援之道，令坤所以懼而走也。志云：今郡城西北外土高於城，敵若屯此，恒有窺伺之慮。○夾岡，在府東北七里。東接灣頭鎮淮子河口，與蜀岡相接。又崑崙岡，在府西北八里，鮑照賦云「軸以崑岡」，一名阜岡，亦名廣陵岡，與蜀岡連接，蓋即蜀岡之異名矣。又有九龍岡，在府南十五里；桃花岡，在府西十五里：皆與蜀岡相映帶。

揚子江，府南四十里。繇六合縣經儀真縣至瓜洲鎮，又東過泰興、如皋，歷通州故海門縣而入海。江心有南泠水與鎮江府分界。曹魏黄初五年至廣陵，時江水盛漲，丕臨望歎曰：「魏雖有武騎千羣，無所用之，未可圖也。」明年復如廣陵故城，臨江觀兵，見江濤洶湧，歎曰：「此天所以限南北也。」晉建興末祖逖誓清中原，自京口濟廣陵。其後南北津濟，廣陵、京口實爲襟要。劉裕平南燕，以盧循犯建康，疾馳至廣陵濟江趣京口。陳霸先平侯景，軍京口，濟江圍齊廣陵。隋平陳，賀若弼自廣陵濟江拔京口。唐、宋以來，濱江洲渚日增，江流日狹。初自廣陵揚子鎮濟江，江面闊相距四十餘里，唐立伊婁埭，江闊猶二十餘里，宋時瓜洲渡口猶十八里，今瓜洲渡至京口不過七八里。渡口與江心金山寺相對；自瓜洲而東十八里爲沙河港，其東南與江心焦山寺相對，亦謂之沙壩河，舊與白塔、芒稻二河俱爲洩水通江處；又東五里曰深港；俱東面設防處也。又東五十餘里曰寶塔灣，爲鹽盜淵藪，其南岸汊港可進圌山。又東南四十五里曰三江口，亦曰新港。又東至周家橋四十里，正與江南圌山相對。中有順江洲，江面稍狹，水流至急，此處扼守，則瓜、儀可保。此爲金陵門户，江心要會。有一字港，上接圌山十里，下接三江口十里，官兵可以駐劄。賊繇通州狼山而西，宜於此泊守。若一入新港，登岸爲卞家墳、周家墳，稍西則揚州矣。此新港爲可以登岸可以入海之要口，江防最切處也。舊圖經：「揚子江自黄天蕩西牛步沙與建康爲界，繇瓜步下小帆山經儀真境內，東下至鐵丁港、鵝翎蘸與鎮江分界，東北趨江都逕通州入海，所謂揚子江也。」江防說：「大江南岸圌山，北岸三江口，爲第一重門户，而鎮江瓜洲則第二重門户，儀真天寧洲爲第三重門户。」餘見大川大江及川瀆異同。

官河，府東南二里。古邗溝也，即春秋時吴通江、淮之處。三國吴嘉禾三年，分道伐魏，遣將軍孫韶等入淮向廣陵、淮陰，又太平二年孫峻使文欽等自江都入淮、泗以圖青、濟，蓋皆使之自邗溝以入淮也。亦謂之邗江，亦曰合瀆渠，今爲漕河。蓋江南之漕，廣陵當其咽喉。上江來者至自儀真，下江來者至自瓜洲，會於揚子橋，東北行過府城東，凡六十里而入邵伯湖，又北行六十里入高郵界，又北四十里至界首入寶應湖，又北至黄浦接淮安界爲山陽瀆，繇江達淮南北長三百餘里，漕河堤在焉。堤宋張綸所築也。天禧中綸爲江淮發運使，因隋堤之舊而增築之，長二百里，旁錮以巨石，爲十閘以洩横流，亦曰平水閘，亦曰閘堰。政和八年發運使柳庭俊言：「真、揚、楚、泗、高郵運河堤岸，舊時有斗門水牐等七十九座，限則水勢常得其平，比多損壞。」詔檢討修復。紹興五年詔濬瓜洲至淮口運河淺澀處，自是以時增治。蓋自邵伯以北，地勢西高而東卑，高、寶諸湖周數百里，受天長七十餘河之水，夏秋泛溢，勢若滔天，故堤堰爲最切。明永樂中平江伯陳瑄言：「湖漕不隄與無漕同，湖堤弗閘與無隄同。置閘之法欲密欲狹，密則水疏無漲滿之患，狹則勢緩無嚙決之虞，湖溢則洩以利堤，湖落則閉以利漕。又置淺船淺夫，取河之污，厚湖之堤。閘多則水易落而堤堅，濬勤則河愈深而堤厚，庶幾湖漕不病，而高、寶以東之民不至有田廬漂溺之患矣。」今府境官河有十一淺：曰新廟，曰浪蕩，曰頭潭，曰宋家，曰柳青，曰東西灣，曰花家園，曰李家莊，曰姚家潭，曰吉祥莊，曰江家莊。每淺有長吏主之，以督挑濬之役。河渠攷：「府西南二十餘里有三汊河口，即儀真、瓜洲達府城之道也。嘉靖七年漕臣唐龍請於三汊河口儀真上游之地置閘，以盡漕利。天啓元年三汊河淤，發丁夫開濬，尋復故。」○保揚河，在府西四里，城北三里。舊有柴河，東達官河，西接市河入城，而城西一望平原，別無濠塹。崇禎十年始自柴河口引城東運河繞西郭，復折而西南接城南二里之寶帶河，仍合運河，延袤十六里；時又於近河東岸緣壘爲城，上設敵臺，以備流寇侵逼，因名曰保揚。

**伊婁河**，在府南二十里揚子鎮，南通大江。自隋以前揚子鎮臨江南渡京口，唐時積沙二十五里，渡江者繞瓜步沙尾，紆回六十里。開元二十六年齊澣爲潤州刺史，請於京口埭下，直趨渡江二十里，開伊婁河於揚州南瓜洲浦，長二十五里即達揚子鎮。從之。因立伊婁埭，官收其入。至德中永王璘作亂，據丹陽，淮南採訪使李成式遣兵拒之於伊婁埭。亦曰伊婁堰。宋紹聖中易堰以閘。今運河自瓜洲鎮達於揚子橋，即此河也。漕河攷：「瓜洲漕河本名伊婁河，自唐以來皆爲漕渠津要。河口接大江，亦曰瓜洲渡。宋紹興三十一年金亮軍瓜洲，謀犯京口，楊存中等命戰士踏車船自京口徑向瓜洲，迫岸復回，金兵皆持滿以待。其船中流上下，回轉如飛，敵相顧駭愕。淳熙十四年揚州守臣熊飛言：「揚州運河惟藉瓜洲、真州兩牐瀦積，今河水走洩，緣瓜洲上中二牐久不修治，惟賴潮牐一座，然迫近江潮，水勢衝激，易致損壞，望勅有司照舊修葺。」從之。今漕河至此分爲三支，如瓜字形，東西二支通江，一支阻堤，下江運艘皆經此過壩。景泰六年河臣陳泰以瓜洲壩下東西二港江潮往來，泥沙填淤，乃修濬之。隆慶四年河臣萬恭更請建瓜洲閘，自時家洲達花園港，開渠長六里有奇。閘成，一名廣惠，一名通惠，漕舟便之。志云：瓜洲運河分三支，三支之中又分爲十，各築一壩，以河高江低，壩之使不洩也。瓜洲西七里爲花園港，又西十五里爲儀真縣之何家港，皆爲江岸設防處，有瓜洲巡司戍守。

**白塔河**，府東北六十里。南通揚子江，北抵運河。其水冬涸春泛，民得灌溉之利。河漕攷：「宣德七年陳瑄開白塔河，置新閘、潘家莊、大橋、江口四閘，令江南運船從常州西北孟瀆河過江入白塔河，經運鹽河至灣頭達漕河，以省瓜洲盤壩之費，人以爲便。正統四年都督武興議以白塔河洩水，奏閉之，仍從瓜洲過壩，白塔運道遂廢。」又淮子河，在府東北十二里。淮，一作「懷」。舊志云：懷子河在儀真東北三十里，介勾城、陳公二塘之間，東出城北接於運河。其在儀真境內者亦謂之太子港。○芒稻河，在府東三十里。志云：邵伯南五里有金家灣，爲南通芒稻之徑。洩運堤以西諸湖之水，東南流經灣頭，東絶運鹽河而輸之芒稻河，繇河以洩於江。萬曆二十三年淮、湖水漲，議者欲自金家灣入芒稻河引淮水注江。既而河臣楊一魁開金家灣十四里至芒稻河，復建減水石閘三座，繇芒稻河通江一十八里，亦建石閘一座，一時漲水頗藉宣洩之利云。

茱萸灣，府東北十五里。阮昇之記：「吴王濞開邗溝通運至海陵倉，以地有茱萸村，故名。」今從官河分流，東經茱萸灣，行五十里至宜陵，又東六十里至泰州治。元和志：「隋仁壽四年開此以通漕，一名灣口，一名灣頭，亦曰東塘。」唐中和初，黄巢入長安，淮東帥高駢聲言入討，出屯東塘。光啓三年徐州叛將張雄、馮弘鐸等初據蘇州，尋敗入海，引樓船泝江而西，泊於揚州東塘。時楊行密克揚州，亂將秦彦等自開化門出奔東塘。開化門，州東門也。天復二年，時馮弘鐸據上元，爲行密將田頵所敗，棄昇州將沿江入海，至東塘，行密迎之，遂收其衆。明年田頵與潤州將安仁義叛，仁義悉焚東塘戰艦。胡氏曰：「東塘即今灣頭至宜陵一帶塘岸，對岸即潤州界，淮南戰艦聚焉，故仁義得焚之也。」或曰宜陵鎮南舊有山洋河，南通大江。又府東十里舊有沙河，長四十里，接運河通江。東塘蓋逼近江口，爲濱江灣泊之處，以在揚州之東而名，非專指灣頭爲東塘矣。周顯德三年，韓令坤克唐揚州而守之，唐兵來攻，令坤敗之於灣頭堰。宋紹興四年，詔毁灣頭港口牐以遏金兵，令不得積水通船。紹定三年李全以楚州叛，攻揚州，至灣頭立寨，據運河之衝。德祐二年，元人攻揚州，以兵屯灣頭及揚子橋、瓜步諸處，真州守苗再成欲以通、泰兵攻灣頭是也。舊志：揚州北十五里有灣頭鎮。又運鹽河即灣頭河之支分也，繇灣頭而東七十里至斗門入泰州界，又東百六十里至海安入如臯界，又東南百十里至白蒲入通州界，又東七十里至新寨入海門界，又東八十里達呂四場。其支派通各鹽場。

艾陵湖，府東北四十五里。寰宇記：「合瀆渠東有小渠，闊六步五尺，東去七里入艾陵湖。」今湖在邵伯鎮東，西接官河。謝安立邵伯堰，堰此湖之水也。齊建武五年，遏艾陵湖水立裘塘屯。今自艾陵湖北曰葑塞湖，又北曰緑洋湖，緑洋湖之西曰甕子湖，皆互相通注，入於官河。

邵伯湖，府北四十五里。東接艾陵湖，西接白茆湖，南通新城湖。旁有邵伯埭。晉太元十一年謝安築新城於城北二十里，築堰以灌民田，民思其德，比於邵公，因名。其後湖水浸淫漸爲民害，唐興元中李吉甫築堤以護田，謂之平津堰。自是相繼修築，爲運河堤。有斗門橋，宋天聖七年發運使鍾離瑾置閘通漕處也。遇官河水涸，輒引湖水濟之。嘉靖中縣令張公寧議曰：「邵伯湖上受諸湖之水，下流入江，湖口闊二十丈，以故水發則横溢爲害。且邵伯堤一帶與湖相連，水發則直衝堤岸，宜北自露筋廟南抵馬家渡，於舊堤南别築一堤，又自馬家渡而南至八塔鋪另築一堤，成一夾河，則河堤可保無事云。」今爲邵伯鎮，置巡司於此。邵伯驛亦在焉，爲水陸孔道。○黄子湖，在府北六十里；又朱家湖，在府東北六十里；皆東通官河。志云：黄子湖之西有赤岸等湖。又府東四十里有大石湖，與張綱溝相接，溝西去府城三十里，合芒稻河入大江。

雷塘，府西北十五里。亦曰雷陂。漢江都王建遊雷陂，即此。唐武德五年改葬隋煬帝於雷陂南平岡上。貞觀中李襲譽爲揚州長史，引雷陂水築勾城塘，灌田八百頃。貞元中杜佑節度淮南，決雷陂以廣灌溉，斥海濱棄地爲田，積米至五十萬斛。志云：雷塘有二，上雷塘長廣共六里，下雷塘長廣共七里。自宋以後，日就堙廢，民占爲田，明屢經修復，今谿淮子河引流濟運。○勾城塘，在府西南三十五里，與儀真縣接界。長廣十八里有奇，唐李襲譽所築也。後廢爲田，明嘉靖中開濬。其水東南流至烏塔溝南入於漕河，尋復廢。潘季馴曰：「勾城、陳公二塘，地形高阜，水俱無源，惟藉積雨爲塘，下流皆從儀真縣響水閘出江，難以濟運也。」

**陳公塘**，府西五十里，與儀真縣接界。後漢末陳登爲廣陵太守，濬塘築陂，周回九十餘里，灌田千餘頃，百姓德之，因名。亦曰愛敬陂，陂水散爲三十六汊，爲利甚溥。唐食貨志：「初，揚州疏太子港、陳登塘凡三十四陂以益漕河，輒復堙塞。貞元中淮南節度使杜佑乃自江都西濬渠蜀岡之右，疏勾城湖、愛敬陂，起堤灌城，以通大舟，夾堤高卬，亦得灌溉。然河益庳，水下走淮，夏則舟不得前，元和三年李吉甫節度淮南，乃築平津堰，以洩有餘補不足，漕運遂通。」宋大中祥符間置斗門石磋，引水濟運。紹興四年詔毀陳公塘，無令走入運河以資敵用，蓋以金兵在淮南也。淳熙八年漕臣錢冲之言：「真州東二十里有陳公塘。其塘周回百里，東西北三面倚山爲岸，其南帶東係前人築壘成堤，以受啓閉，旱潦得藉以灌溉，漕舟復賴其通濟。今日就廢壞，宜仍舊修築塘岸，建置斗門石磋各一所，爲久遠之計。」從之。明初漸淤，民耕佃其中。嘉靖、萬歷中屢議修復，卒不果。天啓四年又修治之，尋復廢。志云：「自陳公塘接雷塘舊有槐家河，引水至灣頭入運河。

**新塘**，府西北十里。長廣二里餘，西南接上雷塘，合流入於漕河。宋紹定四年李全窺揚州，趙范等敗之，全走死於此。亦曰小新塘。漕河考：「陳公塘、上下二雷塘、勾城塘、小新塘，舊爲揚州五塘，運河淺涸，往往引塘水濟之。其後豪民占據爲田，無復瀦洩之利。嘉靖中嘗大加修復，置閘設防，未幾復廢。」蓋五塘之名，僅存而已。

**七里溝**，府東北十里。亦曰七里港。唐寶曆二年鹽鐵使王播奏：「揚州城内漕河水淺，舟船澀滯，轉輸不及期。請從府北閶門外古七里港開河而東，屈曲至禪智寺橋通舊官河，長十九里。」從之。即此河也。又薔薇溝，在府東北六十里。其地舊爲薔薇村，接高郵州之永安港。

三里溝，舊在府西南十九里。宋德祐初蒙古將阿术自真州乘勝趨揚州，州將姜才逆敗之於三里溝。阿术佯退，才逐之，阿术還戰，至揚子橋，兩軍夾水而陣，蒙古將張弘範絶渡進戰，才軍潰，敵兵進薄揚州南門。志云：今城南三里亦曰三里溝，南接馬泊港，港在府南十五里，又南通深港達大江。○官溝，在府東三十里，南通江。又府西南十五里有雙港，東南十五里有華家洋港，府東四十五里曰蜆子港，東南四十五里曰倒流港，東北四十七里曰進水深港，皆通大江。其濱江以港名者，又不一處也。

龍舟堰，府南二十里。十道志：「魏文帝丕臨江試龍舟於此，因名。」宋天禧二年漕臣賈宗言：「歲漕自真、揚入淮、汴，歷堰者五，糧載煩於剥卸，民力罷於牽輓，官私船艦，繇此速壞。今議開揚州古河遶城，南接運渠，毁龍舟、新興、茱萸三堰，鑿近堰舊路以均水勢，歲省官費十數萬，功利甚厚。」從之。宣和二年以運河淺澀，發運使陳亨伯使其屬向子諲相視，子諲言：「運河高江、淮數丈，自來置堰牐，治陂塘，復作歸水澳，惜水如金。比年行直達之法，或啓或閉，不暇歸水，又頃毁朝宗閘，自洪澤至邵伯數百里不爲之節，故山陽上下不通。欲救其敝，宜於真州太子港築壩一，以復懷子河故道；於瓜洲河口作壩一，以復龍舟堰；於海陵河口作壩一，以復茱萸、待賢堰，使諸塘水不爲瓜洲、真、泰三河所分；於北神相近作壩，權閉滿浦閘，復朝宗閘，則上下無壅矣。」亨伯從之，漕復通利。今廢堰在揚子橋南，朝宗閘即山陽縣洪澤閘，北神堰亦見山陽縣，滿浦閘或曰即寶應縣黄浦閘，新興閘見鹽城縣新興堰。

江都宫，在故廣陵城内，隋煬帝所築宫也。其宫城東偏門曰芳林，又有玄武、玄覽諸門，皆宫門也。中有成象殿及流珠堂諸處。大業十四年司馬德戡等謀爲變，燕王倓覺之，夜穿芳林門側水竇而入，至玄武門請見，不得達，爲叛者所執。既而德戡等兵入成象殿，獨孤開遠帥殿内兵詣玄覽門叩閤請帝臨戰，不應，尋被弒，殯於西院流珠堂是也。又有楊吴時故宫，在舊子城内。今皆堙廢。○顯福宫，在府東北，隋時城外離宫也。宇文化及等弒煬帝，奪江都舟檝，行至顯福宫，虎賁郎將麥孟才等謀誅化及不克，即此。

大儀鎮，縣西七十里，接天長縣界。宋建隆元年親征淮南，李重進次大儀，遂克揚州。紹興四年劉豫以金人入寇，步兵自楚攻承州，騎兵自泗攻滁州。韓世忠軍揚州，分兵守承州，親提援兵至大儀以當敵騎，伐木爲栅，自斷歸路，勒五陣，設伏二十餘所，金前軍聶兒孛堇引兵趨江口，距大儀五里，别將撻不野擁鐵騎過五陣東，伏發，寇大敗。論者稱大儀之捷，爲中興武功第一者也。

宜陵鎮，府東北六十五里。地勢高阜，民居稠密，自灣頭達泰州之道也。又萬壽鎮，在府東四十里，西至寶塔灣五里，有巡司戍守。自萬壽鎮而東三十里爲歸仁巡司，司之西即三江口，司之東爲廟灣，與周家橋逼近，皆濱江設防處也。

皂角林，府南三十里。宋紹興三十一年金亮南侵，劉錡軍瓜洲，遣將王佐等拒金人於此。佐設伏林中，敵至伏發，金人大敗。既而金人以運河岸狹，非用兵之利，遂引去，佐復追敗之。

平山堂，在府西北五里蜀岡上。宋慶曆三年郡守歐陽修建。江南諸山若拱列簷下，因名。紹定三年李全據灣頭立砦，使其將胡義爲先鋒，駐平山堂以偵三城機便。既而進逼揚州，大燕於平山堂，趙范等出兵襲敗之。咸淳五年李庭芝鎮揚州，以平山堂下瞰州城，敵至則搆望樓於上，張弓弩以射城中，因築城包之。今城廢堂存。

吴公臺，府城西北四里。一名弩臺。劉宋大明三年沈慶之攻竟陵王誕，築臺以射城中，陳大建中吴明徹攻廣陵增築之，故名。唐武德元年江都守陳稜葬煬帝於江都宫西吴公臺下，即此。

揚子橋，府南二十里。自古爲濱江津要，繇此渡江抵京口，渡闊四十里。隋開皇十年，陳故境多叛，命楊素討之。素帥舟師自揚子津入擊，破賊帥朱莫問於京口。大業七年，升釣臺，臨揚子津，大燕百僚。尋置臨江宫於此，亦曰揚子宫。九年吴郡朱燮、晉陵管崇等作亂，時帝在涿郡，命虎牙郎將趙六兒將兵屯揚子，分爲五營以備賊，賊渡江襲破其兩營而去。十三年駕出揚子，幸臨江宫。唐武德二年李子通攻江都，沈法興遣子綸赴救，軍於揚子。時杜伏威亦自歷陽來救，軍於清流，與綸相去數十里。子通詐爲綸軍襲伏威，伏威怒，亦遣軍襲綸，兩軍相疑，江都遂陷於子通。清流蓋在府城西南。七年輔公祏叛，任瓌討之，拔其揚子城，廣陵來降。開元以後爲沙洲所隔，齊澣開伊婁河於揚子鎮南，遂爲往來通津。光啓三年淮南軍亂，畢師鐸自高郵襲廣陵，不克，軍於揚子。宣州觀察秦彦遣將秦稠將兵至揚子助之，進陷廣陵。廬州刺史楊行密引兵攻彦軍於揚子並廣陵西岡以逼城，彦尋敗走。宋建炎初幸揚州，金人破天長，帝自瓜洲南渡，金人入揚州，追至揚子橋而還。紹興三十一年金人犯揚子橋，劉錡拒却之。今運舟自儀真達者，四十里至石人頭入江都界，又十五里至揚子橋；自瓜洲達者，三十里亦至揚子橋；合於官河，東折北行經府城東，蓋總會之所也。○周家橋，在府東南百四十里。南臨大江，西接廟灣，爲控扼要地，有官兵屯駐。又東有口岸巡司，入泰興縣界。志云：縣有萬壽巡司，在縣東四十里。歸仁巡司，在縣東百二十五里。上官橋巡司，在縣西北八十里。瓜洲巡司，在縣南四十五里。邵伯巡司、邵伯驛、河泊所，俱在縣北四十五里。

白土戍，在府西。宋大明三年，竟陵王誕舉兵廣陵，詔沈慶之討之。慮誕奔魏，使慶之斷其走路。慶之營白土，去城十八里，又進軍新亭逼之。新亭蓋在蜀岡上。○揵扒店，在府西。宋淳祐初蒙古入滁、和諸州，淮東將鄧淳等戰於揚州之揵扒店，却之。

桑里，在府城西南二十里。宋大明三年，沈慶之攻廣陵，宋主命爲三烽於桑里，克外城舉一烽，克内城舉兩烽，擒劉誕舉三烽是也。又丁村，在府北。宋德祐二年，揚州圍久食盡，州將姜才聞高郵運米將至，出步騎與元軍戰於丁村，潰還。

山光寺。在府城北。唐光啓三年，畢師鐸戍高郵，還襲廣陵，軍於此。宋乾道三年，淮東提舉徐子寅請開灣頭港口至鎮西山光寺前橋頭，以通運道是也。又禪智寺，在府東十五里，隋故宫也。寺前有橋跨官河上，楊吴時徐知訓與主演泛舟濁河，繼又賞花禪智寺。濁河即官河矣。○蕃釐觀，在舊城東南隅。五代以前在城外，謂之后土廟，俗所謂瓊花觀也。唐中和二年妖人吕用之説高駢，崇大其廟，極江南工材之選。一名唐昌觀，後廢。明正統間重建。

儀真縣，府西七十五里。西南渡江至應天府六十里，西北至泗州天長縣百二十里，東南渡江至應天府句容縣九十里。漢江都縣地，唐揚子縣地，地名白沙。五代屬永貞縣。後唐同光二年吴楊溥如白沙觀樓船，更命白沙曰迎鑾鎮。宋乾德二年升爲建安軍，大中祥符六年改真州，政和七年賜郡名曰儀真。元至元中曰真州路，尋復爲真州，隸揚州路。明初改儀真縣，以州治揚子縣省入。今城周九里有奇。編户十四里。

揚子廢縣，舊城在縣東南十五里。九域志：「揚子縣東至揚州六十里，渡江而南至金陵亦六十里。」隋末杜伏威嘗置戍守於此。永淳元年始分江都置揚子縣。至德二載永王璘作亂軍丹陽，淮南採訪使李成式討之，別將李銑軍於揚子是也。大曆以後，鹽鐵轉運使置巡院於此，有留後官掌之。廣明初淮南帥高駢奏揚子院留後爲發運使。五代南唐改爲永貞縣，宋太平興國中復曰揚子。大中祥符六年置真州，始移揚子爲附郭縣。建炎初升爲揚子軍，四年復爲縣。紹興十年又升軍，明年復故。元仍爲揚子縣，明初省。○左安城，在縣西二十里。地多山谿，旁有崇丘，道出六合，蓋舊時戍守處也。

城子山，縣北六里。山形如城。魏文帝築樂遊臺，立馬賦詩於此。又焦家山，在縣東北五里。宋開禧二年金人寇真州，總轄唐璟決陳公塘水被真東北境，敵登焦家山望之，知不可越，引退。○方山，在縣西三十里。其嶺四面平正。唐於此屯軍，置方山府。其並峙者曰横山，高廣與方山相埒。二山俱接六合縣境。又有鵶山，在縣西四十里。以兩峰相對而名。唐光啓中蔡州賊將孫儒嘗屯於此，寨址猶存。俗謂之奶山，亦與方山鼎峙。

小銅山，縣西北二十五里。寰宇記謂之大銅山，又有小銅山在其東麓。宋時淮南鼓鑄莫盛於真州，城内舊有廣陵、丹陽二監，蓋以大、小銅山産銅也。又舊有冶官，置於小銅山西北五里。

瓜步山，縣西四十七里，與六合縣接界處也。又有小帆山，在瓜步東，矗起大江中。一名石帆山。志云：蜀岡上自六合縣來，至小帆山入境，綿亘數十里，達於江都云。又赤岸山，志云：在縣西三十里。今俱詳見六合縣。○靈巖山，在縣西七十里。山嶺高峻，界儀真、六合二縣間，〔三〕爲遠近之望。

揚子江，在城南。通釋：「真州東行五十里至瓜洲以達鎮江，西行亦五十里至瓜埠以達建康。」今縣南有上江、下江、舊江三口。上江口去下江口一里；下江口與江心天寧洲相對；其東十五里爲舊江口，有舊江口巡司，西北至縣十里，與江心新洲相對；皆爲沿江戍守處。江防攷：「縣南十里爲天寧洲，近大江南岸，元末康茂才結砦處也。縣東南五里爲新洲，與天寧洲相映帶，洲渚紆回，汊港環錯，並爲江洋要害。縣東南四十里曰高資港，亦近江南岸，有巡司。西至天寧洲三十里，東至丹徒巡司七十里。明建文四年靖難兵克儀真，立營於高資港是也。又有何家港，在縣東二十里，爲北岸要口。東至江都花園港十五里，西至舊江口十里。繇京口度此登岸，則東走瓜洲，西入儀真，北達揚子橋，皆爲徑易，故防守尤切。」

運河，在縣治西南。迤東行四十里，過烏塔溝入江都縣界。縣東南二里舊有江口堰，即宋之真陽堰。天聖二年修水閘易堰，人以爲利。宣和三年真州守李琮言：「州乃外江綱運要口，運河淺澀，每不能速發。按南岸有泄水斗門八，去江不滿一里。欲開斗門河身，去江十丈築軟壩，引江潮入河以助運。」從之。紹興四年毁，尋復修治。淳熙十四年揚州守臣熊飛言：「揚州運河，惟藉瓜洲、真州兩牐儲積。今河水走泄，緣真州上下二牐損壞，乞令有司葺理。」明爲儀真五壩，上江運艘皆經此，凡五十五里而達揚子橋合於官河。河漕攷「洪武十六年，儀真縣重建清江閘、惠橋腰閘、南門裏潮閘以蓄洩水，利通漕舟，從樞臣單安仁之請也。景泰五年，以縣東十里有河，南接大江，北銜運河，因增置新壩，亦謂之新壩河。六年又以儀真壩下有青泥灘、直河口二港，江潮往來，每至填淤，河臣陳泰奏請修濬。自是定制，三年一濬。今有羅泗、通濟、攔潮、東關四閘，俱在運河上。自南而東，以時蓄洩」云。

長蘆河，在縣西四十里。其上流爲沙河，自江浦、六合縣界流入境。宋天聖三年發運使張綸請開長蘆口河入江，以避大江風濤之險，舟楫以爲便。建炎三年金人陷太平，長驅至建康，守臣杜充渡江遁真州，諸將怨充嚴刻，謀害之，充不敢入營，居長蘆寺，遂降金。寺在長蘆河西。今亦見六合縣。○遇明河，在縣西。宋崇寧二年詔淮南開修遇明河，自宣化鎮江口直至泗州淮河口。今堙。

陳公塘，縣東北三十里。其塘西北依山，東南面水，有斗門石礎，歷代引以濟運。今爲軍民所占佃。又句城塘，在縣東北四十里。闊二里，長七里。今亦廢爲田。志云：縣東二十里有戴子港，即陳公塘下流也。南入江，北流闊處即懷子河矣。今俱詳見江都縣。○北山塘，在縣北濠外一里。其相接者爲茆家山塘，北面依山，東西引流入濠。舊時瀦爲水櫃以遏敵，又有石壩瀦水溉田。今俱廢。又劉塘，在縣西北五十里，方山之西，靈巖山之東。導流爲東溝，南入江。志云：東溝在縣西南四十里，爲儀真、六合之交，值黄天蕩，大江衝要處也。

老鸛嘴，在縣東南。宋德祐初蒙古將阿术攻真州，州守苗再成與戰於老鸛嘴，敗績，阿术乘勝趨揚州，或曰即今縣東南二十里之老鴉夾也。又青山嘴，在縣西三十里。江防考：「青山嘴西至東溝二十里，東至下江口三十里，與老鴉夾俱爲濱江。」

白沙鎮，在縣城南，濱江。即白沙洲也，舊爲戍守要地。齊建武初魏人入寇，詔於白沙分置一軍，長蘆分置三軍。唐至德二載永王璘作亂，軍丹陽，其將馮季康奔白沙降於淮南采訪使李成式。上元元年，劉展據廣陵，軍於白沙，濟江襲下蜀，遂取潤州。後唐同光二年，楊溥如白沙，觀樓船，徐温自金陵來朝，因號白沙爲迎鑾鎮。周顯德五年，周主如迎鑾鎮，屢至江口破唐水軍。宋建隆初太祖平李重進於揚州，令諸軍習戰艦於迎鑾鎮，南唐主李景大懼，即白沙也。乾德二年始置建安軍於此。○宣化鎮，在縣西二十里。亦曰五馬渡，與六合縣接界。今詳見六合縣。

歐陽戍，在縣東北十里。水經注：「邗溝水上承歐陽，引江入埭，六十里至廣陵城。」宋大明三年竟陵王誕舉兵廣陵，詔沈慶之討之。慶之進至歐陽。齊延興元年蕭鸞使王廣之襲南兗州刺史安陸王子敬，廣之至歐陽，遣部將陳伯之先驅入廣陵。梁太清二年，侯景圍臺城，北徐州刺史蕭正表叛附景，景以爲南兗州刺史。正表乃於歐陽立栅，以斷援軍。蕭會理時鎮廣陵，遣兵襲破之，正表走還鍾離。承聖初王僧辯等破侯景，分遣陳霸先將兵向廣陵。時景將郭元建以廣陵降齊，霸先至歐陽，齊將辛術已據廣陵，霸先遂屯歐陽。會齊兵圍六合，霸先自歐陽赴救，大破之於士林是也。士林，見六合縣。○新城村，在縣東北十五里。南通何家港，北達揚子橋，往來之通道也。俗謂之都天廟。

胥浦橋。在縣西北七里。志云：胥浦之水源出小銅山，東南流至城西，復折而西南流，里許爲上口，入江，俗謂之鑰匙河是也。宋紹興三十一年，邵宏淵退保於此，以拒金亮之師。開禧二年金人陷真州，寇六合，揚州帥郭倪拒之於此，敗績。又端平三年，蒙古將察罕攻真州，州守丘岳敗之，乘勝出戰於胥浦橋，蒙古引却。

泰興縣，府東南百四十里。北至泰州九十里，東至通州百六十里。本海陵縣地，南唐析置泰興縣，屬泰州，宋屬揚州。今城周九里。編户一百八里。

泰興舊城，在縣西北。志云：南唐昇元初析海陵南五鄉地置縣，治濟川鎮，在今縣西北四十里。宋乾德三年徙治於柴墟鎮。熙寧中知縣尤袤排衆議，築外城，周九里有奇，俗號爲龜城。建炎三年岳飛駐泰州，以州無險可恃，退保柴墟，渡百姓於沙上。是時金人陷揚州，所至塗炭，惟縣有外蔽，全活甚衆。紹興初移縣治延令村，即今城也。其故城仍曰柴墟鎮。紹熙五年淮東提舉陳損之言：「柴墟鎮舊有堤牐，爲泰州洩水處，久廢壞，宜於此創立斗門。西引天長、盱眙以東衆湖之水，起自江都，北經高郵、寶應、山陽抵淮陰，西入淮；又自高郵入興化，東至鹽城極於海；又從泰州南至泰興徹於江。共爲石碰十三，斗門七。」淮東田多沮洳，繇此得良田數百萬頃云。

孤山，縣東南七十里。南枕大江，巍然一峰，約高百仞，上多大竹。志云：孤山，縣之鎮山也。舊在江北岸，其後岸圮，山入江中。今江爲平陸，山與靖江縣分界。又東山，在縣東六十里。

大江，舊在縣南三十餘里。自江都縣流入界，又東入如皋縣界。天啓以後沙渚漲塞，泰興與靖江接壤處悉爲平陸，因於縣南三十里開爲界河，東通老沙港，西通大江，長亘五十里。

得勝河，縣西四十五里。下流經縣西南三十里曰盛大港，流入大江。又廟港，在縣西三十里，流經江都縣境入江。縣西四十五里又有過船港。成化十八年於縣東南三十里印莊河西至廟港築江堰，嘉靖十二年又自廟港至過船港增築江堰以衛田，大爲民利。

相見灣，在城東。俗謂之龍開河。河形委曲，舟行雖有先後，至此則帆檣相望，可呼而應也。又城北二里曰通泰河，一名槐子河，流合龍開河，下流俱注於江。○范蔡港，在縣東南江中。明初攻泰州，張士誠遣兵赴援，舟師出大江，次范蔡港，別以小舟於江中孤山往來出没。太祖曰：「士誠欲分我兵勢耳。我乘其怠，急攻泰州，州破，江北瓦解矣。」今舊港已堙。

新河港，縣東南四十餘里。元置干塘巡司，屬武進界。明初以隔在江北，改今屬。今司廢。

黄橋。縣東四十五里，有巡司戍守。嘉靖中官軍嘗敗倭於此。縣西四十五里又有口岸巡司，接江都縣界。縣南三十餘里又有印莊巡司。

附見

揚州衛。在府城内。洪武中置。又儀真衛，在儀真縣城内。亦洪武中置。志云：興化縣有守禦千户所，舊屬高郵衛，今屬揚州衛。

高郵州，府東北百二十里。北至淮安府二百十里，西至鳳陽府泗州二百里，東南至泰州百五十里。

春秋時吴地。秦屬九江郡，漢屬廣陵國，後漢屬廣陵郡。晉屬臨淮郡，宋復屬廣陵郡，齊因之。梁置廣業郡，尋改神農郡。以嘉禾之瑞改焉。隋郡廢，屬揚州，大業初屬江都郡。唐亦屬揚州。宋開寶四年置高郵軍，熙寧五年軍罷，仍屬揚州。元祐中復置軍，建炎四年升爲承州。紹興五年州廢，三十一年復爲軍。元置高郵路，尋改高郵府，屬揚州路。明初改爲州，以州治高郵縣省入。編户八十五里。領縣二。今因之。

州介於揚、楚間，號東南咽領。唐咸通九年，桂州戍卒龐勛等叛，還徐州，道經淮南，淮南將李湘言於節度使令狐綯曰：「高郵岸峻而水深狹，若奇兵伏其側，焚荻舟塞其前，而以勁兵蹙其後，可盡擒也。」綯不從。及勛至徐，遂爲東南大患。周顯德四年攻楚州，遣兵趨揚州，至高郵，唐人焚廬舍，悉驅其民渡江而去。元末張士誠據此，爲江、淮之厲。蓋州藪澤環聚，易於控扼也。宋時州人秦觀詩曰：「吾鄉如覆盂，高據揚、楚脊，環以萬頃湖，粘天無四壁。」故高郵亦曰盂城。

高郵廢縣，今州治。秦高郵亭也。漢置縣，屬廣陵國。後皆爲高郵縣，宋始爲高郵軍治，元爲府治，明初省。今州城周十里有奇。

臨澤廢縣，州東北九十里。劉宋大豫初置縣，屬海陵郡，齊、梁因之，隋初并入高郵。又州境有竹塘、三歸等縣，隋志：「梁析高郵縣置，屬廣業郡，高齊及周因之，隋俱廢入高郵縣。」

神居山，州西南六十里。一名土山，高二十五丈，周十五里。秦觀曰：「山不甚廣，而股趾盤礴甚大，傍占數墟，遂爲州境之望。」

官河，在州城西。自州南三十里江都縣界露筋廟起，至州北六十里界首鎮止，其西七十二澗之水，甓社等湖經城南北金門閘及城西窑港閘而入官河，今漕運所經也。舊時漕河出城西，築隄以衛之，曰東堤。又有西堤，濱湖以捍水。復築堤以衛民田，曰中堤。其後東堤圮，故漕河廢。漕出西堤、中堤間，仍稱東堤運河，其故址即唐李吉甫所築平津堰，溉田數千頃者也。宋時修爲運堤。大中祥符間，轉運使吴遵路請於高郵等處置斗門九十以蓄洩水利。天聖中轉運方仲開言淮南漕河宜作木閘石窗，分水溉民田。重和初柳庭俊復請修高郵運河堤岸、斗門、水閘。紹熙五年，淮東提舉陳損之言：「高郵、楚州之間，陂湖渺漫，茭葑彌滿，宜創立堤堰，以爲潴泄，庶幾水旱有備。」元延祐五年命開修高郵運道，大德十年復濬治。明爲漕運經途，濬治益密。城西北有康濟河，長四十餘里。弘治二年漕臣白昂以運舟入甓社湖常覆溺，觸岸輒壞，乃開復河於高郵堤東以避其險，謂之康濟，蓋即官河之别名也。志云：河起自城北杭家嘴，又北至州北三十里之張家溝，長竟甓社湖。萬曆三年湖水決州北二十里之清水潭及潭北十里之丁志港口，明年漕臣吴桂芳等議修復西湖老堤。老堤，洪武九年所築湖堤，即西堤也。其康濟河即故東堤。是時東堤、中堤悉堙没，老堤傾壞，淮、湖之水縱横漫衍。於是議塞決口，修老堤，傍老堤民田中改挑康濟越河；於是廢東堤，築中堤以便牽輓，遂爲永制。今詳見川瀆漕河。

**運鹽河**，在州城東北。一名閘河，亦曰東河。東流八十里抵興化縣河口鎮，又東接泰州運河，又東至白駒、劉莊二閘。其西通新開河。宋紹熙五年淮東提舉陳損之言「自高郵、興化至鹽城二百四十里，其堤岸傍開一新河以通舟船，仍存舊堤，以捍風浪」，即此河也。志云：城南有城子河，東抵各鹽場，北達城東二里之燒香港，又北抵運鹽河。

**樊梁湖**，州西北五十里。上流爲樊梁溪，自天長縣石梁河流入州界，潴而爲湖，與新開、甓社爲高郵三湖。繫年録：「承、楚之間有樊梁等三湖，綿亘三百餘里。宋紹興初有張榮者聚衆於此，擊敗金人。金陷揚州，榮駐鼉潭湖，積茭爲城以自固。」今鼉潭湖在州東北九十里，其下流通海陵溪。大抵州境湖汊最多，其大者或曰三湖，或曰五湖，蔣之奇詩「三十六湖水所潴，其間尤大爲五湖」，五湖蓋樊梁三湖與平阿、珠湖爲五也。又或以爲即州西六十里之五湖云。

甓社湖，州西北二十里。東西長七十里，南北闊五十里。元至正十三年張士誠作亂，淮南行省李齊出守甓社湖是也。今爲運道所經。

新開湖，州西北三里。其水東、南俱通運河，長闊各百五十里，天長以東之水俱匯此湖而入於淮。湖中突起一洲，可百餘畝，水雖盛漲，終不能没。其洲去城十里。秦觀詩「高郵西北多巨湖，累累相連如貫珠」，蓋州境自昔恃湖爲險。山堂考索云：「淮東川澤之國，凡小洲大渚，水勢環遶，人所不到處，皆水寨也。自老鸛、新開諸湖而言，凡四十餘處，而相通之寨九，一寨一將主之。南宋所爲守淮者，皆新開等湖以爲之險耳。」○平阿湖，在州西八十里。其東南爲五湖，接天長縣之銅城河。州境諸湖皆自天長縣導流東注。蓋五湖匯上流諸川，源多勢盛，州境平衍，故所在浸淫，遂爲澤國。又珠湖，在縣西七十里。天長志：「五湖接高郵之甿沙湖，或以爲珠湖矣。」

武安湖，州西南三十里，與新開河相接。又塘下湖在州西四十里，又西十里接姜里湖，州北二十里又有張良湖，又南三里接七里湖，州西北五十里爲石丘湖，皆與甓社湖相灌注。又綠洋湖，在州南三十里。與州東二十八里之張家溝相接，至州北三十五里亦匯於甓社湖。又州西二十里有鵝兒白湖，州東北六十里有仲村湖。又東北六十里爲郭真湖，接鹽城縣界。

白馬塘，州西南七十里，北近北阿鎮。晉太元中謝玄自廣陵救三阿，次於白馬塘，即此。通釋：「塘阻三阿溪，謝玄破苻秦將都顔、俱難，李孝逸破徐敬業處也。」又州境有富人等塘。唐會要：「元和三年李吉甫節度淮南，築富人塘、固本塘，溉田且萬頃。」地理志：「高郵有堤塘，溉田甚多，皆李吉甫所築。」今廢。

子嬰溝，州北七十里。自寶應縣界洩官河之水，東南流經州境，又東接漳河入廣洋湖，萬曆二十四年濬入興化縣之大蹤湖。又夾溝，在州西二十里。志云：昔開此溝以避武安湖、官莊嘴之險，今廢。○清水潭，在州北二十里。其地低窪，當下流之衝。又北十餘里有丁志港、永定港等口。萬曆中淮、湖漲溢，清水潭及丁志口衝決最甚。

北阿鎮，州西八十里。亦曰三阿。三阿者，鎮之南有平阿湖，又南有下阿谿也。東晉嘗僑置幽州於此。太元四年苻秦將俱難、彭超圍幽州刺史田洛於三阿，去廣陵百里，朝廷大震。謝玄自廣陵馳救，難、超戰敗，退保盱眙。或云平阿湖側有平阿村，村有故平阿縣，魏收志譙州高塘郡領平阿縣，此三阿也。平阿蓋梁置，後魏因之，後周廢。今下阿入天長縣。

三垛鎮。州東四十里。宋建炎中金人攻楚州，詔通泰鎮撫使岳飛援之。飛屯軍三垛鎮，爲楚州聲援，寇至三戰三捷。今其地有三垛橋，跨山陽河。河北接射陽湖，南至泰州樊汊鎮接江都縣界。又河口鎮，在州東八十里，接興化縣界。志云：州北三十五里有張家溝巡司，州東北百三十里有時保巡司。○又盂城驛，在州南門外；界首驛，在州北六十里；俱洪武中置。又稽莊，在州東南十五里。城子河經其傍。宋末稽聳保聚於此，鄉里義而歸之，相率不肯附元處也。

寶應縣，州北百二十里。北至淮安府八十里，西至泗州盱眙縣百八十里，西南至泗州天長縣百七十里。漢爲平安縣，屬廣陵國，後漢因之，後改爲安宜縣，晉省。齊復置安宜縣，屬陽平郡。梁爲陽平郡治，兼置東莞郡於此，高齊及周因之。隋郡廢，縣屬揚州。唐武德四年置滄州。七年州廢，縣屬楚州。上元三年改爲寶應縣。宋因之，寶慶三年升爲寶應州，尋又升爲軍。元至元十六年改置安宜府，二十年府廢，仍曰寶應縣，改屬高郵府。今城周九里。編户二十七里。

安宜城，在縣西南。漢縣治此。蕭齊置陽平郡，寄治山陽，安宜縣屬焉。梁始爲陽平郡治。太清二年秦郡、陽平皆降於侯景，景改陽平爲北滄州，秦郡爲西兗州。大寶初東魏將辛術圍陽平不克，繼而術鎮下邳，復渡淮攻陽平，大掠而還。陳大建五年吴明徹伐齊，克石梁，陽平郡降，〔四〕即安宜也。隋郡廢，唐初縣改今治。

石鼈城，縣西八十里。三國魏鄧艾築此以營田。晉永和中，荀羨鎮淮陰，屯田於石鼈。蕭齊建元二年，表於石鼈立陽平郡。地理志：「郡治泰清縣。高齊時又改泰清爲石鼈。北齊書：乾明初蘇珍芝議修石鼈等屯，歲收數十萬石，自是淮南軍防足食。」後周亦置石鼈縣，隋初廢入安宜縣。城邑攷：「縣東南十五里有金牛城，相傳宋熙寧中築。又縣西南八十里有高黎王城，相傳宋治平中築。又有韓王城，在縣東南四十里射陽湖陰。相傳宋紹興中韓世忠鎮淮陰時築。」

雲山，縣西南百二十里。上有龍潭，四時不涸。又箕山，在縣東六十里。今惟有土阜百餘。圖經「射陽阜東臨射陽湖，其丘千數」，即此。志云：阜周四十里。中有三王溝，西南通廣洋湖，東北入射陽湖。又褚廟岡，在縣西百里。東西長六里，南北一里。舊築大堰於此，以蓄泄白水塘之水。

運河，在縣城西。自縣南六十里界首驛至縣北二十里黄浦鎮，凡八十里。有東西兩堤，西堤濱氾光湖，謂之舊堤，東堤爲新堤。所謂弘濟河也。舊時漕經氾光湖中，嘉靖中漕臣陳毓賢以湖西受盱眙、天長之水，湖堤淺狹，易於潰決，恐運道有妨，且高、寶以東民田低下，易致沉溺，請於堤東修築越河一道，不果。萬曆十二年科臣陳大科復請開寶應越河，從之。河成賜名弘濟。蓋縣向稱澤國，諸湖承淮河下流，汪洋衝激，漕河經此，爲最險之區。

涇河，縣北四十里。繇山陽縣界西接漕河，經縣東四十里，又東入射陽湖。又漳河，在縣東南六十里。西接子嬰溝，東北入廣洋湖。○衡陽河，在縣西南六十里。又西南四十里達衡陽鎮，以迄於雲山，距氾光湖百餘里。舊無小河可避風濤之險，近時挑濬六百餘丈，達於氾光湖，謂之陰隴河。

氾光湖，縣西南十五里。東西長三十里，南北廣十里。漕河經此，風濤多阻，萬曆中開越河以避其險。氾光東北曰清水湖，在縣城南。東西十二里，南北十八里，與運河相接。又灑火湖，在縣西南四十里。西通衡陽河，南接安宜溪，東北入於氾光湖。

白馬湖，縣西北十五里。東西十五里，南北三里。其當湖心而東者爲八淺堤，漕河所經也。萬曆初爲湖水決壞，潘季馴以決口深闊，且水勢湍急，因築西堤於湖心淺處，仍於運河南北爲截壩二道。既而八淺決口水瀦不流，遂塞之，仍護西堤以爲外捍，至今便之。志云：湖西連三角村，東北會運河，北達黃浦，爲往來津要。或曰白馬湖即故白馬塘。又縣東六十里爲三阿鄉，或曰東晉置幽州於此。

廣洋湖，縣東南五十里。東西十里，南北三里。東南通沈垛港入博支湖，西南接漳河，北連章思蕩，東北會三王溝，縣境之水多匯於此，東北達射陽湖以注於海。志云：沈垛港在縣東南八十里，又東南十里即博支湖也。博支湖之水北接縣東九十里之馬長汀，東北通鹽城縣，又北會於射陽湖。

射陽湖，縣東六十里。湖東屬鹽城，西北屬山陽，而西南則屬寶應，縈迴凡三百餘里。其南北淺狹而東西深廣，爲羣川之委流，東達於海。今分見鹽城、山陽縣。○津湖，在縣南六十里。東通運河，西北接氾光湖，南入高郵州界。或曰即精湖也。三國魏黄初六年，自廣陵還至精湖，時十月水涸，戰船數千皆滯不得行，魏主留船付蔣濟，濟鑿地聚船，作土豚遏湖水，灌之入淮，即此處也。

白水塘，縣西八十五里。闊三十里。周二百五十里。北接山陽，西南接泗州盱眙縣界，亦曰白水陂。三國魏鄧艾所作，與盱眙破釜塘相連，開八水門，立屯溉田萬二千頃。宋元嘉末嘗決此塘以灌索虜。大業末破釜塘壞，水北入淮，於是白水塘亦涸。唐證聖中始復修治，開置屯田，長慶中復興修之。今縣西南四十里有徐州涇、青州涇，縣西南五十里有太府涇，是時發青、徐、揚三州民鑿涇以溉，塘因名。太府，謂揚州也。又縣北四里有竹子涇，亦長慶中所開。五代周廣順三年，南唐楚州刺史田敬洙請修白水塘溉田以實邊，有司奉行無法，因緣擾民，塘不果成。宋嘉定六年，議者謂：「白水塘東至浮圖莊，南至褚廟岡，有岡脊大堰，久廢不治。若修復之，使高、寶諸河相接，游波所及，使衡陽阜、三角村諸處皆浸淫至城，則形勢自張。」下本州相度。尤焴上言：「塘周百二十里，地涉山陽、盱眙兩縣。所堰之水通富陵河，其源出盱眙縣南之塘山，山蓋因塘得名。水自高而下，谿澗縈紆，凡四十里乃至劉家渡入富陵河，因築爲三堰，曰潭頭下堰、河喜中堰、劉家上堰。下堰至中堰十二里，中堰至上堰五里。其上又有螳螂堰在塘内。三堰既置，則塘山以東四十里之水不得入富陵河，然後東匯爲白水塘。今修設三堰之功不宜苟且，若有潰決，則洪澤沿淮，受害非輕。又塘之西南二面皆因岡阜爲限，東北二面乃是古淤平地，築塘岸脚闊十餘丈，歲月既久，岸脊處與塘面平合。先增築塘岸，高一丈以上，方可瀦水、舊塘有八斗門以溉塘下田，亦合修復。塘之復有三難，有二利：民間所佃塘内上腴之田二千餘頃，廬墓莊院皆在焉，一旦瀦之，民必怨，一難也；塘内水盛，堤岸難測，如黄家圍一帶居民千百家，所合遷徙，二難也；工役甚大，爲費不貲，三難也。塘下西北地高亢，民田多荒，東北亦有高田，灌注則成沃壤，一利也；盱眙之民如兩家渡等處，因水限隔，就高保聚，絶敵入小路，二利也。但夏秋之間，既開斗門灌注，則冬春水勢必殺，恐無以待敵。又盱眙保聚，止是一鄉，不能盡杜他岐。竊見此塘本在高岡，下臨衡陽阜二十里，三角村諸處三十里，皆係向來邊兵經行横趨大儀之路，決水自高而下，皆可灌也。」議未及行。今日就淺淤矣。○羨塘，在白水塘北。唐會要：「證聖中開置白水塘、羨塘屯田。」是也。志云：羨塘亦在縣西南，與白水塘合。

章思蕩，縣東南四十里。西接城子河，南通廣洋湖。志云：城子河在縣東南十八里，其西北接望直港，南通章思蕩。○黄昏蕩，在縣東七里。東南接望直港，東北達縣東八十里之凌溪。志云：望直港在縣東十五里，宋嘉定八年所濬。西接宋涇河，宋涇即城中市河也，引流而東接望直港，亦北達於黄昏蕩。又縣北有七里溝，亦西通運河，東入黄昏蕩。

黄浦溪，縣北二十里。有黄浦鎮。南通運河，東接凌溪，又東北入射陽湖。志云：黄浦鎮有閘，漕舟所經也。萬曆四十五年漕臣陳薦檄築黄浦閘南岸隄至射陽湖止，明年築北岸堤，長各五十餘里。又海陵溪，在縣東九十里。自興化縣流入界，俗呼琵琶頭，與馬長汀相接，西北通射陽湖。○安宜溪，在縣西南六十里。東北入灑火湖，西南入高郵界達於諸湖。

**長沙溝**，縣東二十五里。西接運河，東入廣洋湖。又楊家溝，在縣東八十里。東南接馬長汀，西北入射陽湖。又子嬰溝，在縣南六十里。溝南有子嬰鋪。西接運河，東達漳河。○蘆洲，在縣東十三里。東晉初祖逖軍於蘆洲，或以爲即此處，悮也。

**槐樓鎮**。縣南二十里，運道所經也。有槐樓巡司。又南十里爲瓦店鎮，又南十里爲氾水鎮，其相近者曰蘆村鎮，又南十里曰江橋鎮。○黎城鎮，在縣西九十里。又縣西南百里爲衡陽鎮，有衡陽巡司。又有射陽鎮，在縣東四十里。

又安平驛，在縣北門外。

**興化縣**，州東百二十里。南至泰州百二十里，北至淮安府鹽城縣百十里。唐海陵縣之昭陽鎮，楊吳始置興化縣，屬江都府，南唐屬泰州。宋建炎四年改屬承州。紹興五年改爲鎮，屬海陵縣。十九年復爲縣，仍屬泰州，乾道二年屬高郵軍。今城周六里。編户七十二里。

**運河**，在城南。分流爲車頭河，東經德勝湖至城東三十里，又東合串場河。又縣西四里爲山子河，西通海陵溪，北入白塗河。○海陵溪，在縣西十五里。自泰州北浦汀河流經縣西，又西北經寶應縣界入射陽湖。縣東北爲白塗河，西接海陵溪，東經平望湖，又東合串場河，亘百二十里。

**海溝河**，縣東北二十五里，西接吳公湖；又縣南三十五里有蚌沿河；俱東通串場河。泰州志：「串場河自州東之西溪引流而東北，經東臺場，又北至河垛場，又北至丁溪、草堰二場，西去興化縣百十里，又北至白駒場，西南去縣百二十里，又北至劉莊場，又北至鹽城縣之伍佑、新興二場，又北過天妃、石䃮、廟灣等口而入海。經流於中十場之間，故謂之串場河云。

得勝河，縣東十里。本名縮頭河。宋建炎中，張榮、賈虎率山東義軍繇梁山泊與金人轉戰至承、楚間，金將撻覽在泰州，榮以舟師設伏，掩擊於縮頭湖，大敗其衆，因更名得勝湖。又白沙湖，在縣東南十里，與得勝相接。岸多白沙，因名。○大蹤湖，在縣北四十五里。中心與鹽城縣分界，又西入射陽湖。祝世祿曰：「興化起大蹤湖，繇舊官河歷岡門鎮至石䃮，五十餘里，濬之使深，積水可盡入海也。」

平望湖，縣北二十里。南接官塘，中有岡阜，四望平坦，因名。又三里曰吴公湖，昔有吴尚者隱此，因名。其水西入海陵溪，東接海溝河。○千人湖，在縣東北百里。相傳隋末有千人避難於此，得免，因名。

丁溪閘，在縣東一百三里，即丁溪鹽場也。又東北七里爲少海、草堰二場。又縣東北百二十里曰白駒場。又北曰劉莊場，接鹽城縣界。天啓二年興化知縣邊之靖修攔潮五閘，明年淮、湖大漲，自高、寶而東俱繇五閘匯流入海，公私利之。又捍海堰，在縣東。上接鹽城，下至海門，即唐李承所創，宋范仲淹所修也。今詳見鹽城縣。

陵亭鎮，在縣南二十五里。唐大順初朱全忠將龐師古略淮南，下天長、高郵，引兵深入，與賊將孫儒戰，敗於陵亭，乃還。○瓠子角，在縣東南。明初徐達等攻興化，太祖曰：「瓠之角興化要害，寇所必經。」達奉命以兵扼其地，興化遂下是也。

安豐鎮。縣東北六十里，有巡司。又芙蓉鎮，在縣東北三十里。縣北三十五里又有長安鎮。

十里。

附見

高郵衛。在州城内。又有鹽城守禦千户所，在淮安府鹽城縣城内，屬高郵衛。俱洪武中置。

泰州，府東百二十里。東至海二百四十里，東南至通州二百七十五里，西至高郵州百五十里，南渡江至常州府二百五十里。

春秋時吴地，戰國時屬楚。秦屬九江郡，漢屬臨淮郡。東晉安帝分廣陵立海陵郡，宋以後因之。隋初郡廢，仍屬揚州。唐武德四年置吴州，七年復廢，還屬揚州。楊吴乾貞中爲海陵制置院，南唐昇元初改置泰州，宋因之。元置泰州路，後改爲州，屬揚州路。明初仍爲州，以州治海陵縣省入。編户一百七十七里。領縣一。今因之。

州面江枕淮，川原沃衍，魚鹽繁殖，稱爲奥區。若夫風帆便利，跨越吴會，聯絡青、齊，則海舟之利也。絶南北之津梁，扼江、淮之襟要，孰謂一州斗大，不足以有爲也歟？

海陵廢縣，今州治。漢置縣，屬臨淮郡，後漢省。晉太康初復置海陵縣，屬廣陵郡，東晉末始置海陵郡。宋、齊時海陵縣皆屬廣陵郡，而海陵郡治建陵縣，梁時始爲郡治。隋復廢郡。唐初置吴州，改爲吴陵縣。州尋廢，縣仍曰海陵。南唐以後爲泰州治，明初省。今州城周十二里有奇，門四。

建陵廢縣，在州東北七十里。本東海郡屬縣，晉義熙中僑置於此，屬山陽郡，尋屬海陵郡，宋、齊時爲郡治。梁仍屬海陵郡，隋省。尋析置江浦縣於此，大業初復省入海陵縣。或曰秦、漢時東陽廢縣在州東百里。其東有長洲澤，又東有扶海洲。今堙。

新城，州北五里。宋端平中州守許堪別築堡城於湖蕩沮洳中，周二百丈。德祐二年元阿朮遣兵拔新城，留屯以逼泰州。元末張士誠入泰州，壞其城，乃修築新城，設義兵元帥府及州治於此。既而士誠將夏思恭等據守，并葺舊州城而守之。明初徐達兵至泰興，水道不通，乃自大江口挑河十五里，直抵州之南門灣，思恭等退保新城，達因東築海安城，以絕通州之援，遂克之。城今圮。

海安城，在州東百二十里，南北朝時戍守處也。宋泰始七年僑置新平郡，治江陽，又領海安縣。齊永明五年罷新平郡，併入海安，屬海陵郡，陳大建五年，將軍徐敬辨克齊海安城是也。後省。唐景龍二年又置海安縣，開元十年省入海陵。明初徐達攻江北，駐軍海安，尋進圖泰州，使孫興祖留鎮於此，以斷賊援軍，於是賊不敢犯，蓋控扼要地也。今爲海安鎮，有土城，周六里。海防攷：「鎮居如皋、泰州之中，東可以控禦狼山、通州海門之入，西可以捍衛揚州，因置巡司於此。」

天目山，州東四十五里，土山也。上有雙井如目相對，因名。又有吕城山，在州東三十里。山形如城。○泰山，在州治西。高僅五丈許，因州以名。又羅浮山，在州西北五里澤藪中。水不能没，望之如羅浮。又中洲山，在州東北百二十里西溪鎮之北。

揚子江，舊在州南三十里，入泰興縣界。有口岸港，引爲渠，北達運河。今江沙漲塞，州去江遠矣。

運河，在州西。自江都灣頭鎮而東，經州西三十里斗門鎮，又東至城南，有運河壩，自壩而南爲濟川河，又南三十里至泰興縣之廟灣，又二十里至濟川鎮通江，商船多繇此入。志云：運河起城北一里之東西二壩，東至新城分而爲三：一自新城東北十五里至淤祈湖，又東四十里至秦潼闕，又東六十里至西溪鎮，謂之西溪，至西溪復分爲二：自西溪東北出，經東臺場、河垛場，又北歷丁溪、草堰諸場者所謂串場河，繇興化、鹽城以入海者也；其自西溪而東，又二十里至梁垛場止爲正流，引爲支流，南通安豐場及富安場、闞河，繇闞河南至海安鎮四十里，鎮設東中西三壩以限之，自壩而南即灣頭，抵通州之各場，運鹽河也。一自新城稍北，經魚行市，又北十八里至港口鎮，又北三十七里至寧鄉巡司，又北達興化縣西十五里之海陵溪，在州境亦曰浦汀河也。一自新城西北八十里至樊汊鎮，又西接於官河，亦曰運鹽河。相傳漢吴王濞所開，三國以後漸堙廢。宋熙寧九年發運使王子京奏請修復，自是歷經修濬，爲商賈經途。

西溪，州東北百十里。西接運河，東通角斜河。一名晏溪，以宋晏殊嘗監西溪鹽倉也。志云：角斜河在州東北百二十里，南通栟茶場，西通海安鎮。又辭郎河，在州東北百二十里，北通興化縣之陵亭鎮。

淤祈湖，州東北二十里。一名發溪河，下流入雞雀湖。○雞雀湖，在州東北四十里。周三十里。舊多雞雀飛集，因名。又包老湖，亦在州東北四十里。湖周四十里。水至清而無滓，雖與他水會流亦不雜，挈壺氏以此供滴漏云。又仇湖，在州東北百里。周三十里。東入梁垛場。○鴨子湖，在州南二十里。周二十五里。東通運河，西接濟川河。

姜堰，在天目山前，瀕運河。北至西溪通運鹽以達上河。宋紹興四年詔毀之以拒金人，尋復築治。又有北堰，在州北四里，瀕運河。宋建炎中移堰於北門外，尋復舊。志云：州北三里爲施家灣，今舟船駢集處也。又北二里爲魚行市。

捍海堰，在州東。宋史：「海陵有古堰，亘百五十里，久廢不治，秋濤漲溢，每冒民田。天聖中監西溪鹽稅范仲淹謀於發運副使張綸，請修復之。自北海寨東南至景莊，修築凡一百八十里，於運河置閘納潮以通漕。又淳熙三年州守張子正復築月堰以遏潮水，五年又築桑子河堰，自是潮不爲災。」

胡逗洲，寰宇記：「在州東南二百八十三里海中。東西八十里，南北三十五里。上多流人，煮鹽爲業。」梁承聖初侯景敗走，自滬瀆下海，欲向蒙山。其下羊鯤謀誅之，因景晝寢，語舟師直向京口，至胡逗洲，景覺大驚，爲鯤所殺。蒙山，見山東費縣。逗，一作「豆」。

海陵監，州東北百二十里。宋爲西溪鹽倉。州産鹽，因置監於此以司其利。明鹺使分司於泰州者，駐西溪東北之東臺場，所轄富安、安豐、梁垛、東臺、何垛、丁溪、草堰、少海、角斜、栟茶等場，謂之中十場，皆分列於州東及興化、如皋之境，而西溪鎮爲商賈輳集之道。今有西溪鎮巡司，在州東北百二十里。又寧鄉巡司，在州北六十里。○栟茶場，在州東百十里，有寨。又東三十里即大海矣。又丁溪場閘，在州東北百四十里；又北三十八里爲白駒閘；皆接興化縣界。

樊汊鎮。州西北八十里，與高郵、江都分界。志云：州境有史家莊、灰廓村，與樊汊鎮三處，俱爲巨盜窟穴。又秦潼鎮，在州東北六十里；州北十八里爲港口鎮；皆濱運河。

如皋縣，州東南百四十里。東南至通州百四十里，西至泰興縣百里。漢海陵縣地，東晉安帝時始置今縣，屬海陵郡，宋、齊因之，隋省。唐爲海陵縣之如皋鎮，南唐復升爲縣，屬泰州。今城周五里。編户四十二里。

寧海廢縣，在縣東北。晉安帝置縣，屬山陽郡，尋屬海陵郡，宋、齊及梁因之。隋屬揚州，以如皋縣并入，唐又省縣入海陵。○臨江廢縣，在縣南。亦晉安帝時置，初屬山陽郡，尋屬海陵郡，宋、齊因之，後周并入寧海縣。

摩訶山，縣南百二十里大江中。水勢湍激，亦曰蝦蟆山。今江岸崩圮，山去岸五十餘里。志云：縣北五十里有高阜，謂之浦岸，東西長五十里，相傳古海岸也。又有平阜，在縣南江寧鄉，東西延亘六十里，相傳即古江岸。地肥腴，宜五穀。

會盟原，縣東十里。相傳吴、楚會盟處。考春秋之世，吴、楚始終無盟會事。春秋傳哀十二年：「衛侯會吴於鄖，公及衛侯、宋皇瑗盟。」杜預曰：「鄖，發陽也。海陵縣東南有發繇口。」縣本海陵地，當即此原矣。

大江，在縣南六十里。昔時東接通州，西接泰興。今縣西南與靖江縣接界。

運河，在縣城北。自泰州海安鎮東南流經縣北三十里之立發口，南至城北，又東四十里經白丁堰鎮，又東南三十里至白蒲鎮而接通州運河。○龍游河，在縣東南六十里。相傳龍過成河，有九十九灣。北接運河，南通揚子江。又小溪河，在縣城西北。東接運河，西通泰興縣。

高陽蕩，縣東南八十里。西接運河，東通海。舊名祥符湖。又縣東北百二十里豐利場有鄭公灘，宋富鄭公判揚州備海寇，以戰艦每爲海濤所壞，因鑿此灘以避之，且習水戰於其中。又有汊河，亦在豐利場。南通運河，北抵海。

掘港，在縣東百三十里。西通運鹽河，東抵海。有掘港營堡，并置巡司於此。志云：掘港營距洋五十里，三面環海。其北接於美舍寨，寨在東臺場海口；又南至石港寨，寨在掘港西南六十里，接通州界。○天生港，在縣西。南通江，東通白蒲汊。舊有鹽盜，設石莊巡司於縣南六十里以戍守之。

丁堰鎮，縣東四十里。嘉靖中倭賊嘗犯此。又縣東百里有馬塘場。又東三十里爲角斜寨，北通泰州角斜河，因名。○安民營，在縣南江中沙洲上。嘉靖中置，爲防禦之所。

白蒲鎮。縣東南七十里，又六十里至通州。本宋之白蒲堰，紹興四年毁堰以拒金人。明嘉靖三十八年倭寇江北，分數道入犯，撫臣李遂馳至如臯，與賊遇於白蒲，勒兵不戰。賊益進，遂策之曰：「賊分道入，過如臯必合，合則道有三：一自泰州通天長、鳳陽犯皇陵；一自黃橋逼瓜、儀摇南都梗漕；若自富安場而東，海濱荒涼，鹵掠無所得，至廟灣絶矣，乃吾得地時也。」於是部諸將防遏，毋令得過天長、瓜、儀，而分兵綴賊後。賊果走廟灣，擊平之。志云：通州有獨山巡司，今移置於白蒲鎮。又西場巡司，在縣北三十里。餘見上。○曹家堡，在縣北；又東北有潘莊：皆嘉靖中官軍敗倭賊處。

附見

泰州守禦千户所。在州城内。洪武中置，屬揚州衛。

通州，府東四百里。東至海百三十里，西南至常州府靖江縣九十里，南渡江至蘇州府常熟縣百二十里，西北至泰州二百七十五里。

春秋時吴地，漢屬臨淮郡，後漢屬廣陵郡，晉末屬海陵郡，宋、齊因之。隋屬江都郡。唐屬揚州。後周置静海軍，尋改通州。宋初改爲崇州，以州兼轄崇明鎮，因名。尋復爲通州。政和七年賜郡名曰静海。元初曰通州路，尋復爲州，屬揚州路。明初仍爲州，以州治静海縣省入。編户百七十里。領縣一。今仍曰通州，所領海門縣一，圯於海。

州據江海之會，繇此歷三吴，問兩越，或出東海動燕、齊，亦南北之喉吭矣。周顯德五年取其地，始通吴越之路，命名通州，良有以哉。

静海廢縣，今州治。本海陵縣地，南唐始置静海都鎮制置院，後周升爲静海軍，尋改爲通州，始置静海縣爲州治，宋、元因之，明初省。今州舊城周六里有奇。萬曆二十五年增築南城，與州城連復，周四里有奇。

蒲濤廢縣，在州西。晉義熙中置，初屬山陽郡，尋屬海陵郡，宋齊皆因之，後周省。

狼山，州南十五里。與塔山、軍山、馬鞍山、刀刃山相連屬，亦謂之狼五山，相傳昔有白狼居此。或云山形如狼也。高五十三丈，周三百四十六丈，勝槩甲於江北。胡氏曰：「狼山上接大江，下達巨海，絶江南渡八十里抵蘇州常熟縣福山鎮，順江而東至崇明沙，揚帆乘順風南抵明州定海，頃刻可至，陶隱居所謂狼五山對勾章岸者也。」唐乾符二年浙西狼山鎮遏使王郢等有戰功，怒節帥趙隱賞薄，據狼山作亂，攻陷蘇、常，沿江入海轉掠二浙，南及福建，大爲民患。又狼山之外即大江，亦名狼山江。梁貞明五年，吴越將錢傳瓘帥戰艦自東洲擊淮南，戰狼山江，敗淮南兵。明正德八年，賊劉七等大掠江、淮，官軍敗之，賊走狼山，官軍扼而殲之江。今有官兵戍守。舊設狼山巡司，在州南十八里狼山鄉。○刀刃山，在狼山東。高二十九丈，周四百七十二丈。相傳秦皇磨劍處。下有淡竹灘。又軍山，在刀刃山東南，隔江數里。高三十五丈，周九里十三步，相傳秦皇駐軍處也。泉石頗勝。又塔山，在狼山西。一名黄泥山。高十七丈，周二百九十丈。下有沈鴈灣、通濟閘。志云：山有兩石門相對，即元張瑄、朱清海運故道也。又馬鞍山，在塔山西。高如之而周倍之，以形似名。

**海門島**，在州東南海中。宋長編云：「國初以來犯死獲貸者配隸登州沙門島及通州海門島，有屯兵使者領護。而海門島有兩處：一在崇明鎮，居豪强難制者；一在東布洲，居懦弱者，皆令煮海納官。興國五年始令配役者隸鹽亭役使，而沙門島如故。」

**布洲夾**，州南四十里。有南布洲、東布洲，大海中沙漲爲洲也。五代周顯德五年取唐淮南，駐軍迎鑾鎮，聞唐戰艦數百艘泊東布洲，將趨海口扼蘇、杭路，周主遣慕容延釗等將水陸兩軍循江而下擊破之。紀勝云：「大安鎮即東布洲也。本海中沙島，後漲成陸地，民户頗繁。」又南布洲，舊亦淼然，大海沙漲成場，即今金沙場，在州東三十里。宋時煮鹽其中，本場鹽額歲十八萬石。

**海**，在州東北。自淮安鹽城縣界，南經興化、泰州、如皋折而東過通州海門，至吕四場東南料角嘴始與江合。海防攷：「通州東北阻海，南通大江，狼山實當江海之吭，而餘東、餘西則控扼之所也。」

**大江**，〔五〕在州南二十里。渡江而南闊七十餘里，稍西即常州之靖江、江陰界，稍東即蘇州之常熟界，一葦可航，爲出奇之道。○劉家港，在州西，南通大江。明初俞通海繇此進逼通州，敗張士誠兵。

運鹽河，在州西北。自江都灣頭經泰州如皋縣流入界，至州東北三十里接西亭河。有西亭鹽場，巡司戍守。近場有賣魚灣。嘉靖三十八年倭自海門縣七星港登岸，流劫西亭、金沙等場，將犯揚州，叅將丘陞敗之於鄧家莊。賊沿海覓舟，官軍尾之於劉家橋、白駒沙諸處，皆敗之。又追敗之於七竈莊、茅花墩，賊盡殲焉。其地皆近州北境。

褚家沙，州南三十里江中。其西北爲江陰之青草沙，其西爲蒲沙，而褚家沙當其外口，倭賊北犯，易於登涉，亦汛守要處也。

范公堤，在州東北。志云：堤起自海門吕四場，迄於鹽城之徐濆，遶三十鹽場之西，去海遠者百里，近者數十里。堤之外俱竈户煎鹽之地，淡水出則鹽課消，故堤以護之。堤以内俱係民户耕種之田，潮水入則田租損，故堤以防之。中間有洩水入海之路，白駒閘口及牛灣河、瓦龍岡是也。又任公堤，在縣西五里。宋開寶中築，長二十里。

利豐監，州南三里。宋置鹽監於此，管金沙、西亭、馬塘、石港、豐利、利和、餘慶、吕四等八場。今通州分司轄豐利、馬塘、掘岡、石岡、西亭、金沙、餘西、餘東、餘中、吕四，爲上十場。○豐樂鎮，在州東。五代史：「楊吴使東洲、静海都鎮遏使姚彦洪修城池官廨，改東洲爲豐樂鎮。」或曰即今利豐監。又裏河鎮，在州東六十里。舊接海門縣境，今皆堙於海。

石港場。在州北七十里。有石港巡司。又馬塘場在州東北九十里，掘港場在州北九十里，豐利場在州西北四十里，皆與如皋縣接界。

海門縣，州東四十里。本海陵縣之東洲鎮，後周顯德五年始置縣，後漸移今治。編户八十三里。今圮於海，縣廢。

海門城，舊城在州東二百十五里，元末以水患徙治禮安鄉，去州城百里，正德中徙餘中場，嘉靖二十四年又徙金沙場，皆寄治州境。邇來復圮於海，蓋非復舊壤矣。又海門，大江入海之統名也。朱梁貞明五年吴越錢傳瓘攻吴常州，吴將陳璋以水軍下海門出其後，蓋渡江而南耳。時未有海門縣。

海，舊在縣東十里。沿海有六港，潮漲則盈，水退則涸，而七星港、東夾港在六港中尤爲要害，今皆没於海。舊志：宋時大海去縣八十里。

運鹽河，在縣北。自通州流經縣界，直達吕四場。場舊有東洲河，乃其故道也。

新插港，在縣西北。東臨北海，有鹽徒聚集，賊每從此登岸，西擾揚州，北擾淮安，爲防禦要地。○李稍港，舊在縣東南。天啓四年知縣嚴爾珪建石閘於港尾，吐納江海，旱潦有備，并洩上河壅水，人以爲便。今淪於海中矣。

料角嘴，在縣東南。舊爲大江入海之衝。祝穆曰：「料角嘴中有鹹淡二水，不相混雜，舟人不待汲能辨之。」其形勢號爲控扼，紹興中以水師把隘於此。其沙脉坍漲不常，潮水委蛇曲折，水路可認，水盛則一望瀰漫，非熟於往來者不能知也。李寶膠西之捷道，蓋出於此。江防攷：江北岸東起蓼角嘴大河口，以及吕四、盧家等場，沿於楊樹港、海門縣裏河鎮以達於通州，此海門縣之南路也。嘉靖中官軍敗倭於此。

餘東場，舊在州東九十三里，又餘西場在州東五十里，又東二十里爲餘中場，後皆爲縣境。海防攷：餘東、餘西，揚州之保障也。賊從狼山窺通州及海門之料角嘴、吕四場、新插港、掘港，來犯者扼之於此，要害既得，則揚州可以無患。

呂四場。舊在州東百二十里，後爲縣境。俗傳以呂僊四至此而名。有白水蕩，其地寬闊，魚鼉鶴鹿之所泳遊也。其通海處曰新河，亦名新港。海防攷：縣東呂四場，又東南料角嘴，皆形勢控扼之處。〇徐步營，舊在縣北，又北爲掘港，又北爲新插港，皆賊登岸之處，海門北境之防也。舊志：縣有吴陵、白塔河、壩上三巡司。又有張港巡司，萬曆十年革。

附見

通州守禦千户所。在州城内。洪武中置，屬揚州衛。

## 校勘記

〔一〕而非西北所亟也　職本在該句下有「邇者北闕天崩……至於覆亡」等八百餘字，有反清復明之意，顯爲後人所删，今文繁不録，可參閲附録讀史方輿紀要删改考辨一文。

〔二〕劉錡　「錡」，底本原作「琦」，今據鄒本及宋史卷三六五劉錡傳改。

〔三〕界儀真六合二縣間　「二」，底本原作「三」，今據鄒本改。

〔四〕陽平郡降　底本原作「平陽郡降」，今據上文「陽平郡」及陳書卷五宣帝紀「陽平郡城降」乙正。

〔五〕大江　底本原無「大」字，今據職本、鄒本補。

# 讀史方輿紀要卷二十四

## 南直六

蘇州府，東至海岸百五十里，東南至松江府百八十里，南至浙江嘉興府百三十里，西南至浙江湖州府二百十里，西北至常州府百九十里，北過江至揚州府通州二百七十里，自府治至應天府五百六十里，至京師二千九百五十里。

禹貢揚州之域，春秋時吳國都也。自闔閭以後都於此。後屬越，戰國時屬楚。秦置會稽郡。治吳。漢初爲荆國，按吳郡似秦、漢間置，灌嬰傳：「攻吳郡長吳下，得吳守。」又高六年以故東陽、鄣郡、吳郡五十三縣立劉賈爲荆王是也。尋又爲吳國，荆治吳，吳治廣陵。景帝三年復爲會稽郡。後漢順帝永建四年分置吳郡，自浙江以西皆曰吳郡。晉、宋因之。杜佑曰：「吳郡與吳興、丹陽爲三吳。」或曰吳郡、吳興、會稽，本一吳郡而分爲三，故曰三吳。梁亦曰吳郡，太清三年侯景置吳州，明年省。陳置吳州。貞明初置。隋平陳，廢吳郡，改州曰蘇州，因姑蘇山爲名。大業初復曰吳州，尋又爲吳郡。唐武德四年復曰蘇州，開元二十一年分置江南東道，治於此。天寶初曰吳郡，乾元初復曰蘇州。五代時吳越表建中吳軍。後唐同光二年以蘇州爲中吳節度。志云：梁貞明二年吳越以蘇州爲中吳府。悮也。宋仍曰蘇州，太平興國三年改軍名曰平江，政和三年升爲平江府。元爲平江路，至正十六年張士誠據之，改爲隆平府，明年復曰平江路。明初改爲蘇州府，直隸京師。領州一，縣七。今仍曰蘇州府。

府枕江而倚湖，食海王之饒，擁土膏之利，民殷物繁，田賦所出吴郡常書上上。説者曰：吴郡之於天下，如家之有府庫，人之有胸腹也。門户多虞，而府庫無恙，不可謂之窮；四肢多病，而胸腹猶充，未可謂之困。蓋三代以後，東南之財力，西北之甲兵，並能争雄於天下，謂江、淮以南，必無與於天下之形勝者，非通論也。春秋之末，吴始都於此，以齊、楚、晉三國之强，而吴足以入楚、禍齊、脅晉，越既并吴，山東諸侯亦且惕惕焉。及秦之衰，項羽起於會稽，鉅鹿之戰，士無不一當十，呼聲動天地，諸侯從壁上觀，皆惴恐，猶謂吴人脆弱，不足以當秦、晉之甲騎乎？吴王濞率江、湖子弟起而叛漢，事雖不成，君臣皆爲震動。孫氏立國，吴亦其發迹之所也。孫策并江東，自曲阿徙屯吴。及東晉以後，吴郡尤爲京畿重地。蘇峻入建康，郗鑒謂温嶠：「宜先防東道，斷賊糧運。」梁末齊兵入石頭，韋載謂陳霸先：「齊若分兵先據三吴之路，略地東境，則時事去矣。宜急通東道轉輸，分兵截彼之糧道。」蓋建康立國，實以東南供億爲之咽喉也。隋之取陳，分遣諸道兵東西並進，而特命一軍出東海，指三吴，以斷陳之糧援，於是陳亡不旋踵矣。大業之季，劉元進、沈法興、李子通相繼有其地，而不能固者，根本未立，草竊苟安，不知并兼大計耳。唐末吴越與淮南争蘇州，累戰而後定，按唐光啓三年六合鎮將徐約陷蘇州，龍紀初錢鏐遣弟銶破走之。大順初，楊行密將李友取蘇州，旋爲賊將孫儒所陷。二年，錢鏐復取蘇州。乾寧三年，又爲淮南將臺濛所克。五年，鏐復攻克之。朱梁開平二年，淮南復圍蘇州，不能下，自是爲吴越重地。蓋得蘇州則三江、五湖可以爲限，不然錢塘其能一日安乎？宋建炎中金人入平江，而兩浙皆爲摧陷，及濱江置守，許浦一軍，藉爲防衛。見常熟縣。元并江南，海道輓輸，平江最爲繁富，及張士誠竊之，而運路中絶，大都嘗有匱乏之虞。士誠富强一時，爲羣雄冠，然則元之覆亡，未始非士誠先據平江，竭彼資儲之力也。防險説：明唐順之、王士祺等輯防海、防倭、防江等説凡數十家，合爲防險説。「吴郡越江而北可以并有淮南，常熟與江北接壤。涉海而南可以兼取明、越，崇明去明、越密邇。泝江而上可以包舉昇、潤，渡湖而前可以捷出苕、浙。繇太湖過湖州徑向杭州也。夫浙西爲賦財淵藪，而吴郡又爲浙西都會，天下大計，安可不以吴郡爲先務哉？」海防攷：「蘇、松喉吭皆在吴松江。見大川三江，又詳見嘉定縣。吴松江沿袤而南則自老鸛渚在嘉定縣東南六十里海濱。以至寶山、見嘉定縣。南匯，見松江府上海縣。金山，金山衛，見松江府。出江口迤邐而北則自採淘在吴松北十二里。以至黄姚，在嘉定縣東四十里。劉家河，見太倉州。繇江口而深入，則南迤五十里即爲黄浦見松江府。直至上海，繇黄姚而登岸則嘉定、太倉、崑山、蘇、常，連數百里。是吴松江者，南爲上海門户，西爲蘇、常藩籬，備吴松即所以備上海，備上海即所以備蘇、常也。而崇明一縣，孤懸海中，諸沙環之，幾三百里，爲諸郡外護，此亦天設之險矣。」

吳縣，附郭，府治西。故吳都，秦置吳縣，爲會稽郡治，東漢永建中爲吳郡治，自是州郡皆治此。隋開皇九年嘗徙治於横山東，唐武德七年復舊。編户五百十一里。

長洲縣，附郭，府治東。本吳之長洲苑，漢爲吳縣地，唐萬歲通天初析置長洲縣，乾元初改置長洲軍，大曆五年復爲縣。今編户七百四十一里。

吳郡城，城邑攷：「今府城即闔閭故城，周敬王六年闔閭所築。大城周四十二里三十步，小城八里二百六十步。開陸門八以象天之八風，水門八以法地之八卦，其名皆子胥所制。東曰婁，曰匠；西曰閶，曰胥；南曰盤，曰蛇；北曰齊，曰平。吳都賦『通門二八，水道六衢』是也。」史記：「春申君城故吳墟以自爲都邑。」孔氏曰：「今蘇州也。」又於城内小城西北別築城以居云。隋楊素曾徙城於横山東，今呼爲新城。唐武德末，復還舊城。乾符三年王郢之亂，刺史張搏重築。朱梁龍德二年吳越始以瓴甓之。宋政和、宣和中皆修築。建炎中燬於兵，淳熙中又繕完之。開禧以後隤圮逾半，嘉定十六年丞相史彌遠奏請修治，爲江南一路城池之最。寶祐二年又增置女墻及門樓，開慶、咸淳間皆嘗修繕。元定江南，凡城池悉命平燬。至正十一年兵起，詔天下繕完城郭，乃復築壘開濠。及張士誠入據，增置月城。明平吳更加修築，東西九里，南北十二里，周三十四里五十三步。城内大河凡三横四直，内外皆夾以長濠。唐時水陸凡十六門。或曰舊有十門。十門者：曰閶門，在今城西北，闔閭時門名也。亦謂之破楚門，後春申君諱之，名爲閶門。後漢建安三年孫策居吳，遣太史慈之豫章，餞送於昌門，或曰即閶門之訛也。曰胥門，在城西南，舊名也。一名姑胥門，以路出姑胥臺而名。曰盤門，亦舊名也，在城南。一名蟠門，相傳以水陸縈迴而名。曰赤門，亦在城南，後人所增門。志云：古赤門，水道也。今盤、葑二門之間有赤門灣。曰蛇門，在城東南。古門名，以門在巳位也。曰葑門，在城東。子胥曰：「抉吾眼懸吴東門之上。」孔氏曰：「鱛門也，亦曰鮃門。」鱛，普姑反。鮃，覆浮反。或作「封門」，後改爲葑門，以門外多葑田也。志云：原名示浦門，近水塘，越伐吴時所開，一名魴鮃門。魴，今志作「鱄」。俗呼爲富門。曰匠門，在城東，古門名也。本名干將門，闔閭使干將鑄劍處。或名將門，後訛爲「匠」。今婁、葑二門之間有匠門塘。曰婁門，亦在城東，以道出婁江而名。志云：本名疁門，後爲婁門。曰齊門，在城北，古名也。相傳以齊女女吴而名。曰平門，亦在城北，古名也。今有平門塘。一作「巫門」，謂商巫咸所葬。宋時惟有閶、胥、盤、葑、婁、齊六門，水陸共十二門。淳熙以後胥門水陸俱塞。元僅存五門之名，而蕩無防蔽。至正中復建城郭，仍闢胥門。今因舊址，亦爲六門也。又子城在大城内東偏，相傳亦子胥所築，周十二里。漢、唐、宋皆以子城爲郡治。元末張士誠據吴，建太尉府。後稱王，曰王府。士誠敗，城燬，惟南門僅存頹垣，郡人呼爲鼓樓。城四面舊有水道，所謂錦帆涇也。今亦多淤，惟東偏有僅存者，俗謂之濠股云。

**越城**，志云：在西門外。越伐吴，於胥門外築城以逼之，今城址髣髴猶存。又有吴城，在府西南二十里横山下。圖經云：「吴王築此以控越。」今訛爲魚城，旁有山岡隱如城，即故址云。又相城，在府東北五十里。相傳子胥爲闔閭築城，嘗相度其地，以下濕去之，今因以名鄉。

**虎丘山**，府西北七里。一名海湧山，相傳闔閭葬處。唐時諱「虎」，亦曰武丘。遠望之平田中一大阜耳。中有泉石之勝，四面皆水流環遶，上爲浮屠，登眺則城邑川原，瞭如指掌，亦形勝處也。明初常遇春攻蘇州軍於此。張士誠引兵出盤門欲奔遇春，遇春與戰於北濠，又戰於山塘，山塘路狹，士誠兵前後塡塞，遇春奮擊敗之，敵兵壅入沙盆潭，溺死無算。今皆在閶門外。

横山，府西南二十里。據湖山之中，有五塢，亦名五塢山，一名踞湖山，以山臨太湖若箕踞也。十道志：「山四面皆横，因名横山。」圖經：「山臨湖控越，實爲要地。隋開皇九年平陳時，江南未服，聚爲盜賊，詔以楊素爲行軍總管，討之，追擊至蘇州，移郡邑於横山下，欲空其舊城。」今山東麓有新郭鎮，東北去府城十五里，亦曰新城是也。吳越錢氏葬忠獻王元璙，建薦福寺於山址，因稱薦福山。又西北爲姑蘇山，其西爲岷山、花園、堯峰諸山，其南爲寶華諸山，其東爲吳山。吳山之南又有卑猶山及桃花塢，漫衍六七里，臨太湖白洋灣，與吳江縣分界。吳山之東北曰楞伽山，俗所稱上方山也。頂有浮圖。又東北爲茶磨嶼，以三面臨水而名，俗謂之磨盤山。○黄山，在府西南十五里。志云：在胥塘之北。羣峰高下相連，俗稱筆格山。舊有黄亭澗，長數里，深闊數丈。隋大業九年劉元進等作亂，爲吐萬緒所敗，自毗陵退保黄山。既而王世充敗元進於吳，坑降衆於黄亭澗，死者三萬餘人。今山之西有二石洞，深可三四丈，俗名虎洞。

天平山，府西二十里。視諸山最爲嵓崒，羣峰環峙，林巒泉石，競秀争奇。山頂正平曰望湖臺，志以爲郡之鎮山也。其旁羣山連接，支隴曰金山，西去天平里許。初名茶塢山，晉、宋間鑿石得金，因易今名。頂亦有石池。又東曰岝崿山，俗名獅子山，一名鶴阜山，又名岝雄山，相傳吳王僚葬此，水經所謂岝嶺山也。天平之西又有秦臺、赤山諸山。天平之南爲靈巖山。〇靈巖山，在府西南二十五里。一名硯石山，有石可琢硯。又山椒有石鼓，一名石鼓山。相傳山即吴王館娃宮故地，下瞰湖濱，稱爲絕勝。自靈巖而西南，羣山錯立，互相掩映者，所謂太湖七十二峰也。

**陽山**，府西北三十里。一名秦餘杭山，一名萬安山，又名四飛山，以山勢四面若飛動也。高八百五十餘丈，逶迤二十里。峰之大者凡十五，而箭缺爲最。相傳秦始皇校射於此，故下有射瀆。戰國策：「越王以散卒三千，擒夫差於干隧。」今山之別阜曰遂山，或以爲即干隧。又東北有白鶴山，産白埡，亦名白墡嶺，龍湫在其南。自山而北，羣山盤迴相接，又西北際於太湖。志云：陽山西北十里曰徐侯山，一名卑猶。吴越春秋「越王葬吴王於秦餘杭山」，卑猶即此山云。一名徐杭山。〇天池山，在府西北二十五里，去陽山東南五里。山石峭拔，巖壑深秀。相傳山頂有池，生千葉蓮花，舊因謂之華山，亦曰花山。今山半有池，横浸山腹，逾數十丈，所謂天池也。上有石鼓、石屋及泉石洞壑諸勝。宋紹興中張漢卿隱此，號爲就隱山。其旁羣山相接，東南曰龍池山，今曰隆池。隆池而東北曰支硎山。志云：晉支遁居此，而山多平石也。一名南峰山，亦多峰巖泉石之勝。俗名觀音山，南距天平山五里而近也。

**姑蘇山**，府西三十里。一名姑胥山，一名姑餘山。姑蘇臺在其上，闔閭所作也。國語：「越伐吴，吴師潰，吴王帥其賢良與其重禄以上姑蘇。」一名胥臺固。越絕書：「闔閭起姑蘇臺，三年聚材，五年乃成，高見三百里。」史記：「闔閭十九年越伐吴，敗之姑蘇。」又夫差於臺上爲長夜之飲，子胥諫不聽，曰：「吾見麋鹿遊於姑蘇之臺也。」後越伐吴，吴太子友戰敗，遂焚其臺。漢司馬遷嘗登姑蘇臺以望五湖。隋因山以名州。志云：山在横山西北。今人稱爲胥臺山。

穹窿山，府西南十里。山高峻，旁濱太湖。其頂方平，廣可百畝。山半有泉曰法雨，分流下注，近採香涇復合爲一，潴聚成潭，築堰置牐，藉以灌田。成化中嘗因故蹟修治。又有香山，與穹窿相接。南址近太湖，曰胥口。其下即採香涇也，相傳吴王種香處。又有胥山，寰宇記：「山在太湖口。」吴王殺子胥，投之於江，吴人立祠於此，胥口蓋因以名。胥口之外曰胥湖，南有高峯，穹窿之脉盡於此。○白石山，在府西北三十二里。志云：山在滸墅北，本名胥女山，春申君更今名。又南有小蜀山。

光福山，府西南五十五里。近太湖，爲旁達嘉、湖之逕道。唐乾寧二年董昌據越州畔，錢鏐討之。楊行密救昌，取蘇州進攻嘉興，鏐遣顧全武破行密之兵於烏墩、光福，因置砦於此。吴地記：「山本名鄧尉山，屬光福里，因名。與銅坑、玄墓諸山相連。」銅坑者，一名銅井。晉、宋間鑿坑取沙土煎之，皆成銅。有泉，亦以銅名。其玄墓山亦名萬峰山，南面太湖。二山皆在光福之西南。

包山，府西南八十五里太湖中。志云：以湖包四面而名。地占三鄉，至宜橘柚，有居人數千家。左思吴都賦：「指包山而爲期，集洞庭而淹留。」通典：「包山一名夫椒山。」左傳襄元年：「吴伐越，敗之於夫椒。」史記：「夫差二年，選精兵伐越，敗之夫椒，報姑蘇也。」杜預曰：「太湖中有椒山。」賀循云：「包山西北曰夫椒。」是也。隋滅陳，吴州刺史蕭瓛據州不下，兵敗保包山，隋兵擊擒之。宋置角頭寨於此。明初張士誠結砦於包山，謀拒我師，不克。今謂之西洞庭山。嘉靖三十四年倭賊自常熟突犯郡城婁門，擁入接待寺，奪火器，官兵追之，賊蹂閶門奪舟入太湖，泊洞庭山下，尋復犯楓橋，走常熟。志云：山亦名林屋山，周迴百三十五里。遥望一島，而重岡複嶺，茂林平野，閭巷井舍，不異市邑。諸峰皆秀異，而縹緲峰最高，登其巔，則吳、越諸山隱隱在目。其支峰別隴，皆以山名，透迤起伏，争奇競勝，而尤名者曰林屋洞。郭璞曰「太湖中有包山，山下有洞庭穴，潛行水底，無所不通」，即林屋洞矣。今山有角頭巡司，本宋置，相沿爲戍守處。

**莫釐山**，亦在太湖中。與包山並峙，相去二十里。一名胥母山，謂子胥嘗迎母居此。母亦讀無。或云隋時有莫釐將軍屯此，今峰之最高者曰莫釐峰。山周八十里，視西洞庭差小，而岡巒起伏，廬聚物産，大略相同，俗謂之東洞庭。明初張士誠結砦於東西兩山，明師自常州入太湖，經洞庭山口趨湖州，士誠兵不敢出。今有東山巡司戍守。志云：太湖中羣山錯列，而洞庭最大，山皆險固可守云。○禹期山，在太湖中。志云：洞庭之支嶺也。禹導吳江以洩具區，會諸侯於此。期，一作「祈」。一云山在府西南七十里。

**太湖**，府西南三十里。亦曰五湖，界蘇、常、吳三郡之中，爲往來徑道，有事時必備之險也。詳見大川。

**石湖**，在府西南二十里。西南通太湖，北通横塘，東入胥門運河，相傳爲范蠡入五湖之口。志云：太湖自三江導流而外，其支流東出香山、胥山間曰胥口，又東至吳山南曰白洋灣，稍折而北匯於楞伽山下曰石湖，界吳縣、吳江間，稱爲湖山絶勝處。有行春橋跨湖上。嘉靖三十四年倭賊突至，轉入木瀆東跨塘橋，即此。又西南曰越來溪，曰木瀆，皆自太湖分流來會；又東出横塘橋，去府城十里；又東入胥門運瀆，俗所謂胥塘是也。

**澹臺湖**，府西南十八里，在太湖之東。相傳以澹臺滅明南遊至此而名。東過寶帶橋入運河，分流入黄天蕩及陳湖、金涇瀆。○龐山湖，在府南二十里，當澹臺湖之東。太湖之水自吳江縣之鮎魚口及長橋下東北出者皆匯於此，導流爲吴松江。又東南爲黎湖、菱湖、葉澤湖、新湖，即龐山湖之旁注者也，皆與吴江縣接境。

**陳湖**，府東南三十五里。湖廣十八里，接崑山縣界。嘉靖三十二年，倭寇自崑山逸入境，將趨吴江，官兵敗之於此。宋志：「陳湖自大姚港、界浦、渡頭浦、朱里浦入吴淞江。」今渡湖而東南三十五里即潞山湖，路出松江三泖。防險說：「陳湖曠野之區，湖西八里有鏤底潭，可以控扼。」亦謂之車坊漾。○尹山湖，在府東南二十五里。其西北接瀆墅諸湖及車坊漾之水，委流亦入於三泖。志云：瀆墅湖亦曰獨樹湖。

**陽城湖**，府東北二十里。上接吴淞江，東流入崑山縣界。瀦浸廣闊，溉田之利甚溥。又沙湖，在府東二十里。一名金沙湖，北對陽城湖。湖中有至和塘岸，道出崑山。其南通吴淞江。弘治九年嘗修治湖隄，今廢。○蠡河，在府西北四十里，接無錫縣界。志云：唐元和中孟簡開泰伯瀆通蠡湖，因名爲孟瀆。亦曰漕湖，以舊嘗通漕也。樂史云：「湖以范蠡嘗開瀆通道而名。」今府北十二里有蠡口，無錫縣東南四十里有蠡尖口，俱以蠡湖而名。

**吴淞江**，在府南。從吴江縣流入境，合於龐山湖，轉而東入崑山縣界。又婁江，在今城東婁門外。亦自吴江縣流入，至城南復東北流至婁門外，東流入崑山縣境。今詳見大川三江。

**運河**，在府城西。漕渠考：「自吴江縣南平望鎮接嘉興府界，引而北，四十里抵吴江縣，又北五十里經府城西，又西北三十里而達滸墅，又十五里至望亭，接無錫縣界。」今詳見大川。

**黄天蕩**，在府東葑門外六里。上接澹臺諸湖之流，東匯爲瀆墅諸湖，又東接於尹山湖。亦曰皇天蕩。唐乾寧三年，楊行密救董昌，遣兵與錢鏐兵戰於皇天蕩，敗之，進圍蘇州。又朱梁開平三年，淮南兵圍蘇州，爲吴越將孫琰等所敗，又追敗之於皇天蕩，淮南將鍾泰章多樹旗幟於菰蔣中，追兵不敢進而還。水利攷「黄天蕩東連瀆墅、王墓、朝天三湖，實一水而微分界域」云。

長蕩，在府西十里。周二十里。府西諸流多匯於此，瀦爲巨浸。今多爲豪民所據，遏水畜魚，湖流漸狹。又西北達於運河。水利攷：「運河自胥門而北經南濠、支濠，繞閶門城外與北濠、山塘水會，曰沙盆潭，復折而西會楓橋諸水，又北出合虎丘山塘水者曰石瀆，亦曰射瀆，相傳吳王嘗習射於此，其自虎丘山塘繞出虎丘北者即長蕩湖也。自城以西北之水，參差悉灌注於運河。」○大姚浦，在府東南三十八里。近志：吳松江繇龐山湖出大姚浦，東北流折爲三江，俗名上清、中清、下清江，又東入崑山縣界。姚一作「摇」，吳志：「其地本名摇城，漢初越君摇嘗居此。」

越來溪，在府西南横山下，與石湖接。相傳越伐吳道出於此。上有越城橋，與行春橋相近。又香水溪，在府西二十七里。源自光福塘來，東過木瀆入於横塘。吳志：「太湖中包山旁有練溪，相傳吳王練兵處。」○章練塘，在府東南四十八里。志云：陳湖之東爲闔閭浦，爲章練塘，又北即角直浦，其相近者曰金涇浜，浜南爲麋瀆，北爲龍漊，與諸湖瀆互相灌注，以達於吳淞江。

滸墅，府西北三十里。亦曰許市，商民稠密，爲運道要衝。唐史：「上元初劉展自廣陵陷潤州，淮南副使李藏用收散卒保蘇州，與展兵戰於郁墅，敗奔杭州。」郁墅即滸墅之訛也。嘉靖三十四年，倭賊繇無錫突犯，官兵敗之，賊轉犯楓橋。〔一〕亦謂之嘐關，舊有巡司，景泰間改置榷關主事於此。○蠡口鎮，在府北十二里。志云：蠡口之西爲長蕩、黄埭蕩，接於漕湖，通無錫界，北逾冶長涇口及永倉敵樓抵常熟界，而東北則有彭堰、陽城湖、施澤湖通崑山縣界，故有事時以蠡口爲府之北門。今有吴塔巡司，自府北四十五里常熟縣界吴塔村移置於此。

**唐浦鎮**，府東二十五里。自葑門東十二里爲金雞堰，又六里爲斜塘營，又東六里至唐浦，乃吴淞江折而南處，土壩在焉。自此而東十五里爲角直浦，亦曰甫里，與崑山縣接界。唐浦設險，所以遏寇從吴淞江突至之患也。又周莊，在府東五十里。自葑門東十八里高店東南行，出陳湖及澱湖之南，接松江三泖。嘉靖中倭賊恒突犯至此，亦防禦之所也。○夷亭鎮，在府東三十里。吴地記：「闔閭十年有東夷侵逼吴境，吴王禦之於此，因名。」又西三里曰小夷亭，亦曰小維亭，嘉靖中以倭亂置營，曰小維亭營。其地南有沙湖，北有陽城湖，賊從劉家河西來，可遶出小維亭後。府東有陸涇壩，實爲門户。志云：陸涇壩在府東六里，嘉靖三十四年官兵破倭於此。

**木瀆鎮**，府西南三十里。近太湖口，居民稠密，問渡太湖者皆取道於此。有木瀆巡司。又西有横金巡司，嘉靖三十四年官軍自跨塘橋追倭賊，殲之於此。跨塘橋，在木瀆東十里。○陳墓鎮，在縣東南五十里。東連崑山，南近澱山諸湖，有陳墓巡司。志云：今木瀆、横金、角頭、東山四巡司屬吴縣，吴塔、陳墓二巡司屬長洲縣。

**金昌亭**，在閶門内。裴松之曰：「閶門，吴西郭門，夫差所作，以天門通閶闔也。春申君改爲昌門。」金昌亭以位在西而與昌門近，故名。劉宋景平二年，徐羡之等廢帝義符爲營陽王，遷之於吴，止金昌亭，旋弒之，即此。○柴里，在府西。晉咸安二年徙海西公於吴縣西，令所在防衛監察之。海西公，廢帝奕也。

**楓橋**，在府西七里。吴地記：「吴門三百九十橋，楓橋其最著者。」今爲水陸孔道，商民錯聚於此。嘉靖三十四年，倭賊自滸墅犯楓橋，直抵滅渡橋，屯陳家莊，官軍迫之，賊夜遁。志云：府西南有憩橋，相傳吴王行軍時憩息處云。

○滅渡橋在府南十里，自昔浮渡處。元大德中有僧建橋於此，曰滅渡。明初俞通海攻姑蘇，敗張士誠兵於滅渡橋，提兵入桃花塢盪其營。桃花塢，見上横山注。

寶帶橋。府南十五里。當澹臺湖、龐山湖諸湖之口，凡五十三洞。唐建，宋紹定中、明正統中重修，今運道所經。又南十里爲尹山橋，明初康茂才敗張士誠兵於此，進焚其官瀆戰艦。官瀆，今婁門外官瀆橋是也。

吴江縣，府東南四十五里。東北至松江府青浦縣九十里，南至浙江嘉興府九十里，西至浙江湖州府百八十里。本吴縣地，唐曰松陵鎮。乾寧二年楊行密與錢鏐相攻，設砦於此，曰松江寨，鏐將顧全武攻拔之。朱梁開平三年，吴越始置吴江縣，屬蘇州。時築城於江南北兩岸，有南津、北津之名。宋并爲一城。元元貞二年升爲吴江州，明洪武二年復爲縣。今城周五里。編户五百六十六里。

太湖，縣西二里。湖浸淫數州間，縣最當其衝。東門外有長橋，即太湖東出之口也。邑志云：湖中有一十八港，皆樞紐湖心，朝夕呑吐，利害最大。其西之田日蝕於湖者謂之「坍湖」，其東之沙日漲爲田者謂之「新漲」。又有七十二漊，俱在湖南，自西而東，聯比相屬，以授於太湖。漊皆源於湖州、嘉興境内，而經縣之西南。舊皆深通，今可容舟楫者僅三四處，餘淺狹不過尋丈。或曰瀆，或曰浦，或曰涇，或曰洪，或曰港，或曰溪，或曰口，治田者各爲壩堰，隨宜開塞，以備旱潦，蓋後人沿襲舊名，其故道湮塞久矣。

汾湖，縣東南六十里。與浙江嘉善縣分界，亦曰分湖。東合諸湖蕩，又東通三泖，入華亭界。其北連諸湖港入鶯脰湖。嘉靖中倭賊往往出没於此。今有汾湖巡司，置於縣東四十里蘆墟村。○鶯脰湖，在縣南四十里。湖之上流納爛溪、荻塘諸水，出平望安德橋匯流成湖。形如鶯脰，故名。亦曰鶯鬬湖。南達汾湖，北接太湖。

唐家湖，縣南三十四里。西連盛墩湖及夾馬路，爲太湖委流，東注於運河。嘉靖三十四年，倭賊從嘉興轉寇縣境，至唐家湖，時官兵斷塘路，截運河而壩之以營水寨，賊不得渡，官兵進戰，賊走平望奪舟欲渡，官兵復截盛墩，斷其堤與賊戰，賊大敗，因改盛墩曰勝墩。志云：唐家湖注於運河，復溢而東出，播爲諸蕩漾，凡數十計。又北潴爲三白蕩，西北去縣二十五里。又北接白蜆江。其東出則爲急水港，接松江之澱山湖。○掘城湖，在縣西南七十里。周三十里。分流爲諸涇港以入荻塘。

吴江，在縣東門外，即長橋下分太湖之流而東出者。古名笠澤江，亦曰松陵江，亦曰松江。齊明帝末，王敬則舉兵會稽，至浙江，吴郡太守張瓌遣兵拒之於松江，聞敬則軍鼓聲，一時散走。梁承聖初，王僧辯破侯景於建康，景東走，僧辯遣别將侯瑱追及景於松江，景敗遁。唐乾寧二年，楊行密置寨於此，亦以松江爲名。即三江之一也，東行凡二百六十里入於海。

白蜆江，在縣東南四十里。其西北與龐山諸湖相通。又東爲小龍港，引流入於松江。其西與諸湖蕩相連，汾湖之水亦流匯焉。孔穎達曰：「三江口一江東南上七十里至白蜆湖者曰東江。」是也。又有姚成江，在縣東北三十里，亦與白蜆江相接。志云：縣境吐納太湖之水爲溪港者凡數十處，而白蜆江其最著者。

運河，在縣城東。自嘉興府王江涇而北，凡三十三里歷縣境之平望鎮者曰南塘河，亦曰土塘河；自湖州府南潯鎮而東，凡五十三里至平望，經鶯脰湖與南塘河合者曰西塘河，亦曰荻塘河；二河既合，曰官塘河；西北行四十里至城東，又引而西北曰北塘河，亦曰古塘河；凡二十里至夾浦入長洲縣界。

**爛溪**，在縣西南四十四里。北接鶯脰湖，南受嘉興、崇德、桐鄉諸境之水，經湖州府之烏鎮分爲東西二溪，流數里復合，引而東北，匯諸湖蕩之水，俱注於鶯脰湖。嘉靖中倭寇往往出没爛溪、烏鎮間，爲嘉、湖患。向設爛溪巡司於縣西南九十里之嚴墓村，今革。○麻溪，在縣南六十里。其南匯諸漾蕩之水，東流合於爛溪，復東南行至王江涇聞店橋而入運河。志云：縣西南八十里爲南麻漾，東注爲麻溪，又北出十餘里爲北麻漾，復北流播爲諸港蕩，分入荻塘、爛溪及太湖。縣境爲衆流之壑，羣川大抵環迴相通。嘉靖三十三年按臣吕光詢濬麻溪等河，凡五十九處，即南麻、北麻匯流諸川是也。

**章練塘**，縣東南八十里。接諸湖蕩之水南爲長浜河，入嘉善縣界北爲葫蘆兜，入華亭縣界東通三泖，西接南陽港，達於汾湖。○瓜涇港，在縣北九里。東接古塘運河，入長洲縣界。嘉靖三十二年，倭賊屯石湖，縣令楊芷引兵逆戰於瓜涇港，頗有斬獲。志云：瓜涇港分太湖支流，東北出夾浦而會於吴淞江。

**鮎魚口**，縣北十八里。自太湖分流出此，又北匯爲鰲塘，北過五龍橋入吴縣界盤門運河。其東北出者曰夾浦，在縣北二十里入長洲縣界。嘉靖三十二年，倭賊自夾浦轉至三里橋，登岸焚掠，進逼縣城，復轉掠八斥、平望而去。志云：夾浦當鮎魚口下流，有南北二柳胥港，分太湖支流並匯於此，故夾浦亦兼柳胥之名。接吴淞江并諸湖蕩之水，勢甚迅疾。宋紹興初建石橋，明宣德中風雨傾圮，自是以鐵絙駕船十六艘爲浮橋。弘治以後，屢屢增置，其後復廢，乃設官渡以便往來。繇夾浦而東會流於濬臺、龐山諸湖，仍注於吴淞江。說者謂縣當吴、浙之咽喉，而夾浦又縣之衝要云。

平望鎮，縣南四十五里，爲控接嘉、湖之要道。宋德祐中，以元兵漸迫臨安，遣將劉溼於此置砦。明初攻湖州，張士誠以水師屯平望，欲援舊館，常遇春出間襲敗之。其北三里曰勝墩，前對鶯脰湖，嘉靖中官軍嘗據此以扼倭寇。海防攷：「蘇、湖之間，鶯脰湖爲四戰處。嘉靖三十三年倭賊屢犯平望，明年督臣胡宗憲調兵自嘉興入勝墩，陳而待之，大捷於此。」今有平望巡司，亦設平望驛。志云：鎮北有楊家橋，明初常遇春敗張士誠兵於此，嘉靖三十四年官兵亦敗倭於此。又八尺市，在縣東南二十里。運河所經，爲南北衝要，嘉靖中倭寇嘗犯此。〇同里鎮，在縣東十五里。唐初名銅里，宋改今名。有同里市河，東連諸湖港之水，東北接姚成江，又東北接陳湖入崑山界。志云：明初同里商民輳集，置税務局於此，尋廢。今有巡司，爲縣東之藩蔽。

黎里鎮，縣東南二十里。其市河曰黎川，西通楊家諸湖，東連木瓜諸漾，又東北會諸湖蕩，亦注於龐山湖。嘉靖三十二年倭賊犯境，由黎里走泖湖。三十四年倭自爛溪犯平望，官兵禦之，復繇黎里出汾湖，遂遁去。又簡村，在縣東南十五里，地名充浦。宋建炎五年金人犯境，官軍嘗頓於此。今有簡村巡司。又縣東南百里吴漊村有因瀆巡司，今革。

震澤鎮，縣西南八十五里，西去湖州南潯鎮十二里。有震澤河，北出太湖，東北通鶯脰湖，南連諸漾，凡嘉興西北、湖州以東之水，多匯於此。有震澤巡司，與爛溪巡司相爲聲援。志云：鎮有底定橋，取禹貢「震澤底定」之義，跨荻塘河上。塘自湖州東入境，即運河經流也。又盛澤市，在縣西南六十里。市出綿綾，商旅走集焉。〇梅堰市，亦在縣西南六十里。嘉靖三十四年倭賊繇浙江崇德縣及南潯鎮轉掠梅堰，趨平望，爲官軍所敗。又有雙楊市，在震澤東十里。

**長橋**，在縣東二里。一名利往橋，又名垂虹橋。宋慶曆八年縣尉王廷堅建，以木爲之，長百三十丈，竇六十有四，中爲垂虹亭。治平三年縣令孫覺重修。紹興三年金人犯淮南，或議焚橋爲備，郡守洪遵持不可，乃止。元泰定二年判官張顯祖始甃以石，開七十二洞。順帝至元二年元帥甯玉再建，開八十五洞。明洪武初及永樂二年，正統五年，成化七年、十六年屢經修治。弘治四年工部侍郎徐貫等復濬長橋水竇，凡江口叢生荻葦，蔓延數十畝者，悉墾之，蓋以利太湖噤喉也。自是亦數有修舉，而橋竇或開或塞，橋南十字港一帶時有壅閼之虞，議者以爲病。水利攷：「吴江長堤一名挽路石堤，始於宋慶曆二年，因風濤多敗漕舟，遂接續築爲長堤，横截五六十里，且建長橋以通水道。」郟亶云：「長橋正太湖東岸，泄水下吴淞江入海，第一要害處。築堤建橋，雖爲挽路之利，而下流淺狹，潮沙壅積，病實基於此。」元天聖初發運使趙賀葺吴江太湖石塘路以捍風濤，其後時加修治，而長橋水洞往往任意築塞，哽咽湖流。議者恒欲鑿坑添橋，寬展水道，此亦救敝之一策也。又元置鎮守長橋鎮江水軍於此。明亦置長橋巡司，尋革。

**白龍橋**。縣南十二里，跨白龍港。西洩太湖之水，東經運河，又東潴爲湖蕩，東北入白蜆江。又徹浦橋，在縣南九里。北抵城東南南津口，所謂石塘運河也。志云：吴江古無陸地，唐元和五年蘇州刺史王仲舒始擁土爲塘，宋祥符、慶曆中屢加修治，治平五年知縣事孫覺始易以石。蓋吴淞壅遏，繇長堤之築始也。自南渡至元亦數修治，至正六年知州那海增修高廣，長千八十丈，爲竇百三十有六。明亦以時修築。近城東南一里曰三江橋，其下亦曰三江口；又南七里爲十字港，亦曰三汊口；皆西泄太湖之水，東過運河，又東爲諸港，瀦爲葉澤湖及龐山湖，入長洲縣界。

崑山縣，府東七十里。東至太倉州三十五里，東南至松江府青浦縣七十里。秦婁縣地，漢因之。梁天監中置信義縣，大同初又分置崑山縣，以山爲名。隋平陳縣廢，開皇十八年復置崑山縣，屬蘇州。唐因之。光化初錢鏐將顧全武攻蘇州，淮南將秦裴拔崑山而戍之，尋復爲全武所克。宋亦曰崑山縣。元元貞初升爲州，延祐初徙州治於太倉，至正十七年張士誠據蘇州復還舊治。明洪武二年仍降爲縣。〔二〕今城周十二里。編户三百三十八里。

婁城，在縣治東。秦置縣，屬會稽郡，漢因之。孫權初封張昭於此，尋又封陸遜爲婁侯。晉亦爲婁縣，屬吴郡。咸和六年石勒將劉徵浮海而南寇婁縣，即此。宋、齊亦爲婁縣治，後廢。舊志：梁置崑山縣，在今松江府西北二十里崑山之陰。隋因之。唐天寶十載析置華亭縣，始移縣治於馬鞍山之陽，即故婁縣治也。范成大曰：「今崑山縣東北三里有村舍名婁縣，古縣疑置於此。」又有東城，在縣治東三百步，相傳吴子壽夢所築。今橋巷猶以東城爲名，蓋闔閭所起以候越者。

信義廢縣，縣西二十里。梁天監六年以婁縣地置信義縣，屬信義郡，隋省。今爲信義村，俗曰真義鎮，今又訛曰進義。又有真義浦，志云：自城西十里爲尤涇，又西十里曰真義浦，皆流合運河。

崑山，在縣治西北隅。廣袤三里，高七十丈。山之右曰馬鞍峰，孤峰特秀，稱一邑之勝。志云：山本名馬鞍山，唐天寶中移縣治於山之陽，因改曰崑山。上有浮圖。

千墩，縣東南四十里。志云：墩北三十里地名木瓜，有墩九百九十九，與此合爲千數，因名。下爲千墩浦。明永樂十年太常少卿袁復奉命浚浦，因名少卿墩。墩西有土山曰秦柱山，亦曰秦望山，上有烽火樓基。北去縣三十里。輿程記：「千墩又東南十里爲陶橋，又東南三十里即青浦縣。」

運河，在城南。舊名崑山塘。北納陽城湖，南吐松江，風濤馳突，爲舟楫田廬之患。宋至和二年，縣主簿丘與權修築隄防，橫絶巨浸，積土爲塘，因以紀元爲名。自是相繼修濬，明亦屢經修治。萬歷三十九年復甃石爲隄。四十三年長洲縣亦築石隄四十里接縣界。今自府城婁門而東北二十里，經沙湖，又東經彝亭及真義浦，交貫縣城，而東入太倉州界，皆曰至和塘，爲運道所經。近志以爲婁江，悞也。

婁江，縣南九里。其上流自長洲縣界接陳湖及陽城湖諸流，又東益匯諸浦港之水，勢盛流闊，入太倉州界爲劉河口以入海。近志以此爲吴淞江，一統志以爲三江口，皆悞也。辨訛云：「自唐、宋以來三江之名益亂，東江既湮，而婁江上流亦不可問，土人習聞吴淞江之名，凡水勢深闊者即謂之吴淞江，而至和塘自婁門而東，因意以爲婁江，所謂差之毫釐，繆以千里也。」○新洋江，在縣東南六里。自城東四里運河分流，南接婁江。宋隆興二年開新洋江，乾道初又復開濬。元泰定二年都水監任仁發開松江，自黄浦口直至新洋江，江面闊十五丈。永樂初復開濬，後漸堙塞，天順以後屢經修濬。毛節卿云：「松江中絶，龐山、澱湖諸水每繇新洋、夏駕而入婁江。」是也。又新江，在縣西南十五里。俗謂之勸娘江。宋嘉祐四年所開，以分引上流諸川。西接長洲縣大姚浦，析爲三江，東流五里許而後合，俗所謂三江口也，經縣東南石浦至嘉定縣界之安亭、江灣下流入海。

澱山湖，縣東南八十里，接松江府界。亦曰薛澱湖。東西三十六里，南北十八里，周迴幾二百里。下流注於吳淞江。今詳見松江府。○趙田湖，在縣東南七十里。一名范青漾，亦曰范家田。南連澱山湖，一望巨浸。其北即千墩浦口也。俗曰新開湖。

陽城湖，縣西北三十五里，與長洲縣接界。常熟縣南境之水亦流匯焉，吞吐羣川，波流浩瀚。湖之東爲包湖、傀儡諸湖，皆餘流所浸溢也。又東北即巴城湖。○巴城湖，在縣西北二十里。志云：其地有古巴城，又有巴王冢，湖因以名。西接包湖，東連雉城湖。今包湖、雉城大抵爲平陸。其西爲施澤涇，出陽城湖南曰尤涇，出至和塘東曰温焦涇，繇此竟達縣城。又陳湖，在縣西南五十里，接長、吳二縣界。○白蕩，在縣南三十六里。一名白家田。西連雙洋蕩，又西接陳湖，南連朱沙港，匯爲巨浸，下流注澱山湖。又鰻鯉瀼，在縣西北十八里。西接陽城湖，南通巴城湖，東南出小虞浦。亦曰鰻鯉湖。今湮爲田者逾半矣。

夏駕浦，縣東南二十里。志云：新洋江南口即夏駕浦。永樂二年夏原吉以松江自夏駕而東沙漲，猝不可去，江北岸有劉家河入海，乃鑿夏駕浦掣江接浦，匯於劉家河。天順三年撫臣崔恭濬吳淞江，自夏駕浦至上海縣界白鶴港。成化八年撫臣畢亨亦濬吳淞江，自夏駕口至嘉定縣西北徐公浦，凡百三十里。十年又濬夏駕浦至嘉定縣西莊家港。嘉靖初撫臣李充嗣復濬吳淞江，亦自夏駕口起，達於吳淞舊江口。崇禎十六年復開夏駕浦，南接吳淞江，北至小瓦浦，東至太倉州界青魚涇，蓋宣洩要口也。○大石浦，在縣東南三十里。志云：上承吳淞江，南接三林港，出澱山湖。元至治初嘗濬石浦以東諸塘浦，明弘治中及崇禎末屢嘗開濬。其相近者曰小石浦，又西爲道褐浦，亦分洩要口也。嘉靖中嘗濬治，以導吴淞下流。志所稱吴淞江，即故婁江矣。

**千墩浦**，縣南四十里，向設石浦巡司戍守。新洋諸江之水，往往匯流於此，接吴淞江入海。永樂初夏原吉嘗濬治之。今南流注於澱山湖。○瓦浦，在縣東南三十六里，與太倉、嘉定接界。志云：浦東出雞鳴塘，西通奣子浦，爲灌溉之利。嘉靖、隆慶中屢經濬治，崇禎初復修濬。有大小二浦。奣，讀若晃。在縣東十八里。

**七浦**，縣西北三十里。一名七浦塘，亦曰七鴉浦。接常熟、太倉界，東南出石橋圩，又東經太倉之直塘、沙頭一帶入海，謂之七鴉口。自宋以來爲常熟、崑山間五大浦之一。志云：浦東北通巴城湖，西通陽城湖，東南出爲太倉境內之楊林塘，西抵斜堰。弘治四年工部侍郎徐貫開治斜堰、七浦。九年工部主事姚文灝疏七浦亘五十里。浦旁舊有支渠四十六，溉田可萬餘頃。而斜堰東南去縣三十四里，與常熟分境，舊設此以防常熟通江海潮及昆承諸湖衝決之水。嘉靖二十五年撫臣歐陽必進易置石閘於此。自白茅塞而西北之潮不至，堰址僅存，無復初制矣。

**大虞浦**，在縣西南九里。又有小虞浦，在縣西南三里。志云：唐天祐初，吴越濬新洋江及橫塘，兼通大、小虞二浦，並北出新塘，南通吴淞江。新塘，即崑山塘矣。宋范成大曰：「小虞浦北受鰻鯉諸瀼之水出之江。」是也。隆興三年小虞與諸塘浦俱經濬治。明弘治十一年復修治大虞等浦。嘉靖二年又浚大虞浦，洩陽城湖水以入婁江。又縣南有帆歸、下張、諸天、同丘諸浦及漊涇浜一帶，俱松江宣洩處也。水利考：「宋初導三十六浦，分引太湖、松江積水，其在縣境者十有四，在常熟者二十六，其後大抵堙塞。」今自七鴉、下張、楊林浦而外，十四浦之可考者鮮矣。○

戴墟浦，在縣西三十里。宋淳熙中發運使魏洝疏至和塘，東自夾潮塘，西至戴墟浦，亘四十餘里。又縣西北二十里有黄茜涇。正統六年撫臣周忱修至和塘，黄茜涇、鰻鯉涇同時開濬是也。嘉靖四年復濬黄茜涇以及東西諸塘浦。蓋縣境水患最多，而疏濬之迹不可殫紀矣。

石浦鎮，縣東四十里。南通澱山湖，北枕吴淞江。元置巡司於此，明因之，景泰二年移置於千墩浦口。今縣東三十六里爲千墩鎮，又南六里爲吴家橋，俱與青浦縣接界。又安亭鎮，在縣東南四十五里，與嘉定縣接界。舊有税課局。○泗橋鎮，亦在縣東南四十里。又兵墟鎮，在縣東四十八里。東接太倉境，南接吴淞江。志云：夏駕浦所經也。舊與泗橋鎮俱置税課局，今廢。又陸家墅，在縣東南三十里。亦曰陸家浜，路出青浦，商民輻輳於此。

甪直鎮。縣西南三十六里，又縣西南四十餘里有陳墓鎮，俱接長洲縣界。○巴城鎮，在縣西北十八里。西枕巴城湖及七鴉浦，又西南通傀儡、陽城諸湖，鹽徒往往出没於此。舊置巡司，今徙於真義鎮，仍曰巴城巡司。又志云：縣舊有寧海驛，今革。

常熟縣，府北九十里。東南至太倉州九十里，西北至常州府江陰縣百二十里，西南至常州府無錫縣百十里。本吴縣地，晉太康四年分置海虞縣，屬吴郡。東晉又分置南沙縣，屬晉陵郡，宋、齊因之。梁天監六年增置信義郡，南沙屬焉。大同六年又分置常熟縣，亦屬信義郡。隋平陳，徙常熟縣治南沙，以海虞、南沙二縣并入，屬蘇州。唐武德七年又移治於故海虞城，仍屬蘇州府。宋因之。元元貞二年升縣爲州，明洪武三年復改爲縣。今縣城周九里有奇。編户五百十四里。

**常熟故城**，在今縣南。劉昫曰：「崑山縣西百三十里有常熟故城。」九域志：「蘇州北七十里有常熟故城，梁置縣於此。」今縣即故海虞城。城邑攷：「海虞城初時編木爲柵，甚堅緻，周二千二百四十丈。元時改築土城，周四千八百四十丈。至正十六年張士誠始甃以磚，周九里有奇。明永樂以後日就傾圮，嘉靖三十四年以倭亂始營坂築，西北據山，東南憑濠，屹然完固。」

**南沙廢縣**，縣西北五十里。沈約曰：「本吳縣司鹽都尉署，吳時名沙中。晉平吳立暨陽縣，司鹽都尉屬焉。東晉時亦曰南沙都尉。咸和五年石勒將劉徵率衆數千掠東南諸縣，殺南沙都尉許儒，進入海虞。咸康七年始罷鹽署，立爲南沙縣，屬晉陵郡。」宋、齊因之。梁置信義郡。隋平陳廢郡，又徙常熟縣治焉。唐移縣於今治，故城遂墟。今奚浦、三丈浦、黃泗浦西接江陰一帶，其地猶名南沙鄉。又興國廢縣，在縣東四十五里。梁置，屬信義郡，隋廢。元末張士誠開浚白茅，因故址築城，周五里，曰支塘城。今爲支塘市，城址猶存，自昔爲戍守處。

**海陽廢縣**，在縣北。東晉初割海虞北境置東海郡，領郯、朐、利城三縣，永和初郡縣並移出京口。蕭齊於其地置海陽縣，屬晉陵郡，梁改屬信義郡。隋平陳廢郡，以所領海陽、前京、信義、海虞、興國、南沙六縣俱併入常熟縣。○莫城，在縣南七里。相傳莫邪鑄劍處，一名劍城。今曰莫門塘。寰宇記云：「漢時莫寵所築，以捍海寇。」又尚墅城，在縣北十八里。志云：張士誠入福山港，築此城以屯兵。又有鵝城，在縣東十五里。隋、唐之末以盜亂，詔村塢聚皆築城防禦，此其故址。

**虞山**，在縣治西北。城之西北隅環其上。一名海隅山，一名烏目山。相傳以虞仲葬此，因曰虞山。名山記：「山長十八里，周四十里，高百六十丈，爲縣主山。登其巔，江外諸山隱隱可見。」

福山，縣北四十里。下臨大江。形如覆釜，亦名覆釜山。唐天寶六載改曰金鳳山。天祐初吴越於此築城戍守，控扼江道，亦謂之金鳳城。朱梁乾化三年，吴越復改爲福山，與大江北岸通州之狼山相值。周顯德五年克通州，吴越遣將邵可遷等帥水軍屯江南岸，與周師相應，即此處也。時謂之福山鎮。宋南渡後置水軍砦，建炎三年韓世忠控守福山，以備金人海道之師。明初敗張士誠兵於福山港，進逼州城，亦置福山寨并巡司於此。嘉靖中以倭亂，築堡屯兵，爲控禦要地，蓋縣境之北門，亦吴郡之重險也。志云：山周五里，東通大海，北枕大江，土人亦謂之福山岡。

顧山，在縣西五十里。又西北至江陰縣七十里，西南至無錫縣六十里，山當三縣之交，俗名三界山。一名靈龜山，又名香山。陸抵江陰，此其徑道。又宛山，在縣西南五十里。亦曰苑山，與無錫接界。下有宛山蕩，水路出無錫，此其徑道也。

大江，縣北四十里。西自范港，與江陰縣接界，東至陶港，與太倉州接界，其對境則揚州府之通州也。濱江一帶，港浦錯列。宋時言水利者，每議開常熟沿江二十四浦，導太湖下流洩之江。隆興中平江守臣沈度等議開常熟、崑山十浦，分導太湖，達江注海。十浦，常熟之許浦、白茅、崔浦、黄泗浦及崑山之茜涇、下張、七鴉、川沙、楊林、掘浦是也。蓋是時濱江諸浦已通塞不時。今水流變遷，舊迹之可據者甚少，而大江經流則滔滔如故矣。

運河，在縣城南。又南十五里歷華蕩，又南二十五里爲吴塔，與長洲縣接界，又南爲永倉敵樓，歷蠡口鎮抵郡城北，折而西合於楓橋運河。舊名元和塘，唐元和四年郡守李素所治，後訛爲雲和塘，今呼爲常熟塘。宋會要：「自平江齊門至常熟百里皆曰雲和塘。」是也。塘之東港浦錯出，皆引流達昆承諸湖，繇白茆等浦分注大江。

**白茆港**，在縣東七十里。茆亦作「茅」。吳中諸水北出者，自縣南境而匯流東注，昔皆繇此入海。今自縣東南二十里至鮎魚口，又東二十五里歷支塘市，又東北二十六里而達港口。舊志云：「金陵句曲之水注爲金壇白鶴溪，合丹陽練湖水、常郡滆湖水，震澤不能容者溢而東南，從無錫蠡、漊諸湖入常熟之華蕩，遶城南東北流爲白茆港，注於江以入海。」宋人言水利者，每導太湖分流，東北繇諸浦注之江，而諸浦中白茆最大，屢議疏濬，以防太湖之泛溢。宋史：「政和十四年詔導白茆、許浦、福山三浦；紹興二十四年大理丞周環議開白茅；二十八年轉運副使趙子潚議開黄泗浦、崔浦、許浦及白茅浦，不果，尋復濬治；乾道初守臣沈度等又請開白茅等浦。」元季漸塞，大爲民病。張氏時發民鑿白茅新渠，長九十里，與劉家港並導，以分殺水勢。明永樂初夏原吉請疏吳淞江南北兩岸浦港，分引太湖諸水入劉家河、白茅港，於是白茅導水入江。尋復淤塞，景泰五年大水爲患，侍郎李敏等復議濬白茅等塘，因挑青墩浦、横瀝塘共三四里，以通白茅之流，鑿開三堰約三四里，引水通鮎魚口，復挑去浦口淤塞千餘畝，於是積水得洩。弘治初故道復塞，四年侍郎徐貫等復濬白茅，且導長、吳、崑山、嘉定諸涇港，貫於白茅以入江。然上流既淺隘，而浦口復有漲沙，横亘海中，力不能去，僅二歲復廢不治。正德八年都御史李充嗣復奉命開濬，從邑主簿俞琅議，於故河旁更鑿新河，以避漲沙海口，於是白茆復治。説者曰：「吳民屢病水旱，而邑田常半稔者，白茆之力也。往時水流深闊，故邑稱江海之交。」郡之海道，起於嘉定寶山洋，迄於白茅港。天順五年置白茆寨於海口，成化十八年復增立營寨以備倭寇。嘉靖初以倭船乘風而上，徑抵城下，於是設朱家營以當其衝。其後口益淤塞，萬曆以來半爲平陸矣。志云：縣有白茅巡司，在縣西北九十里。

許浦，縣東北七十里。自縣城東北三十五里經梅李塘，又三十五里爲許浦，入大江。宋時以茜涇、下張、〔三〕七鴉、白茆、許浦爲崑、常間五大浦，又以梅李塘、白茆浦、崔浦、福山浦、黄泗浦爲常熟五浦。隆興初屢議濬，乾道八年復議開許浦及白茆、崔浦。淳熙初復詔開許浦，命守臣及許浦駐劄水軍都統戚世明同措置。時郡守陳峴奉詔開抉，東西共五十六里，并築堤爲固，自是水流順達，海船時至邑城。梅李鎮橋之下水常壞舟，至鑿月河以殺水勢。後漸堙塞，僅存一線。明弘治十二年邑令楊子器復議濬之，自城東達江口，長七十里有奇。尋廢。宋史：「許浦爲濱江要地，舊置水軍寨，南渡以後，汛守益重。」韓世忠提兵討苗、劉，駐軍於此。李寶駐劄許浦，涉海破金兵於膠西是也。會要：「建炎初水軍戍江陰、許浦、福山，無定所。又分江陰水軍屯明州定海。紹興二年仇愈爲福建、兩浙、淮東沿海制置使，置司許浦，許浦水軍隸焉。乾道二年，詔調泉州左翼軍屯平江許浦鎮。三年改隸殿前司。五年冬改爲御前水軍。六年分立前後中三軍，於許浦建寨萬間。四月水軍統制請以平江府許浦駐劄爲稱。八年春併歸許浦，置副都統制統之。淳熙四年冬以七千人爲額。」玉海：「宋建炎以後增置澉浦、淮陰、靖安、唐灣、采石諸水軍，而尤大者爲許浦、江陰二軍。」元亦爲許浦鎮，置許浦通事、漢軍萬户府。明置巡司於此。今許浦淤塞，不復爲要口。浦東有徐六涇，西南出梅李塘，爲往來通道。

福山港，縣北四十里。自城北水門，二十里經斜橋，又二十里經福山入大江。亦曰福山塘，亦曰福山浦。宋紹興中屢經濬治，與白茅、許浦並爲要害。明宣德及弘治中屢經修濬。嘉靖三十四年倭賊自福山港突犯郡城婁門，尋自太湖突犯楓橋，又經婁門還福山。是時江潮深闊，今日就淺澀矣。又港東北曰崔浦，曰丁涇，亦舊時通江之口。宋紹興二十九年議濬崔浦、丁涇，轉運使趙子潚言：「福山塘與丁涇地勢等，若不濬福山塘，則水必倒注於丁涇。」乃并濬之。今丁涇亦堙廢。舊志：縣北五十里有崔浦橋，即崔浦入江處也。○耿涇，在縣東北五十里。南通梅李塘，又北接崔浦，復分流北出，與崔浦並注大江。縣境三十六浦，崔浦、耿涇皆要口也。永樂初夏原吉疏濬，成化、弘治中亦相繼開治，未幾復塞，蓋耿涇口當福山港潮沙之衝，隄隘僅能容舟，内外皆爲潮沙所淤故也。

黄泗浦，縣西北八十里。西南通江陰縣境，北入揚子江。宋時爲濱江大浦，紹興末屢議修濬。明設黄泗浦巡司於此，北對通州境，爲控禦之所。今淤。浦東三里曰三丈浦，亦北通大江。嘉靖三十四年倭從三丈浦出没，官軍扼而殲之。後築土壩於浦口，寇警雖少，而農田甚病。又奚浦，在三丈浦東，去縣七十里。北通大江，饒魚鹽之利，有奚浦市。今浦亦堙廢。○金涇，在縣東北九十里。南通李墓塘，又東接白茆港。李墓塘而西接於梅李塘，匯流北出，自金涇注於大江。宋慶曆中知縣事范琪浚金涇、鶴瀆二浦，溉田千頃。今濱江港浦大抵堙廢，三十六浦可紀者鮮矣。

尚湖，縣西南四里。長十五里，廣九里。虞山峙其北，東通運河，西出江陰縣界。○昆承湖，在縣東南五里。舊志：湖長三十六里，廣十八里。水經云廣長各十八里，蓋無錫以東、長洲以北之水氾濫而出，匯流於此。昔時分流入白茅、許浦以達於江，其後諸浦漸湮，湖流亦日狹，土人於菱葦灘淺處占據爲田，謂之「湖田」，而分爲涇港，散入於崑山、太倉之界，從七鴉浦、劉河諸口以入海云。

華蕩，縣南十二里。周三十五里。蘆葦叢生。運河經其東。其西播爲諸汊港，西南入長洲縣界，西北入江陰縣界，西入無錫縣界，俱爲通道。又隹菱蕩，在縣西南三十里。東通華蕩，南接長洲縣界。自隹菱蕩而西五六里爲謝埭蕩，稍折而北爲陸家蕩、宛山蕩，俱與無錫縣接界。

七浦塘，縣東南七十里。舊志云：塘北通白茅港，西通陽城湖，南入崑山縣境。今東南接崑山、太倉界，遇白茅浦塞，縣境諸水皆繇此以入海。明正統及弘治初皆嘗濬治。○鹽鐵塘，在縣東北五十里。舊志云：在白茆之南，亦名内河，西接江陰，東越崑山。唐太和中疏此，繚繞數百里。元泰定初郡人周文英言水利，請濬崑山、嘉定之鹽鐵塘，以通各邑塘浦達太湖之水，不果。至正中張氏因舊議濬之，民以爲便。明宣德、景泰、弘治間皆再濬之，橫亘猶七十餘里，今湮没過半矣。又舊有新安塘，在縣東南。西入運河，東通崑山縣界。

梅李鎮，縣東北三十六里，臨梅李塘。其地爲許浦之上游。五代錢氏有蘇州，遣其將梅世忠、李開山屯兵於此以防江，鎮因以名。宋紹聖中轉運毛漸奏導梅李塘通江。其地有道通橋，許浦未塞，通、泰、蘇、湖商船皆集於此。明弘治、正德中皆疏此塘。嘉靖中倭賊自許浦登陸，徑犯梅李。後又竊據於此，與福山、白茅賊相聲援。志云：鎮東北達許浦，東南達白茅，西北達福山，爲適中之地，有事時戍守處也。

唐墅。縣東南三十里。舊名尤涇，以居民唐氏所創聚，因名。道出崑山，此爲中頓。又東六里曰斜堰，即崑山接境處也。又直塘市，在縣東南七十里。舊志：縣東南六十里曰任陽莊，又十里曰直塘市，與太倉州接境。○楊尖市，在縣西南四十里。西接無錫，北通江陰縣界。又縣西北八十里爲慶安鎮，接江陰界。舊有慶安浦，通江。宋政和中潽福山、慶安二浦，置閘。今故址尚存。

**嘉定縣**，府東百四十里。東逾海口至崇明縣百七十里，南至松江府青浦縣七十里，北至太倉州三十六里。唐爲崑山縣之疁城鄉，宋爲練祈市，嘉定十年析置縣，以紀年爲名，屬平江府。元元貞二年曰嘉定州，明洪武二年復爲縣。今城周九里。編户九百五十里。

**寶山**，縣東南八十里。明永樂十年命海運將士築此以建烽堠，周六百丈，高三十丈，爲海運表識。晝則舉烟，夜則明火，海洋空闊，一望千里。先是居民嘗見其地有山影，至是山成，因名曰寶山。御製詩文，刻石其上。海運廢，山仍爲濱海戍守之所。嘉靖中倭寇入犯，每以寶山爲望，故邑之被害最劇，而寶山常爲賊藪。三十四年大敗倭賊於寶山洋，患稍息。志云：寶山之外沿海一帶有楊家路，倭自崇明而來必取道於此。山之南有寶鎮堡，亦設險處也。

**東岡**，在城南。亦曰東岡身。又縣西五里有青岡，亦曰中岡身。又西七里曰外岡，有溪環其下。縣西南十五里又有沙岡，西南十八里曰西岡，或謂之淺岡，蓋濱海岡脊，天然障衛。志云：縣境北至太倉，南至南翔，俱曰岡身路。

**海**，縣東四十五里。北自黄姚港，南抵上海界，環縣境凡八十餘里。海水鹽鹵，而此地不異江、湖，兼有灌溉之利，蓋南即黄浦、吴淞江，北則劉家河，又北則大江注焉，皆迴洑蕩激于數百里間，故與南北海獨異也。然濱江一帶，夏秋間颶風霪雨挾潮而上，往往漂没田廬。晉湖州刺史虞潭嘗築壘海濱以禦衝潮。明洪武末以海患遣官修築，北抵太倉衛，南跨劉家河，長千八百餘丈。永樂二年復增築高廣，成化八年於寶山北舊壘外又築新壘。嘉靖二十三年復於寶山南增築外岸，直抵上海草蕩，惟吴淞所迤北舊壘栅没未修。邇來營葺益疏，故址多廢。志云：縣境之海俗謂之海沖，稍北與崇明相望。

吴淞江，縣南三十六里。志云：吴淞江過澱山湖經崑山夏駕浦東抵縣界，至顧浦又東過黄渡，又東過江灣，又東北抵吴淞所入海。自昔三江之中，松江最大。上承太湖，直流注海，湍悍清駛，海潮不得停滯，故三吴少水患。自吴江築長堤，上流既緩，下流漸塞，宋、元以來，屢議修濬。明永樂二年，夏原吉奉命治水，謂吴淞江自夏駕浦以下皆爲潮沙所障塞，因鑿夏駕浦掣吴淞江水北達婁江；復挑顧浦，南引江水，北貫吴塘，亦繇婁江入海；復濬上海縣范家浜，掣江水南達黄浦入海。而故道直流，百里之江遂棄而不治。正統五年撫臣周忱復濬故道通流。天順二年撫臣崔恭復濬吴淞江，於縣境濬卞家渡至莊家涇，凡五千五百五十餘丈。成化十年撫臣畢亨復自夏駕浦開至莊家涇。嘉靖二年撫臣李充嗣復開濬。既而倭亂，吴淞江爲最衝。三十二年倭入吴淞江。明年復屢自吴淞江登岸焚掠，久之始息。隆慶三年撫臣海瑞又疏黄浦至上海南蹌。萬曆六年御史林應訓復疏黄渡以西至崑山千浦。大抵隨濬隨淤，而吴中水灾疊告矣。禹貢云「三江既入，震澤底定」，三江僅存吴淞一江，而復不能順流達海，震澤何繇而底定哉？○婁江，在縣北二十四里。俗曰劉家河，與大倉州接界。吴淞堙塞，諸塘浦每繇此入海，大勢最爲深闊，今亦非復舊流矣。

白鶴江，縣西南四十三里。自松江府青浦縣流入境，北出吴淞江。宋嘉祐六年崑山令韓正彦開松江白鶴匯，如盤龍匯之法，爲民利。崇慶四年提舉水利郟亶重濬白鶴匯，宣和中提舉趙霖復開濬是也。又有青龍江，亦在縣西南。自松江府東北流入境，合於白鶴江。宋建炎四年金兀术自廣德寇臨安，制置使韓世忠以前軍駐青龍，中軍駐江灣，後軍駐海口，欲俟兀朮師還擊之。及兀朮自秀州趣平江，世忠遂移師扼鎮江。今水勢頗微，雖以江名，僅同溝澮矣。○蟠龍江，在縣西南四十里。自松江府流入境，亦曰蟠龍匯。志云：盤龍江南通蒲匯塘，北入吳淞江。又縣東南三十里有虬江，南接中槎、下槎二浦，縣境東南諸浦港多匯於此，南入吳淞江。志云：虬江自上海縣流入境。縣東南又有上槎浦。

大盈浦，在縣西南五十里。自松江府流入境，注於吳淞江。又大盧浦，亦在縣西南。南通青龍江，其北逕馮浦入吳淞江。亦曰渡頭。○黃渡浦，在縣西南四十里。南通吳淞江，對岸即大盈浦也。黃渡之北曰吳塘，北出練祁塘達於劉家河。

顧浦，在縣西南。通吳淞江，北貫練祈塘，又北會於吳塘，入太倉州境注於劉河。宋嘉祐三年轉運使沈立開崑山顧浦。熙寧末郟僑議開新安浦、顧浦，使水南入淞江。紹興末轉運使趙子潚復議濬顧浦及諸涇港，以引吳淞江壅水是也。明永樂二年夏原吉又濬顧浦，引吳淞江水北貫吳塘，繇婁江入海。正統五年撫臣周忱復濬顧浦以洩吳淞之水。弘治十一年又嘗疏濬。○徐公浦，在縣西北。南通雞鳴塘達顧浦，北通郭澤塘，又北達劉河。宋紹興末趙子潚議通郭澤浦及徐公浦。明弘治十一年郎中傅潮亦濬徐公等浦。隆慶五年御史林應訓浚吳淞江，自崑山界漫水鄉至徐公浦，長四十五里是也。又安亭涇，亦在縣西。東南通顧浦，北接雞鳴塘。宋元祐中單諤議開安亭涇，自吳江東至青龍江入海。今亦堙塞。

練祁塘，在縣治南。東西長七十二里，自縣治中分，曰東、西練祁。相傳昔時水澄如練，亦名練川。今自顧浦納淞江之流，東折貫於吴塘，又東過鹽鐵塘貫縣城而東抵羅店鎮，稍東北入于海。其東一支南折而東合馬路塘，又東合月鋪，又東合采綯港入海。又西一支從西門外岡北折合北鹽鐵塘入婁江。土人以合流甚大，而正脉反微，謂之東、西小練祁。

**横瀝塘**，在縣治東。南北袤六十里。亦自縣治中分，有南、北横瀝之名。自縣西南二十七里孫基港口受吴淞江水，折而東合上槎等浦，經南翔鎮，又北二十里貫城而北出，抵縣北十二里之婁塘，又東北折而爲雙塘，復少折而西北曰公塘，俱入劉河。今南路漸塞，北路亦日微矣。

**鹽鐵塘**，在縣西十五里。從外岡中分，亦有南、北鹽鐵塘之名。南接陸皎鋪抵吴淞江，北貫練祁塘，經葛隆鎮達於劉河。又謂之西横瀝。宋、元以來屢經修治。元季海運從鹽鐵塘東北出婁江達海。明永樂十三年罷海運，以北鹽鐵、西練祁爲運河。志云：從鹽鐵而西爲吴塘，又西爲顧浦，又西爲徐公鋪，三河形如川字，而練祁直貫其中。最西爲安亭涇，與崑山縣分界，亦東南通顧浦，北出雞鳴塘。○走馬塘，在縣東南二十里。西通横瀝，東南繇江灣浦入吴淞江。

**顧涇港**，在縣東四十里。上流接黄白涇通練祁塘，東入於海。宋寶曆初置顧涇水軍砦於縣東北四十里。其北爲川沙港，南接顧涇港，東北入海。亦曰川沙浦。宋時與茜涇、下張、七鴉、楊林、掘浦共爲崑山六大浦，隆興二年開濬。宋志：「顧涇西去許浦百里，與海上黄魚垛相望。淳熙十二年殿前司奏請分許浦水軍駐此，從之。」寶慶初始置寨，明設顧涇巡司。又施家港，在縣東。西通川沙港，又西北接新港。嘉靖三十三年賊從南沙襲渡至施家港，進犯縣城，轉掠南翔諸鎮，尋敗却。萬曆中浚吴淞江，自黄渡浦口東谿新涇口至施家港是也。

黄姚港，縣東北四十里。西接新涇，東北合五岳塘入海。嘉靖三十二年，倭賊自黄姚入劉家河，進掠婁塘，遂北犯太倉，轉犯吴淞所，尋進薄縣城，不能陷，會救至，賊引却。明年賊復自黄姚登岸，轉掠而南，越南翔，谿封家浜犯松江境内。三十四年倭舟復泊黄姚，舍舟登陸，西至婁塘，轉掠鄰境。蓋其地迫近海濱，與太倉州接界，北去劉河咫尺，南接吴淞江，向有陸兵戍守。姚，一作「窑」。○綵綯港，在縣東南吴淞所北。其西四里爲周浦，又四十八里曰羅店鎮。嘉靖中賊避吴淞守兵，往往出没於此。三十五年賊突犯綵綯港，掠東境，尋引却。縣南境又有師家浜、老鸛觜、四馬洪諸處，皆在吴淞江南岸，接上海縣境，官軍敗倭處也。

趙涇，在縣西南二十里。北通練祁，南出爲封家浜，亦曰封家渡，又南爲月河出吴淞江。宋崇寧三年提舉徐確請疏淞江下流，自封家渡至大通浦直出海口是也。志云：封家浜市在縣西南三十里。

南翔鎮，縣南二十四里。爲商賈凑集之所，横瀝所經也。南去吴淞江十里，至上海縣五十里。嘉靖三十三年倭賊犯南翔、廣福鎮。未幾復犯南翔，谿封家浜直抵松江，邑西境皆爲騷動。志云：廣福鎮在縣東南四十里。○月浦鎮，在縣東三十六里。因水而名。顧涇巡司置於此。又羅店鎮，在縣東十八里。元置鎮。自此至吴淞所，水陸皆二十六里，爲縣東之籓籬。嘉靖三十六年倭賊陷吴淞所，西掠月浦及羅店，遂薄城下。今商民會聚於此。又縣東南四十里曰大場鎮，宋嘗置鹽場於此，因名。又東南十里曰真如鎮，以佛寺名。

江灣鎮，縣東南六十里。其水自吴淞江屈曲入虬江，因曰江灣。宋有巡簡寨，建炎中增置江灣鄉兵砦，亦曰義兵砦。韓世忠謀邀兀朮之兵，以中軍置江灣是也。淳祐九年又置江灣忠節水軍寨。明設巡司於此，賊入黄浦犯上海，江灣其必經之地也。

黄渡鎮，縣西南三十六里，與青浦縣接界。元置鎮，因水而名。尋又置吴塘巡司於此。明因之。洪武中市舶提舉司亦置於此，太祖以去京畿密邇，曰「險要不可以示遠人」，乃移寧波。又縣西南四十里爲紀王廟鎮，亦市易之所也。○安亭鎮，在縣西南二十四里，與崑山縣接界，以安亭涇而名。又縣西十五里曰外岡鎮，水陸衝要處也。縣西北二十四里又有葛龍廟鎮，與太倉州接界。一名吴公市，北至太倉州二十里。

婁塘鎮，縣北十二里。因水而名。西北去太倉州十二里。舊有婁塘南館，爲往來中頓處。嘉靖中倭賊每從劉河突犯婁塘，縣境及太倉皆被其患。○劉家河，〔四〕在縣東南二十四里。嘉靖中官軍嘗迫倭賊於此。又中槎巡司，在縣南十二里。明置。於洪武十八年革。

滬瀆壘。志云：在縣西四十里，傍吴淞江。晉隆安四年袁山松築壘於此，以備禦孫恩。今廢。志云：今青浦縣青龍鎮西有滬瀆村。○廠頭，在縣東南二十五里。相傳爲韓世忠屯兵處。

附見

蘇州衛。在府城内。洪武初建。

吴淞江守禦千户所，在嘉定縣東南四十里吴淞江北岸。洪武十九年建，屬太倉衛，統百户所十。有土城，周一千一百六十餘丈。自是相繼增築，開四門，環濠爲固。城當吴淞入海之口，初去海三里許，最爲衝要。尋以海潮侵嗌，東北隅漸傾入海，嘉靖十六年備兵使者黃儀議更築土城於舊城西南一里，不果。三十二年倭寇突犯，舊城潰。明年改築新城，周七百二十丈，内外皆爲濠，闢水關一，旱門四，增兵戍守。三十八年又命總兵官專駐吳淞，居中調度。翁大立曰：「吳淞所爲水陸要衝，蘇、松喉吭，北可以扼長江之險，南可以援金山之急，故汛守特重。」自是而北曰劉家河，曰七鴉港；又東爲崇明縣；七鴉港而西曰白茆港，曰福山，又西則江陰之揚舍；皆控扼之所，而要以吳淞爲根本。

**寶山守禦千户所**。在嘉定縣東南八十里。本名青浦鎮，一名高橋鎮。其地東北距海，西濱吳淞江，多魚鹽蘆葦之利。洪武十九年建青浦旱砦於此，與吳淞所相犄角。三十年增立城堡，其後累加修葺，設官軍鎮守。嘉靖三十二年官軍與倭戰於高橋，不利。三十四年倭賊入吳淞江，官軍焚其舟。賊登岸據青浦法昌寺，官軍與戰不利，賊遂南據浙江海鹽縣之乍浦。三十六年更名協守吳淞中千户所。萬歷五年增築新城，周二里有奇。更名寶山千户所。

**太倉州**，府東一百五里。東至海七十里，南至松江府百三十五里，北至大江口一十六里。

春秋時吳地，後爲越地，戰國屬楚，秦屬會稽郡，漢因之。後漢順帝以後屬吳郡，自晉及陳皆因之。隋屬蘇州，大業初屬吳郡。唐仍屬蘇州，亦屬吳郡。五代時吳越有其地，宋屬平江府，元屬崑山州。元貞二年徙州治此，至正中復舊。明吳元年立太倉衛，弘治十年改建爲州，屬蘇州府。編户二百三十一里。領縣一。今仍曰太倉州。

州枕大海之濱，控三江之口，東翼吳郡，南蔽雲間。元人繇海道轉輸則劉河爲津要，明嘉靖中倭寇出没，州每當其衝，就東南言之，州亦襟要之所矣。

太倉城，今州治。相傳孫權都吴，嘗置倉於此。或曰權求好於公孫淵，欲遣兵北出，故於此置倉也。亦謂之東倉。晉咸和三年，蘇峻反，遣其黨張健據吴，顧衆自海虞縣婁縣東倉與賊戰，敗之。自宋、齊以後皆爲婁縣地，隋、唐屬崑山縣，宋爲節制司酒庫。元至元十七年宣慰朱瑄等議海漕，置倉於此，謂之太倉，因徙居之。是時海外諸番亦俱集此貿易，謂之六國馬頭。尋爲崑山州治。時州無城，僅有木柵。至正十三年臺州賊方國珍率海舟自劉河突犯，州境殘破，乃立水軍萬户府，兼定海、靖海、寧海三千户所於城內。明年國珍復來犯，副萬户董摶霄敗之。十六年張士誠據吴，太倉亦附焉。尋復爲國珍所襲，兵退乃築城守禦。十七年國珍復來寇，士誠敗却之。既而徙崑山還故治，惟置軍營於此。明吴元年，師圍蘇州，太倉來附。因立太倉衛，分設十千户所，後省爲五。弘治十年始割崑山、常熟、嘉定三縣地置州，即故酒庫司爲州治。城周十四里有奇，門七，水門三。

穿山，在州東北五十里。山腹前後洞穿通人行。臨海記：穿山洞穴高十餘丈，昔有舉帆過其下者，蓋海中小島也。今山在平陸，去海二十餘里。

岡身，在城東南。元潘應武云：「自常熟福山而下有沙岡身二百八十餘里，以限滄溟。岡身間有港浦百五十餘處以洩太湖之水。」今州據岡爲城，有上岡身、下岡身、歸吴等岡身。其岡門亦多堙塞。州境得名者猶二十有六，皆環於城西及南北間。吴郡續圖經：「濱海之地，岡阜相屬，謂之岡身，天所以限滄溟而全吴人也。說者謂山脊曰岡，州無山而有岡身，蓋海沙壅積，日久凝結。或開濬河道堆土爲阜，兀然隆起，土人名爲岡身。近横瀝則其壤堅而黄，濱海則其壤潤而黑，地氣不同也。雖皆沙磧，而頗宜菽麥，有種植之利。」

**劉河**，在城南。自崑山縣流入境，又東南七十里爲劉河口，即古婁江入海之口。自此抵崇明百二十四里，爲海濱要害。元人海運繇此入海。泰定初周文英言水利，首請濬劉家河以達吴淞江下流。至正十四年方國珍以海舟來犯，入劉家港，董摶霄敗却之。明初亦嘗繇此漕粟泛海抵北平、遼東。永樂初夏原吉議濬劉河以分引太湖壅水。既又遣中使鄭和出劉河使海外諸國。弘治四年侍郎徐貫開濬婁江，自州城南至嘉定外岡，長十八里。其後屢經濬治。嘉靖中倭寇屢繇劉家河突犯，南略嘉定，北擾太倉，所至塗炭，劉河益爲汛守重地。河口有天妃宫，初爲鎮海衛兵戍守，今設把守官軍營。海防考：「宋南渡後置水砦於劉河港口。元人置分鎮萬户府於江北岸，又於南北岸各立萬户府凡三區。洪武七年罷萬户府，置巡司三。正統初金山倭警，撫臣周忱等以港口爲吴地噤喉，乃設劉家港營，增置砦栅，撥兵戍守。舊時水勢深通，海舟高艘，揚帆直上，萬曆以後港爲潮沙壅積，僅存一線矣。」

**運河**，在州西。亦曰太倉塘，即崑山縣之至和塘也。自州西十八里奣子鋪與崑山接界，引而東爲黄泥涇、黄淺涇，與吴塘相接，而合於婁江。志云：婁江支分入城，其出城北入鹽鐵塘，又西北出者曰古塘，其出城東而仍入婁江者曰半涇，州南曰張涇。元至正中，張士誠以方國珍屢自劉河突犯，乃塞至和塘尾以障海潮，開九曲河，僅通太倉東門，於是半涇、張涇、古塘諸港皆堙爲平陸。永樂以後復濬故道，而九曲河廢。○半涇，在州東三里。舊横帶城東，南入婁江，北通七鴉浦。元至正十四年，方國珍自劉河突犯至半涇，董摶霄與戰，敗却之。十七年國珍復來侵，士誠將吕珍大破之於半涇，潮水爲咽處也，今淺涸漸爲平陸。有半涇市，在州北十五里。又城南三里爲張涇，亦接劉河。元至正十二年方國珍來寇，浙省參政寶哥等禦之於張涇，敗績。明吴元年，太倉來附，士誠將張讓自嘉定來争，千户劉百潮遣兵越張涇破之是也。今亦堙廢。

**七鴉浦**，州北三十六里。又東三十餘里曰七鴉口，注於海。志云：婁江别一支自崑山西至和塘而北，合常熟崑承及陽城、巴城諸川澤，匯流爲七浦塘，經州西三十里直塘市，又東北十里爲沙頭市，又東北十里經塗松鎮一帶而入海。宋紹聖中濬七鴉浦，隆興二年復濬之，淳熙初又嘗濬治。明弘治九年工部主事姚文灝建議開濬，嘉靖二十五年復濬，尋以倭亂築七鴉壩於浦口，毛節卿謂「七鴉壩截潮水而直塘數里中微」是也。港口有把守官軍營寨，撥軍戍守。水利考：「白茅、劉河塞而七鴉之流盛，三吴積水，大都從此宣洩，其備禦視昔爲綦重矣。」○茜涇浦，在州東北五十里。宋時與七鴉浦俱爲諸大浦之一。嘉祐中范仲淹議浚茜涇，熙寧末郟僑謂開茜涇浦，使水東入海，政和六年發運使應安道亦請開茜涇等六塘以通積水，宣和三年自太倉斂口開茜涇浦，淳熙初復濬茜涇及七鴉浦是也。志云：茜涇東去海僅二十里。有茜涇鎮，宋曰楊林寨，元改爲鎮，明初置巡司及税務局於此。今局廢而巡司如故。海防考：「劉河以北有新塘、茜涇，又北抵浪港，東出七鴉口，並爲設險處。」

**顧浦**，州西南五里。自嘉定縣引吴淞江水北入吉涇，又東北而折爲戚盧涇，東曰南鹽鐵塘，西曰張涇、横瀝，並北注於婁江。○吴塘，在城西三里。南貫婁江，逕吉涇入嘉定界，又南會於顧浦；其北逕湖川塘達七鴉浦。

**楊林塘**，州西北二十里。其上流承七浦塘及巴城湖之流，東經新塘，而東至州東北八十里花浦口入海。延袤幾與七鴉浦相埒，州田待其灌溉者甚廣，亦宋時諸大浦之一也。隆興二年與七鴉浦同時濬治，又置楊林寨於浦口。元置楊林巡司。明嘉靖初撫臣李充嗣議濬治之，績未及竟。又掘浦，亦在州北。與楊林塘相近，宋以楊林浦、掘浦並爲崑山六大浦之一。隆興中開濬，今堙。又湖川塘，在州西北十里。源亦自巴城河、新塘而來，東接小塘，貫石婆港達於劉河。明天順中浚治，弘治中復濬之。西入崑山界。志云：湖川塘多支流，與七浦、楊林並橫貫州北鹽鐵塘。而湖川塘逼近城北，城西之吴塘，城北三里之古塘俱流會焉。

**鹽鐵塘**，在州城北。舊經城中，南越婁江，流十二里入嘉定縣界，又南注吴淞江，北流四十里入常熟縣界，又北注白茅塘。昔時每浚此以通婁江溷淤，南北羣川亦多匯流於此。今南北二水門塞，水不復貫城而出，舊道堙没者逾半矣。又橫塘，在州城東。北逕楊林、七浦入常熟縣界，其南亦通于吴塘。今堙。○橫瀝，在州南。郟亶曰：「橫瀝南徹松江，北過常熟。又有小塘貫橫瀝而東西流，或二里，或三里，多謂之門，若錢門、張堽門、沙堰門、斗門之類。大抵南北其塘則爲橫瀝，東西其塘則爲堽門、堰門、斗門，昔人置此以蓄洩旱潦，溉高卬之田之遺制也。」志云：州境又有東、西橫瀝，谿徑頗煩，互相融注，以達於海。今堽門大抵廢壞，而名迹僅存。

**海**，州東七十餘里。志云：州北去海百里，東北至崇明縣二百餘里。其間沙洲錯雜，居民皆畋治之。而劉河、七鴉二口，則州境之要防也。

**塗松鎮**，州東北三十五里。鎮有塗松岡，因名。志云：鎮西達沙頭，東連龍市，東北爲橫涇及甘草涇，東南爲七鴉浦及茜涇，蓋水陸交會處也。自唐以來皆置鎮於此。宋元豐中改鎮爲市。僞吴張士誠嘗築城置營於此，以備海寇。今日就荒落，商旅不至矣。又唐茜涇港口巡司，在州東北五十四里。元爲崑山鎮，置巡司。洪武七年改置唐茜涇巡司。其地有唐茜涇，東注於海，因設兵戍守。成化中又遷置巡司於東花浦口，萬歷中革。○甘草鎮，在州東七十里。亦曰甘草市，舊名甘樹，一名甘林，東連大洋。洪武七年置甘草涇巡司於此，與唐茜涇相應援。

雙鳳鎮，州北二十四里，一名雙林；又北六里曰直唐市，民居繁密之所也；自是而西北十里曰任陽莊，入常熟縣界；又沙頭鎮，在州東北三十六里，明初爲商旅萃聚之所；又州東北六十里曰璜涇鎮；皆七鴉浦所經也。○吳公市，在州南十五里。一名小婁塘。又南五里曰葛隆鎮，與嘉定縣分界。

奣子橋。在州西十八里，崑山接境處也。元至正十六年方國珍犯太倉，張士誠將呂珍守奣子橋，築營浚濠，有叛者自古塘率寇西下，出珍不意，珍力戰得免。今亦曰奣子鋪。

崇明縣，州東百五十里。西至府城二百五十里，北至通州二百里。本海中沙洲，楊吳時謂之顧俊沙。五代史：「楊溥改顧俊沙爲崇明鎮。」是也。宋嘉定十五年改爲天賜場，屬海門縣。元至元十四年置崇明州，屬揚州府。至正十三年爲張士誠所據，十九年歸於明。洪武二年降州爲縣，八年改屬蘇州府，弘治十年復改屬太倉州。今城周九里。編户二百二十里。

崇明舊城，在縣東北，故崇明鎮也。志云：唐武德間，吳郡城東三百餘里忽湧二洲，謂之東西二沙，漸積高廣，漁樵者依之，遂成田廬，楊吳因置崇明鎮於西沙。宋天聖三年續漲一沙，與東沙接，民多徙居之。而姚、劉二姓爲盛，因名姚劉沙。建中靖國初又湧一沙於西北，相距五十餘里。以三次疊漲，因名三沙，亦謂之崇明沙。紹興初，盜邵青聚黨於崇明沙，將犯江陰，劉光世遣王德討平之。嘉定中始置天賜鹽場於姚劉沙。〔五〕宋會要：「海中大洲曰天賜場，舟人揚帆，遇順風，東南可以逕至明州定海，西南可以逕至許浦達蘇州。」元至元中以民居繁庶，因置州治之。至正七年風濤盪激，將侵州治南，十二年徙州治於故城北十五里之東沙。明初因之，改州爲縣。永樂十八年又遷縣治於故城北十里秦家村。正德初縣治圮於海，嘉靖八年乃遷築土城於馬家浜西南。二十九年海水嚙城東北隅，復營度城址於平洋沙。三十三年營立磚城。萬曆十一年城東隅復圮於水，十四年又改建城於長沙，去三沙舊城蓋六十餘里，邑之奠居於兹五遷矣。

**蛇山**，在縣東海中，相距約二百餘里。一名長山，上有泉石之勝。又洋山，亦在縣東，與蛇山相近。南北官軍往往會哨於此，海口要道也。

**蘇州洋**，在縣東南。志云：東沙之外曰蘇州洋，即大海也。北接大江口，南入嘉興府境内，江、浙間有事，此爲戍守要衝。又淡水洋，在東沙東北。海水皆鹹，此水獨淡，可以烹茶。又有鹹水洋，在東沙東南。至夜水沸若星，光映如火。其水至鹹，即滷水矣。

**北新河**，在舊縣北六十二里。海水西流而入。又南新河，在舊縣北五十二里。海水北流而入，與北新河通。今三沙日圮，河道亦堙。〇青龍河，在今縣東。亦曰青龍港。近縣港口約十餘處，賊舟皆可入，而青龍港直通縣城，尤爲切要。志云：縣之南境有斜洪，直抵劉河。東南有新開河，近吴淞江云。

**清潭港**，在舊縣東南。其相近有張家等港。又界溝港，在舊縣東北。其相近有道堂等港。又曾姚港，在舊縣西南。其相近有富民、永安等港。又有蝦港，俗傳宋高宗南渡至此，有大蝦二，湧水挾船出海，因名。又有水竇等港，在舊縣西北。嘉靖三十二年倭寇從水竇港登，〔六〕劫攻東南水門及東北栅，城陷。三十八年復繇水竇港登岸，盤據三沙，官軍就圍之，賊尋遁去。志云：縣環海爲境，沙港衝塞不時，其可紀者凡數十處。今縣移而西，舊港不可問者益多矣。

施翹港，在今縣北。經享沙、吴家沙而西至港口，渡海面至劉河口，不過三十餘里。繇渡口東抵平洋沙海面約六十里。舊無此港，隆慶中設法開浚，變斥鹵爲良田，而行旅復以爲便。又符浜，在縣西八里。有渡口，七十里至太倉劉河口，爲往來通道，曰符洪渡。又有黄家港渡，自縣西至渡口海面約六十里，又西至太倉璜涇海面約四十里。○渡船港，在縣東南。有渡口，去縣三十里。至舊城平陽沙界溝渡，海面不過十里。縣東又有舊城河渡及爛沙渡，皆爲往來津口。

楊家港，在縣東南。沙田多高，舊有港，久淤，萬曆二十八年縣令李官疏浚，民得灌溉之利。又有桃皮等港，亦在縣東南，皆壅沙通海處也。

長沙，今縣治建於此。旁連十餘沙，最爲雄壯。又東北曰享沙，其相連者曰吴家沙，皆水鹹不可耕，居民煎鹽以給，而吴家沙復多柴蘆之利。

營前沙，在縣北。爲大江入海之砥柱。嘉靖三十六年倭寇登營前沙，官軍敗却之。其相接者曰山前沙。海防考：「倭寇至營前而西，則江北淮陽，江南常、鎮皆有衝突之慮。」蓋營前沙與海門縣蓼角嘴相對，海面約闊百五十里，倭寇入江此爲第一重門户，與狼、福互爲聲援。○蒲沙，亦在縣北。相近者曰小陰沙，與海門縣接界。蒲沙之東曰匾檜沙。

平洋沙，在縣東南。舊名半洋沙。其相近者曰馬腰沙。弘治十五年土豪施天泰、鈕東山作亂，據二沙爲梗，事平改半洋爲平洋，馬腰爲馬安。嘉靖三十二年移建縣城於此。明年倭登平洋沙，焚劫攻新城東門，不能陷，乃却。萬曆中復移縣於今治。又西曰登舟沙，與常熟縣對境。嘉靖三十四年倭自常熟三丈浦遁出海，太倉知州熊桴邀擊之於登舟沙，賊走吴淞江。海防考：「登舟沙爲福山、白茅之門户。又西北曰伏龍沙，萬曆中新漲此沙，與江北狼山相近。」

南沙，在縣南七十里，與竹簿沙相接。舊志：沙長八十里，廣十餘里，多稻菽萑葦之利。明初置南沙巡司於此。嘉靖十九年南沙土豪王艮等搆黨作亂據南沙，上海境内爲之惶懼，尋討平之，因建南沙守禦官軍營。三十二年倭登南沙，盤據經年，官軍擊之不能克，久之遁去。旁有蔣六洪口，爲舟行要道。其西北盡處曰宋信嘴。○竹簿沙，在縣東南七十餘里，即南沙盡處，外爲大洋，内爲内海。其西南與松江高家嘴相對，爲内海之南門。賊自洋山而入，欲入吴淞江，此河正當轉屈間，至此然後從楊家路沿海而北，吴淞江首受其衝，以次及劉河等處，蓋海道東南之險也。海防考：「竹簿沙爲吴淞之屏蔽，外爲羊山，爲陳錢，皆倭寇所從入。竹簿沙之内，高家嘴之外，沿海而西北者謂之楊家路，海船得此，方能轉舒，蓋縣多陰沙暗途，纏綿錯雜故也。」説者以竹簿沙、高家嘴爲蘇、松四郡之咽喉，海防第一關鍵，有以夫？又爛沙，在竹簿沙之北。其南接南沙之宋信嘴，即長沙下脚也。有爛沙洪，與七鴉、白茅相對。志云：爛沙、小團、孫家、白蜆、縣前等沙，與南沙、竹簿舊皆錯列海中，波濤汹湧，今漲合爲一，南北長百四十餘里，其東西闊四十餘里，居民藝植，悉成沃壤。

三沙，在縣東北，即舊縣治，所云「控諸沙上游，爲一邑中土」者。波濤衝激，日漸迫狹，縣治既遷，乃領於三沙巡司。志云：三沙北通狼、福，南通宋信嘴，西接營前沙，爲江南北數郡關鍵。又二沙，在三沙之東北，舊爲縣城外護。又東北曰三爿沙，向爲三沙門户。志云：三爿沙孤立海中，倭賊從東北大洋而來，必經此沙，南行則蘇、松及寧、紹、臺、温之界也。從三爿沙而西南則爲縣後沙及三沙、平洋、吴家等沙，近常熟福山、許浦界；西北則繇匾檐沙、營前沙，近大江海門界。議者謂三爿沙爲浙、直咽喉，而二沙爲舊縣第二重關鍵云。○縣後沙，亦在舊縣東。嘉靖四十四年倭寇據縣後沙，總兵郭成擊擒之。海防攷：「三爿之北匾檐沙爲重，三爿之南縣後沙爲重。」又新竈沙，亦在舊縣東南。東連大洋，爲各沙門户。舊志云：自新竈而西達宋信嘴可不繇竹簿逕達劉河，雖中有沙途暗伏，而風利潮便，倭賊易於跳越，若賊寇境，不收新竈沙，則必收爛沙矣。蓋爛沙、新竈、三爿，俱爲海口東面之險也。又防險説曰：「新竈沙，劉河要路也；竹簿沙，吴淞要路也；而三爿沙爲繇海入江之門户，又爲諸沙關鍵。縣境所屬諸沙皆坍漲不時，而可紀者大小約三十有餘，形勢所關，以三者爲最。凡倭寇之來，東南必由竹簿，東北必由匾檐，正東必由三沙下脚，三者在諸沙之外，乃縣之外户。於此巡哨，則賊之蹤跡可知，而備禦不難。縣之安危，恒視此爲準。」

長沙營。即今縣。志云：在舊縣東北四十五里。悮也。有土堡，明初置，設兵戍守。又明威營，在舊縣治西明威坊。正統八年置。又三沙巡司，亦置於舊縣北五十里，嘉靖中移置於舊縣治。

## 附見

鎮海衛。在太倉州城内。吴元年立太倉衛，即元水軍都萬户府爲衛治。洪武十二年又分太倉衛立鎮海衛，統千户所五，即元市舶提舉司爲衛治，與太倉衛俱隸前軍都督府。

崇明沙守禦千户所。在舊縣治東。洪武二十年置，隸鎮海衛。永樂十四年倭入寇，發鎮江、鎮海二衛百户各十員率軍協守，遂隸焉，統百户所二十。嘉靖中亦移治新城内。

松江府，東至海岸百里，西南至浙江嘉興府百二十里，西北至蘇州府百八十里，北至蘇州府太倉州百三十五里，自府治至應天府七百七十里，至京師三千四百里。

禹貢揚州之域，春秋時吴地，後入越，戰國屬楚，秦屬會稽郡，漢因之。後漢永建四年分屬吴郡，晉以後因之。隋屬蘇州，大業初屬吴郡。唐仍屬蘇州，五代時吴越有其地，改屬秀州。石晉天福三年置秀州於嘉興縣，割華亭隸焉。宋因之，慶元初屬嘉興府。元至元十四年置華亭府，明年改松江府，屬嘉興路，二十九年直隸江浙行省，泰定三年罷府立都水庸田使司，仍屬嘉興府，天曆初罷司復府。元末爲張士誠所據。明仍曰松江府，直隸京師。領縣三。今亦曰松江府，增置縣一。

府雄襟大海，險扼三江，引閩、越之梯航，控江、淮之關鍵。蓋風帆出入，瞬息千里，而錢塘灌輸於南，長淮、揚子灌輸於北，與淞江之口皆輻列海濱，互爲形援，津途不越數百里間，而利害所關且半天下，然則郡豈可忽之地哉？且居嘉、湖之肘腋，爲吴郡之指臂，往者倭寇出没境内，而浙西數郡皆燎原是虞，謂郡僻處東南，惟以賦財淵藪稱雄郡者，非篤論也。

**華亭縣**，附郭。漢婁縣地，後漢末孫吴封陸遜爲華亭侯，邑於此。蕭梁以後爲崑山縣地，唐天寶十載始割崑山、嘉興、海鹽三縣地置華亭縣，屬吴郡，吴越屬秀州，宋屬嘉興府，元爲松江府治。今因之，編户八百四十里。

**婁縣**，附郭。本華亭縣地，今析置於府治東偏。編户。

**華亭城**，今府城。相傳唐末所築，元至元中毁。至正末張士誠復築之，開陸門四，水門亦四，環城爲壕，廣皆十丈。明因而修葺。縣南有吴王獵場，場有五茸，俗亦謂之五茸城。今城周九里有奇。城西又有倉城，周二里。

**前京城**，府東南八十五里。蕭梁析婁縣地置前京縣，屬信義郡，陳因之，隋省。志云：城近浙江海鹽縣東北境。○闔閭城，在府東六十五里。夾江又有二城，相傳闔閭所築以備越。漢志云：「婁縣又有南武城，亦闔閭所起以候越。」當即此城矣。又有袁崧城，在府東三十五里。東晉末袁山松築此以備孫恩，俗訛「山松」爲「崧」也。一名築耶城。又府南四十里有胥浦城，相傳梁大通六年築，以地接胥浦而名。又南十里有白苧城，俗名白苧匯，亦海濱備禦處云。

**金山故城**，府南八十里，濱大海。五代時吴越錢氏築此爲戍守處，以南接金山而名。志云：城東十里許，當潮勢猛烈處有周公墩，俗傳金山城周康王所築，故墩亦附會周公之名，蓋昔時堠望處耳。明嘉靖三十四年倭攻青山、南匯、金山衛，登周公墩者千餘賊，即此。

崑山，府西北二十三里。其西爲長谷，亦曰華亭谷，有水縈繞百餘里，爲泖湖之上源，故泖湖亦兼谷泖之名。杜佑曰：「華亭縣以華亭谷而名。」陸機臨命嘆曰：「華亭鶴唳，可復聞乎？」蓋其地嘗出鶴也。山之得名，亦以陸機兄弟生於此，取崑山出玉之義。山形圓秀而潤，旁無附麗，望之如覆盎。其南四里有秦馳道，即今古浦塘也。山北又有秦皇走馬塘，相傳始皇曾遊此。又蕭梁置崑山縣於山北，唐天寶中置華亭縣，始移治馬鞍山下，爲今之崑山縣。土人以此爲小崑山，悮也。

橫雲山，府西北二十五里，在崑山之東北。本名橫山，唐天寶六載易今名。巔有白雲洞，潛通瀫湖，深不可測。居民多采石於此山。又東爲小橫山，與橫雲接隴，而中限一水，泉石甚勝。○機山，在府西北四十里。其南與橫雲相望。下有平原村。陸機嘗爲平原内史，皆因機以名也。其東曰干山，有水紆迴從橫雲山來流經山下。相傳山爲干將鑄劍處，今山後居人亦多干姓者。一名天馬山，以形勢特高，聳出諸山之上云。

佘山，府北二十五里。相傳有佘姓者隱此，故名。山高秀與干山相埒，有東西二峰，延亘數里，泉石頗勝。其東曰薛山，與佘山並峙，中限一水。相傳以薛道約居此而名。一名玉屏山。稍東南曰陸寶山，本曰陸家山，多土少石，今爲平陸矣。○細林山，在佘山西南。志云：山在府西北二十里。本名神山，天寶中改今名。

鳳凰山，府北二十三里。志云：山東枕通波塘，西連薛山，據九峰之首，延頸舒翼，宛若鳳翥，因名。郡境以九峰爲名勝，九峰者，一鳳凰，二陸寶，三佘山，四細林，五薛山，六機山，七橫雲，八干山，九崑山也。皆在長谷以東，通波以西，而干山、佘山爲最高云。

澱山，府西北六十里。舊在薛澱湖中，山形四出如鼇。上建浮圖。下有龍洞，俗傳與太湖通。旁有小山，初爲小洲，後漸高大。並湖而北，中爲一澳，曰山門溜。其後潮沙淤澱，山在平田，去湖日遠。又柘山，在府南六十里。舊在柘湖中，山多柘樹，因名。○秦望山，在府東南六十里，當張堰鎮之西。相傳始皇登此望海，亦曰秦駐山。山南有洞，甚深邃。又有坑，產白堊。其東南十餘里曰查山，在張堰南，下臨大海。

金山，府東南九十里海中。志云：周康王築城處。後淪入海。上有平坡，官軍嘗會哨於此。又有小金山，亦在府東南海中。

羊山，在府境金山衞東海中。山高大，周七八十里。四圍環抱有十八嶴。中如大湖，可容數百艘。湖口面北上有娘娘廟山，有淡泉，海泊往往取汲於此。山口又有一山名張家市，多黃楊樹。其東有巡簡嶴。海防攷：「自吳淞而出，一潮可至羊山。倭寇來犯，自羊山過淡水門而西則蘇、松之患切矣。」今南自定海，北自吳淞，皆以羊山爲會哨之所，蓋道里適均，且禦賊於海洋爲得上策也。○許山，亦在金山衞東，離柘林三十餘里。唐順之云：「山去乍浦、金山、吳淞所三處，皆僅隔一潮。」亦爲會哨之所。又竹嶼山，在金山衞東南七十八里。達岸山，在衞東南八十里。又有浮山及蘇山，皆在衞東南海中。

海，府東百里。府南去海七十里。今自金山衞以東亦曰蘇州洋，以府境本屬蘇州也。宋紹定三年，李全以淮安軍叛，習舟師於射陽湖及海洋，遣海舟自蘇州洋入平江、嘉興，欲習海道以窺臨安，即今衞境矣。志云：府南境與紹興、寧波相望，天日晴明，南岸諸山，皆歷歷可指。舊有捍海塘，相傳唐開元初創築，其後相繼修治。東北自嘉定縣寶山而南，西南至浙江海鹽縣澉浦西北，亘三百三十里，以禦鹽潮害稼。高如城垣，內外皆有塘溝相夾。在內者曰運鹽河，又曰横港；在外者曰塹濠，又曰護塘溝。明初籍以備倭，設衛所墩堡於塹濠外，倭至則捍之於海岸灘塗，皆不容登泊，萬一不支，則逾塹而守，進不得攻，退無所略，故府境備倭較易。其後大半湮廢。弘治七年撫臣畢亨等復興築，尋復圮壞。護塘、海岸合而爲一，寇至則聚於護塘，而運鹽河之內水田塍狹，難於屯禦，若一復舊迹，復治塹塘，亦備禦之良策也。海防論「今松江之海，起於獨山而迄於小湯窪，亘二百四十八里，皆恃護塘爲限隔」云。又有捍海堰，宋乾道中知秀州丘崈言：「華亭東爲大海，古有堰十八所以禦鹹潮，請修之。」乃築堰并東西兩岸塘，通計八十四里。其後修築海塘，諸堰俱廢。

吴淞江，府北七十四里。亦曰松江。自崑山、青浦二縣經澱山北合趙屯等浦，又東北入上海界合黄浦而注於海。舊志：松江自湖至海凡五匯四十二灣。五匯者，安亭、白鶴、盤龍、河沙、顧浦也，乃江潮與湖水相會合之地。古云九里爲一灣，一灣低一尺，蓋三百六十餘里而入於海。今詳見前大川三江。

澱山湖，府西北七十二里，與青浦、崑山縣接界。昔時山在湖中，亦曰薛澱湖，吴淞江水匯流處也。唐、宋以來，澱湖深闊，境内無水灾，宋南渡以後漸至堙廢。淳熙十三年，提舉浙西羅點言：「澱山湖東西三十六里，南北十八里，旁通太湖，匯蘇、湖、秀三州之水，上承下洩，不容壅遏。湖水自西南趨東北，其瀉水之道，東有大盈、趙屯、大石三浦，西有千墩、陸虞、道褐三浦。又並湖以北中爲一澳，係吞吐湖水之地，名山門溜，東西約五六里，南北約七八里，正當湖流之衝。北出曰斜路港，又北折而西曰小石浦，上達山門溜，下入大石浦。其斜路港與大、小石浦分爲三道，殺洩湖水，並從上而下，通徹吴淞江。自湖北至江雖相去尚三十六里，而江湖二水曉夕往來，疏灌不息，是以浦港通利。今頑民輒於山門溜南，東取大石浦，西取道褐浦，並於澱山湖北築成大岸，延跨數里，遏絶湖水，不使北流，盡將山門溜中圍占成田，所謂斜路及大、小石浦洩放湖水去處，並皆築塞。自是潮沙日以壅積，湖水不復下流。下流既壅，一遇淫潦，勢不得不潰裂四出，散入民田，大爲民害矣。」詔及時修築。於是決開山門溜以通澱湖嗉喉，濱湖巨浸，復爲良田。紹熙中復被奸豪竊據爲田，雖議者數以爲言，而弊未盡革。迄元至元二十八年潮水漲漫損壞田禾，三十年淫潦益甚，都水潘應武言：「太湖之水一路逕下吴淞江二百六十餘里抵海，一路繇吴江縣東南白蜆江，東北抵急水港，又東五十里下澱山湖，周二百五十里，繇港浦入海。湖中有山有寺，宋時山在水中心。東有出水港曰斜瀝口，曰汊港口，曰小漕港口，曰大瀝口，曰小瀝口，各闊十餘丈，深六七尺，通潮往來，潮退則引湖水下大漕港、大盈等浦，入青龍、盤龍等江出海，古謂之尾閭門。宋禁人占湖爲田，爲泄水路故也。今山寺在田中心，雖有港漊，闊不及二丈，潮泥淤塞，深不及二三丈，潮水湖水不相往來，闌住去水。東南風起，水回太湖，則長興、宜興、歸安、烏程、德清等處水漲泛溢，西北風起，水下澱山河泖，則崑山、常熟、吴江、松江等處泛溢。皆因下流不決，積水往來爲害。今縱卒難復舊湖，北有道褐浦、千墩港、大小瀝港四處，去江頗近，水勢甚便，可以開復，此亦先通下流之一助也。」尋又言：「澱山湖北一帶，自廟兒頭港至趙屯浦百餘里，共有港浦一十三條，今既淤淺，惟道褐浦最低下，去江頗近，水勢甚便，堙塞未久，急宜修濬。」從之。大德中都水使麻合馬嘉言：「太湖迤東而北，諸湖陂澤皆能接洩太湖之水注江入海，而澱山湖關係吳淞江注泄，尤爲切要。若不以時開濬，使湖之瀦水益狹，與大盈、趙屯二浦相去漸遠，則松江故道益難復矣。」議卒不行。至治三年濬吳淞江及澱山湖，泰定初復濬澱山湖。明初澱湖湮塞益甚，景泰中知府葉冕嘗修澱山湖隄以防橫溢。初，澱山在平陸，去湖猶五六里，今且十餘里。而澱湖之浸初猶數十里，今亦不過一二十里。舊志：澱湖受太湖下流，北繇趙屯浦、東繇大盈浦瀉於松江，東南繇攔路港以入三泖，今趙屯、大盈去湖益遠，繇何家港及南、北曹港受湖水以泄於松江，非復澱湖之舊也。輿程記：「自蘇州陳湖三十里至雙塔渡澱山湖，湖面廣十八里，又東十八里至謝寨關，又十二里接於泖湖。」

泖湖，府西三十五里。亦曰三泖。廣韻注：「泖，華亭水也。其源出華亭谷。」晉陸機對武帝：「三泖之水，冬溫夏涼。」亦曰華亭泖。宋宣和初提舉趙霖濬白鶴匯，又議圍華亭泖爲田，不果。吳地志：「泖有上、中、下三名。」圖經：西北抵山涇，水形圓者曰圓泖，亦曰上泖，南近泖橋，水勢闊者曰大泖，亦曰下泖；自泖橋而上縈繞百餘里曰長泖，一名谷泖，亦曰中泖。泖湖之水，上承澱湖，凡嘉、湖以東，太湖以南諸水，多匯入焉，下流合黃浦入海。舊經：華亭縣西三十五里曰谷泖，在縣西四十里者曰古泖。又泖湖上流在浙江平湖縣境者曰東泖，在上海西北境者曰橫泖，而府東南三十五里有胥顧泖、謝家泖，則自爲陂澤，亦以泖名耳。泖湖舊流浩衍，今亦堙塞。輿程記：「泖湖闊十八里，自東岸至府城二十五里，西岸達澱湖二十里。」

柘湖，府南六十里。中有柘山。吳地記：「湖周一千一百十九頃。相傳秦海鹽縣治此，王莽時淪爲柘湖。湖水深廣，後漸淺狹，吳越時濬柘湖及新涇塘繇小官浦入海。」宋紹聖中浚柘湖、新涇下金山小官浦入海。乾道三年知秀州孫大雅言：「州有柘湖、澱山等湖，支港相貫，西北可入江，東南可達海，傍海農家作壩以却鹹潮，雖利及一方，而水患實移於鄰郡。請於諸港浦置閘啓閉，既可洩水，又可衛田。」十三年轉運張叔獻言：「華亭地形，東南最高而北稍下，柘湖十有八港，正在其南，自來築堰以禦鹹潮。元祐中於新涇塘置牐，後因沙淤廢毁。今除十五處築堰及置石閩外，猶有新涇塘、招賢塘、徐浦塘三處，見有鹹潮奔衝，湃塞民田。今依新涇塘置牐一所，又於兩旁貼築鹹塘，以防海潮透入。其相近徐浦塘元係小派，自合築堰。又欲於招賢港更置石磋，且柘湖歲久淤澱，亦當開濬。」從之。自元以來，堙塞益甚，僅餘積水，若陂澤然。志云：今查山西南，張堰東南，黄茅白葦之場，即故柘湖矣。

黄浦，府東南十八里。一名春申浦，蓋以春申君得名。其上流自嘉興府流入境者曰秀州塘，灌注於三泖；自蘇州府流入者曰澱山湖，亦匯流於三泖。導流而東，南北兩涯之水悉入焉，又折而北入上海縣界，又東北會吴淞江以入海。志云：黄浦自松江分派而來，至入海處約二百五十餘里。其闊大與吴淞江、婁江相埒，或以爲即古東江云。又范家浜，在今府東二十五里，東北通上海之南蹌浦口達於吴淞江。明洪武中吴淞江淤塞，郡人葉宗行上言：「疏濬范家浜，可接黄浦入海。」從之。永樂二年夏原吉言「大黄浦爲通吴淞要道，今下流壅塞，傍有范家浜至南蹌浦口可徑達海，宜濬令深闊，上接大黄浦以達泖湖之水」，即此。今亦名范家浦。

趙屯浦，府西北七十里。舊當澱山湖北，直受湖水，瀉於吴淞江。闊五十餘丈，通江五大浦之一也。宋、元以來，屢經濬治。元大德中開濬趙屯、大盈等浦。議者又言趙屯東下有新華、分莊、嚴家等觜，俱逼江，暴漲爲害，宜以時疏鑿。嘴即匯之異名也。明弘治中，水利僉事伍性濬吴淞中段及顧會、趙屯二浦。後水利不修，浦去澱湖益遠。湖水自北曹港分支北流，愈北愈隘，浦口東以石梁，僅通舟楫。其接曹港處又名新河浦，分二支，一支東南流入曹港者曰南小趙屯浦，一支東北流入吳淞江者曰北小趙屯浦。又分爲諸涇浦，東入大盈浦，西接崑山縣之石浦而北出，諸小浦則俱注於吳淞江。

**大盈浦**，府西北六十里。舊在澱山湖東，亦直受湖水，自白鶴匯達吳淞江。闊三十丈，潮沙浸入，易致澱淤。宋紹聖中轉運毛漸濬大盈、顧會二浦。元大德初復濬。泰定初開大盈浦以洩澱湖水，長二十五里有奇。明天順中撫臣崔恭亦濬大盈浦入吳淞江。嘉靖初復濬大盈、趙屯二浦以宣洩吳淞下流。今自澱湖東北南曹港口而北，歷青浦縣，西絶横泖，與北曹港合，又經青龍江、白鶴匯而北入於松江。元史「大盈港支流有李墟涇」，即今南小趙屯浦也。又有孔宅涇，亦曰孔涇，在李墟涇北。又北曰蘇溝。其間又有顧坊涇、沈麻瀝、井亭瀝，今或通或塞，蓋大盈、趙屯皆浦港相通，而並注於吳淞江。○白鶴匯，在大盈浦西。昔時自此至蟠龍，皆環回爲匯，水行迂滯，則泛溢爲災，宋嘉祐間開爲直江涇，瀉積水東注於海。崇寧、宣和中屢經濬治。今澱湖之水繇趙屯浦流入白鶴江，歷青浦縣、嘉定縣境與青龍江合，至吳淞入海。又青龍江，在府北七十里。勝覽云：「孫權造青龍戰艦於此，因名。」其上流西接大盈，東接顧會，北流曰浦家江，又西北曰趙浦，達青浦、嘉定縣界合白鶴匯而入吳淞江。宋熙寧中單諤議開白蜆、安亭，使太湖之水繇華亭青龍江入海者也。元祐三年，有詔修濬。崇寧二年復議濬治，尋罷。今雖與白鶴同以江名，而僅同溝澮矣。

**顧會浦**，府西北二十二里。其上源爲通波塘，出府城北流爲五里塘，又北爲祥澤塘，別流爲崧子浦，北出鳳凰橋，又北經斡山入青浦縣界，又北通新江塘，西接青龍江，東爲艾祈等浦入吳淞江。宋慶歷初，縣令錢貽範以顧會南通漕渠，下達松江，爲往來衝要，自斡山之南地形中阜，積淤不決，漸與岸等，因建議疏濬，自今縣城西北至青浦縣青龍鎮，凡六十里。紹興十五年復因故跡修濬。乾道二年轉運姜詵復開浚，自斡山達青龍江口凡二十七里。元時亦嘗濬治。明弘治中伍性復濬顧會、趙屯諸塘浦。嘉靖以後，顧會、盤龍二浦俱從府城西絶黄浦入三泖，非復昔流矣。

○崧子浦，在府北十五里。自顧會浦分流，至縣東北五十里入吳淞江。志云：今入江處爲嘉定縣之高家浜。

**盤龍浦**，在崧子浦東。其上流曰盤龍塘，自府東三里北流絶俞塘及上海、青浦境内之六磊、泗涇、横塘、蒲匯諸塘，而北入於吳淞江，長八十里。其入江處曰盤龍匯，介華亭、崑山間。徑十餘里，而洄洑紆緩逾四十里，如龍之蟠，阻塞江流，雨潦則爲田廬患。相傳盤龍爲松江一曲，濬之則出水尤利。宋景祐初范仲淹守平江嘗經度之。寶元初葉清臣疏爲新渠，道直流速，水用無滯。元大德十年開濬盤龍舊江，又於廟涇以西盤龍以東開挑出水口子五處，水患益弭。今亦廢。趙屯、大盈、顧會、崧子、盤龍，所謂松江五大浦也。

**河沙匯**，在府西北。元志：「匯者，江潮湖水相會之名。」上源閉塞，湖流紆緩，則潮沙積而爲匯。匯在岸旁，猶可濬治，惟河沙匯漲塞江心，阻水尤甚。至正初議開鑿河沙匯，西至道褐浦幾六七十里，不果。自是松江之流日益艱澀，漸成平陸矣。胡恪云：「三江、五匯、三十六浦、四十二灣，皆太湖利病也，而五匯尤爲三江關要。五匯者，安亭、白鶴、顧浦、盤龍、河沙也。」安亭在嘉定縣界，餘皆在華亭境内。

**秀州塘**，在府西南。俗呼官塘。自浙江嘉善縣而東，經府西南六十里之風涇鎮，又東十里過白牛塘，絶長泖而北流，又東合黄橋門及斜塘以東諸水，至沈涇塘入西水門，貫城而東出，與俞塘諸水合，其下流皆入於黄浦。府境運河蓋由此入嘉興府境。

新涇塘，府東八十里，華亭瀕海塘浦之一也。亦曰新涇浦，北通吳淞江，南絶黄浦至捍海塘。宋乾道六年，命浙西轉運劉敏士等於新涇塘置牐堰以捍海潮，是時新涇塘直達海也。七年秀州守丘崈移堰於運港。會要云：「華亭東南並海，自柘湖堙塞，置堰一十八所以禦鹹潮。政和中言水利者欲涸林亭湖爲田，盡決以堤堰以洩湖水，而華亭地勢東南高於西北，湖水不可洩，而鹹水溢入爲民田患，於是東南四鄉盡爲斥鹵。有司乃復故堤堰，獨留新涇塘以通鹽運，海潮晨夕衝突，塘口闊三十餘丈，鹹水延入蘇、湖境上。是歲命秀州守丘崈等規畫，崈言：『新涇舊堰迫近大海，海潮勢湍急，今港面益闊，難以施工。其運港在新涇向裏二十里，水勢稍緩，就此築堰，則管内民田可免鹹潮之患。運港堰外别有港汊大小十六，亦合興修。』從之。於是斥鹵復爲良田。」元大德十年開濬上海境内之樊浦，下接新涇。尋又於新涇安置木閘爲宣洩之利。顧清曰：「前志所載境内塘堰凡二十餘所，自捍海塘築，諸堰悉廢。今所存者惟張涇一堰一閘，故時港名亦多改易不可攷矣。」

沈涇塘，府西五里。南接秀州塘，北合諸涇港之水，北流爲神山塘，經佘山西，又分流會諸涇港之水，西北入大盈浦，東入顧會浦。○斜塘，在府西二十里。大泖東出爲黄橋門水，又東爲斜塘水，波流湍悍，東匯爲潢潦涇，即黄浦上流也。志云：黄橋門水接秀州塘。舊時植木爲水寶七十餘以洩泖湖之水，今黄橋門塞，泖水并入斜塘，勢益湍急矣。又古浦塘，在縣西北。自圓泖行二十七里，下流合於秀州塘。

胥浦塘，府南四十里。相傳子胥所鑿。其源自長泖而東會諸涇港之水，北流會於瀵潦涇。又蕭塘，在府東北四十里，東匯諸涇港之水入金匯塘。又東爲百曲港，合諸水入運鹽河。嘉靖三十三年倭賊自漕涇趨蕭塘，官軍拒之，敗績，遂渡黄浦犯府城，既而敗走大門塹是也。又有瓜涇塘在府東南，爲往來要衝，東西諸涇港多匯流於此。

鹽鐵塘，在府東南。又南入於黄浦，過蕭塘港，又南絶諸涇港至捍海塘爲漕涇。相傳五代時吴越運鹽鐵於此。志云：郡有運鹽河三：一在府東南九十八里青村西，曰運鹽河；一在府南五十四里，曰新運鹽河，自金山衛北流至張堰鎮西爲張涇，初在查山東，後以風濤之險改濬於此，人呼其東爲舊河，志亦作西運鹽河；又東運鹽河，在府南三十六里亭林鎮，南通鹽鐵塘。皆商販所經也。○魚祈塘，在府西。宋淳熙十年命秀州濬治華亭鄉魚祈塘，使接松江、太湖之水，旱則開西𢈪堰放水入泖湖，爲一縣之利。

朱涇，府西南二十里。自秀州塘分流，而東合於三泖，爲淞江西出之要路。嘉靖三十五年，徐海納款，有吴淞倭流至嘉善界，督臣胡宗憲使徐海擊之，敗之於朱涇。三吴水利：「朱涇西通三泖，南達嘉興，爲往來衝要。」嘉靖中倭巢府西南之吕港，此爲切膚之患。○曹涇，在府東南七十里，介柘林、金山間。賊犯柘林，必由此趨金山，嘉靖中常破倭寇於此。又金山衛舊有翁家港，亦戍守要地也。志又云：曹涇港與翁家港、胡家港並爲通海支渠，戍守最切。

張涇，在府南。舊志云：自城南至張涇堰長六十三里。今自張堰鎮而西接於新運鹽河，北行合諸涇港之水出瓜涇塘，又北行直達城河。元至正初濬張涇及通波、南俞、北俞、鹽鐵、官紹、盤龍、蒲匯、六磊、石浦等塘。今南俞、北俞、官紹諸塘皆在府東南境。

高家嘴，在府東百餘里翁家港口。此港險要，嘉靖三十四年青、南二所各募兵守此，三十九年始罷。今屬青村所。

海防攷：「高家嘴突出海中，與江北料角嘴相對。崇明諸沙南起竹箔，北盡三爿，或斷或續，皆在其胸腹間，誠天設之險也。」嘉靖中官軍敗倭於此。

獨樹堡，在府南。明初置營於此，兼設堡戍守。正統八年，撫臣周忱修濬金山衛獨樹營至劉家港口近海諸河是也。

海防攷：「金山衛西南有獨樹營，又有江門營，皆置兵戍守，屬金山衛。其相近者爲呂港，亦往來要口，西南出海鹽縣之道也。」

柘林鎮，府東南七十二里。地連柘山，與青村所、金山衛相應援。嘉靖三十四年倭賊盤據於此，四出焚掠，久之患息，因建堡置戍。城周四里，爲防禦要衝。南起漴缺墩，北至翁家港，皆其信地。稍西有戚睦涇巡司，洪武初設於府東南九十里南橋鎮，十九年徙戚睦涇，在府東南七十里，萬曆三年仍改南橋鎮巡司。○胡家港堡，在府東南六十里。明初置，有兵戍守，屬金山衛。志云：洪武初設金山巡司於張涇堰，十九年徙建於胡家港口；相近又有蔡廟港堡，亦明初設，俱屬金山衛。

亭林鎮，府東南三十六里。亦曰顧亭林。宋乾道九年修瀕海諸堰，因置監堰官於亭林，以防鹽運私發諸堰之弊。今爲商旅輳集之所。又葉謝鎮，在縣東南五十里。又南爲蕭塘鎮。志云：鎮在曹涇之東，又東即柘林也。嘉靖中倭巢柘林，嘗繇此渡黄浦至瓜涇而西突犯府城，因置戍守於此，與曹涇相應援，以斷賊窺黄浦之道。○陶宅鎮，在青村所城東。舊設税課局，又置巡司於此，嘉靖中官軍敗倭處也。其相近又有得勝港，亦官軍禦倭處。

朱涇鎮，府西南三十六里。宋、元時置大盈務於此，洪武三年改置泖橋巡司。志云：泖橋在府西南四十二里，泖水經其下，亦名通濟橋。橋南即秀州塘。橋西十八里即風涇鎮，一名白牛市。又西十八里即浙江嘉善縣也。又謝寨關，輿程記云：「在府西四十三里，西至澱湖十八里。」

張堰鎮，府南六十里。亦曰張涇堰，舊置堰以堰柘河入海之流。宋乾道二年轉運副使姜銑等又於堰旁開月河，置閘其上，復爲閘於縣東南四十八里。今爲自府趨金山之孔道。嘉靖三十二年倭自金山張堰犯嘉興府及平湖縣，蓋控禦要地也。又南十二里即金山衛，亦曰小官鎮，舊時分置鹽課司於此，因名。

沙岡鎮，在府東北四十里。與竹岡、紫岡爲三岡之一，相去不過四五里。自府至上海必繇之道也。○三店，在府東南。嘉靖三十四年官軍擊倭於吳江之平望，倭敗走三店，官軍復邀擊敗之。既而倭自乍浦趨還柘林，官軍復敗之三店。亦曰三店塘。

鳳凰橋。府西北二十七里，跨顧會浦。西接鳳凰山，因名。又磚橋，在府北三十里。嘉靖中倭進據縣東北之陶家港，官軍禦之於磚橋，敗績。輿程記：「繇磚橋而北四十里爲陸家閣，又四十里即嘉定縣之南翔鎮。」

上海縣，府東北九十里。西至青浦縣九十里，西北至蘇州府嘉定縣七十二里。本華亭縣地，居海之上，洋曰華亭海，宋時海舶輻輳，乃立市舶提舉司及榷貨場爲上海鎮。元至元二十九年，始割華亭五鄉置縣，屬松江府，未有城郭。嘉靖三十二年因海寇突犯不時，始築城爲備，周九里，環以大壕，外通潮汐，頗爲險固。今城周八里有奇。編户六百二十一里。

**滬瀆城**，在縣東北。志云：滬瀆壘在縣北十里。吴都記：「淞江東瀉海曰滬海，亦曰滬瀆。」廣韻：「滬，水名。」白虎通：「水發源而注海曰瀆。」陸龜蒙曰：「列竹於海澨曰滬，蓋取魚具也。」晉永和中虞潭爲吴國内史，修滬瀆壘以防海寇。又隆安四年吴國内史袁山松築滬瀆壘以備孫恩。五年恩自海鹽進陷滬瀆，殺山松。既而劉裕敗孫恩於郁州，追至滬瀆、海鹽，又破之。寰宇記：「袁松城在滬瀆江上。」舊有東西二城，其旁爲蘆子渡，俗呼蘆子城。其東城廣萬餘步，有四門，後圮於江中，僅餘西南一角；西城極小，在東城西北，兩旁有東、西蘆浦，瀉於滬瀆江。范成大吴郡志：「吴有滬瀆，自瀆至淞江泝吴郡將門。」將門訛曰匠門，蓋吴東門也。皮日休詩「全吴臨巨溟，百里到滬瀆」，謂此矣。宋寶元初，兩浙運使葉清臣開盤龍匯谿滬瀆江入海。明永樂大典亦云：「淞江側有滬瀆壘。」今淞江水直趨而東，又七十里入海，無復有瀆，兩岸皆平疇茂林，故壘寂然，其東、西蘆浦亦止通潮汐而已。元貢師泰有詩云「避難吴淞江，出遊滬瀆壘，世道苦變更，形勢總隳圮」，蓋壘在元時已不可攷。

**茶山**，在縣東南大海中。海防攷：「陳錢山、茶山，上海縣南蹌巡司之界也。」嘉靖中官軍擊補陀山倭賊，賊走茶山絶頂，官軍一道谿東北淺步沙進，一道谿嬰哥巖進，一道谿中路進，而大兵皆繼其後，遂殲之。今山與浙江海鹽之定海海中諸山相聯絡。

**海**，縣東七十里。北起嘉定，南抵華亭，爲縣所轄。松江與黄浦合流入焉，混茫無際。東接諸蕃，惟日本最近。宋、元間入貢皆谿青龍市舶司，後漸徙於四明，貢者不復取道。沿海皆灘淺，物産鮮少，俗號「窮海」，獨鹽利爲饒。自清水灣以南，較川沙以北水鹹宜鹽，故舊置鹽場。近有沙堤壅隔，水味寖淡，滷薄難就，而煮海之利亦微。元時潮汐谿吴淞口入，朔望以子午爲信。萬曆八年潮決李家洪，去故道南二十里，潮汐遂早數刻，艑船出没甚便，不可無備云。

吴淞江，在縣北。自青浦、華亭縣流入境，又東北接嘉定縣境入海。自宋以來屢經濬治。元大德八年濬上海界吴淞舊江，東抵嘉定石橋洪，迤邐入海。長三十八里有奇，闊二十五丈。十年復濬上海界趙屯、大盈、白鶴江、分莊嘴、樊浦、西浜、盤龍舊江，開挑計長三十七里有奇。數内樊浦爲頭一河，下接新涇舊江，面闊二十丈餘。既又於廟涇、盤龍以東，挑出水口子凡五處。明弘治中命工部侍郎徐貫復治吴淞江，自上海西界帆歸浦至分莊七十餘里。隆慶四年撫臣海瑞按行上海，開濬吴淞江，自黄渡起至宋家口凡七十餘里，蓋縣當吴淞委流也。今有吴淞江巡司，在縣西北三十里。

黄浦，在縣東，大海喉吭也。自華亭縣界迤而東，受南北兩涯之水，乃折而北，受東西兩涯之水，經城東二里許又折而東北，合於吴淞江以入海。明初吴淞江淤塞，自上海閘橋以西之水悉壅入三泖，而黄浦當其下流，盤旋汎溢，不達江海。永樂初夏原吉乃導黄浦谿范家浜以達吴淞江，其入江處曰南蹌浦口，自是匯流以入海。毛節卿曰：「三江既塞，三泖南源谿黄浦北折而入淞江之下流。」是也。海防考：「黄浦入江，東北去吴淞口不五十里。吴淞爲海寇突犯之衝，而黄浦逼近縣城僅一二里，循浦而南，谿江而西皆直達郡城，此誠肘腋之虞，防禦所當加意者也。」志云：浦口舊闊三十餘丈，今横闊幾二里，蓋三江之綰轂僅黄浦云。有黄浦巡司，在縣南三十里。

下沙浦，縣東南六十里。舊名鹽鐵塘，相傳五代時吴越運鹽鐵於此。宋紹興十五年秀州判曹泳開顧匯浦，又濬鹽鐵塘，舟楫通利，因改名下沙浦。自浦北流爲鹽塘，絶沈莊、周浦、三林諸塘，而北出匯諸河港，下流亦入於黃浦。志云：縣境又有運鹽河二：一自東南青村鹽倉而北，會東西諸涇港；一自下沙場而東循海塘北行，析爲支渠，通諸團鹽運，并達青浦縣境。今通塞不一矣。○沈莊塘，在下沙浦北。嘉靖三十三年官軍敗倭賊於此。又北爲周浦塘，又北爲三林塘，俱會諸支港之水，西入於黃浦。

**蒲匯塘**，在縣西南四十里。自青浦縣受盤龍、泗涇諸水，絶沙岡、竹岡、橫瀝諸水而東爲龍華港，又東經縣南入於黃浦。志云：吴淞南境之水，自盤龍以東俱繇浦匯、龍華二港達黃浦入海，最爲通利。

**六磊塘**，在縣西南。自盤龍匯分支，東合諸流，接烏泥涇，下流入於黃浦。舊志：縣南五十五里有鶯竇河，亦曰邢竇，相傳以二姓居此而名。天順四年，撫臣崔恭濬六磊塘、鶯竇湖、烏泥涇、沙竹港通流入黃浦是也。今湖已堙塞。

**南蹌浦**，舊志云：在縣東北三十六里，即永樂中導黃浦繇此入江處也。今故址已堙。而縣東北有蹌港、大蹌浜，南近都臺浦，相傳即南蹌舊流。有南蹌巡司，向置於川沙堡城内。○都臺浦，在縣東南。舊名曹家溝，天順四年撫臣崔恭濬蒲匯塘及新涇諸處，又濬曹家溝，深廣以備旱潦，因名曰都臺浦。弘治初，水利僉事伍性復濬顧會、趙屯及都臺諸浦是也。又北匯諸塘港，下流注於黃浦。

**烏泥涇**，縣南三十里。其西南與華亭縣分界。元泰定初都水監任仁發濬烏泥、大盈二河。二年復濬縣之潘浜、烏泥涇，各置石閘以遏渾潮。閘廢，今東流注於黃浦。○新涇，在縣西南。南達華亭，北接吴淞江。有新涇巡司。自新涇而西有橫瀝塘，北絶吴淞入嘉定縣界。志云：新涇浦東之支渠有石橋、周家等浜，西有陶涇、師家等浜，又東有東、西上澳浦，皆南通烏泥涇，北接松江。又閘港，在縣東南新場鎮西，又西流入於黄浦。

**川沙堡**，縣東南五十四里。産鹽，商賈輻輳，地名八團鎮，有三場鹽課司。嘉靖三十六年撫臣趙忻等奏置川沙堡，築城周四里，屯設官兵，以備倭寇，自是商民輻集，屹爲巨鎮。海防攷：「堡南五十里爲川沙匯，北五十里爲寶鎮堡，又東北去吴淞所亦五十里。嘉靖三十四年倭賊據爲巢穴，與老鸛嘴、柘林、新場相犄角，於是築堡戍守。自川沙至寶鎮中有錢家、爛泥、清水等窐其南，又有七團、五團等洪，亦曰新洪、舊洪，倭舟皆可登船也。」寶鎮堡，蓋即嘉定之寶山所矣。

**下沙鎮**，縣東南六十里。一名鶴沙鎮。峙邑南而近海，因名。宋置下沙鹽場，舊有鹽課司，後遷新場鎮，而鹽倉則自周浦徙於此。今亦廢。○新場鎮，在下沙南九里。一名南下沙。元初置鹽場於此，場賦爲兩浙最，賈販甚盛。嘉靖三十二年倭賊據新場，大爲東南患。又東南二十里曰一團鎮，商販多聚於此。志云：下沙捍海塘外有石筍灘，距海三十餘里。沙中有石如筍，因名。一名分水港，以潮汐遇石筍而分流也。

**周浦鎮**，縣東南三十六里。一名杜浦。元置下沙鹽場及杜浦巡司於此，後鹽場既遷，巡司亦廢，民物則繁阜有加。明嘉靖三十四年倭賊自柘林移據周浦，官軍敗却之。又三林塘鎮，在縣東南十八里。有三林巡司，今置於川沙堡城内。又縣東南十八里有吴會鎮，本名吴匯，後易今名。舊設置鄒城巡司於此，今廢。

**烏泥涇鎮**。縣西南二十六里。舊置太平倉稅課局及蘆子務巡司於此。海防考：「烏泥涇與黄浦東之三林塘、周浦鎮相望，倭賊繇三林、周浦渡黄浦而西即犯縣治，若犯府境，必繇烏泥涇而西，爲控扼之要地。」○閔行市，在縣西南五十里横瀝東。志云：南匯、陶宅入府之通衢也。又南與葉謝相爲應援，有事時兵屯於此，足爲府城之捍衛。

海防攷：「南蹌渡、沈莊塘、周浦、閘港、閔行鎮，與華亭之葉謝、曹涇、張堰皆賊渡黄浦入犯府城道。」

青浦縣，府西北五十五里。東北至蘇州府嘉定縣七十里，西南至吴江縣九十里，南至浙江嘉善縣八十里。本上海、華亭二縣地，明嘉靖二十一年按臣施汀奏割華亭二鄉、上海三鄉置青浦縣，治青龍鎮。三十二年廢，萬曆元年復置於今治。城周六里。編户二百二十四里。

青浦舊縣，在今縣東北三十五里，故青龍鎮也。其地下瞰吴淞江，據滬瀆之口，自昔爲海船輳集之所。唐置鎮於此，爲防禦要地。以在青龍江上，亦曰龍江鎮。宋政和中改名通惠，尋復舊。建炎中韓世忠欲邀擊兀朮，以前軍駐青龍，即此鎮也。志云：宋時坊市繁盛，置巡司、税務及倉庫於此，俗號「小杭州」。及再經變亂，市舶之設又復遷徙，而鎮遂荒落。嘉靖中復設縣治此，數年而罷。今縣治即唐行鎮，亦曰横溪，以臨横泖上也。元初爲大姓唐氏所居，商販竹木，因名唐行。明初置新涇税課局。又上海之水次西倉亦置於此，曰唐行倉。萬歷初建青浦縣，因改鎮爲縣治，創立城池。

簳山，縣東二十七里。昔時土宜美箭，因名。亦曰竹簳山，俗名北簳山。又山在干山之北，故名北干山。本屬上海境内。志云：山在鳳皇山北，顧匯浦東。是也。又福泉山，在簳山北。舊名覆船山，以水泉甘美易今名。亦名薛道山。志云：山在縣東北三十五里。

厫山，在縣東南二十里。志云：縣南二十五里即鳳凰、陸寶諸山，又東南五里爲佘山、細林山，又東南爲薛山，即九峰諸山也。今俱入縣境，與華亭分界。又澱山，在縣西南三十五里，亦與華亭接界。有澱山巡司。

**吴淞江**，縣北三十里。自崑山縣流入境，與嘉定縣分界，經白鶴匯歷青龍鎮而東入華亭、上海縣界而注於海，縣境諸水多匯入焉。志云：縣東北五十里曰滬瀆江，青龍江合淞江而東至海，皆曰滬瀆也。○青龍江，在縣東北三十五里青龍鎮之北。自華亭縣流入境，又北入嘉定縣界合於白鶴江。又白鶴江，在縣西五里。亦自華亭縣流入境，又北至嘉定縣界與青龍江並注吴淞江。今淤塞過半矣。

**顧會浦**，縣東二十七里。亦曰通波塘。自華亭縣流經縣界，又東里許爲崧子浦，引而北並入吴淞江。又盤龍浦，在縣東北三十里。自華亭縣流入，北接於吴淞江。今多湮塞。志云：縣東三十七里有泗涇，納顧會浦及諸涇港下流東合盤龍塘，又北絶横塘，折而東爲蒲匯塘，又東入上海縣界。志云：蒲匯塘，在縣東北四十五里。横塘，在縣東二十八里。西通横泖，東通蒲匯塘。○大盈浦，在縣西北五里。西接澱山湖，東通通波塘，北接白鶴匯以達於淞江。又趙屯浦，在縣北二十五里。南接澱山湖，北接吴淞江口。有龍華、分莊、嚴家等嘴，爲湍險處。

**澱湖**，在縣西南三十里，與華亭、崑山接界。舊時湖周二百里，今日就淺狹。其相接者曰白蕩，南通平湖，北通吴江，西通嘉善，東通淞江，爲往來要道。又有蓮湖，在縣西南三十二里，東通澱山湖。○錡湖，在縣西南三十五里。昔時周二十里，以陸錡居此而名。今爲蘆葦之場。

**横泖**，在城北。志云：澱湖東北行爲北漕港，支流爲横泖，絶大盈浦而東，又北通崧澤塘，絶顧會、崧子二浦，東接横涇爲東横泖，又東接諸塘澳入盤龍浦，下流亦注於吴淞江。

艾祁浦，縣東北二十八里。南接顧會浦，東北流達於吳淞江。又崧澤塘，在縣東北三十五里。亦南通顧會浦，東達青龍江。

金澤塘，在縣西南三十六里。志云：塘東北接淀山湖，西南流入泖，其南通白蕩入浙江嘉善縣境。又章練塘，在縣西南四十五里。自吳江縣流入境。志云：源出長洲縣境之陳湖，東流入泖。又南爲小蒸、大蒸諸塘，俱西通白牛塘，東入于泖。白牛塘與秀州塘相接也。又有諸家塘、柘澤塘，俱在淀湖下流，與華亭接界。○沙岡塘，在縣東四十里。南絶黄浦至捍海塘北，入淞江，西達盤龍匯。沙岡之東曰竹岡塘，又東即横瀝塘。竹岡、横瀝之間七寶鎮在焉，接上海縣界。

金澤鎮，在縣西南三十三里。東南通長泖，向當浙、直之交，設巡司汛守，防鹽盗出没。又縣西三十六里曰雙塔市，商旅往來蘇、松之中道也。○沈巷鎮，在縣西南二十里。南通長泖，北通朱家角。志云：朱家角在縣西十里，商旅輻集，稱爲巨鎮。

小蒸鎮，在縣西南四十五里。三面傍泖。稍北曰大蒸。志云：鎮西四里有古濮陽王大小二墓，蒸土築之，因名。有大蒸、小蒸塘，西通白牛塘，接浙江嘉善、平湖二縣界，〔七〕東通泖湖。鎮挹三泖、九峰之勝，舊置税局於此，尋廢。今有小蒸巡司。○北七寶鎮，在縣東北四十五里。舊有南北二七寶寺，鎮在其北，因名。南臨蒲匯塘，自塘以南即華亭縣界，商旅駢集，爲邑巨鎮。舊有税課局，今廢。又楊林市，在縣東北五十里吳淞江北。舊爲商旅輳聚處。弘治初，僉事伍性濬蒲匯、楊林及新涇諸塘是也。志云：縣有新涇巡司，向設于上海縣高昌鄉，割入今縣。

黄渡鎮。縣東北五十里吴淞江南。俗呼爲新街，商旅多聚於此。又白鶴江市，在縣北三十二里，北接嘉定縣界。又廣富林市，在縣東南三十二里細林山南，亦華亭分界處也。○趙屯鎮，在縣西北二十七里趙屯浦上。志云：舊名漢城里，以宋高南渡屯兵於此，因名。

附見

金山衛。府東南七十二里。明洪武二十年建，以山而名。衛南瀕海，與金山對峙，西連乍浦，東接青村、南匯觜，東北抵吴淞江，控引幾三百里。衛城周十二里，爲府境東南之險，當浙、直要衝，且與寧波定海關同爲錢塘江鎖鑰，北之沙堡至此而盡，南之山嶼至此而終，置兵於此，不惟固蘇、松之籓籬，亦堅嘉、湖、杭三郡之門户。衛城内設左右前後四千户所。又守禦淞江中千户所則置於府城内，仍屬金山衛。

青村守禦中前千户所，府東八十里。本青村鎮，明洪武二十年建所，築城周六里，屬金山衛。志云：金山而東爲柘林，柘林而東爲青村，青村而東爲南匯，相去各五六十里。海防攷：「府境三面環海，金山當其南，南匯當其北，而青村爲東南二面轉屈之會，與海中羊山東西相值，倭舶易於登犯。嘉靖三十三年倭寇據爲巢穴，大爲府境之患，官軍進討，久之乃平。」輿程記：「繇府東門水路至青村百十三里，又北至上海新場八十九里。」

南匯觜守禦中後千户所。在上海縣東南八十里。明洪武二十年建所，築城九里有奇，屬金山衛。志云：南匯而東爲川沙，川沙而東爲吴淞，相去亦各五六十里。海防攷：「所北去吴淞所百五十里，南去青村五十里，下沙、新場、周浦、八團皆其汛道也。嘉靖三十二年倭入南匯，寇嘉定，據吴淞所，今縣南有五里橋、習家墳，皆官軍攻賊時賊拒戰處也。」

## 校勘記

〔一〕賊轉犯楓橋　「犯楓橋」上宜有「自滸墅」三字，本書同卷楓橋下即云「倭賊自滸墅犯楓橋」，可印證。

〔二〕明洪武二年仍降爲縣　底本原脱「爲縣」二字，今據職本補。

〔三〕下張　「下」，底本原作「七」，今據職本、鄒本改。

〔四〕劉家河　「河」，底本原作「行」，今據敷本、鄒本改。

〔五〕嘉定中始置天賜鹽場於姚劉沙　「嘉定」，底本原作「嘉靖」，今據職本改。

〔六〕倭寇從水竇港登　「登」下宜有「岸」字。

〔七〕接浙江嘉善平湖二縣界　「平湖」，底本原作「當湖」，浙江無當湖縣，鄒本作「平湖」，今據改。

# 讀史方輿紀要卷二十五

## 南直七

常州府，東南至蘇州府百九十里，西南至廣德州二百八十里，西北至鎮江府百八十里，西北渡江至揚州府二百三十七里，東北至揚州府通州三百九十里，自府治至應天府三百六十里，至京師二千七百二十里。

禹貢揚州之域，春秋時吴地，後屬越，戰國屬楚，秦爲會稽郡地，漢因之。後漢永建四年分屬吴郡。三國吴分無錫以西爲屯田，置典農校尉。晉太康初省校尉，分吴郡置毗陵郡，永嘉五年改曰晉陵郡，沈約志：晉初立毗陵郡，治丹徒，後遷毗陵。東海王越世子名毗，而東海國故食毗陵，永嘉五年因改爲晉陵郡，仍徙治丹徒。義熙九年復還治晉陵縣。宋、齊、梁、陳因之。隋開皇九年廢郡置常州，大業初復曰毗陵郡，隋末爲沈法興、李子通等所據。唐武德三年復曰常州，天寶初亦曰晉陵郡，乾元初復故。五代屬於楊吴，後又爲南唐所有。宋仍曰常州。亦曰晉陵郡。元爲常州路。明初爲長春府，尋復爲常州府，直隸京師。領縣五。今因之。

府北控長江，東連海道，川澤沃衍，物産阜繁，周處所云「三江之雄潤，五湖之腴表」也。且地居數郡之中，翼帶金陵，爲轉輸重地，脱有不虞，則京口之肘腋疏，而吴郡之咽喉絶。

若其北守靖江，則内可以固沿海之鎖鑰，明初吴良守江陰，而寇不敢犯，是其證也。外足以摧淮南之藩蔽；五代周顯德五年，南唐將陸孟俊自常州將兵渡江趨泰州，周師退，遂復取之，亦一驗也。南扼宜興，則近足以消濱湖之窺伺，明初亦遣重兵駐宜興。遠可以清浙右之烽烟。宜興與浙江湖州俱控太湖之險，又有陸道可以徑達長興。明初自宜興遣舟師越太湖攻張士誠湖州，克之，亦其證也。昔者南唐守此以禦吴越，明初得此以制姑蘇，郡豈非東南之襟要歟？

武進縣，附郭。本吴之延陵邑，季札所居。漢曰毗陵縣，屬會稽郡。後漢屬吴郡。晉初因之，屬毗陵郡。永嘉末改曰晉陵縣，屬晉陵郡，尋爲郡治，自是州郡皆治此。唐垂拱中與武進並爲附郭縣，宋、元因之，明洪武初并入武進縣。今編户四百八里。

武進故城，府西北七十里。本漢之丹徒、句曲二縣地，孫吴改丹徒曰武進。晉太康初別置武進縣，屬毗陵郡。咸和六年石勒將劉徵等浮海而南掠武進，郗鑒擊却之。宋大明末改屬南東海郡，齊因之。梁省入蘭陵縣，屬蘭陵郡。唐武德三年復置武進縣，屬常州。八年省入晉陵縣。垂拱二年復分晉陵縣置，並治郭内。宋因之，明初省晉陵入焉。城邑攷：「今郡城即楊吴時舊址也。舊有内子城，周二里有奇，唐景福初淮南節度楊行密築；又有外子城，周七里有奇，則楊吴順義中所築，一名金斗城；其羅城周二十七里有奇，則楊吴天祚二年所築也。後俱燬。元末嘗復營治。洪武初重建新城於羅城内，周十里有奇。爲陸門七，水關四。成化、正德以來屢經修治。」今府治即故内子城也。

蘭陵城，府西北六十里。晉大興初始置南蘭陵郡及蘭陵縣於武進界内，宋因之。亦曰東城，以在武進東也。蕭道成高曾以下皆居武進之東城里，因爲南蘭陵人。梁省武進入蘭陵。大同十年幸蘭陵，謁建寧諸陵，蓋帝母張后陵也。又有修陵則后郗氏陵也。陳亦曰蘭陵縣，隋并入曲阿。志云：府城西北六十里爲千秋鄉之萬歲鎮，今名阜通鎮，有古青城，城南爲圓壇，西爲方壇，蓋蕭齊篡位後以蘭陵爲其湯沐邑，因置此爲郊祀之所。稍西南即蘭陵城也。唐大順初蔡州賊將孫儒遣其黨劉建鋒據常州，楊行密遣將李友屯青城，將攻之，既又遣安仁義等敗劉建鋒於武進。宋九域志武進縣有青城鎮。胡氏曰：「今奔牛、青城、萬歲諸鎮，皆故武進縣地。」

姑幕城，府西南六十里。東晉僑置南東莞郡於晉陵南境，僑置莒縣爲治，又僑置姑幕等縣屬焉，此其舊址也。今有大姑、小姑二城。祥符圖經：「晉陵縣西有傅落城。」或曰即姑幕城，音訛也。又胥城，在縣東南二十里。四蕃志云：「子胥所築。」或曰即東晉東莞郡所治莒縣，四蕃志悮也。舊志：府西有廢南彭城郡，東晉明帝時僑置於晉陵郡界内，無實土，宋、齊因之，隋時與南東莞郡俱廢。

淹城，在府東南二十里。其城二重，濠塹深闊，周廣十五里。越絶書：「毗陵縣南城古淹君地。」或曰即漢毘陵縣舊治。又有留城，在淹城東五里，周廣凖淹之内城云。○鼓城，在府城東北。有方圓二城，東西相對。或作「虎城」。又縣北有韓城，相傳五代時里民韓氏築此以保鄉里。府北三十里又有讀城，又北十五里爲禄城，蓋皆五代時戍守處矣。

三山，府東北三十五里。三峰相連，中一峰尤峭拔。明初張士誠遣兵寇常州，吴良自江陰取間道，殲其援兵於無錫之三山，即此。又橫山，亦在府東北三十五里。志云：橫山岡阜相屬，延袤二十餘里。本名芳茂，晉右將軍曹橫葬此，因改今名。○黃公山，在府南七十里。一名百瀆山，去太湖十五里。志云：黃歇所封故墟也。又夾山，在府東南七十里。山南北五里，中包秦、陽二小山，因名。又東南十里曰津里山，志云：本名秦履山，相傳始皇嘗自夾山登此，後訛爲津里。山在太湖中。

馬跡山，府東南六十里太湖中。山麓周百二十里，與津里山相接。其西麓地名西青，石壁屹立，下有馬跡，因名。上有避暑宮，相傳吳王闔閭故址也。宋置馬跡山寨，建炎中赤心隊將劉晏保馬跡山以捍寇。元時亦置巡司。明初下常州，俞通海以舟師略太湖，入馬跡山，破張士誠水砦，即此。

黃山，府西北七十里。俯瞰大江。山東北有小山入江，謂之吳尾，以羣山皆自西來，至此而盡也。志云：江北六里亦有黃山，俱因春申君而名。上有石室，楊吳時置烽火之所。今曰黃山門，爲江防津要。江防攷：「黃山門在包港江心，水流湍捍，盜賊出没之地，又當鎮、常二郡之交，上下瞭望，幾及百里，實京口之門户也。」包港，見丹陽縣。○孟城山，在府北八十里。俯瞰大江。相傳晉孟嘉嘗寓此。今孟瀆經其下入江。志云：孟城相近又有嘉山。又府西北九十里有固山，在孟瀆閘西。

大江，府北五十里。西接丹陽包港，東抵常熟黃泗浦，西北與泰州中流分界，東北抵三沙與通州分界。江岸達郡境百八十八里，控扼海口，形援金陵，而江陰、靖江尤鎖鑰重地也。詳見大川及川瀆異同。

運河，在府城南。浙西漕舟自蘇州滸墅關經無錫而西過府城，西接丹陽縣之吕城，凡二百餘里。郡志：自無錫望亭驛西至奔牛壩，凡百七十里有奇。奔牛壩東二十里曰洞子河，又東十五里至府城，自府城而東三十五里爲橫林鎮，又東十里爲五牧橋，則無錫縣境也。宋嘉泰初守臣李珏言：「州境瀕江並湖，其通江達湖諸汊港，回繞參錯，不可數計，水源多於他郡，而常苦易旱者何哉？蓋漕渠東起望亭，西上吕城，百八十里中，形勢西高東下，歲久淺淤，倘雨澤愆期，則淺涸壅滯；間或得雨，水無所受，旋即奔泄，南入太湖，北入大江，東徑注吴江，晴暵未幾，又復乾涸；加以傍近溪湖亦爲沙土所淤漲，遇潮高水泛時舟楫尚可通行，否則輒患淺阻，此所以有江湖之浸，而不見其利也。一遇冬月，綱運使客，往往填咽，作壩車水，科役煩擾，其爲民病，不特灌溉缺乏而已。望委有司相治，其通徹江湖之處，仍舊濬治爲便。」從之。明正統初，巡撫周忱於奔牛、吕城俱設壩閘，以便轉輸。景泰間廢，天順中巡撫崔恭復奏置五閘，今故址猶存。

**烈塘河**，府西十八里。南枕運河，北流四十三里入大江。宋紹興中郡守李嘉言開濬，臨江置閘。淳熙九年郡守章冲言：「西有竈子港、孟瀆、烈塘，皆古人開導以爲灌溉之利。今多湮塞，宜以時修濬。」元時烈塘閘廢。明洪武三年重建魏村閘，二十年復濬烈港河，自是魏村閘屢經修治。今名得勝新河。

**西蠡河**，在城南。一名浦陽溪。北枕運河，南接滆湖，相傳范蠡所鑿。宜興縣有東蠡河，故此曰西也。歲久淤塞，正德間疏濬，亦曰西運河。又有綱頭河，在城北。延袤六十五里，入無錫、江陰界，其支流俱入於大江。○丁堰河，在府東十五里。南枕運河，北流二十里接綱頭河。又黄汀河，在府東北十五里。西接綱頭河，東入江陰縣界。宋單鍔云：「常州運河北偏，古有洩水入江一十四瀆，即孟瀆、黄汀瀆之類也。今所存蓋無幾云。」

陳墅河，府東二十五里。南枕運河，北接三山港。志云：三山港在府東三十里戚墅堰，南枕運河，北入申、利二港，至揚子江與江陰縣分界。○白龍河，在府西北五十里。西接得勝新河，東通澡港入大江。又剩銀河，在府西北六十里。南通得勝新河，北流十八里入大江。明洪武二十五年疏鑿，臨江置閘，永樂九年湮廢。

太湖，府東南八十里。南自宜興接浙江湖州府界，東自無錫接蘇州府界，郡境湖隄環繞凡百四十八里有奇。自昔有事，太湖常爲攻取之徑，蓋三吴形勝所關也。詳見大川。

芙蓉湖，府東五十五里。昔時湖岸南北相距凡八十里，南入無錫，北入江陰，又北注於大江。一名上湖，一名射貴湖，東南流者曰五瀉水。南徐記：「横山之北曰上湖，南曰芙蓉湖，虞翻、酈道元皆以射、貴二湖列於五湖，即此湖也。」昔時菰蒲荷芰，煙水蒼茫，一望百里，宋元祐中往往堰河爲田，於是湖流漸塞。今運道經武進、無錫間，兩岸類皆平衍，一遇淫潦，輒成泛溢，蓋皆舊時湖浸之區也。○陽湖，在府東五十里。與無錫縣分界，以近陽山而名。湖東西八里，南北三十二里。其北通芙饒、臨津二湖，共爲三湖。劉宋元嘉中修湖堰，得良疇數百頃。今湖亦湮塞。志云：芙饒湖本名蛟濤，或作「芙沼」，舊與臨津湖並屬無錫縣界。又宋建湖，在府東南三十里。昔時東西五里，南北三里，亦謂之北陽湖。志云：湖南有青城，宋高宗南渡時嘗駐此，命有司浚治此湖，因名。今塞。

滆湖，府西南三十五里。南北百里，東西三十餘里。一名西滆，亦曰沙子湖。郭璞江賦云「具區、洮、滆」，此滆湖也。虞翻、酈道元皆以滆湖爲五湖之一。輿地志：太湖、射貴與滆湖爲三湖。今北通漕河，導流東注於太湖。

孟瀆，府西三十里奔牛鎮東。南枕運河，北流六十里入揚子江。唐會要：元和八年常州刺史孟簡因故渠開此瀆，袤四十一里，引江水南注通漕，溉田四千頃，因名。」南唐保大中復修水門，爲灌溉之利。宋慶曆三年又嘗修治。明洪武二十七年命有司開濬。二十九年置閘於孤陳山，西北臨大江。永樂四年復詔有司發民浚導，比舊倍加深廣，爲轉輸商販之利。正統以後，孟河閘屢經修治。志云：小河巡司，在府西北九十里孟瀆閘西。本宋之小河寨，置於小河村，元改巡司。又有鄭港寨，在小河西鄭港口。亦宋置，元省。明初移司治於鄭港。鄭港、小河俱在府北七十里，臨大江，與黃山門相近也。成化四年又移置於孟瀆閘西。嘉靖三十二年倭亂，孟瀆口益爲濱江津要，因增置孟河營，設官兵戍守。○直瀆，亦在奔牛鎮東。北枕運河，南通白鶴溪。一名鳴鳳河。又有伯牙瀆，在府西北二十五里。南通運河，北入大江。

澡港，府北五十里。一名竈子港。稍西即魏村鎮，與烈塘河口相接。港南接網頭河，北入揚子江，袤四十里。歲久淤淤，明初洪武七年開浚，臨江置閘，以于塘巡司兼領。既而以于塘村在江北沙新河上，改隸揚州府泰興縣。二十八年改置澡港巡司於江口，今因之。又桃花港，在府東北三十里。導大江南流，下流合於網頭河。洪武二十八年開濬，弘治六年復濬。江防攷：「港東接江陰界，陸走府城北門，倭寇易於登犯，爲防守要地。嘉靖中嘗議挑濬。一名五斗港。又府北舊有廟堂港，宋紹聖中轉運毛漸奏導武進廟堂港入江是也。」今湮。

戚墅港，府東三十里。北枕運河，有戚墅堰，其下流東南入太湖。宋志：「州界有南戚氏、北戚氏、五湖諸灣港，〔一〕皆通運河是也。」又蠡瀆港，在府南二十里。北通白鶴溪，南入滆湖。洪武三十年開浚。後湖沙淤塞，復築堰瀦水以資灌溉。

白鶴溪，府西南十里。北通運河，南入滆湖，接金壇縣界。宋淳熙九年郡守章冲言：「州境港瀆，類多堙塞。今欲講求漕河悠久之計，州西南有白鶴溪，自金壇縣洮湖而下，今淺狹特七十餘里，若用工濬治，則漕渠一帶可無乾涸之患。其南有西蠡河，自宜興太湖而下，開濬二十餘里，若更令深遠，分引湖水，則漕渠一百七十餘里可免濬治之擾矣。」又三過溪，在府南三十里。亦北通運河，南入滆湖。

東洲，在府東南百里，太湖濱拒守處也。五代史：「梁開平二年，淮南將周本圍蘇州，吳越將張仁保攻常州之東洲，拔之。淮南將陳璋等馳救，大破仁保於魚蕩，復取東洲。」又乾化三年淮南攻吳越衣錦軍，錢鏐遣子傳璙將水軍攻東洲以分其兵勢。又貞明五年吳越錢傳瓘率舟師自東洲攻淮南。蓋吳越與淮南夾湖爲守，往往繇此相攻擊也。

毘陵宮，在府東南十五里，地名夏城鎮。隋大業十二年，勑郡通守路道德集十郡兵匠於郡東南起宮苑，周十二里，内爲十六離宮，環以清流，蔭以嘉木，擬於東都西苑，而奇麗過之。未及臨幸，尋以盜起，遂爲丘墟。今自府城而東南，岡阜環列，地形高卬，即隋離宮故址也。

奔牛鎮，府西三十里。有奔牛堰，亦曰奔牛塘。宋元凶劭之亂，會稽太守隨王誕遣將劉季之等向建康討劭，劭遣燕欽等拒之，相遇於曲阿奔牛塘，欽等大敗。明帝初，會稽諸郡兵應子勛於尋陽，軍於晉陵九里。宋主遣沈懷明拒之，至奔牛，以所領寡弱，乃築壘自固。漕渠攷：「奔牛堰北出孟河口六十里，西抵丹陽亦六十里，爲運道通渠。宋元符二年修造奔牛澳、牐。淳熙五年以漕臣陳峴言開奔牛、呂城高淺處以通漕。舊有上下二閘，明初改閘爲壩，設官守之。天順、成化中復置上下閘，自是屢經修治，有奔牛巡司戍守。鎮西五里又有奔牛臺，亦曰金牛臺，相傳茅山嘗出金牛，奔至此，因名，齊高帝與蕭順之嘗登焉。」自臺而西十五里即丹陽縣境之呂城鎮，今往來孔道也。

**橫林鎮**，府東南三十五里。又東南五十里至無錫縣。宋淳熙五年以漕臣陳峴言，開濬無錫以西橫林、小井諸淺以通漕舟，今爲運道通渠。

**遊塘營**，府西南二十里。明初徐達攻常州，敗張士誠兵於此。亦作「牛塘」。又舊館，在府西南，蓋館驛故址也。明初攻常州，華雲龍敗張士誠兵於舊館。

**庱亭**，府西五十里，與丹陽縣分界。相傳孫權射虎傷馬處也。晉咸和三年蘇峻作亂，郗鑒守京口，築大業、曲阿、庱亭三壘以分峻兵勢，此即庱亭壘。既而峻將管商等來攻，庱亭督護李閎等擊敗之。晉書：「是時前義興太守顧衆等討蘇峻，進至呂城，賊將張健退保曲阿，衆遣督護朱祈等守庱亭，健遣兵來攻，祈等破走之。」又隋開皇十年江南亂，楊素討之，素將濟江，使麥鐵杖潛渡覘賊，至庱亭。唐武德三年李子通敗沈法興將蔣元超於庱亭，法興棄毘陵東走吴郡。蓋自昔爲控扼處。○九里村，在府西北。宋泰始二年孔覬等以會稽諸郡之兵西應子勛，前軍孫曇瓘軍於晉陵九里，列五城互相連帶。宋主遣沈懷明等軍於九里西，與東軍相持。既而爲臺軍王道隆所敗，遂克晉陵。胡氏曰：「其地去城九里，因名。」

**河莊**，府西北八十里，當孟河之口。江防攷：「自京口而下，惟河莊賊可深入，繇大江入孟河，抵奔牛趣府城，至便且易。」今孟河營置於此。○茶山路，在府西南十里。其地有大墩小墩連綿簇擁，相傳唐時湖、常二州守會陽羡造茶修貢，繇此往返，因名。

五牧橋。府東南四十五里，與無錫縣接界。唐末吴越錢鏐遣兵自江陰入，與楊行密戰於此。宋末文天祥知平江時，元兵犯常州甚亟，天祥使其將尹玉、麻士龍等赴援，士龍戰虞橋，玉戰五牧，俱敗死。今虞橋在府西南四十里。○黄土岸橋，在府西南八十里，西蠡河支流西出處。其地南通溧陽，西接金壇。元置黄土巡司，尋又建橋於此，亦控守處也。

無錫縣，府東九十里。東南至蘇州府九十里，北至江陰縣九十里，西南至宜興縣百四十里，東北至蘇州府常熟縣百十里。漢置無錫縣，屬會稽郡，武帝封東粤降將多軍爲侯邑。後漢屬吴郡。三國吴分無錫以西爲典農校尉，省縣屬焉。晉復置縣，屬毗陵郡。東晉以後俱屬晉陵郡。隋屬常州，唐、宋因之。元升爲無錫州，明復爲縣。城周十四里。今編户四百十四里。

泰伯城，縣東南三十里。泰伯始國於此，謂之句吴，亦曰吴城。自泰伯至王僚二十三世皆都此，敬王六年闔閭始築姑蘇城而徙都焉。孔穎達曰：「太伯居梅里，傳至十九世孫壽夢。壽夢卒，諸樊南徙吴。至二十一世孫光，使子胥築闔閭城都之，即今蘇州也。」吴地記：「泰伯築城於梅李平墟，周三里二百步，外郭周三百餘里。今曰梅李鄉，亦曰梅里村，泰伯廟在焉。城東五里曰皇山，一名鴻山，有泰伯墓。」

闔閭城，縣西四十五里。吴地記：伍員伐楚，軍還築大小二城，此蓋闔閭小城也。志云：小城在縣西北，近太湖，故址猶存。又有范蠡城，在縣西十里。輿地志：「歷山西北有范蠡城，蠡伐吴時築。亦謂之斗城，故址猶存。」今歷山在縣西北二十里，其西即故斗城云。又有黄城，在縣西十二里。俗謂之黄斗城，相傳春申君所築。○鴨城，在縣東二十里。相傳吴王牧鴨處。今曰鴨城橋，跨鴨城河。其源自運河引而東，下流匯於宛湖，爲縣東之通道。又有麋城，在縣東十七里，蓋吴王養麋處也。

新安城，縣東南三十里。元初置新安巡司於此。至正中張氏築城，爲屯兵之所。有新安溪，南通太湖，東入運河，路出吴門，此爲必經之地。

慧山，縣西五里。一名九龍山。陸羽云：「山陽有九隴，若龍偃卧然，南北延袤數十里。亦名冠龍山。吴地記：古名華山，一名西神山，又名鬪龍山。」朱梁貞明五年吴越錢傳瓘攻淮南之常州，淮南拒之，敗吴越軍於無錫，又追敗之於山南。即慧山之南也。山之東麓出泉，曰慧山泉，陸羽品爲天下第二泉。其東一峰，謂之錫山。○錫山亦在縣西五里，與慧山連麓而別爲一峰，相傳縣之主山也。周、秦間山産鉛錫，古語云：「有錫争，無錫寧。」漢因以無錫名縣。

獨山，縣西南十八里。錫山之脉南來，至是中斷。梁溪經其間，入太湖曰獨山門，一名晉陵門。志云：獨山之北與管社山相望，謂之浦嶺門；南與充山對峙，謂之獨山門。梁溪經五里湖而西，繇二門入太湖，爲扼束之地，舊有官軍戍守。又石塘山，一名廟塘山，在縣南二十五里。枕長廣溪。其相連者曰漆塘山。○閶江山，在縣西五十里。下有閶江，亦太湖之別浦也。志云：閶江山下有闔閭城。又吴塘山，在縣南四十五里，濱太湖。水從中出曰吴塘門。

軍將山，縣西南四十里。南唐時屯兵於此，以備吴越，因名。山側有甲仗塢，下有龍潭，迫近太湖，爲設險處。又夫椒山，在縣西北四十里。一名湫山，瀕太湖，與武進馬跡山相近。九域志：「縣西太湖濱有夫椒山。吳王夫差敗越於夫椒，即此山矣。」或以爲今太湖中之包山也。又胥山，在縣西南五十里，近太湖，即史記所云「吳人爲子胥立廟於江，因命曰胥山」者。○青山，在縣西三十五里。一名章山，面太湖。亦曰青山灣，元置華藏巡司於此。

安陽山，縣西北五十里。山周十八里，高百二十仞。風土記：「周武王封周章少子贇於安陽，卒葬山下，山因以名。峰巒奇峭，頂有龍湫。俗呼西陽山，昔時陽湖在其西麓」云。元末張士誠將莫天祐屯兵於此，以拒塞宜興東出之道。今有營壘遺址。○顧山，在縣東六十五里。一名香山，與常熟江陰縣接境。今詳常熟縣。

太湖，縣西南十八里，東指蘇州，南趨湖州，風帆便利，半日可達縣境。有獨山、閭江、吳塘諸門，皆渡湖捷徑也。○五里湖，在縣南十八里。一名小五湖，南接太湖。又五部湖。舊在縣東北七里。東西二十里，南北十里。其源濁而流清，溉田百餘頃。今湮。

芙蓉湖，縣西北十五里，即故上湖也。湖流浩衍，北接江陰，南連武進。其後堙廢。今自城以北，運道所經。亦曰芙蓉湖。宋會要：「元祐中堰芙蓉湖爲田，紹聖中轉運毛漸復奏導芙蓉湖入江。」今縣西北十里運河北出者曰高橋堰，舊名五瀉堰，亦曰五瀉河，即芙蓉湖下流也。自高橋而北四十里接武進、江陰界曰雉尾口，又北四十七里至申浦上口入江，潮汐所至，勝數百斛舟。宋熙寧末郟僑議決五瀉堰，使水入揚子江。乾道六年常州守臣請填築五瀉兩牐及修牐裏堤岸，仍於牐內郭瀆港口舜郎廟側水聚處築捺硬壩，以防走泄。委無錫令主掌，非水盛時不許開牐通放客舟。蓋是時以運河淺淤，切於隄防也。今高橋爲武進、江陰之要道，有巡司戍守。

蠡湖，縣東南五十里，與長洲縣分界。相傳范蠡所開。一名蠡瀆，一名漕湖。東西長十三里，南北六里。唐志：「刺史孟簡開泰伯瀆，東連蠡湖，亦謂之孟湖。」又濠湖，在縣東南六十五里。東西四里，南北三里，流通漕湖。其北爲常熟界，東爲長洲界，俗呼爲鵝肫蕩。○宛湖，在縣東北五十里。湖濱東岸即常熟縣界，有山曰宛山，俗曰宛山蕩；北出爲蠡湖，道通江陰；南接陸家、謝埭等蕩入常熟縣境。志云：謝蕩周十餘里，與蘇州分界。舊名西謝濟，在縣東六十里。

運河，在城東。自蘇州府而北至望亭堰入縣界，又北二十里曰新安，又北三十里至城南，引而北十餘里至高橋，又北二十里爲洛社，又北二十里達武進之橫林鎮。

雙河，在縣北五里。亦曰雙溪。自運河分流曰雙河口，分爲二派，一東南流合於梁溪，一西北經河滸錢橋達直湖港入武進界。志云：直湖港在縣西北四十里，北枕運河，南入太湖。又有花渡港，在縣西北三十里。東連運河，西接直湖港。里道記：「自花渡西經沙塘營與白芍山相近，自縣陸走宜興之道也。」○咸塘河，在縣北五十里。南通五瀉河，北入江陰界。又縣北三十五里有新河，相傳南宋所開，北通大江。明洪武二十五年重浚，今湮。

梁溪，在縣城西。源出慧山，北合運河，南入太湖。志云：溪自慧泉導源，引而東至城北三里之黃埠墩接運河，自黃埠墩而南分爲二支：其西南一支繇五里湖、石塘山、長廣溪，凡五十里，出吳塘山門入太湖；其西一支經縣西南十六里大、小渲，凡十餘里，繇獨山門而入太湖。梁大同中嘗浚治之，故曰梁溪。○長廣溪，在縣南十八里。志云：溪源出歷山，南流分爲二派，俱合於梁溪，一出吳塘門，一出獨山門，皆入太湖。

泰伯瀆，縣東南五里。西枕運河，東連蠡湖，入長洲縣界。瀆長八十一里，相傳泰伯所開。唐元和八年常州刺史孟簡嘗浚導之，亦稱孟瀆，溉田千餘頃。

青祈濟，縣西南二十里。志云：梁溪迤邐而南，至城西南二里孤瀆口分二派，西爲大渲，東爲小渲，中隔平壤，又南二十里至青祈濟合流。昔時濟廣二十里，袤十八里，與五里湖相通，出浦嶺、獨山門入太湖。

望亭鎮，縣南四十五里，與蘇州府吴縣接界。孫吴時置亭於此，曰御亭。晉咸和三年顧颺監晉陵軍討蘇峻將張健，築壘於御亭以拒之。隋置御亭驛，唐改曰望亭，光啓中置屯於此。大順初孫儒作亂據廣陵，遣其黨劉建鋒據常州，破無錫望亭諸屯，圍蘇州。又光化初錢鏐將顧全武拔蘇州，追敗淮南將周本於望亭是也。今爲運道所經，有望亭堰。宋史：熙寧元年提舉兩浙河渠胡淮請治常州望亭堰以通漕。政和六年發運副使應安道請望亭仍舊置牐。」淳熙九年知常州章冲言：「望亭堰牐，置於唐之至德，而廢於本朝之嘉祐，至元祐七年復置，未幾又廢。臣謂設此堰牐有三利：陽羡諸瀆水奔趨而下，有以節之，則當潦歲，平江三邑必無下流淫溢之患，一也；自常州至望亭百三十五里，運河有所節，則沿河之田可資以灌溉，二也；每歲冬春之交，重輞及使命往來多苦淺涸，今啓閉以時，足通舟楫，復免車畝灌溉之勞，三也。」嘉泰三年常州守臣李珏復請修建望亭上下二牐，固護水源，從之。議者常言望亭堰所以遏常、潤之水，不使東下，宜嚴其啓閉，以管轄屬之蘇州，庶可免盗決之患。或又言望亭堰設於蘇州，未見其利，而常郡先被漲溢之患，蓋節宣所係，不止望亭也。今有巡司戍守。

潘葑鎮。縣西北十八里。朱梁乾化三年，吴越錢傳瓘攻常州，營於潘葑，淮南將徐温擊却之。今爲往來通道。又北十二里曰洛社市。○竹塘市，在縣東北六十里，與江陰縣接界。又縣北三十里爲高陸堰市，商旅所聚，道出江陰。

**宜興縣**，府南百二十里。南至浙江長興縣百四十里，西南至廣德州百八十里，西至應天府溧陽縣九十里，西北至鎮江府金壇縣百二十里。秦置陽羨縣，漢五年封功臣靈常爲侯邑，屬於會稽郡。後漢屬吴郡。三國吴屬吴興郡。晉初因之，永嘉中析置義興郡。宋、齊因之。隋郡廢，改縣曰義興，屬常州。唐武德七年置南興州，八年州廢，仍隷常州。宋太平興國初避諱改曰宜興，宋末改置南興軍。元至元十五年升爲宜興府，二十年仍降爲縣。明年又升爲府，兼置宜興縣隷焉。元貞初府縣俱廢，改爲宜興州。至正十六年爲張士誠所據，明年歸於明，洪武初復曰宜興縣。今城周九里有奇。編户三百四十里。

**陽羨城**，在縣南五里。志云：孫吴赤烏二年城陽羨。晉永嘉四年陽羨人周玘三興義兵討賊有功，因置義興郡以寵之。沈約曰：「永興元年所置也。郡治陽羨縣。」隋廢郡，因以義興名縣。唐武德三年歸附，六年陷於輔公祏。明年公祏平，置南興州治焉。又析置陽羨縣爲屬邑，八年復廢入義興。光啓三年杭州刺史錢鏐遣將杜稜等討薛朗逐鎮海節度使周寶之罪，敗朗將李君暀於陽羨，即故城矣。寰宇記：「陽羨故城一名蝦虎城。」紀勝云：「城前臨荆溪，後阻河，左右俱塹。有濠，周一里九十步。」今縣治即其故址。

**國山城**，縣西南五十里。晉永興初分陽羨地置縣，屬義興郡。宋因之。泰始二年晉安王子勛舉兵尋陽，義興太守劉延熙舉郡應之。宋主遣吴喜擊東軍，喜自永世至國山，擊敗東軍，進屯吴城，斬延熙將楊玄，遂進逼義興。吴城蓋在國山北也。齊亦爲國山縣，梁、陳因之，隋廢。九域志：「吴城一名太伯城，在縣西南二十里。」○臨津城，在縣西五十里。亦晉置，屬義興郡，宋、齊因之，隋廢。唐武德七年復置臨津縣，屬南興州，八年廢。志云：城南臨荆溪，故址猶存。

**綏安城**，縣西南八十里。劉宋永初三年分廣德、長城、陽羡等縣地置縣，屬義興郡。齊因之。梁末嘗置大梁郡治焉，陳廢郡。或云縣亦陳所廢也。又義鄉城，在縣東南八十里。晉所置縣，今入長興縣界。

**君山**，縣西南三十里。舊名荆南山，以在荆溪南也。高二百三十仞，周八十五里。山嶺有池，巖洞絶勝。一名銅官山。志云：山之西峰曰敷金嶺，一名小心山。又西南曰横山，亦名大蘆山，即君山西麓也。其東麓爲静樂山。南麓曰芙蓉山。北麓則曰南嶽，吴孫皓封國山禪於此，取漢武移衡山於灊霍之義，謂之南嶽山，在今縣西南二十里。

**國山**，縣西南五十里。高百二十五仞，延袤三十六里。一名離墨山，相傳鍾離墨得僊於此。山西麓即國山故城也。又名九斗山，山有九岑相連，形如覆斗。亦曰陞山。孫吴五鳳二年山大石自立，天璽初有石裂十餘丈成室，孫皓侈爲天瑞，遣司徒董朝等行封禪禮。梁天監八年，或請封會稽，禪國山，不果。其東南曰善卷洞，一名龍巖。洞有三：一曰乾洞，其二曰大、小水洞。相傳周幽王二年洞忽自裂，門廣二十尺，初入若險仄，中極平曠，可坐千人。○煙山，在縣西南三十里。山有數峰，四面環峙。又有甑山，在縣西南二十五里，以雲氣騰湧而名。

**香蘭山**，縣東南五十里。斗入太湖五里，有石麓如岸者二，南曰大蘭山，北曰小蘭山，相連二里，産蘭。志云：蘭山周二十五里，一名石蘭山，屹峙湖濱，與湖州安吉、長興接境。宋置香蘭司及香蘭砦以控扼之。今有湖汊巡司，在山西五里。○唐貢山，在縣東南三十五里。臨罨畫溪，産茶，唐時入貢，因名。又蒿山，在縣西南三十五里，亦産茶。

章山，縣西南六十里。一名黄山，亦曰芳巖，周廣六十八里。相接者曰佛泉山、武花山，連亘入寧國縣界。志云：縣西南七十里有龍池山，峰巒峻聳，登覽無際。又分界山，在縣西南百里，入廣德州界。宋置分界寨於此。○義山，在縣東八十里。東臨太湖，西抵縣南六十里之垂脚嶺，入長興縣界。又有啄木嶺，亦在縣南。○計山，在縣東北二十五里。山之西峰曰金鵞山。勝覽：唐初嘗置鵝州於義興，蓋以山名。今正史不載。

函山，縣西北七十里。周三十里有奇，與溧陽縣接界。後漢建武中封蔣澄爲函鄉亭侯。今縣西六十五里有故函鄉亭，蓋以山名。餘詳見溧陽縣。○柚山，在縣西北九十里洮湖上，與湖中大坏山對峙。巨石瞰湖，延袤三四里。志云：湖中有大、小坏山。又有漸山，以山石漸漸而名也。湖西又有烈山，皆與溧陽縣接界。○張公洞，在縣東南五十三里。亦曰張公山。高千仞，周五里。三面皆飛崖絶壁，惟北向一竇可入，最爲奇勝，道書以爲第五十八福地。

太湖，縣東北四十五里。道通吴郡、吴興，最爲捷徑。明初張士誠遣兵據宜興，太祖命徐達等攻之，曰：「宜興城小而堅，未易猝拔。城東通太湖，張士誠餉道所繇，若斷其餉道，破之必矣。」達奉命，宜興果下。既而命將東伐，亦自宜興取道太湖，攻共湖州。志云：湖自縣南越蘭山抵董塘嶺入長興界，北越竹山抵百瀆口分水墩入武進縣界。今自縣東入湖之道曰馬汎，北趨黄土瀆，東北趣竹山港，皆通太湖也。竹山，在縣東北六十五里。湖濱小阜也，與夫椒山相對。黄土瀆，在縣北五十里。亦名白魚蕩。

洮湖，縣西北百里，與溧陽、金壇分界。一名長蕩湖。今詳見大川。又滆湖，在縣西北三十五里，與武進縣中流分界。東接太湖，北通漕河。

運河，在城北。西接荆溪，北抵滆湖，又北達郡南之運河。宋淳熙間重浚，明洪武二十七年亦嘗浚治。又東蠡河，在縣東十五里，東南流入太湖。宋咸平中重浚。○便民河，在縣城西。自縣西二十里洴浰渰東抵城下，長三十里。成化中開。一名後袁河。

荆溪，在城南。其在城西者亦曰西溪，在城東者亦曰東溪，凡廣德、溧陽、金壇并縣西諸山澗水，俱流匯於西溪，乃貫城繞郭爲東溪以下太湖。舊志：荆溪上承百瀆，兼受數郡之水是也。宋泰始二年吴喜逼義興，渡水攻其城克之。今謂之東九里河、西九里河，河流甚長，土人以九計里，因名。水利攷：「宜興爲溪者九，而荆溪爲諸水之會。」今自縣東分二流，其一北達常州爲漕河，溧陽運船俱繇此出；其一東達太湖，謂之東瀉溪。本名東舍，訛曰瀉。一名蒙溪。春時兩岸多藤花，照映水中，因名罨畫溪，又名五雲溪。志云：東舍溪在縣東南三十六里，荆溪下流也。祝氏云：「漢志注『中江出蕪湖西南，東至陽羨入海』，即荆溪矣。」蓋溪上承諸川委流，下注震澤達松江以入海，江以南大川也。又有荆溪，自縣南入長興縣，下流合於苕溪。或以爲發源荆南山，合衆流而南出云。○洑溪，在縣東南五里。源出君山，北入荆溪。又竹溪，在縣東南三十六里。源出垂脚嶺，東北入太湖。

章溪，縣西南七十里。源出章山，流經國山故城西，又北入於荆溪。又塞溪，在縣西北七十里。源出洮湖，經縣西三十五里之洋渰，又東入於荆溪。○白雲徑，在縣西三十六里。爾雅：「直波爲徑。」東經縣西二十六里之洴浰渰合於荆溪。志云：白雲徑南北長三十餘里。又有孟徑，在縣西北四十五里。刺史孟簡所浚，以殺滆湖波濤之勢，南入塞溪，因名。又有章浦，在縣西二十五里。舊有亭，晉周札封章浦亭侯，即此處云。

百瀆，志云：在縣西南七十五里者爲上瀆，縣北六十里爲下瀆。昔以荆溪居數郡下流，於太湖口疏百派以分其勢，又開横塘袤四十里以貫之，導荆溪下太湖，瀕湖畎澮皆通焉。後漸廢。宋治平中樓閎知宜興，所濬者四十二瀆而已。勝覽云：「横塘直南北以經之，百瀆列東西以緯之。」單鍔嘗言：「自蕪湖、溧陽五堰達吴江，猶人一身，五堰爲首，荆溪爲咽，百瀆爲心，震澤爲腹。」是也。隆興二年常州守臣劉唐稽言：「宜興之水，藉百瀆以疏洩，近歲阻於吴江石塘，流行不快，而百瀆亦至堙塞，存者無幾。宜仍舊開通，爲公私之便。」不果。今自縣北至縣東南以瀆名者凡數十處，皆源流斷續。弘治中嘗開濬三十餘瀆，正德中亦嘗開濬，尋復堙塞。説者謂：東壩築而荆溪之流殺，荆溪殺而百瀆中絶矣。

夾苧干瀆，在縣西北。昔時洩長蕩湖之水東入滆湖，繇滆湖入大吴瀆、塘口瀆、白魚灣、高梅瀆及白鶴溪而北入常州運河，又繇運河分流入一十四瀆注於大江，今名存實湮。弘治中水利僉事伍性議開夾苧干通流以殺荆溪上流諸水，則震澤必無漲溢之患，而三州民田必甚利，議不果行。

張渚鎮，縣西南九十里。元設茶園提領所二處以掌茶税，明初改設批驗茶引所於此，尋廢。洪武三十五年復設，今商旅駢集於此，有張渚巡司戍守。○湖㳇鎮，在縣東南四十五里。有巡司，洪武三年建。又有下邾巡司，在縣東北四十里。亦洪武三年建，湖濱津要處也。

趙莊，縣南三十里。與縣東南三十里蜀山相對。又邊莊，在縣南四十五里。又五里有省莊。志云：南唐時封疆止此，營屯戍守，與吳越爲交境之備。○許亭，在縣北二十里。輿程記作「毌亭」，悮也。今有許亭橋。自亭而北三十里地名浪打川，又北爲新瀆橋，自縣趨府城之通道也。

長橋。在縣治南，跨荆溪上。志云：橋延袤五十步，高二丈七尺，廣過之。陸澄地抄：「橋創自東漢袁府君圯，即晉周處斬蛟處。」宋泰始二年吳喜自國山進逼義興，太守劉延熙柵斷長橋。保郡自守，即此。宋景德以後屢經修建，元豐中改名荆溪橋，自元至今凡再葺治云。

江陰縣，府東北九十里。東至蘇州府常熟縣百二十里，東南至蘇州府百八十里，北至靖江縣三十里，西北至揚州府泰興縣百十里。漢毗陵縣地，晉太康二年析置暨陽縣，屬毗陵郡，宋、齊屬晉陵郡。梁敬帝時始置江陰縣，兼置江陰郡治焉。隋初郡廢，縣屬常州。唐武德三年置暨州，九年州廢，縣仍屬常州。南唐昇元中置江陰軍，領江陰縣。宋熙寧初軍廢。紹興初復建爲軍，尋廢。三十一年復置江陰軍。元爲江陰路，尋降爲州，屬常州路，尋直隸行省。至正中陷於張士誠。既而明師克之，改曰連洋州，既復爲江陰州，洪武初改州爲縣。今城周九里。編户四百里。

暨陽廢縣，縣東四十里。晉太康初所置縣也。寰宇記云：「本名莫城，漢莫寵所築，以捍海寇。晉置暨陽縣於此，隋省。唐武德三年復置暨陽縣，屬暨州，九年仍省入江陰縣。」又江陰故城，在今縣治東北。祥符圖經：「城周十三里，北瀕大江，楊吳天祐十年所築。」内爲子城，宋慶元五年重修，元初毁。至正十二年盜起，城邑殘破。十四年爲張士誠將黄傳所據，又三年明師克之。初築土城，龍鳳十二年甃以磚石，周九里有奇。嘉靖中復增築。今城墉屹然，爲江干鎖鑰。

利城廢縣，縣西五十里。宋志：「晉元帝初割海虞北境置利城縣，永和中移出京口。」梁末又析暨陽置利城、梁豐二縣，屬江陰郡。陳因之，隋廢。唐復置，屬暨州，尋與州俱廢。今有利城鎮。又梁豐廢縣，在縣西南。亦梁置，隋廢。

艦浦城，縣西十八里。志云：陳至德初江陰郡守倪啓徙江陰縣治夏浦，築此城，亦曰夏城。又縣東三十里有陶城，其相近者又有閭城、郭城，相傳皆南唐屯戍處。又有東西二舜城，在縣東七十里。今曰東順鄉，西順鄉。

君山，城北一里。縣之主山也。突起平野，俯臨大江，一名瞰江山。宋南渡後置營寨於山麓，有事時此爲戰守要地。又北四里曰黃山，與君山皆以春申君名也。峰如席帽，上有石室，爲楊吴時烽火之所。山之西曰馬鞍山。北曰鵝鼻山，其形尖斜如鵝鼻，俗名鵝眉嘴，凸出大江，稱爲險要。又浮山，在縣東北大江中，西臨石矸。一名巫山，爲江海門户，所謂「巫門之隘」也。志云：縣北七里有大石山，山絶頂有石高數十丈，俯瞰江水，其相接者曰小石山，俗呼爲大石灣、小石灣；又東北五里曰蕭山，亦曰小山；皆濱江形勝云。○彭公山，在縣東北六十里。俗傳漢彭越收江南嘗營於此山之東，因名。

香山，縣東二十里。相傳春秋時吴王嘗遣美人採香於此，上有採香徑，近大江。十國紀年：「梁貞明五年吴越攻常州，徐温率兵拒之，陳璋以舟師下海門出其後，張可琮以江陰兵從陳璋，敗吴越兵於香灣，即此地也。」又砂山，在縣東四十五里。相傳初本平地，晉、宋間江水泛漲，湧沙石成山。梁貞明五年吴越侵淮南，戰於沙山，爲淮南所敗，即此。

秦望山，縣西南二十七里。本名峨耳山，秦始皇嘗登此四望，因名。明初遣兵取江陰，張士誠據守於此以拒王師，諸將乘風雨奪其山，進薄城西，遂克之。今自縣之郡，此爲通道。又青山，在縣西南十里。秀鋭孤立，上有干將冶鑪九所。宋齊丘撰徐温祠堂碑云「江陰之役，遇賊兵於覆釜之上」，蓋即青山云。○顧山，在縣東南七十里，與常熟、無錫分界處也。亦曰香山。

大江，城北一里。縣境倚江爲險，自昔爲控守重地。劉宋元嘉二十七年，魏主燾南犯至瓜步，建康震懼，陳艦列營，連亘江濱，自采石至暨陽六七百里。五代時，吴越、淮南往往角逐於此。宋南渡後，江陰之防尤重。建炎三年劉光世、韓世忠皆軍江陰以備金人海道之師。紹興四年命濱江諸州軍皆增設水軍。隆興二年又以江陰、通、泰海道，江面闊遠，命范榮專一捍禦江陰至通州之料角一帶。乾道八年知江陰軍向子豐言：「江陰軍臨大江下流，北與通、泰相對，東連海道，西接鎮江，最爲控扼。今軍備廢弛，望仍舊分兵屯駐。」元延祐中兩淮運使宋文瓚言：「江陰、通、泰，江海門户，而鎮江、真州次之。」是也。明初以江陰爲江津要衝，命將克江陰，使吴良守之，張士誠遂不能越江而有江北，亦不能泝江以窺金陵。江防攷：「縣境大江上自武進界桃花港，下至常熟縣之界涇，凡百里。中間港浦二十有四，皆可登涉。其哨守之處爲青草沙，自是而西北有蒲沙，又西爲唐沙。青草沙東南通福山港，蒲沙東北通狼山，乃天設之險，江陰之外户也。三沙之中，巫山門在焉。亦曰巫子門。明初張士誠以舟師出馬馱沙，泝流侵江陰，太祖親帥兵自鎮江東討，追敗之於巫子門是也。」

運河，在城南。北引大江繇黄田港貫城而南，至縣南十里經蔡涇閘，亦曰南閘，又曰下閘，又南十七里歷月城橋，又十里至青暘鎮，又南三十五里達五瀉河，出高橋合無錫運河。宋皇祐中疏濬，明永樂十一年復濬。

横河，在城東。亦引黄田港貫城而東，達縣東六十四里之谷瀆港。宋天禧中知軍崔立濬治，明洪武二十八年重濬。志云：谷瀆港東一里曰令節港，西一里曰范港，俱北引江水南合谷瀆港，又南爲三河口，分二流，一接無錫新河，一入於長河。今有范港巡司，在縣東六十里。又東即常熟縣界，至縣治凡三十六里。○長河，在縣東南十里。自運河分流，經縣東南十五里繇里山曰繇里涇，又東南亦注於無錫縣之新河。

申浦，縣西三十里。一名申港，相傳春申君所開。導江南流，置田爲上下屯，又南經武進縣界分爲二，東入無錫五瀉河，西入武進三山港，俱達於運河。唐興元初韓滉鎮潤州，造樓船，繇海門大閲，至申浦而還。宋隆興二年議開申、利二港，上通運河。乾道二年漕臣姜詵等請造蔡涇閘及開申港上流横石，次濬利港，以洩水勢。志云：宋設申港寨，又設巡司於此，元因之，明初廢。洪武二十四年亦嘗濬治，弘治六年復浚。又利港，在縣西五十里。導江水南行入武進界，下流亦達於運河。洪武二十一年開濬。弘治六年工部侍郎徐貫治三吴水利，發民濬申、利二港及桃花港以疏積水，三港中利港爲役最巨。正德六年又嘗濬治。自利港而西十五里，即武進縣之桃花港也。志云：桃花港自大江分流，南合縣西六十里之立埭河，而入武進縣界。

黄田港，縣北二里。相傳春申君所開，導江水溉田，因名。邑人於江口置牐號上閘，於縣西南十里蔡涇口置牐曰下閘。舊有支港數十處，今多爲潮沙所湮。其南接於運河。江防攷：「黄田港切近縣治，最爲要害，宋置營軍戍守。

縣西南十里曰蔡涇，西接夏港，東通黄田。有蔡涇閘。又東絶運河而接於横河。」明天順間武進奔牛、吕城壩閘頽壞，運道淺淤，議改從孟瀆、蔡涇出江，漕舟多遭覆溺，乃復治故道。

**夏港**，縣西十里。北通大江，東南行出蔡涇閘，與黄田閘合流入運河。其支流爲崇溝河，在縣西南十五里。名北山塘，南合武進縣之三山港。江防攷：「縣境通潮諸港，黄田、夏港最爲津要，宋置夏港寨。自港口而西九十里，即武進之孟河口也。明初置利港巡司於利港東，天順初移於夏港口，仍曰利港巡司。」志云：司在今縣西二十里。○新溝港，在縣西二十里。亦自大江而南，合武進之三山港。正德七年重浚。

**石頭港**，縣東三十里。北通大江，南入横河。有石頭港巡司。宋淳熙中知常州章冲言：「州東北澡港、〔三〕利港、黄田港、夏港、五斗港、江陰東之趙港、白沙港、石頭港、陳港、蔡港、范港、令節港，皆古人開導，以爲灌溉之利，今所在湮塞，宜隨宜濬導。」志云：白沙港在縣東十里，雷溝港在縣東三十五里，又東二里曰陳港，又東十一里曰蔡港，俱北達大江，南達横河，宋濱江置戍處也。○石牌港，在縣東二十里，亦自大江通横河。志云：縣東十八里有真山，一名甑山，有大石横亘江流中，因名石筏山，又曰筏梁山，亦名石牌山，港因以名也。宋置石牌巡司，元因之。明初張士誠遣兵襲江陰，明師敗之於石牌港，即此。

**楊舍鎮**，縣東五十五里。舊有楊家港。宋乾道六年命兩浙運副劉敏士等於楊家港東開河置牐，通行鹽船，仍撥官兵守衛，并不時挑濬。自是商旅聚集，謂之楊舍鎮，爲沿江衝要。嘉靖中以倭亂置堡設營，以參將領之，與常熟之福山、通州之狼山相爲應援。江中有褚家沙，北與狼山密邇，亦分兵戍守。自是而東，江流浩瀚，直接大海，捍禦爲難;西上則至孟河一帶,江面頗狹,又多陰沙,大艐難於轉舒,故防衛以楊舍爲切。

青暘鎮,縣南四十里,運河所經。又南四里曰四河口,自運河分支,東通常熟,西達武進,其南北即運河經流。舊志:縣濱江爲險,而青暘實腹裏之衝要。○長涇鎮,在縣東七十里。居民稠密,與無錫縣分界。繇此出常熟亦爲通道。

六射垛寨。縣北四里。相傳爲秦始皇射垛,宋置寨於此以控扼江濱。縣西十八里有弩臺,蓋亦昔時守禦處。又有小石山寨,在小石山下,亦宋置。○石橋寨,在縣東四十里。十國紀年:「宋伐南唐,吴越亦取其江陰寧遠軍、〔三〕石橋寨。」其地有石橋,今爲石橋市。志云:石橋東有故寧遠寨,又縣東南四十里有安邊寨,俱南唐所置。今廢。明教寺即故安邊寨也。

靖江縣,府東北百十里。東至海口六十里,北至揚州府泰興縣界二十五里,東北至泰州如皋縣界三十里。本江陰縣之馬馱沙,元末張士誠將朱定、徐泰常據此築土城,周七里有奇,尋爲明師所克。明初仍屬江陰縣,成化七年置今縣。十三年因故城修築,正德初復增修完固。今編户五十七里。

孤山,縣東北二十五里。舊在大江中,去岸五六里。距山百步有石矴,亦在水中,與江陰浮山相對。成化八年潮沙壅積,轉而成田,今山在平陸矣。

大江,在縣東南。志云:縣本江中一洲,曰馬馱沙,中分爲二,曰馬馱東沙、馬馱西沙,江環四面。自縣西至孟瀆百餘里,又西至金陵四百里,大江滔滔而下,至此分爲二以入海,縣居江海之交,中流屹立,實京口、金陵之鎖鑰也。

天啓以來，潮沙壅積，縣北大江竟爲平陸，因開界河，與泰興緣河爲境。江防攷：縣横亘江津，東枕孤山，西引黄山，地方二百餘里，汊港浩繁，若結水砦屯重兵，與江陰、泰興相犄角，使窺伺者不敢軼出其間，亦綢繆未雨之策。

展蘇港，縣西二里。又縣西十五里有南新港，有新港巡司。志云：元初設馬馱沙巡司，明初改建於馬馱西沙，後爲潮汐衝坍，永樂四年移於新港云。又有大新港，在縣西南十五里。○瀾港，在縣西，通城河。又縣西北十里有楊鐵港，又西北三四里有范家、徐家等港，縣西北五里曰蔡家港。明初張士誠遣兵援泰州，舟師次范、蔡港，疑即此二港云。今堙。

孤山港，縣東北十二里。以近孤山而名。又縣西南十二里有焦山港，其西里許曰楊機港，又西南二里曰西楊機港。舊志：縣濱江諸港凡六十有四，今西北一帶多爲潮沙所堙，而東南一帶亦决塞不時云。○蟛蜞港，在縣東十五里。正德二年議建東沙巡司於此。

開沙村，在縣東南十五里，有開沙港。又縣東有麵條沙，縣西有西官沙，西南有新沙，稍西曰小沙，其在境内者又有青草、朱家、段頭等沙，皆以漸壅積，民田其間，聚爲村落。

于塘村。在縣西北三十里。舊爲晉陵縣地，元置于塘巡司。明初以司在江北新河口，因改屬泰興縣。今爲兩縣接境處。

鎮江府，東南至常州府百八十里，西南至寧國府四百五十里，西至應天府二百里，北渡江至揚州府五十里，自府治至應天府見上，至京師二千三百里。

禹貢揚州之域，春秋時吴地，後屬越，戰國屬楚。秦爲會稽郡地，漢因之。後漢屬吴郡，三國吴曰京口鎮。漢建安十三年，孫權自吴徙治丹徒，號曰京城。十六年遷建業，復於此置京督，爲重鎮。南齊志：「吴置幽州牧，屯兵於此。」爾雅曰「丘絶高曰京」，蓋丹徒城憑山臨江，故有京口之名。晉初屬毘陵郡，永嘉五年爲晉陵郡治，詳見常州府。繼又僑置徐、兖二州，謂之北府。按晉志：「郗鑒爲徐、兖二州刺史，成帝時蘇峻平後，自廣陵還鎮京口。又穆帝永和中自海虞移東海郡出居京口。」蓋是時二州移鎮無常，而徐州留局恒置於京口也。又六朝都建康，每謂姑孰爲南州，歷陽爲西府，而京口則謂之北府。宋爲南徐州治。宋永初二年加徐州曰南徐州，元嘉八年分江北爲南兖州，而南徐州獨治京口，〔四〕並置南東海郡。齊、梁因之，隋志：「南東海郡，梁改爲蘭陵郡，陳復曰東海。」以至於陳，京口常爲重鎮。隋平陳，州郡俱廢，爲延陵縣。開皇十五年置潤州，以州東潤浦爲名。大業初州廢，屬江都郡。唐武德三年復曰潤州，天寶初曰丹陽郡，乾元初復故，志云：時置丹陽軍於此。建中初置鎮海節度於此。南唐亦爲重鎮。唐乾寧中錢鏐移鎮海節度於杭州，而潤州爲淮南所有。既而淮南復置鎮海軍於此，領潤、昇、常、宣、歙、池六州。南唐亦爲鎮海軍治。宋仍曰潤州，開寶八年改軍名曰鎮江，政和三年升鎮江府。以徽宗潛邸也。元曰鎮江路。明初曰江淮府，尋曰鎮江府，直隸京師。領縣三。今仍曰鎮江府。

府内控江湖，北拒淮、泗，山川形勝，自昔用武處也。杜佑曰：「京口因山爲壘，緣江爲境，建業之有京口，猶洛陽之有孟津。」自孫吳以來，東南有事，必以京口爲襟要，京口之防或疏，建業之危立至。六朝時以京口爲臺城門户，孔坦以郗鑒自京口援京城，曰：「本不須召郗公，使東門無限。」王僧辯謂陳霸先曰：「委公北門。」是也。鎖鑰不可不重也。晉咸和初，郗鑒鎮徐州，蘇峻之亂，鑒據要害立營壘，以遏賊東下之鋒，賊勢遂阻。元興末，桓玄作亂，劉裕舉兵京口，晉室復定。及裕代晉，以京口要地，去建康密邇，非宗室近親，不使居之，蓋肘腋攸關。隋之亡陳，京口實爲兵鋒也。唐之中葉，以鎮海爲重鎮，浙西安危，係於潤州。宋南渡以後，常駐重軍於此，以控江口。樂史宋人，撰坐知天下記及太平寰宇記。曰：「京口西距漢沔，東連海嶠，爲三吳襟帶之邦，百越舟車之會。」劉寧止曰：「京口控扼大江，是爲浙西門户。」陳亮曰：「京口連岡三面，大江橫陳於前，江旁極目千里，勢如虎之出穴。昔人謂京口酒可飲，兵可用，而北府之兵，爲天下雄，蓋地勢然也。采石之與京口，股肱建業，實有據險臨前之勢，而非止於靳靳自守者。」說者曰：京口憑江爲險，然而陵谷之變，今昔不同。曹丕見江流汹湧，以爲天限南北。陳孔範亦曰：「長江天塹，寇豈能飛渡？」蓋以江流爲可恃也。然攷晉建興末，祖逖自京口渡江，中流擊楫矣。義熙六年，劉裕滅南燕，會盧循襲建康，裕卷甲南還，自廣陵濟江出京口。梁承聖二年，陳霸先自丹徒濟江，圍齊廣陵。隋開皇九年，賀若弼自廣陵濟江，拔京口。唐武德三年，李子通亦自廣陵濟江，取京口，以蹙沈法興。自是以後，南北渡者皆以京口爲通津。昔人謂采石渡江，江面比瓜洲爲狹，故谿采石濟者常居十之七。夫自唐以來，沙洲日積，江面南北相距僅七八里，唐初江面闊四十里。其後沙漲爲瓜洲，開元中江面闊二十五里。宋時洲渚益廣，紹興中江面猶闊十八里。明嘉靖以來，江面僅闊七八里，又有談家洲橫列其中，南北渡口晴明時一葦可航也。故昔日之采石比京口爲重，而今日之京口比采石爲切，消息之理也。江防攷「京口西接石頭，東至大海，北距廣陵，而金、焦障其中流，實天設之險。谿京口抵石頭凡二百里，高岡逼岸，宛如長城，未易登犯。谿京口而東至孟瀆七十餘里，或高峰橫亘，或江泥沙淖，或洲渚錯列，所謂二十八港者皆淺澀短狹，難以通行。故江岸之防惟在京口，而江中置防則圌山爲最要」云。

丹徒縣，附郭。本吴之朱方邑，漢置丹徒縣，屬會稽郡。後漢屬吴郡。三國吴嘉禾三年改曰武進縣。晉太康二年復曰丹徒，爲毗陵郡治，尋還治毗陵縣。永嘉末又爲晉陵郡治，義熙中復還晉陵縣，以丹徒屬南東海郡，亦爲南徐州治。宋、齊、梁、陳皆因之。隋廢州及郡，并廢縣入延陵縣。尋又移延陵縣於此，爲潤州治。大業初州復廢。唐武德三年移延陵縣還故治，仍置丹徒縣，潤州治焉。今編户二百七十里。

京城，今府治。春秋之朱方也。左傳襄二十八年：「齊慶封奔吴，吴句餘與之朱方。」昭四年：「楚靈王使屈申圍朱方，克之。」後名谷陽。秦曰丹徒，相傳望氣者云，其地有天子氣，始皇使赭衣徒三千鑿京峴以敗其勢，因名也。漢爲丹徒縣治。景帝三年吴王濞棄其軍，而與壯士數千亡走，保於江南丹徒。後漢建安十三年，孫權徙鎮於此，築京城，周三百六十步，於南面、西面各開一門，因京峴山爲名，號曰京鎮。尋移秣陵，使孫何鎮焉。晉太興初，以晉陵郡及丹徒縣並治京口是也。志云：城因山爲壘，俯臨江津，故曰京口。梁大同十年幸京口城。隋開皇九年分道伐陳，賀若弼自廣陵出京口，尋置延陵鎮。唐復曰丹徒。城邑攷：「郡有子城，周六百三十步，即三國吳所築，內外皆甃以甓，號鐵甕城。晉郗鑒、王恭鎮此，皆更爲營繕。南唐末刺史林仁肇復修之。又有東、西夾城，共長十二里有奇，相傳唐太和中觀察使王播所築，又甃隍環其外。乾符中周寶爲潤帥，更築羅城，周二十餘里。其東門曰青陽門。光啓三年鎮海軍亂，寶自青陽門出走常州是也。其西門曰登雲，南門曰通吳，又東南曰朱方，而南水門曰利涉。宋、元因之。明初耿再成因故址修築，有門四，東朝陽，南虎踞，西金銀，北定波，又爲南北二水關，城周二十六里有奇。」

北固山，在城北一里府治後。下臨長江。自晉以來郡治皆據其上。三面臨水，迴嶺斗絕，勢最險固，因名。蓋郡之主山也。蔡謨起樓其上以貯軍實。謝安復營葺之。宋元嘉二十七年，魏主燾軍瓜步，聲言渡江，詔分軍備禦於北固、蒜山、西津、諫壁、焦山，皆置軍以防突犯。梁書蕭正義傳：「京城西有別嶺入江，高數十丈，號曰北固，蔡謨起樓其上。」大同十年武帝登望久之，曰：「此嶺下足須固守，然於京口實乃壯觀。」于是改樓曰北顧樓。太清初朱异曰：「陛下昔登北顧亭以望，謂江右有反氣，骨肉爲戎首，即此時也。」及侯景之亂，其言果驗。唐上元初劉展作亂，據廣陵，江淮都統李峘屯京口，闕北固爲兵場，插木以塞江口，尋爲展所敗。今有甘露寺據山上，三國吳甘露中所建也。

京峴山，城東五里。一名丹徒峴，相傳即秦時所鑿以泄王氣處，京口、京鎮皆因以名。梁典：「武帝望京峴盤紆似龍，因掘二湖於山下，曰龍目湖。」今湮。唐建中末，鎮海節度韓滉以汴、洛多故，修塢壁，起建業抵京峴，樓堞相屬是也。或謂之荆峴。又云此爲京山，今府西南五里爲峴山云。○黄鶴山，在府西南三里。一名黄鵠山，俗名鴻鶴山。宋戴顒嘗隱此，一名戴公山。

銀山，在城西二里江口。舊名土山，以山形壁立，俗名豎土山。宋避英宗諱曰植土山。唐劉禹錫詩「土山京口峻」，謂此。元皇慶二年勅鎮江路建銀山寺，以與金山對峙而名。其别阜曰玉山，臨江聳立，上有龍王廟。宋建炎四年韓世忠屯焦山，以邀兀术歸路。兀术遣人約日會戰，世忠謂諸將曰：「是間形勢無如金山，對岸龍王廟者，寇必登此觀我虚實。」乃遣兵伏廟中及岸側，遣人乘舟望之，戒曰：「聞江中鼓聲而發。」賊果至，擒其兩騎。俗本作「金山龍王廟」，悮也。

蒜山，府西三里江岸上。山多澤蒜，因名。或云吴周瑜與諸葛武侯謀拒曹操於此，因曰算山。晉隆安五年，孫恩浮海奄至丹徒，樓船千艘，鼓譟登蒜山，劉裕率衆奔擊，大破之，恩狼狽還船。唐上元二年，田神功擊劉展於京口，遣别將先自白沙濟江趨下蜀，神功自將軍瓜洲，將濟江，展將步騎萬餘陳蒜山以拒之，爲下蜀之師所敗。南唐徐知誥嘗遊蒜山，除地爲廣場，大會僚屬。其下爲漕渠所經，宋慶曆中疏蒜山漕渠達江。舊志云：山寬廣可容萬人，宋、元間淪入於江，今西津渡口水中孤峰是也。白沙見儀真縣，下蜀見句容縣。

金山，府西北七里大江中。風濤環遶，勢欲飛動，一名浮玉山。一名氐父山，又名獲苻山，相傳晉破苻堅，獻俘山下，因名。亦名伏牛山，唐志「貢伏牛山銅器」，謂此。亦名頭陀巖，志云：唐裴頭陀掛錫於此，於水際獲金數鎰，故又名金山。或曰梁天監四年於金山修水陸會，則金山蓋古名也。唐上元中田神功自瓜洲渡江擊劉展，舟至金山，大風不得渡，還軍瓜洲。建中四年，時朱泚作亂，南方藩鎮皆據境自强，揚州帥陳少游以甲士臨江大閱，鎮海帥韓滉亦發舟師耀武於京江以應之，又臨金山與少游會。宋建炎中韓世忠邀兀术於鎮江，相持於黄天蕩。世忠以海艦進泊金山下，命工鍜鐵相連爲長綆，貫以大鈎，以授士之驍捷者，敵舟至則分爲兩道，出其背，每縋一綆，則曳一敵舟沉之，寇大窘。紹興中，金亮入寇至瓜洲，虞允文馳詣京口會諸將楊存中等，臨江按試水軍，命戰士踏車船中流上下，三周金山，回轉如飛，敵相顧駭愕。郡志：金山，宋大中祥符五年改曰龍游山，天禧中復故。其頂曰金鼇峰、妙高峰，有浮圖冠其上，汪藻所云「攬數州之秀於俛仰之間」者也。其巖洞泉石，類多名勝。里道記：「金山北岸爲瓜洲渡，南岸直西津渡口，俗所謂西馬頭也。其西去儀真縣高資港不過四十餘里，實爲中流之險。」

**焦山**，府東北九里江中。與金山並峙，相去十五里，以後漢處士焦光隱此而名。或名譙山，亦曰浮玉山。劉宋元嘉中以魏人臨江，嘗分兵戍此。唐時有譙山戍，蓋焦與譙通稱也。宋建炎中韓世忠以八千人屯焦山，以邀兀术渡江北歸之道。德祐初張世傑與劉師勇等帥舟師次焦山，碇江中流，元阿术登石公山望之，曰：「可燒而走也。」遂前戰，世傑敗走圌山。今山巔盤礡處曰焦僊嶺，其旁巖洞參差，奇勝不一。山之餘峰東出，有二島對峙江流中，曰海門山，亦名海門關，又謂之雙峰山也。里道記「焦山南岸曰東馬頭，以山爲扞蔽。金、焦、北固世稱爲京口三山」云。

○石公山，在府東北八里。瀕江，與焦山對峙，元阿术登此以望宋軍處也。

長山，府南二十五里。上有靈泉，其流與練湖通，溉田甚多。又五州山，在府西三十里。相傳登山絕頂，望見五州。又西二十里曰曹山，建文末燕王渡江，嘗駐於此。○高驪山，在府西南七十里，隋志以爲境内之名山也。亦曰句驪山。

圌山，府東北六十里，濱大江。宋置圌山寨於此。建炎三年，金人治舟師欲繇海道窺浙，遣韓世忠控守圌山、福山一帶。德祐初張世傑敗績於焦山，退泊圌山。明嘉靖三年，圌山賊袁效等作亂，官軍討平之。江防攷：「圌山屹立江濱，江中有順江、匾檐諸沙，動亘數里，爲之外護，舟行其間，僅通一路，矢石可及。況當江流，自東而西而北，轉屈之間，層峰峭壁，俯瞰湍波，若屯設重兵水陸協守，賊必不敢越此而西也。江北岸適與周家橋相對，實京口之咽喉，留都之門户。嘉靖三十二年，以倭寇充斥，議設圌山營把總一員。上自府西高資鎮，下至安港，百五十里，皆其汛地。山西里許曰大港口，萬曆四年建把總公署於此，爲控扼要地。」

大江，府西北二里。即揚子江也，亦曰京江。自揚州府儀真縣高資港，至常州府孟瀆口，凡二百五十餘里，北岸與揚州府對境。魏曹丕出廣陵，臨大江，歎爲天限南北；晉祖逖中流擊楫，誓清中原；皆此處也。雜説云：「晉末盧循之亂，劉裕自廣陵濟江至京口，時風濤大作，裕舟移而風止」。梁侯景之亂，邵陵王綸自鍾離還軍，濟江趨京口，中流風起，人馬溺者什一二，識者以爲成敗之徵也。今城西北三里曰西津渡，爲南北對渡口，古謂之西渚。劉宋元徽四年，建平王景素舉兵京口，朝命分遣張保將水軍討之。保泊西渚，爲景素左右所敗。唐時亦曰蒜山渡。宋置西津寨於此，俗謂之西馬頭，即江口也。亦曰京口港。類集云：「江至金山分爲三瀘。瀘一作『零』，又作『泠』。」

陸游曰：「金山西南面水中有三石山，奇峭險拔，曰石排山，亦曰石牌。山之北曰北澀江，爲中流最深處。」元段廷珪云：「江行到金山急流處謂之擸簰，或云金山盤渦旋激，號爲大簰，其險最甚。」簰與排通，蓋皆以石排山名也。沿江一帶汊港支分，沙洲錯列，而金、焦以至圌山，皆戰守所資矣。今詳大川及川瀆異同。

漕河，在城西二里。自江口至城南水門凡九里，又南經丹陽縣至呂城堰百二十四里。相傳秦鑿京峴東南以洩王氣，即漕渠之始。或曰司馬遷言「禹之治水，於吴則通渠三江、五湖」，則漕渠之來久矣。六朝都建康，凡三吴船避京江之險，自雲陽西城鑿運瀆徑至都下，而故渠如故。齊書志：「丹徒水道内通吴會。」是也。隋平陳，廢雲陽二渠。大業六年勅穿江南河，自京口至餘杭八百餘里，廣十餘丈，擬通龍舟以備東游，即丹徒漕渠矣。唐永泰二年轉運使劉晏奏引練湖水灌漕河。宋天聖以後屢經疏濬。元符二年修造京口澳、牐，以利運。政和六年勅：「鎮江府旁臨大江，舟楫往來無港澳容泊，故覆溺甚衆，其西有舊河堙廢，可及時濬治。」自乾道至嘉定復屢濬江口至城南一帶。元至元、大德及泰定間亦數經濬治。明天順中復疏而廣之，每遇淺涸，輒以時開淘。南徐志：「京口舊名須口，舊有五閘，曰京口，曰腰閘，曰下、中、上三閘，皆通接潮汛，樽節啓閉，以通漕舟。」其後渠漸淺狹，閘亦廢壞，宋、元以來，數議修復。今爲京口閘，當漕渠之口，距江一里。唐時改閘爲堰，宋復易堰爲閘，其後屢廢屢置，每潮長則開以通舟，潮落則閉以蓄水。閘外江灘横直各二十丈，可以藏舟，東南百萬粟，每歲取途於此。漕渠攷：「漕河自丹陽新豐塘而西入丹徒界，又西北五十里爲京口閘。」○夾岡河，即漕渠之別名也。在丹徒南者曰小夾岡河，在丹徒北者曰大夾岡河，蓋以道出山脊間而名。宋治平中修夾岡河道，乾道六年復自丹陽浚至夾岡。又海鮮河，在城西北。

北通京江，東南接漕渠，宋嘉定八年郡守史彌堅所開。今廢。

安港，府東北八十里。通大江，有巡司戍守。江防攷：「自安港而東北百里爲丹陽之包港，皆防守處也。」又甘露港，在北固山下。宋嘉定中，郡守史彌堅導流而西南入歸水澳以濟漕渠，於港口置上下二閘，又於上閘之西因陂澤故址爲秋月潭，下閘之東則浚爲北固浦，以便舟航艤泊。明初敗張士誠將戴院判，擒之，還駐於秋月潭是也。宋會要：「漕渠東有積水澳，北有歸水澳，元符中漕使曾孝蘊築以濟漕，乾道中廢。彌堅爲守，復濬歸水澳東北接甘露港，又西入於漕渠。」志云：甘露港北通大江，南通上河是也。又有新港，在京口、甘露二港間。永樂十年浚京口新港及甘露港，弘治中復濬新港及甘露港，尋廢。○丁卯港，在府南三里。晉元帝子裒鎮廣陵，運船出京口，水涸，奏請立埭，以丁卯日制可，因名。上有丁卯橋，運道所經也。

新豐湖，府東南三十五里。亦曰新豐塘。元和志：「晉大興四年晉陵内史張闓所立，爲灌溉之利。」晉書：「闓立曲阿新豐塘，溉田八百餘頃，每歲豐稔。」是也。

潤浦，城東一里。亦曰東浦，北通大江，隋以此名州。又茅浦，在府東。隋大業中郡盜劉元進攻潤州，詔吐萬緒擊之。緒至揚子津，元進自茅浦將渡江，爲緒所敗，遂濟江擊元進，元進解圍東走。○下鼻浦，在府西十八里，北入江。輿地志：「吴置刺姦屯，晉郗鑒嘗築兩壘於浦西。又南七里曰樂亭浦，吴志以爲簿落也，王濬緣江圖謂之瀆浦。亭北江中有貴洲，魏主丕臨江試舟師，曾漂至此。」隋開皇十年江南亂，郭衍屯京口，敗賊於貴洲南是也。

談家洲，府西北六里江中。近時新積沙洲也，横列大江，爲京口扼束之地。江行記：「大江東下，金山扼其中流，江水兩分，自山而東，中流稍緩，沙土漸積，遂成此洲。」

徐陵亭，在府西。南徐記：「京口先爲徐陵鎮，其地蓋丹徒縣西鄉京口里也。」通釋：「徐陵、丹徒、京城，其實一也。」吴黄武元年吕範敗於洞浦，魏臧霸以輕船襲徐陵，全琮、徐盛擊却之。劉氏曰：「徐陵本亭名，華覈封徐陵亭侯是也。吴以其臨江津，因置徐陵督守之。蕭齊建元初以魏人入寇，沿江置戍，分置一軍於徐浦，即徐陵矣。」洞浦，今見和州。○回賓亭，在府治東。梁大同十年幸京口，宴鄉里故老於此。

甘露鎮，在城東北。以近北固山甘露寺而名。胡三省曰：「潤州城東角土山上有甘露寺，前對北固山，後枕大江。唐寶曆中李德裕建寺，適有甘露降，因名。」大順中孫儒寇陷潤州，置甘露鎮將，蓋因此寺而名。丹徒志：「北固山之支麓稍轉而南，巋然隆起，謂之土山。三國吴本置寺於此。李德裕觀察浙西，施州宅後地增拓之。乾符中寺燬，未幾復建。宋祥符中始移於北固山上，胡氏攷之未詳也。」

丹徒鎮，府東十五里。運道所經，商旅輻輳。有東西二港，皆通大江達運河，亦曰丹徒港。舊有閘，蓄洩江水以濟運。自港口至焦山十五里。其東北有藤料沙，明初置丹徒巡司於鎮東港口，又置姜家嘴巡司於藤料沙。自鎮而西至高資港巡司七十里，東至安港巡司亦七十餘里，爲江防要地。或曰鎮即故丹徒縣。括地志：「故丹徒在今縣東南十八里。」南徐記：「秦鑿丹徒峴之東南，在故縣西北六里。」似漢、晉時丹徒縣蓋治此也，今土人猶謂之丹徒舊縣。○大港鎮，在府東五十里。以通大港口而名，與圌山鄰近。志云：鎮西有大港渡，渡江而北爲揚州之苑林村。

新豐鎮，府東南四十五里，與新豐塘相近。胡氏曰：「晉陵地界有新豐陵，南朝山陵也。」唐至德二載淮南諸將討永王璘於丹陽，軍於瓜步，揚子別將趙侃等濟江至新豐，大敗璘軍。輿程記：「自丹陽縣西五里馬林塘至新豐三十里，又西北三十里至丹徒鎮，爲運道所經。」○諫壁鎮，在府東四十里，近大江。其地有雩山，劉宋武帝裕之父興寧陵在焉。鎮北爲諫壁港，通大江。諫亦曰「澗」。宋開寶中南唐臣盧肇言：「京口至澗壁俱係衝要，宜立屯柵，廣備禦。」是也。

**高資鎮**。府西五十里。有高資港，濱大江，與儀真縣相接。又西爲句容縣界，置巡司戍守。○丁角鎮，在府西南七十里。其相近者曰炭渚港，通大江，亦戍守處也。一云炭渚在府西四十里，濱江。○萬歲樓，志云：在府城上西南隅。晉隆安中王恭鎮南徐時所建。宋元徽四年，建平王景素舉兵京口，臺軍擊之，既薄城下，衆軍相率奔退，惟景素參軍左暄力戰於萬歲樓下，勢不能敵而散。宋時呼爲月臺，又謂之月觀，紹興中嘗更新之。今故址尚存。

**丹陽縣**，府東南六十里。東南至常州府百里，西至應天府句容縣九十里。本楚之雲陽邑，秦曰曲阿縣。漢因之，屬會稽郡，後漢屬吳郡。三國吳復曰雲陽縣，晉又改爲曲阿縣，屬毗陵郡。宋、齊屬晉陵郡，梁屬蘭陵郡，隋屬江都郡。唐武德三年置雲州，五年改簡州，八年州廢，縣屬潤州，天寶初改曰丹陽縣。今城周十里。編户一百六十里。

**曲阿城**，即今縣治。古曰雲陽，秦始皇以其地有天子氣，鑿北岡以敗其勢，截直道使阿曲，改曰曲阿縣。後漢興平元年，劉繇爲揚州刺史，治曲阿，爲孫策所敗，走丹徒。今縣治西南有故城址曰劉繇城，相傳繇所築也。吳嘉禾三年復改曰雲陽。赤烏八年吳主使校尉陳勳鑿句容中道山直至雲陽西城，通會市，作邸閣，蓋鑿茅山之麓以通道也。晉咸和三年，郗鑒築曲阿壘於城西，以拒蘇峻之兵。齊建武中會稽太守王敬則舉兵犯建康，前鋒奄至曲阿，詔左興盛等拒之，築壘於曲阿長岡，敬則急攻不能拔，衆潰。隋開皇九年伐陳，賀若弼拔京口，長驅趨建康，分兵斷曲阿之衝而入。蓋其地在武進、丹徒、句容三縣間，分兵斷之，則三吳之兵不能入救，建康且犄其後也。大業九年羣盜劉元進等攻丹徒，吐萬緒擊破之，進屯曲阿。唐天寶以後始謂之丹陽。城邑攷「縣城舊周三里，自元以來頹廢。嘉靖三十四年始築内城，周三里有奇。明年以倭寇焚掠城外，復築外城，接内城，跨漕河，延袤十餘里，於是合内外城爲一。四十一年復移運道於城外」云。

延陵城，縣南三十里。本曲阿縣之延陵鄉，晉太康二年分置延陵縣，屬毘陵郡。咸和四年蘇峻平，其故將張健帥舟師自延陵出間道，將入吳興，王允之等討敗之。宋仍爲延陵縣，屬晉陵郡。泰始二年會稽諸郡兵應晉安王子勛於尋陽，將至延陵，宋主遣巴陵王休若禦之。休若軍於延陵，築壘固守，東軍敗散。隋廢丹徒縣，移延陵治焉。唐武德三年復還故治，以縣屬茅州。七年州廢，縣屬蔣州。九年改屬潤州。唐熙寧五年省縣爲延陵鎮，〔五〕仍置延陵寨於此，屬丹陽縣。志云：鎮南有雲陽東西二城，相距七里，在運瀆南岸，蓋孫吳時所置。或以爲春秋時吳、楚分疆處。今丹陽、句容分界於此。

呂城，縣東南五十四里，與武進縣接界。相傳吳將呂蒙所築，城址尚存。宋開寶七年，吳越助宋攻江南圍常州，拔其呂城。及江南平，以運道所經，置堰閘於此，淳化中廢。元祐四年知潤州林希奏復呂城堰，置上下牐，以時啓閉。元符初知潤州王愈請復申啓閉之禁。又紹興二年呂頤浩受命都統諸軍，開府鎮江，行至常州，前軍將趙延壽叛於呂城鎮，犯金壇，頤浩懼，移疾不敢進。慶元五年命鎮江府守臣重修呂城兩牐畢，再造一新牐以固隄防。德祐初爲元兵所陷。既而劉師勇復常州，使别將張彦守吕城，尋又爲元兵所破，師勇復攻拔之。明初仍置吕城閘，設官守之，以時啓閉。弘治中閘廢，嘉靖初復置。然舊制漸弛，運河每患淺阻，尋奏復之，未久輒廢。志云：吕城鎮東出奔牛十八里，其地之特爲運途津要，亦常、潤間之屏蔽也。今有吕城驛，又置吕城巡司戍守於此。

經山，縣東北三十五里。一名金牛山。有金山洞，洞皆石壁，洞口僅容一人，其中甚廣。山北迫近江岸，賊舩此登犯，可以直薄縣城。宋置經山寨於此，爲防遏之所。又繡綵山，在縣東北三十六里。三山相連如繡綵，上有白鶴泉。志云：經山東北五里曰陳山，經山之東七里曰沈山，皆岡巒相接。自此益引而東北，數十里間，陵阜綿延，錯列江濱，宛如屏障。

九靈山，縣東北四十里。九峰相連，下有桃花澗。又東五里曰嘉山，中有龍湫。○隨駕山，在縣東北五十里。相傳秦始皇嘗過此。今縣北十五里有秦馳道，亦以始皇名也。又獨山，在縣東五十五里。其相近有固山，又東即武進縣界。

夾岡，縣北二十五里。亦曰大夾岡，下臨運河，故運河亦曰夾岡河也。又北岡，在縣北十八里練湖上。相傳秦鑿雲陽北岡，即此。志云：縣自西而北而東，其以岡名者凡數十計，昔人謂天設長堤，擁衛江流者也。

陵口，在縣東三十二里。齊、梁諸陵多在金牛山旁。齊高帝葬泰安陵，在今縣北二十五里，武帝葬景安陵，在縣東三十一里；明帝葬興安陵，在縣東十四里；又明帝父道生葬修安陵，正在金牛山下。梁武帝父蕭順之葬建陵，在縣東北二十五里；武帝葬修陵，在縣東二十一里；簡文帝葬莊陵，在縣東二十七里。陸游曰：「今自常州西北至吕城，又西北過陵口，見大石獸偃仆道旁，已殘缺，蓋南朝陵墓也。」齊明帝末王敬則反，自會稽西上至武進陵口，慟哭而過，蓋過齊武帝陵也。亦謂之武進陵口，蓋蕭氏武進東陵里人也。○吴陵，在縣西十五里。志云：孫堅葬此，亦曰高陵。又縣西十里有白鶴山，志以爲孫鍾葬於此。鍾，堅父也。山前有岡，曰支子岡。

大江，縣北五十里。自丹徒縣流入界，又東入武進縣界。志云：濱江諸港凡數處，而最名者曰包港，北通大江，南達嘉山。宋置包港寨於港口，今爲包港巡司。又東十里即孟瀆河口也。○馬嘶港，在縣東北六十里，通大江。志云：洪武二十七年信國公湯和敗羣賊於此。歲久淤塞，隆慶二年開濬，引江水溉田，大爲民利。

練湖，在縣城北。一名練塘。輿地志：「晉陳敏據有江東，遏馬林溪以溉雲陽，號曲阿後湖。」南徐記：「湖周百二十里，納丹徒長山、高驪諸山之水，凡七十一流，匯而爲湖。」唐時近湖民築堤，横截十四里，開瀆口洩水，取湖下地作田，遂分上下二湖。永泰二年州刺史韋損，狀請重開下湖，謂：「練湖未被隔斷以前，每春夏雨水漲滿，側近百姓得引溉田苗；官河乾淺，又得湖水灌注，官私往來，至爲便利；若霖雨泛溢，即開瀆洩水入江。自堤築以來，湖中地窄，無處貯水，横堤壅礙，不得北流；秋夏雨多即向南奔注，丹陽、延陵、金壇等縣良田八九千頃，常被渰没；稍遇亢陽，近湖田苗無水灌溉。所利一百一十五頃田，損三縣百姓之地。望依舊漲水爲湖，官河既得通流，邑人免憂旱潦。」報可。李華曰：「練湖幅員四十里，韋損增理故塘，繚而合之，廣湖爲八十里。」亦名丹陽湖。大歷初劉晏爲轉運使，分官吏主丹陽湖，禁民引溉，河漕不涸。南唐昇元中亦浚治之，復作斗門以通灌溉。宋紹聖中重濬，又易置斗門以便瀦泄。大觀四年臣僚言：「有司以練湖賜茅山道觀，緣潤州田多高卬，及運渠夾岡水淺，賴湖以濟，請别用天荒、江漲沙田賜之，仍令有司照舊修築。」宣和五年臣僚復言：「練湖與晉陵新豐塘地相接，廣八百餘頃，溉四縣民田，以一寸益漕渠一尺。今堤岸損缺，乞以時修築。」從之。紹興七年轉運向子諲言：「練湖堤岸廢壞，不能瀦蓄，舟楫不通，公私甚病，一遇霖潦，則洊及凡陽、金壇、延陵一帶良田。今增置二斗門石閘及修補隄防，盡復舊迹，庶爲永利。」乾道七年臣僚又言：「練湖向來修築甚嚴，瀦水濟運，爲利甚溥。兵變以後，堤岸圮缺，奸民侵占，遂致淤澱。望及時濬治，修固隄防，使民田，漕渠均被其利。」因命漕臣沈度修築南北斗門，且嚴盜決侵耕之禁。淳熙中增置斗門閘函，以便蓄洩。淳祐二年郡守何元壽復修湖閘，闢淤而深。其後上湖又爲民所侵，景定中修築岸埂以限之。元初豪民於湖面高處復圍裏爲田，至元三十一年復濬爲湖。大德九年又嘗開治。至治三年鎮江路總管毛莊言：「本路漕渠，每遇淺澀，全藉練湖之水隨宜通放，以資灌溉，所謂湖水放一寸，河水增一尺也。近年以來，練湖、漕渠俱成淤塞，每有轉輸，必勞民力。相視漕渠自江口至吕城百三十一里切宜修濬，而練湖淤塞處亦切須開挑，湖水不致乾淺，運河得以接濟矣。」泰定初濬漕渠、蹊江口程公壩抵浦河口百二十里，又濬湖，築堤，治斗門及石礎、石函以蓄洩啓閉，練湖復治。明建文末重修埂閘，正統中又修堤植柳及修東埂斗門，景泰中復修築，成化中又築湖堤及修斗門、函管，弘治中復修築。萬曆十三年知府吴撝謙建議：「練湖上受長山八十四汊之水，下通運河，周四十餘里，分上下二湖，界以中埂，見有石閘三座，蓋引上湖之水以漸達之下湖；更有石閘三座，石礎一座，則引下湖之水以漸達之運河；又有函洞一十二處，則引上、下湖之水以達之田間。函洞以時啓閉，則民間之旱澇無虞，閘座以時啓閉，則運河之蓄洩有備，宜立爲令式。委有司於春初修築湖堤，以防衝決。嚴禁勢豪侵占，并經理啓閉事宜，當事爲之，奏請允行。」其後亦屢經修濬。俗謂之曰開家湖。潘季馴曰：「練湖本無泉源，夏秋霪雨注匯成湖，一遇亢旱，漕乾湖亦乾矣。且湖水入漕，勢皆東趨，於漕渠似無益也。」贅論曰：自唐以來皆議引練湖濟運。宋、元時言治水者，又皆云練湖自長山合八十四流而爲辰溪，自辰溪瀦而爲湖，又別爲重湖，環湖爲堤四十里，此亦巨浸也。而潘氏乃云湖無泉源，又謂無益於漕。夫漕乾湖亦乾，豈非淤塞之故歟？湖入漕而東趨，此呂城、奔牛所以置閘之意歟？潘氏之說過矣。○萬頃洋，在縣南四十五里。舊志云：溉田甚溥。

運河，在城南。自常州府西至呂城鎮入縣界，又西經城東。嘉靖中作內城於漕河西岸，尋作外城跨漕河接內城，漕河遂夾城中而西北出。嘉靖末始鑿城西北引流達西門城濠，經南門合簡瀆，出東門橋復入運河，蓋引江湖襟帶城郭，且徙運道於城外，公私往返，無城門之阻，而城中可免意外之虞。謂之新開運河。萬曆十八年益浚外濠，自南迤西亘八里，使漕舟更不必經繇城內，且移雲陽驛於城西，爲牽輓之便，時以爲利。又西北經練湖閘、大夾岡達新豐鎮，而入丹徒縣界。志云：漕渠在丹徒界者四十五里，而在縣界者九十里。自京口閘至呂城勢若建瓴，宋人謂「運河經呂城、夾岡，形勢高卬」是也。昔時遇冬則閉閘蓄水以濟漕，不足則以湖水助之，凡啓閉後先皆有程限，嘉靖以後其制漸弛，今漕舟經縣界，每虞淺澀云。

九曲河，在縣北。南接漕渠，北達大江，委蛇七十餘里。亦謂之新河。河口有博望堰閘，昔時繇此通潮，利漕且利灌溉。後河日淺淤，堰閘亦廢。○珥瀆河，在縣東南七里。與漕渠相接，河口有七里橋，南流入金壇縣界。

破岡瀆，在縣西南。輿地志：「延陵縣西有東雲陽、西雲陽二瀆，相去七里，與句容縣接境。吴赤烏中所鑿。自延陵以至江寧上下各七埭。梁以太子綱諱忌之，廢破岡瀆，別開上容瀆，在句容縣東南五里。爲二流：一東南流三十里，分十六埭，俱在延陵界內；一西南流二十六里，分五埭，經句容縣皆會流入江寧之秦淮。陳復堙上容，修破岡瀆，至隋平陳並廢。」蓋六朝都建康，吴會轉輸，皆自雲陽逕至都下也。詳見句容縣。

簡瀆，縣南五里。志云：唐置簡州，以瀆名也。俗亦呼瀆河。明景泰六年嘗浚治，東北接漕河，南通延陵鎮。一名香草河。○丁義瀆，在縣南三十里。自金壇白鶴溪分派，導流而北，凡三十五里，溉田數千頃。後廢。宋紹熙中復濬治之，歲則大熟，至今賴之。又相瀆，在今縣南六十里。亦名直瀆。自白鶴溪北通武進奔牛閘。相傳宋相王存自臨安歸丹陽每繇徑道出此，因名。又縣東南五十四里有吕瀆港，萬曆間重濬，北引運河，南通白鶴溪，凡二十里。沿河民田資以灌溉，舟航徑達，貨物流通，爲一方利。

吴塘，縣東七十里。周四十里，半入金壇縣界。志云：梁吴游所造。縣南五里又有浦里塘，相傳即三國吴永安中吴郡都尉嚴密所作浦里塘也，似悮。○白鶴溪，在縣東南五十五里。志云：出縣南古荆城，貫金壇縣北入毘陵境。一名荆溪。又辰溪，在縣西北。志云：丹徒境內高驪、長山諸水引流爲蜃溪，宋避孝宗嫌名改曰辰溪，匯八十四汊之水而爲練湖，其餘流南入金壇境。又馬林溪，亦在縣西北。志云：在丹徒縣南三十里，即辰溪支流也。今有馬林橋跨辰溪上，長山八十四派之水皆繇此入於練湖。

長岡埭，在縣西南，即破岡瀆中七埭之一也。齊明帝末王敬則自會稽舉兵西上，過武進陵口，曲阿令丘仲孚謂吏民曰：「賊乘勝雖鋭，而烏合易離。今若收船艦，鑿長岡埭瀉瀆水以阻其路，得留數日，臺軍必至，如此則大事濟矣。」

敬則至，瀆水涸，果頓兵不得進。齊主遣左興盛等築壘於曲阿長岡以拒之，敬則旋敗死。胡氏曰：「曲阿縣界有上、下夾岡，埭亦謂之上金斗門。」漕渠志：「自縣而西北有大、小夾岡，皆鑿山通道，雨過則泥沙壅塞，蓋即古之長岡埭。」夫敬則將自曲阿徑走建康，豈自曲阿走丹徒乎？邑志：曲阿、長岡二壘，在今縣北二十里石潭村。蓋皆悮以夾岡爲長岡也。

白土鎮，縣西南五十里。又四十里至句容縣，陸道走金陵，此爲中頓。昔時兩縣分界於此，今屬句容境内。○珥村鎮，在縣南四十里珥瀆河西岸，南接金壇縣界。又有丁橋鎮，在縣南六十里。埤城鎮在縣東北五十里，接武進縣界。

庱亭。縣東四十七里，即晉郗鑒築壘處。寰宇記：「鑒築大業、曲阿、庱亭三壘於此。」悮也。元時嘗置庱亭埭，尋廢。今其地與武進縣接界，詳見武進縣。○神亭，志云：在延陵舊縣西三十里。後漢建安中孫策進擊劉繇於曲阿，繇使太史慈獨與一騎覘視輕重，卒遇策於神亭，直前搏戰，即此處云。

金壇縣，府南百三十里。東至常州府百里，東北至丹陽縣九十里，西北至應天府句容縣百二十里。本曲阿縣之金山鄉，隋末鄉人保聚於此，置金山縣，隋亡沈法興改爲琅邪縣。唐武德二年李子通破走沈法興，於縣置茅州。八年平輔公祏，縣并入延陵。垂拱四年復析置金壇縣，屬潤州。今城周十里。編户一百三十六里。

茅山，縣西六十五里，與句容縣接界。山東及南屬縣境，北屬句容。有龍尾山自大茅峰蜿蜒而下，勢如龍尾。今詳見句容縣。

顧龍山，在縣南五里。前望白龍蕩，因名。一名烏龍山，俗呼上山。明初太祖東征，嘗駐驆於此。又大峄山，在縣南三十里長蕩湖中。其並峙者曰小峄山。山北屬縣境，其西南屬溧陽，東北屬宜興也。

長蕩湖，縣南三十里。與宜興、溧陽接界，即洮湖也。王康云：「洮湖舊有八十一浦口，受荆城、延陵、丁角、薛步四源之水。今所存惟二十有七，餘皆淤塞。」荆城近白鶴溪口，丁角近茅山東北麓，薛步在縣西五十里，當茅山東麓，蓋茅山諸溪澗多匯於長蕩湖矣。今詳大川洮湖。○高湖，在縣北十里。周百餘頃。北受五十瀆，南流十二里入大溪。

白龍蕩，縣南六里。舊名思湖。寬衍蓄水，以紓下田之潦。今爲居民築埂，擅菱藕之利。稍東曰錢資蕩，其西南二里曰南洲瀆，南十四里曰古速瀆，引流入長蕩湖。○天荒蕩，在縣西北。其上流受長山以南，茅山以東諸水，匯流爲蕩，俗有「十萬天荒九萬田」之語。居民築堤捍水，引流入於運河，謂之建昌圩。圩田近十萬畝，置閘以蓄洩之，爲民利甚溥。又滕湘蕩，在縣西。其旁有紫陽、西陽二渠，蕩介其間，廣五百餘頃，民引爲灌溉。

大溪，縣西二里。東南流入於長蕩湖。王氏樵云：「縣西有青蒲河，通崑崙河入長陽湖，即故大溪矣。」又唐王溪，在縣西南三十里，受茅山諸水；縣西三十五里又有直溪，受茅山、丁角諸水；俱東南流入大溪，注於長蕩湖。

白鶴溪，在縣北。上承金陵句曲之水，東流入常州界。漕渠考：「縣北有金壇河，溧陽、高淳之水繇此河出，至丹陽城東七里橋，其水可以濟運。」王氏曰：「運河自白鶴溪引流而東，縣北八里有高湖、下口瀆、天荒蕩諸水亦東流至此，會於運河，益引而東接武進縣之滆湖，而東北達於漕河，此縣境運河正流也。」

莞塘，縣東南三十里。志云：梁大同五年，南臺侍御史謝賀之壅水爲塘，種莞其中，因名。或曰即南、北謝塘也。唐會要：「縣有南北二塘，武德中潤州刺史謝元超因故塘復置，溉田千頃。」寰宇記：「南北二塘，梁普通中謝德威造，隋廢，唐謝元超重築。」又單塘，在縣東北二十里。志云：蕭齊時單旻所築。○萬束陂，在縣東三十里。祥符圖經：「陂宜稻，頃收萬束，因名。」又有蓮陂，在縣西八里。宋嘉定中廢。

珥村。縣北四十里，即丹陽縣之珥村鎮也。北通丹陽縣東南之七里橋，東達武進縣奔牛鎮，爲往來間道。○湖溪村，在縣南三十里，當長蕩湖口。明初置長蕩湖河泊所。又湖溪巡司亦置於此。

附見

鎮江衛。在府城内，洪武初建。

## 校勘記

〔一〕州界有南戚氏北戚氏五湖諸灣港　「五湖」，宋史卷九七河渠志作「直湖」。

〔二〕澡港　「澡」，宋史卷九七河渠志作「深」。又下文「范港」，宋史河渠志作「私港」，亦與此異。

〔三〕吴越亦取其江陰寧遠軍　「軍」，疑爲「寨」之誤。據十國春秋卷一一一，吴、南唐於江陰立江陰軍，則江陰軍下不當再有寧遠軍之設，本書下文即云「石橋東有故寧遠寨」，亦可印證。

〔四〕而南徐州獨治京口　「南徐州」，底本原作「南齊州」，今據職本、鄒本改。

〔五〕唐熙寧五年省縣爲延陵鎮　「熙寧」爲宋神宗年號，「唐」字誤，當作「宋」。宋志卷八八丹陽縣下云：「熙寧五年，省延陵縣爲鎮入焉。」是其證。

# 讀史方輿紀要卷二十六

## 南直八

廬州府，東至滁州二百六十里，東南至和州二百八十里，南至安慶府三百六十里，西南至湖廣黄州府八百十里，西至河南光州六百里，西北至鳳陽府壽州百七十里，東北至鳳陽府二百七十里，自府治至應天府五百十里，至京師二千六百里。

禹貢揚州之域，古廬子國也。春秋時舒國地，戰國時屬楚。秦屬九江郡，漢爲九江、廬江二郡地，後漢因之。三國魏爲重鎮。曹操表劉馥爲揚州刺史，建州治于合肥。晉爲淮南、廬江二郡地。東晉僑置南汝陰郡。梁天監五年置豫州，七年改爲南豫州，太清元年改爲合州，北齊兼置北陳郡。隋初郡廢，改曰廬州，大業初曰廬江郡。唐亦曰廬州，天寶初曰廬江郡，乾元初復故。楊吴置昭順軍，薛史「後唐長興二年詔升廬州爲昭順軍」，蓋遥領也。南唐曰保信軍，後周因之。五代史「顯德五年置保信軍於廬州」，蓋因南唐舊名也。宋仍曰廬州。亦曰保信軍。建炎初淮南西路安撫司治此。元初置淮西總管府，尋改廬州路。明初改廬州府，直隸京師。領州二，縣六。今仍爲廬州府。

府爲淮右噤喉，江南脣齒。自大江而北出，得合肥則可以西問申、蔡，北向徐、壽，而爭勝於中原；中原得合肥則扼江南之吭，而拊其背矣。三國時吴人嘗力爭之，魏主叡曰：「先帝東置合肥，南守襄陽，西固祁山，賊來輒破之於三城之下者，地有所必爭也。」蓋終吴之世曾不能得淮南尺寸地，以合肥爲魏守也。南北朝時合肥常爲重鎮，淮西有事必爭合肥。隋欲圖陳，先以韓擒虎爲廬州總管，其後出横江，渡采石，金陵在掌中矣。唐初廬州屢爲盗賊所窺伺，隋大業十三年賊帥李通德寇陷合肥，義寧初賊帥張善安陷廬江。及乾符亂起，廬州實爲戰守之衝。乾符三年王僊芝陷廬州，龍紀初又爲孫儒所陷。楊行密創緒於此，遂克并有淮南。及南唐喪淮南，惟廬州最後下。周顯德五年取淮南十州，南唐以廬、舒、蘄、黄四州獻於周。宋南渡以後，廬州尤爲要地，往往拒守於此，爲淮西根本。嘉熙之季，杜杲猶力守廬州，屢挫蒙古之兵，豈非形勝所在哉？明初創起江、淮，亦克廬州而版圖日廓。郡居江、淮襟要間，固不可以緩圖也。

合肥縣，附郭。漢縣，屬九江郡，晉屬淮南郡。劉宋改爲汝陰縣，南汝陰郡治焉。蕭齊仍屬南汝陰郡。高齊亦曰汝陰縣，屬廬江郡。隋復曰合肥，爲廬州治。今編户五十五里。

合肥城，在今府治東北。一名金斗城，志云：合肥分野入斗度獨多也。今城門遺址尚存，亦曰金斗門。漢置縣于此，後漢建武中封功臣堅鐔爲合肥侯。建康初，九江賊徐鳳等遣其黨黄虎寇合肥。建安四年孫策取合肥，以顧雍爲合肥長。五年，曹操表劉馥爲揚州刺史。時揚州獨有九江，馥單馬造合肥，建州治，招流亡，廣屯田，興陂堨，又高爲城壘，修戰守備。十三年孫權自將圍合肥，不克。十四年曹操使張遼、李典、樂進屯合肥，二十年孫權率衆十萬來攻，遼等以八百人大破之。二十四年權復攻合肥，不克。魏太和四年權又攻合肥，不能拔。六年，揚州都督滿寵表言：「合肥城南臨江湖，北達壽春，賊來攻圍，得據水爲勢，官軍赴救，必先破賊大輩，圍乃得解。賊往甚易，兵救甚難。今城西北三十里有奇險可依，立城于此，可以固守。此爲引賊平地，而犄其歸路。又賊未至而移城却内，此所謂形而誘之，引賊遠水，涉利而動也。」從之，謂之新城，明年孫權自出圍新城，以其遠水，積二十日不敢下船而退。青龍二年孫權復自巢湖向合肥新城，卒無功。嘉平六年吴諸葛恪圍新城，不能拔。志云：今雞鳴山下有新城故址。晉平吴復還故治。大興二年兖州刺史郗鑒爲後趙所逼，退屯合肥。建元二年陷于後趙。永和六年，廬江太守袁真乘趙亂攻克之。隆和二年桓温帥舟師屯于此。宋泰始二年殷琰據壽陽，遣其黨薛道標陷合肥，劉勔攻克之。齊永元二年裴叔業以壽陽降魏，詔李叔獻屯合肥，魏人進攻合肥，擒叔獻。梁天監五年韋叡攻合肥，堰肥水灌城，魏人築東西二小城夾合肥，叡攻破之。叡亦使軍主王懷静築城肥水岸以守堰，爲魏所拔。復築壘於堤以自固，肥水益盛，城遂潰，于是自歷陽遷豫州治合肥。普通七年克壽陽，因改置豫州，而以合肥爲南豫州。太清元年又改合州，三年没於東魏。陳大建五年伐齊，吴明徹攻合肥克之。十一年又没于後周。隋開皇三年置廬州，治合肥。五年于故新城立鎮置倉，謀伐陳也。大業十三年爲賊帥李通德所陷，將軍來整擊走之。唐武德初來歸。咸通二年徐州賊龐勛遣兵陷合肥，乾符三年又爲濮州賊王僊芝所陷。中和三年淮南節度高駢以楊行密爲廬州刺史，龍紀初又陷于蔡州賊將孫儒，景福元年楊行密復取之。五代梁乾化四年遣王景仁攻廬、壽二州，吴使徐温等出合肥禦却之。周顯德五年南唐以合肥來歸。宋大觀四年冀州賊孫琪轉寇淮南，犯廬州。紹興初劉豫遣其黨王世冲寇廬州。四年金人圍廬州，岳飛使牛臯來援，金人敗走。六年劉豫分道入寇，其子麟出中路，繇壽春犯合肥，楊沂中等敗却之。七年淮西將酈瓊以廬州叛降劉豫。十一年金兀术入廬州，楊沂中等敗之，遂復廬州。三十一年金亮南寇，入廬州，未幾收復。開禧二年金人圍廬州不能陷，十年復來侵，又敗却。端平二年蒙古寇淮西，遊騎自信陽趨合肥，詔淮東帥趙葵赴援。嘉熙二年蒙古帥察罕圍廬州，欲引舟師自巢湖寇江左，淮西帥杜杲敗却之。咸淳末夏貴以城降蒙古，而宋事不可爲矣。元至正十四年爲左君弼所據。二十三年明師圍廬州，尋引去。明年復圍廬州，克之。城邑攷：「府城相傳後漢建安中劉馥所築。唐貞元中刺史路應求以古城皆土築，特加甓焉。宋乾道五年淮西帥郭振築斗梁城，横截舊城之半，跨金斗河北而阻絶舊城于斗梁之外。自是相繼修葺。元初毁天下城郭，至正中兵起，州人倉卒爲木栅以守，尋因故址修葺。明初克廬州，立江淮行省於此，命俞通海攝省事，因修城浚濠以爲固。後復頹壞，弘治十年復經營之，盡甃廢缺，爲陸門七，水關二。正德七年以畿輔賊劉七等掠淮上，窺郡境，議者以金斗河東西貫城，慮水關難守，乃閉水關，築埭以障之。」説者曰：合肥舊稱險固，古語謂「天生重慶，鐵打廬州」，言其難犯也。明初攻廬州三月不克，正德中賊劉七等經府境，不敢攻而去，此其驗矣。然因革不時，舊險漸失。或以爲今城即宋郭振所築故址也。周十三里有奇。

**梁縣城**，府東北七十里。漢慎縣，本屬汝南郡，劉宋僑置于此，屬南汝陰郡，齊因之。東魏置平梁郡，陳曰梁郡。隋初郡廢，縣屬廬州。唐因之。宋紹興三十二年避諱改曰梁縣，從舊郡名也。元仍舊。明初省入合肥縣，今爲梁縣鄉。○新城，志云：在府西三十里鷄鳴山北，三國魏滿寵所謂「奇險可倚」者也。故址猶存。括地志：「合肥新城距今城三十里。」或目爲界樓城，〔一〕以在廬、壽二州間也。隋嘗立鎮，置倉于此。宋乾道新城記：「今城西北三十里有白渡港，魏築二壘于此，號曰合肥城，蓋即新城」云。胡氏曰：「華夷對境圖：魏合肥新城，今爲廬州謝步鎮。」

浚遒城，舊志：在梁縣西三十里。漢縣，屬九江郡，後漢因之。曹操侵吳嘗頓兵于此，修葺故城，俗亦謂之曹城。晉曰逡遒縣，屬淮南郡。咸和初石勒將石聰攻祖約于壽春，遂寇逡遒、阜陵，建康大震。後省，僑置于江南。○滁陽城，在廢梁縣東北四十里。涂水經此，因名。寰宇記：「吳赤烏十三年遣兵斷涂作堰，以淹北道，因築此城，爲守禦之備。」王氏亦曰：「吳斷涂水作塘，于其上源築城也。」或曰城蓋魏所築，吳不能得合肥，豈得越境築城於此？蓋魏人築此城以備吳耳。又赭城，在府西北。唐光啓二年壽州刺史張翱遣兵寇廬州，楊行密將田頵等敗之于赭城是也。赭城，通鑑作「楮城」。

大蜀山，府西二十里。爾雅釋云：「蜀者，獨也。」山卓然孤立，登其巔遠見二百餘里。又西二十里曰小蜀山。○鷄鳴山，在府西四十里。肥水出于此，上有龍井。唐建中四年淄青帥李納叛，斷淮西運道，水陸運使杜佑請改疏潁水通漕，因言：「廬、壽間有水道，而平岡亘其中，曰鷄鳴山，請疏其兩端以通舟，中間登陸四十里而近，則江、湖、黔、嶺、蜀、漢之粟可方舟而下也。」議未及行。

紫蓬山，府西南七十里。一名李陵山，以山有李陵廟也。南畿志：「肥水出李陵山，至合肥而始大。山有逕，達府西五十里之石佛山，亦曰李陵山峽。」志云：石佛山兩旁皆石，中有路通人行，元末設關守隘，曰竹林關。○大灊山，在縣西百里。有泉不涸。其西爲龍鳳山口，道通六安、舒城。

浮槎山，府東八十里。一名浮巢山，一名浮閣山，郡境名山也。俗傳山自海上浮來，頂有佳泉。歐陽修謂：「張又新水記載龍池而棄浮槎，所失甚多。」今龍池山在府百二十里，與六安州接界，一名龍穴山。○方山，在府東六十里。山頂四平，南宋初居民嘗結寨保聚于此。又有東山，在府東九十里。其山口路通巢縣。

四頂山，府東南七十里，俯瞰巢湖。上有四峰特起，亦名四鼎山。唐羅隱詩「一山分四頂，三面瞰平湖」，蓋實録也。又有青陽山，在巢湖西北，西去府城六十里。○姥山，在府東南百里巢湖中，界合肥、巢、廬江三邑間。一名聖女山。又有孤山，亦在巢湖中。一峰孤立，因名。志云：山在府東百里。

黄山，府東百二十里，接巢縣及和州含山縣界。山有三百六十峰，周回二百餘里，四時泉出不竭。俗呼爲龍泉山，亦曰金庭山，一名紫微山。唐天寶中改王喬山，相傳王喬嘗居此，俗又訛王爲「黄」也。山中巖洞幽勝，道書以爲第十八福地。志云：山有金庭洞，中可容三百餘人；又有紫微洞，出泉，冬夏不竭，居民引以灌溉。○小峴山，志云：在縣東七十里，蓋黄山之支隴也。有山口曰餘峴，道出全椒。今山見和州含山縣及名山峴山。

肥水，在府城東。源出雞鳴山，流入巢湖。中都志：「肥水出紫蓬山，經合肥城下，其東有沿河之水入焉，自洗馬灣、黄連門來，二河異源而下流相合，故曰合肥，邑志云：肥水舊經城北分二流，一支東南入巢湖，一支西北注于淮。今肥水分流爲金斗河，自鷄鳴山而東，引流至城西，復貫城而東出。正德中築埭障之，乃沿壕迤邐城南而東，與自城北而東南流之河合，又東南注于巢湖。蓋水流變徙，肥水源流非復故迹也。」吴志：「嘉禾二年吴主欲圍合肥新城，以遠水不敢進。魏將滿寵度其必當上岸耀兵，乃伏步騎于肥水隱處以待之。吴兵果至，伏兵起，遂敗却。」即今肥水西岸也。餘詳見大川。

**滁水**，在府東北。志云：源出廢慎縣之龍潭，又東入滁州全椒縣界，下流經六合縣入于大江。爲淮南之内險，江北之重阻。詳見大川涂水。

**三汊河**，府南九十里。會廬江航埠水、舒城城下水、桃城水，亦曰三河，有三河鎮。梁天監中韋叡攻合肥，堰肥水，築城于岸以守堰，爲魏人所拔，乘勝至堰下，諸將懼，欲退保巢湖，或欲保三汊，叡不許。胡氏曰：「保三汊以利于入船也。」○店埠河，在府東四十里。源出城北六十里圓疃鎮，流經此爲店埠鎮，又東流入巢湖。宋紹興十一年楊沂中敗金人于店埠，乘勝復廬州是也。又派河，在府南三十里。源出大蜀山，亦東南流入巢湖。志云：府北百十里有茅埠河，東流經含山縣境下流達大江。

**巢湖**，府東五十里。亦曰焦湖，〔二〕亦曰灤湖。周四百餘里，占合肥、舒城、廬江、巢四縣之境，汊港大小三百六十，納諸水而注之江，爲淮西巨浸。後漢永平十一年嘗出黄金。建安中曹操數與孫氏争衡于此，諸葛武侯所謂「曹操四越巢湖不成」者也。吴嘉禾三年，吴主入居巢湖口，向合肥新城，不克。宋昇明二年北魏寇淮、肥，蕭道成遣劉懷珍屯巢湖禦之。梁天監五年韋叡攻合肥未拔，諸將欲退還巢湖。陳大建十一年樊毅等將水軍二萬，自東關入焦湖，欲向合肥以拒宇文周之兵。元至正十五年明太祖自歷陽謀渡江，患無舟楫，巢湖水寨軍帥俞通海等來迎，太祖喜曰：「吾事濟矣。」遂自將趨巢湖，將其衆而還。

逍遥津，在今府治東，肥水支津也。後漢建安二十年，孫權攻合肥不拔，徹軍還駐于津北，魏將張遼等襲擊權，諸將悉力拒戰，權乘駿馬上津橋，橋南已徹丈餘，超度得免。今有飛騎橋，相傳即權超度處。又藏舟浦，在府城西北隅。魏張遼禦孫權，鑿此以藏戰艦處。寰宇記：「唐貞觀十年刺史杜公因舊浦作斗門，與肥水相接。浦際有金沙灘。」

○洗馬灣，在府北。志云：肥水自合肥而北，有洗馬灣、黄連門二河合流而北入壽州界。

爐鎮關，府西二百里。地入舒城縣境，置巡司戍守，仍轄於合肥。嘉靖二十四年改石梁鎮巡司。又竹林關，在府西五十里石佛山下。元置，今廢。

石梁鎮，在府東百二十里，接巢縣界，有巡司戍守。其相近者曰顧軍鎮，元末嘗設站驛於此。又有梁店鎮，亦在府東百二十里。又府東四十里有撮城鎮。

清水鎮，府東北百里。宋開禧中以濠州陷，嘗移治此。又左路鎮，在府北百二十里，接壽州界。志云：府西九十里又有長城鎮，道出六安州。元設巡司于此，洪武九年廢。○桃花鎮，在府南二十五里。府南三十里又有青陽鎮。

派河驛，府南四十里，路出舒城。又護城驛，在府東北八十里，道出定遠縣。又金斗驛，在府城東門外。

黄連埠。在府東北，近定遠縣界。宋紹興十一年，張俊等復廬州，方班師，行才數里，聞濠州圍急，邀諸將楊沂中、劉錡等還會於黄連埠，同往援濠是也。○教弩臺，在府城東。曹操所築。今爲明教臺寺。

舒城縣，府西南百二十里。西北至六安州百三十里，南至安慶府桐城縣百二十里，西至霍山縣百四十里。古舒國，漢置舒縣，爲廬江郡治，後漢因之。三國時廢，爲境上地。晉仍置縣，屬廬江郡，宋因之。齊仍爲廬江郡治，梁仍屬廬江郡，後没于東魏，縣尋廢。唐開元二十二年分合肥、廬江二縣地于故舒城置舒城縣，屬廬州。今城周五里有奇。編户四十二里。

**舒城**，即今縣治。春秋時舒庸、舒鳩諸國地也。左傳僖三年：「徐人取舒。」文十二年：「羣舒畔楚。」襄二十六年：「楚使屈建滅舒鳩。」又詩云「荆舒是懲」，即此舒矣。秦爲舒邑，屬九江郡。漢高帝五年以舒屬六。文帝十六年分淮南爲廬江國，封淮南厲王子賜爲廬江王，都舒。元狩初復爲郡。後漢建武四年李憲稱帝於舒。六年馬成拔舒，獲李憲。永康初黄巾攻舒，廬江太守羊續破走之。興平初袁術使孫策攻廬江。建安四年孫策襲廬江取之，時郡仍治舒也。三國魏移郡治陽泉而虚其地。正始四年吴諸葛恪屯皖，欲圖壽春，司馬懿將兵入舒以禦之。晉仍置舒縣於此，梁、陳間廢。唐復置，即今治也。縣本無城，元末始築土城，明代相繼修葺。又陽石城，志云：在縣北三十五里。亦曰羊石，今與陽泉俱詳見霍丘縣。○周瑜城，在縣西十八里。志云：瑜從孫權舉義兵討董卓，徙家于舒，因築此城。今爲净梵寺。又亞夫城，在縣東南十五里。相傳周亞夫嘗領兵至此。又東南二十里曰茆城，相傳曹操嘗屯兵其地，因築此城。

**六城**，縣東南六十里。寰宇記：「縣西南二十里有高陽城，相傳高陽氏封其子於蓼、舒之間，即臯陶庭堅也。」

**羹頡城**，〔三〕縣西北三十里。相傳漢高帝封兄子信爲羹頡侯，食邑于舒，此城爲信所築。城冢記：「縣西十里有花家城，一名竹市，其相近者曰繆家城；又西五里曰團箕城，其相近者曰霍胡城；又有桃城，在縣北三十五里，今爲桃城鎮，皆南北朝及南宋初戍守之所。」○黥布城，在縣東。晉志：「孝武時於漢九江王黥布城置南新蔡郡，屬南豫州，尋廢。」

**春秋山**，縣南三十五里。山多名勝，頂有洞可容數千人。又鹿起山，在縣東南三十里。志云：縣之鎮山也。○龍眠山，在縣西南八十里。形若卧龍，括地志謂之龍舒山，晏殊類要謂之龍山。山陰爲龍眠寨，中有泉，可容數千人屯駐。山之東南接安慶府桐城縣界。

**雲霧山**，縣南四十里。山高聳，雲出必雨。又七門山，在縣西南三十五里。山濱大溪，下有石洞如門者七，即七門堰之上源也。志云：縣西南七十里有揚旗嶺。相傳寇亂時土人結寨于此，寇至則揚旗聚衆以拒守，因名。

**三角山**，縣西南百二十里。峰有三角，高百里許。出泉清潤，相傳飲之能益人神智。一名多智山。寰宇記：「多智山在懷寧縣西北三百里，高九百八十丈，自霍山縣西南入懷寧、太湖二縣界，西接蘄縣。」又有小山，連太湖縣境，迤邐百餘里。中有大峽，兩岸相去十里，水分兩道，一道西北入霍山縣界，一道東南入太湖縣界。近時土豪結三尖寨于此，爲控拒處。志云：山亦霍山之支隴也。

**巢湖**，縣東百三十里。與合肥、廬江、巢縣分境，縣境諸水皆匯流于此。

**南溪**，在縣城南。發源縣西百五十里之孤井，東南流經七門堰入于巢湖。或謂之歐溪，或謂之龍舒水。志云：孤井一名孤静源。西山有井曰風、曰雷、曰雨，水經七門、三堰旋繞而通于南溪。又桃溪，在城東北三十里。發源于六安州之淠河，亦流入于巢湖。

上七里河，縣西九里。西山諸水皆匯流于此，經南溪而入巢湖。又下七里河，在縣東南七里。上接南溪，下達巢湖。又有石塞河，出縣西百二十里之陽山，亦東流入于南溪。

七門堰，在縣西南七門山下，三堰之源出焉。三堰者，一曰烏羊堰，在縣南十五里，一曰千功堰，在縣南二十里；一曰槽櫝堰，在縣南二十五里。與七門堰共溉田二萬餘頃，俱漢初羹頡侯所築。後漢末劉馥經理之，爲灌溉之利。今故跡並存。

北峽關，縣南四十五里。又南接桐城縣之北峽山，路出蘄、黄，舊爲設險之所。

陽山寨，在縣西百二十里陽山上，接霍山縣界。又縣西七十里有龍河寨，縣南五十里有方山寨，俱宋設戍守處。又縣西有石索山寨，與龍眠山寨相近，山崖峭險，泉水融流，俱可容數千人。又横山寨，在縣西南，近時居人戍守處，與三尖寨俱近潛山縣界。

上陽鎮，縣東二十五里。又縣東五十里有航埠鎮，縣南七十里有烏沙鎮，皆爲商旅聚集之所。○牧馬市鎮，在縣西三十里。又十五里有九井鎮。

三溝驛，縣東十五里，路出合肥。又縣南三十里有梅心驛，道出桐城。又縣西七十里有羅湖館，則走六安州之道也。

桐鄉。在縣西南。杜預曰：「舒縣有桐鄉，即古桐國。」又鵲亭，舊志云：在縣治西北。春秋昭五年：「楚伐吴，吴人敗諸鵲岸。」杜預曰：「即舒縣之鵲尾渚，亦曰鵲亭。」

廬江縣，府南百八十里。東至無爲州百八十里，西北至舒城縣九十里，西南至安慶府桐城縣亦九十里。漢龍舒縣地，屬廬江郡，梁天監末始置廬江縣，兼置湘州治焉。高齊州廢。隋仍曰廬江縣，屬廬州。唐因之。宋屬無爲州，元因之，明初改今屬。城周五里。編户十九里。

廬江城。即今縣治。蕭梁時始置縣于此。陳大建五年吴明徹等伐齊，别將徐槾克廬江城是也。自隋以後，皆爲縣治。通典云：「漢廬江郡在廬江縣。」悮也。胡氏云：「文帝初分淮南爲廬江國，在江南，班志廬江郡則在江北。」蓋兩漢廬江郡皆治舒。三國時吴擊魏廬江，滿寵曰：「權舍船二百里懸軍深入，恐其走不及耳。」蓋是時廬江郡改治六。孫氏亦置廬江郡，治皖。三國志：「曹操使朱光爲廬江太守，屯皖，吕蒙攻克之，孫權即以蒙爲太守。」魏正始中文欽爲廬江太守，營治六安。晉太康三年以六安縣爲廬江郡治是也。後并江南，廬江郡移治陽泉。劉宋移治灊，即今霍山縣之廢灊城。齊建元二年復治舒。隋志齊廬江郡置于廬江縣，與蕭子顯志不合。後魏郡治灊縣，隋開皇元年以韓擒虎爲廬州總管，鎮廬江。或曰廬江在合肥東五十里，梁置合州，因合肥而名，時徙州治廬江，故以廬名州，亦非也。廬江蓋因舊郡而名，卽合肥耳。宋高誨曰：「漢廬江屬縣十二，若舒、居巢、襄安、皖等皆在邊江及江南一路；九江屬縣十五，若壽春、逡遒、合肥、歷陽等皆在淮南一路。晉改九江爲淮南，而合肥仍屬淮南。」東晉永和三年，廬江太守袁真攻冉魏之合肥，克之，遷其百姓而還。時合肥未嘗爲廬江郡治，移郡治合肥，自隋始也。諸家之説多悮，因附辨于此。陽泉，見壽州霍丘縣。

龍舒城，縣西百二十里。漢縣，屬廬江郡。後漢永平初封許昌爲龍舒侯，邑于此。晉仍曰龍舒縣，屬廬江郡，東晉末廢。城冢記：「縣西南二十五里有大城，相傳曹操拒吳時築。又縣西北四十里有金牛城，在金牛山下，亦魏武駐兵處。今爲會龍馬廠。又慕容城，在縣東二十里。蕭齊永元二年魏取淮南城，築此城戍守。」寰宇記：「今縣南二里有故灊城，漢淮南縣治此云。」

冶父山，縣東北二十里。相傳歐冶子鑄劍處。山比衆山獨尊，故曰「父」。峰巖峻峭，林巒森密，盤亘凡數十里，自麓至巔幾五里餘。前有龍湫，水嘗不竭。又有三百六十四子山，羅列其下，泉石環列，爲縣境之名山。又百墶山，在縣南十里。山產藥。志云：縣之鎮山也。

金牛山，縣西北四十里。巔有塔，吳赤烏二年造。下有金牛城，今爲金牛市鎮。縣西五十里又有馬槽山。上有寨壘，相傳曹魏所築。又有飲馬池。○梅山，在縣東南四十里。俗傳曹操率兵，望梅止渴，即此山云。又有礬山，在縣南四十里。產礬。其相近者曰大凹山，山四圍高而中下也。又天井山，在縣東七十里。上有井。一名栭山。栭，小栗也。山多此樹，因名。

巢湖，縣東北八十里。志云：縣北四十里有會市河，源出馬槽山；縣東北三十里有清野河，源出冶父山；並流注於巢湖。

黃陂湖，縣東南十五里。周八里許。志云：縣西五十里有繡溪，出馬槽山，過縣城南門，穿昇僊橋匯爲黃陂湖。以上流水紋如繡而名。又有石槽河，出縣南礬山；沙溪河，出縣南大凹山；瓦洋河，出縣南五十里之秀山；黃泥河，亦出秀山，並匯入黃陂湖而注于大江。○沙湖，在縣東南十里。源亦出冶父山，注于黃陂湖。又有白湖，在縣東北三十里。舊志云：湖周七十餘里，跨六鄉，與巢湖相連，下流入于大江。湖西岸有㕒山，下瞰白湖。

黄墩湖，縣東南七十里。源出黄墩山，通大河入江。墩，亦作「屯」。元末義師廖永安等結黄墩水砦于此，明太祖督其兵，攻敗元將蠻子海牙于馬腸河口是也。又作坊河，在城東二里。亦出冶父山。楊吴時作壩聚水集材，因名。其下流亦注於黄陂湖。○西塘，在縣西三十五里。亦曰西官塘，溉田百餘頃。志云：縣境之塘凡六十有二，俱爲灌溉之利。

冷水關。縣西三十里。兩山夾道如門，相傳三國時曹魏設隘于此，今有巡司戍守。

附見

廬州衛。在府城内。洪武初置。

無爲州，府東南二百八十里。東至太平府百八十里，西南至安慶府桐城縣百七十里，東北至和州百五十里。

古巢國地，春秋時吴地，戰國屬楚。秦屬九江郡，漢屬廬江郡，後漢及晉因之，宋、齊亦爲廬江郡地。隋屬廬州，唐及五代因之。宋淳化初置無爲軍，屬淮南西路。元曰無爲路，尋改無爲州，屬廬州路。明初仍曰無爲州，以州治無爲縣省入。編户四十七里。領縣一。今因之。

州山川險阻，爲控扼要地。宋周氏曰：「孫氏既夾濡須而立塢，又堤東興以遏巢湖，又堰涂塘以塞北道，然總不過於合肥、巢湖之左右，遏魏人之東而已。魏不能過濡須一步，則建業可以奠枕，〔四〕故孫氏之爲守易。」唐氏曰：「曹公以數十萬衆，再至居巢，逡巡而不能進；諸葛誕以步騎七萬，失利而退；以濡須、東興之扼其吭也。」說者曰：濡須口，三吴之要害也。江流至此，闊而多夾。闊則浪平，多夾則無風威，繇此渡江而趨繁昌，無七磯、三山之險也。石臼湖、黄池之水直通太湖，所限者東壩一坏土耳。東壩見前高淳縣。百人剖之，不踰時也。陸則寧國縣及涇縣皆荒山小邑，方陣可前，一入廣德，自宜興窺蘇、常，長興窺嘉、湖，獨松關窺杭州，三五日内事耳。然則濡須有警，不特建鄴可虞，三吴亦未可處堂無患也。

無爲廢縣，今州治。本漢襄安縣地，唐巢縣之城口鎮也。宋淳化初始置軍于此，熙寧中析巢、廬江二縣地置無爲縣，爲軍治。宋白曰：「軍本巢縣之無爲鎮。曹操攻吴，築城于此，無功而還，因號無爲城。其城臨濡須水上，宋即其地置軍，尋復置縣。」元亦爲州治，明初縣省。今城周九里有奇，門六。

襄安城，州南四十里。漢置襄安縣治此，屬廬江郡。晉因之，尋廢。梁改置蘄縣，隋初復改蘄縣爲襄安。志云：此爲漢襄安城，舊置襄安鎮巡司於此，今仍曰襄安鎮。隋之襄安縣，即今巢縣也。又臨湖城，在州西南七十里。漢置縣，屬廬江郡，後漢及晉因之，東晉末廢。今爲臨湖鎮。○開城廢縣，在州西四十里。舊唐書：「武德三年置巢州，分襄安立開城、扶陽二縣。七年州廢，并廢二縣入巢縣。」今爲開城鄉，又置開城倉于此。或云扶陽廢縣亦在州西北。

偃月城，州東北五十里。與巢縣接界，即濡須塢也。有東、西二關。其地峻險，亦曰東關口，亦曰東興堤，爲吴、魏相持之所。詳見前重險東關。○新附城，在州南十五里。三國吴諸葛恪築此以居新附者，因名。

銀瓶山，州西北五十里。一峰特起，狀如銀瓶，最爲深秀。又白馬銜山，亦在州西北五十里。相傳魏武牧馬之處。其相近者曰曹家山，亦魏武屯兵處，因名。○五畝尖山，在州北五十里。頂平五畝許，堪種植。又白石山，在州西北四十里。高崖白石，有泉出焉。又有龍湫，雖旱不涸。山蓋與和州含山縣接界。

陽山，州西四十里。相傳曹操嘗屯兵于此山之陽。又胡避山，在州西六十里。一名孤鼻山。宋紹興中郡人王之道保聚其上，羣寇不能破。又西三十里曰天井山，以山頂有泉也。其相接而稍南者曰雲霧山，山高聳，雲霧嘗蒙其上。○桐山，亦在州西九十里。有水道通白湖，漁人用箔取魚，亦名上箔山。又有下箔山，在州西南九十里。志云：州西南八十里爲雙泉山，下有湧泉二穴。或以爲即天井山，悮也。

三公山，州西南百二十里，山高峻，有三峰削立；其相接者曰九卿山，山有九峰；俱接廬江縣界。寰宇記：三公山，唐天寶六載改爲東顧山，以山頂皆東向也。○崑山，亦在州西南百二十里。有東西二山，皆産礬。其下有清水潭。

濡須山，州東北五十里。接和州含山縣界，濡須之水經焉。三國吴作塢于此，所謂濡須塢也。○蝪磯山，在州東百五十里。獨立大江中，東西往來，道經其下，蓋與蕪湖縣接界。

浮濃嶺，州北六十里。亦名芙蓉嶺。西北去巢縣三十里，兩境分界于此。高聳爲羣山之冠，其上怪石交峙，地勢險阻，往來者艱於登陟。正統三年知州王仕錫開鑿，行者便焉。

**大江**，在州東南。上接安慶府桐城縣六丈墩，下距和州裕溪口，計二百三十餘里。江心與池州府銅陵縣、太平府繁昌縣對境。江防攷：「州東南五十里有泥汊河，又東流南入江爲泥汊河口。有巡司，所轄江道上自鯉魚套，下至薛家灣，凡五十里。自泥汊河巡司而東，北三十里爲奧龍河巡司，所轄江道上自薛家灣，下至奧龍墩，凡八十里。繇泥汊河而西南五十里爲土橋河巡司，所轄江道上自石灰河，下至鯉魚口，凡七十里。中有化魚口、宋家灣，對江十里爲楊林洲，與江南信服洲、白沙洲相近，號爲三江口，蘆葦叢生，向爲盜賊淵藪，濱江防戍，此爲最切。」

**馬腸河**，州東北六十里。其上流二十里曰運河，西接巢湖，東匯于馬腸河達大江。元至正十五年明太祖自巢湖出湖口至銅城閘，已脱險，元將蠻子海牙集樓船塞馬腸河口，阻後軍，太祖設策敗之，盡發舟師出湖口入江是也。銅城閘，見和州。○裕溪河，在州東北百二十里。源出巢湖，東入和州境，下流注于大江。

**濡須水**，州東北二十里。源出巢湖，自巢縣東南流入州界，經濡須山，又經州東五十里曰柵港河，又東經三溪河入和州界注于大江。志云：三溪河在州東南百十里。又柵港，亦曰柵江，經和州西南入大江。亦曰柵口也，昔人嘗立柵守險於此，因名。○夾山河，在州東南六十里。其西接泥汊河，通大江。又奧龍河，在州東百二十里。州東北百里爲朴樹河，與奧龍河相通，又東接于大江。志云：州東百二十里又有更樓河，東臨大江，下接朴樹河通裕溪。

**裹河**，州西十里。源出州北五十里之青檀山，下流入大江。又永安河，在州西四十里。源出白石山，亦流入大江。○直皂河，在州東南二十里；又州南百二十里有土橋河：下流俱入大江。

羨溪，在州東北。亦謂之中洲。三國吴黄武初朱桓戍濡須，其部曲妻子皆在羨溪，魏曹仁來侵，率萬騎向濡須，先揚聲欲東攻羨溪是也。既而仁遣其子泰攻濡須，遣别將襲中洲，蔣濟曰：「賊據西岸，列兵上游，而兵入中洲，是爲自納地獄，危亡之道也。」仁不從，果敗。杜佑曰：「羨溪在濡須東三十里。」何承天所謂「濡須之戍，家屯羨溪」者也。又錦綉溪，在州西南十里。亦曰雙溪，一名錦綉池。

安樂栅，在州東北。梁太清末侯景陷臺城，合州刺史鄱陽王範棄合肥出東關，屯于濡須，遣世子嗣將兵守安樂栅。明年，嗣破侯景將任約於三章，遂徙鎮焉。亦謂之安樂栅。胡氏曰：「三章在濡須之東。」○豹兒寨，在州西五十里，南宋時州人結寨避兵處也。

糝潭鎮，在州南七十里，濱江。唐文德初楊行密議襲趙鍠于宣州，自廬州帥兵濟自糝潭是也。江行記：「自糝潭東過泥汊口，又東過栅江口，皆爲濱江要害。」江防攷：「今省潭灣上至桐城縣界六百丈墩，中間凡八十里，中有楊子磯、石灰河、三江口，俱爲險要。省潭，糝潭之訛也。」石灰河，志云：在州南百二十里。土橋巡司舊設于此。

石澗鎮。州北四十里。舊置巡司于此。又泥汊河鎮，在州東四十里。志云：泥汊河巡司置于州南三十里；又奥龍河鎮，在州東百二十里，其巡司置于州東五十里；土橋鎮，在州南百十里，其巡司置于州南七十里；又栅港鎮，在州東南五十里；俱戍守處也。州南三里又有一字城鎮。○官池河泊所，在州南六十里。官池，一作「黄落河」。志云：黄落巡司在州東南三十里。又州西北九十里有焦湖河泊所。

巢縣，州北九十里。東至和州含山縣六十里，北至鳳陽府定遠縣百七十里，西北至府城百八十里，西至舒城縣二百七十里。漢爲居巢縣地，東晉置蘄縣，屬南譙郡，宋、齊因之。魏爲南譙郡治。陳大建五年吴明徹等伐齊，别將任忠自東關進克蘄城，即此。隋改置襄安縣，唐武德三年置巢州，七年州廢，又改襄安爲巢縣，屬廬州。宋初廢爲鎮，尋復爲縣，紹興十二年置鎮巢軍。元曰鎮巢州，尋降爲巢縣，屬無爲州。城周四里。今編户十七里。

居巢城，縣治東北五里。古巢伯國，成湯放桀于南巢，即此。春秋文十三年「楚人圍巢」；襄二十五年「吴伐楚，門于巢」，昭四年「楚薳啓彊城巢以備吴」；二十四年「吴滅巢」；二十五年「楚子使熊相謀郭巢」；皆此也。史記：「吴公子光六年，大敗楚軍于豫章，取吴之居巢而還。」秦爲居巢縣，亦曰居勦。范增，居勦人也。漢仍爲居巢縣，屬廬江郡。後漢永平中徙封劉般爲居巢侯，邑于此。建安三年袁術以周瑜爲居巢長。二十二年操軍居巢，尋引還，留夏侯惇督二十六軍屯居巢。晉仍屬廬江郡，尋廢。志云：今縣治後有卧牛山，山之北有桀王城，城之故址今爲紫微觀。又有亞父山，在縣東北二十里，以范增居此而名。縣爲古居巢無疑矣。

譙郡城，縣東南二十里。晉太元中僑置南譙郡，治山桑縣，宋、齊因之，後魏徙治蘄縣。高齊天保六年，齊主洋立蕭淵明爲梁主，使其弟上黨王涣送之。時王僧辯等共推晉安王方智于建康，不從齊命，涣因攻譙郡，克之。陳大建五年，任忠克齊蘄城，又克譙郡，即此城也。周廢。

橐臯城，縣西北六十里。一名會吴城，春秋哀十二年「公會吴于橐臯」，即此。漢爲橐臯縣，屬九江郡，後漢省。孟康曰：「橐臯，讀曰拓姑。」三國魏黄初四年，曹仁南侵，使其子泰攻濡須，自將萬人留橐臯爲後援。吴五鳳二年，孫峻謀襲壽春，自東興進至橐臯是也。唐曰橐臯鎮。宋紹興十一年，兀术南寇陷廬州，以拓臯地平坦，利用騎，因屯兵于此。既而爲劉錡等所敗。橐訛曰「拓」，後又訛爲「柘」，今曰柘皋鎮。

東山，縣東三十里。山不甚高，瀕江爲險。宋紹興十一年，劉錡等敗金人于石梁河，又追敗之於東山，即此，又八公山，在縣西北十八里。亦名紫金山。宋劉錡敗金人于東山，敵走保紫金山。今山有淮南王廟，蓋以名同壽州八公山耳。○半湯山，在縣東北十五里。有二泉，冷熱各半，下流仍合，因名。

七寶山，縣東南三十里。與含山縣界之濡須山對峙，相距十里，魏人築西關于此以拒吳處也。又大秀山，在縣南三十里。以峰巒秀麗而名。踟蹰山，在縣南三十七里。南至無爲州四十里，爲接界處。輿地志：「東關口踟蹰山，即坻箕山也。春秋昭五年楚子觀兵於坻箕，南北朝時陳將荀朗破齊將郭元建於踟蹰山，蓋坻箕、踟蹰，音相近也。一名楚歌嶺。」

高林山，縣南六十里。山盤伏數里，林木高聳。山下有高林市。又南十里曰九峰山，其峰盤迴九折，因名。○居巢山，在縣西南八十里。谿谷間有石，研之如墨，因名墨山，唐改今名。志云：縣西北十五里有龜頭山，山形如龜，俯瞰湖濱。城冢記：「山一名小隴山，昔嘗置黄沙城于此，爲戍守處。亦謂之龜頭城。」

萬家山，縣西北二十里。山當四會之衝，一名回車衖。其南五里曰小佛嶺。又小獨山，在縣東北四十里。四無山附，屹立干雲，亦通途所經也。○金庭山，在縣北九十里。即黄山也，與合肥縣接界。志云：今縣北九里有王喬洞，可容三百人。又白塔岡，在縣南，道出無爲州，南北朝時戍守處也。

巢湖，在縣西南十五里，爲巢湖東口。縣境羣川多自巢湖導流。今有焦湖巡司。又有東口市，在縣西十里，以近巢湖東口而名。

**柘皋河**，縣西北二十里。源出合肥縣浮槎山，經柘皋鎮流入巢湖。宋劉錡敗金人處也。

**濡須水**，在縣治南。自巢湖東口流經縣前，一名天河水，俗呼馬尾溝，東流經亞父山南，又東南流經七寶、濡須兩山間亦曰東關水，經無爲州及和州境注于江。舊志：縣東南十里有石梁河，即濡須上流也。宋紹興十一年兀朮屯拓皋，劉錡等自東關出清溪，兩戰皆捷，進兵與兀朮夾石梁河而軍。河通巢湖，廣二丈餘，錡命曳薪疊橋，須臾而成，遂渡河大戰，兀朮敗走。

**清溪河**，在縣東南十五里。亦出巢湖，流合濡須水。宋劉錡自東關出清溪拒金人處也。又有芙蓉河，亦在縣東南十五里。出無爲州接界之芙蓉嶺，因名。東北流合于清溪。又有黃落河，在縣東六十里。舊志：黃落河經無爲州北四十里，東流合濡須水云。

**徐塘**，在濡須水東。亦曰徐堨。魏嘉平四年，吳諸葛恪于東興作大堤，築兩城。魏人來攻，陳於堤上。恪遣丁奉等赴救，馳至東關，據徐塘，緣堨擊魏人于堤上，大敗之。甘露二年，諸葛誕謀舉兵，因吳人欲向徐堨，請十萬衆以守壽春是也。志云：徐塘蓋在東關之東。今湮。

**東關**，縣東南四十里。即濡須山麓也，與無爲州、和州接界。又西關，在縣東南三十里七寶山上。三國時爲吳、魏相持之要地。又有三關屯，即東關也。關當三面之險，故吳人置屯於此。吳志「曹公出濡須，朱然備大塢及三關屯」，皆東關矣。今詳見前重險。

鏤里，在縣西北，濱焦湖。吴太平二年，孫綝援諸葛誕于壽春，大發兵出屯鏤里，廢帝亮責綝留湖中不上屯一步者是也。又孔臺，在縣西柘臯鎮。俗傳夫子曾南遊，與弟子憩於此。臺如圓壇，可容千人。

高井驛。縣西北六十里，道出合肥。志云：縣治西有鎮巢水馬驛，此爲高井馬驛，陸道所經也。

六安州，府西百八十里。東南至安慶府三百三十里，西南至湖廣黄州府六百三十里，西北至河南光州三百二十里，北至鳳陽府壽州二百里。

春秋時六國地，漢屬廬江郡，晉因之。梁置霍州及岳安郡，後魏因之。周州廢，隋初郡廢，屬廬州。唐初置霍州，貞觀初州廢，改屬壽州。宋政和八年置六安軍。紹興十三年復廢爲縣，景定五年又升爲軍。端平初復爲縣，尋又升爲軍。元曰六安州，屬廬州路。明初屬鳳陽府，以州治六安縣省入，尋改今屬。志云：洪武十五年以前州屬鳳陽府，是年改今屬。編户六十六里。領縣二。今亦曰六安州。

州山川環結，號爲險阨。自州之西南以迄於東北，皆崇山峻嶺，蔽虧日月。肘腋光、蔡，襟帶蘄、黄，出奇走險，風馳雨驟，不十日而中原震動矣。昔人謂申、光、蔡爲天下樞，而六安又申、光、蔡之根抵也。舊志：州封疆廣衍，沃野千里，東有龍穴，西有武陟，霍嶽鎮乎南，沙河縈其北，萬山磅礴，控引荆湖，千里平塗，直達梁、宋，實廬州之喉舌，淮西之要地也。

六安廢縣，今州治。古六國，臯陶之後。春秋文五年：「楚人滅六。」史記：「楚昭王五年吴伐楚，〔五〕取六。」秦爲六縣，屬九江郡。漢初項羽大司馬周殷叛楚，以舒屠六，舉九江兵，隨劉賈、彭越會垓下。又漢封黥布爲淮南王，都六。文帝時分淮南爲衡山國。武帝元狩二年又别爲六安國，治六。後漢爲六安侯邑，屬廬江郡。建安十四年廬江人陳蘭等據灊、六以叛，操遣張遼擊平之。灊即今霍山縣也。吳嘉禾二年攻合肥，分遣將全琮攻六安，不克而還。赤烏四年，諸葛恪攻六安不克。六年恪復襲六安，掩其人民而去。晉復爲六縣，仍屬廬江郡，東晉末廢。括地志「故六城在壽州安豐縣南百三十里」，即此城矣。晉末廢。隋屬霍山縣地，亦曰騶虞城。唐開元二十七年改霍山縣爲盛唐，仍移治于此。五代晉天福中，南唐改爲來化縣，尋復爲盛唐縣。周顯德三年攻唐淮南，别將司超奏敗唐兵于盛唐，遂拔其城。既而唐兵來争，周將王彦昇擊破之。宋開寶初改爲六安軍，政和中爲六安軍治。元爲州治，明初省。今州城周五里有奇，門四。

**開化廢縣**，州西四十里。梁置，隋因之，屬廬州。唐廢。又應城廢縣，在州西南。隋末置，唐初屬霍州，貞觀初省入霍山縣。志云：州西百九十里有邊城郡城，蓋齊、梁時所置。又有霍州廢城，〔六〕在州西五十里。或以爲梁初置州於此。

**馬頭山**，在州北。杜佑曰：「晉永和中謝尚鎮馬頭城，在盛唐縣之北。」宋泰始二年晉安王子勛舉兵尋陽，署其屬王廣元爲馬頭太守，軍主黃回擊斬之，亦此城也。又州西有英氏城。英氏，春秋時楚與國也。僖十七年齊人、徐人滅英氏，即此。○白沙城，在縣北十三里。志云：其地有兩城，一名白沙，一名六合，相傳漢高與項羽相距處。又有東西二古城，一在州西十五里，一在州東南三十里。

武陟山，州西三十里。漢武南巡，嘗登陟于此，因名。漢紀：「元封五年南巡狩，至於盛唐。」宋白曰：「盛唐縣西十五里有盛唐山。」當即此山矣。又州西七十里有獨山，其地平曠，一峰獨峙，相傳唐末淮南將唐景仁攻廬、壽，曾戰于此。又齊頭山，在州西南九十里。高千八百丈，層峰疊嶂，頂方四平，有泉出焉。

龍穴山，州東五十里，州境名山也。山脊有龍池，味甘美，亦名龍池山。又番山，在州南十里。磅礴蜿蜒，爲州之鎮。又南四十里曰小霍山，一名青山，遠接霍山之脉，因名。○洪家山，在州東南七十里。有寨，四圍石崖險峻，宋紹興中有洪氏率里民保聚于此。

三尖山，州西百里。有三峰插天。又寨基山，在州西百三十里。上有峽門。又有擂鼓尖，相傳昔爲鄉人避兵之所，寨址存焉。○天柱山，在州西百七十里。其山聳削無附，因名。又州西二百里有黄巢山，相傳黄巢曾屯兵于此。

董靖原山，州南百二十里。山原平敞，周圍有小徑。相傳宋紹興中里民董靖原避兵於此，有董家砦，今砦址猶存。○祖家山，在州西南百三十里。形勢高聳，宋紹興中民多避兵于此。又西南十里曰文家山，山高九里，亦昔人避兵處。有文家寨。又州西南二百四十里有帽頂山。志云：山與河南商城縣金剛臺南北對峙，聳出層宵。其下有僊人洞。其相近者又有嶂山，以山如屏嶂而名。又汪家山，在州西南二百六十里。高千餘丈，山勢峭拔。中有石巖，甚深廣。又黄石崖，在州西四十里。崖之南即霍山縣界。

古路嶺，州西百五十里。盤回三十七折始至其頂。又西三十里爲遮日嶺，山高徑深，亭午始見日影，因名。○清風嶺，在州西北二百二十里，接霍丘縣界。又韓婆嶺，在州西二百里，通商城縣界，爲羣盗竄匿之處。又州西六十里有虎兒嶺，林木茂密，虎育其中。

蝙蝠巖，州南五十里同山衝內。其地有大同、小同二山，形相似也。巖闊四丈，深不可測，昔人嘗于此避兵。有同山寨，在大同山上。州南八十里又有松林巖，亦曰萵寮巖，巖最深秀，今爲僧寺。○霸王岡，在州西二十里，其相接者曰漢王岡，相傳楚、漢相距時築壘處。又七里岡，亦在州西界。明正德中流賊趙風子自河南光山縣走六安，官軍追敗之于此。

淠水，在州西。源出霍山，經州界西北流入河南固始縣境，又東北流經霍丘縣及壽州界入于淮，水經注所謂沘水也。〔七〕一名白沙河，俗呼爲二郎河。萬曆十七年湖廣黄梅賊曾繇此犯六安。○青石河，在州西南七十里，又州西百二十里有三元撞河，又西十餘里有青龍河，皆流入淠水以達于淮。

淯水，州西七十里。源出齊頭山，西北流入固始縣界合于史河。○馬栅河，在州東南八十里。經舒城縣之桃城鎮，又東入于巢湖。

九公寨，在州西南六十里九公山上。山有九石如人立，因名。又磨旗砦，在州西百里。又西百里有天堂寨。○西峰寨在州南七十里，又州北三十里有趙家寨，皆南宋時里人保聚處也。

麻埠鎮。州西南九十里。有麻埠河，置巡司于此。萬曆二年添設把總以防礦賊，而巡司遂革。又有和尚灘巡司，在州西北七十里。上土市巡司，在州南二百五十里。其地在霍山縣境内，〔八〕而司屬州。志云：州西又有羅湖巡司，洪武二年設，十三年革，故址猶存。

英山縣，州西南四百里。東南至安慶府太湖縣二百十里，南至湖廣蘄州百八十里，西南至湖廣蘄水縣百二十里，西北至湖廣羅田縣七十里，北至河南固始縣二百二十里。本羅田縣之直河鄉，宋淳祐間立鷹山寨，〔九〕咸淳初更名英山，德祐二年升爲縣，屬六安軍。元屬六安州。今城周三里。編户二十七里。

英山，縣東五十里。峰巒峭拔，爲羣山冠，上有井泉，縣以此名。又樓子石山，在縣東北七十里。上有樓子寨，昔人保聚處也。○密峰尖山，在縣東南三十里。山峰錯列，以形似名。又三吳山，在縣南三十里。上有宋人臺，宋末鄉人段朝立保聚于此。亦曰師姑尖寨。

多雲山，縣西北百里，接羅田縣界。上有九井，常多雲起，因名。説者曰：縣境之山，最險者曰多雲，以蔽虧日月，人迹罕窮而名。多雲之西有天險曰岐嶺，通湖廣蘄水縣，鳥道三日可東出豫境。西北一竇曰甕門，東軀入内，廣三百里，路通羅田。迤北則爲虎頭、木陵、大城諸關，通黄岡及河南光山、固始縣，蓋扼險出奇之處。今詳見湖廣羅田、麻城諸縣。○天人山，在縣西七十里。峰巒峻險，上有天人寨。又羊角山，在縣北二十里。明隆慶三年有倭寇數十遁至此，官兵討誅之。

英山河，在縣西，其並流者有添樓河，俱北出六安州界分水嶺，西南流入湖廣蘄州界入蘄河。又北澗水，源出縣東南五里馬鞍山，西流入于英山河。

東湯泉，縣東南三里許，平地石中湧出；縣西南三里又有西湯泉；居民俱引以溉田。一統志：「縣北有潤州塘，居民引以灌田，有潤澤之利，因名。」

柳林關，縣北四十里；又縣西九十里有石門關，其地險隘；舊皆爲控扼之處。今廢。又七引關，在縣北七十里。亦曰七引店，道通霍山縣，有巡司戍守。

皮家店。縣南四十里。舊有巡司，元末廢。又河口巡司，舊在縣東三十里，亦元廢。○安集市，在縣北四十五里。今爲安集市舖。又塔市，舊在縣西一里，今廢。志云：縣南有將軍寨，近時所置，接潛山縣界。

霍山縣，州西南九十里。西北至河南商城縣百六十里，西南至湖廣羅田縣二百八十里，北至河南固始縣二百七十里，南至安慶府潛山縣三百六十里，東南至舒城縣百四十里。漢灊縣地，屬廬江郡，晉因之。後魏分置岳安郡、岳安縣，屬霍州，北齊因之。陳大建五年別將任忠克霍州。十一年爲周所陷。隋開皇初郡廢，改縣曰霍山，屬廬州。唐武德初改置霍州于此，貞觀初州廢，以縣屬壽州。神功初改曰武昌，神龍初復曰霍山。開元二十七年又改曰盛唐，移治騶虞城，即今六安州也。天寶元年復置霍山縣于此。宋省爲故埠鎮，屬六安縣。明弘治七年以六安、英山相距險遠，於故埠鎮立今縣。城周三里。編户十二里。

灊城，縣東北三十里。春秋時楚之潛邑。左傳昭二十七年：「吴子因楚喪，使公子掩餘、公子燭庸伐楚，圍潛。」又三十一年吴人侵潛、六，楚沈尹戌帥師救潛，吴師還，楚遷潛於南岡是也。漢置灊縣，屬廬江郡，後漢及晉因之。劉宋爲廬江郡治。齊屬廬江郡。梁亦爲廬江郡治，并置霍州。東魏因之，高齊時州縣俱廢。

渒水廢縣，在縣東。梁置北沛郡，治新蔡縣，東魏因之。陳大建五年吴明徹等伐齊，別將湛陀克新蔡城是也。後周亦爲北沛郡，隋開皇初郡廢，改置渒水縣，以新蔡縣并入。唐廢。○潁川廢縣，在縣西北。魏收志霍州有北潁川郡，領潁川、邵陵、天水三縣，蓋蕭梁置。梁書：天監初魏拔關要、潁川、大峴三城，白塔、牽城、清溪皆潰。關要諸城戍皆近縣境。今白塔、清溪見巢縣，大峴見名山峴山。

霍山，縣南五里。本名天柱山，亦曰南岳山，又名衡山。文帝分淮南地立衡山國，以此山名也。封禪書：「元封五年冬，巡南郡，至江陵而東，登禮灊之天柱山，號曰南岳。」洞天記：「黄帝封五岳，南岳衡山最遠，以灊岳副之。舜南巡狩至南岳，即霍山也。漢武攷讖緯，皆以霍山爲南岳，故祭其神於此。」後漢建安四年袁術饑困，乃燒壽春宫室，奔其部曲陳簡等于灊，爲簡等所拒。五年廬江盜梅乾等寇江、淮，操表劉馥爲揚州刺史，乾等遁灊天柱山，張遼等擊斬之。晉義熙十一年，霍山崩。水經注：「梁立霍州，治灊之天柱山。」隋開皇九年，詔定衡山爲南岳，而廢霍山爲名山。唐六典：「江南道名山之一曰霍山。」是也。貞元十四年淮西帥吴少誠遣兵掠壽州霍山，殺鎮遏使謝祥，侵地五十里，置兵鎮守。長慶四年霍山山水暴出，爲民患。志云：山頂有天池，北有龍湫，南有風洞，旁有試心崖，其峰高千一百三十丈。

指封山，縣東三十里。舊志「在六安州南九十里」，蓋接壤也。相傳漢武南巡，還登復覽山，見此山峻拔，因指示羣臣，擬封爲霍岳之副，故名。又復覽山，在縣東二十里。即漢武南巡，還登此顧瞻處也。南宋時置戍守于此。又通光山，在縣東北十里，道出六安。○三迴山，在縣西南二十里。一名三曲山。中有小港達縣治，水隨山勢，縈迴三灣，因名。又四望山，在縣南六十里。高千八百丈，登其頂宜於遠眺。

鐵爐山，縣東南九十里。俗傳仙人鑄丹處，鼎爐之址猶存。今居民多于其下爲鐵冶，鑄農器。又仙女臺山，在縣東南五十里。山有大石突出如臺，人莫能登。相對者曰鴈嘴崖。又灊臺山，在縣西三里。石山如臺，當河中流。下有小赤壁。○東石門山，在縣東十里；又有西石門山，在縣西北三十里；皆兩山相對，中爲狹徑，如門之闢。其近東石門者又有聖人山，石壁峭立，其勢若壓，稱爲奇險。

**四十八盤山**，縣西南百二十里。山徑崎嶇，登陟甚艱，行者凡四十八盤，其險始盡，因名。又陶成忠山，〔一〇〕在縣西八十里。石徑崎嶇，傍多林木，藤蔓掩蔽，相傳昔有陶鐵鎗者屯兵於此。○六安山，在縣西三十里。四圍險峻如城，有四門，古多避兵于此。又有六安寨。

**梅子嶺**，縣東五十里。多產梅，上可容數十萬衆。又縣東南四十里有楮皮嶺，居人多造紙于此。○九尖嶺，在縣西七十里。又西六十里有新開嶺。志云：縣西南八十里爲碁盤嶺，道出英山。又縣志：南百五十里有雕翎崖，臨河壁立。又有烏龜峽，在縣西三十里。其水自縣西八十里萬人愁山東流經此，又東十里入黑石渡河。相傳大禹所鑿也，以形似名。

**淠水**，在縣東。源出霍山，北流入六安州界。志云：縣北門外有化龍河，其一發源河南商城縣界，其一發源于湖廣羅田縣界，流經縣境，至縣西二十里之黑石渡而合流經城北，又東入於淠河。

**漫水**，縣西南百十里。源出羅田縣，經縣西南三十里爲梅家渡，又東北合于化龍河。又陡山河，在縣南百三十里，東出六安州界之分水嶺；又梅河，在縣西百八十里，西出英山界嶺；又縣南三十里有草場河，亦自英山縣流入；又有三灣河，自灊山縣流入；俱會化龍河。

梅子關，在縣東梅子嶺上。又縣西南五十里有金鷄關。南北兩關對峙，路出英山，皆昔時戍守處。○金子寨，在縣東八十里金子山上，以山色如金而名。又縣南六十里有李郎寨。皆昔人避兵之所。

千羅畈鎮。縣西北八十里。志云：初置巡司於故埠鎮，後改鎮爲縣，因移巡司于千羅後畈是也。又中埠河市，在縣南四十里，有中埠河渡。又上土市，在縣西南百五十里。縣西南又有濛潼灣市。

附見

六安衛。在州城内。洪武初建。

安慶府，東北至廬州府無爲州三百二十里，西南至江西九江府四百十里，西至湖廣蘄州三百里，北至廬州府三百六十里，東南至池州府百二十里，自府治至應天府六百五十里，至京師三千一百八十五里。

禹貢揚州之域，春秋時爲皖國，皖音患。亦爲桐、舒二國地。戰國屬楚。秦屬九江郡，二漢屬廬江郡，漢末吴克皖城，遂爲重鎮。晉安帝置晉熙郡，宋、齊因之。梁末嘗置豫州，尋改爲晉州，北齊曰江州，陳復曰晉州。大建五年伐齊，陳敬泰克齊江州是也。隋初改熙州，大業初改同安郡。唐武德四年改爲舒州，志云：唐初嘗改爲東安州，正史不載。天寶初曰同安郡，至德初曰盛唐郡，乾元初復故。五代時仍曰舒州，初屬吴，復屬南唐。宋仍曰舒州，亦曰同安郡。政和五年賜額曰德慶軍，紹興十七年改安慶軍，慶元初升爲府。以寧宗潛邸也。元曰安慶路。明初改寧江府，尋復爲安慶府，直隸京師。領縣六。今仍曰安慶府。

府淮服之屏蔽，江介之要衝。漢建安十九年，曹操遣朱光爲廬江太守，屯皖，大開稻田。吕蒙曰：「皖地肥美，若一收熟，彼衆必增。」於是攻皖破之，遂爲重鎮。曹叡太和二年，遣曹休侵吴向皖，滿寵上言：「休所從道，背江傍湖，易進難退，此兵之絓地。若入無疆口，言無限隔也。一云無疆口在桐城縣夾石東南。宜深爲之備。」晉咸寧四年，吴人大佃皖城，王渾遣應綽擊破之。蓋其地上控淮、肥，山深水衍，戰守之資也。徐氏鍇曰：「皖之爲地，中國得之可以制江表，江表得之亦以患中國。吴孫權克皖而曹操不寧，周世宗平淮南而李氏窮蹙。」形險説：「大江合九江、鄱陽之水，東北經流府城東西南三面，而小孤山舊爲大江控扼處，屹峙江北岸，孤峰峭拔，與南岸山對峙如門，大江之水至此，扼束而出其下，深險可畏。」元人立鐵柱於此，曰「海門第一關」。余闕守安慶，倚小孤爲扞蔽，遣將率水軍戍此。陳友諒自上流引軍直擣山下，戍軍敗走，安慶旋陷。明時宸濠之變，賴安慶守臣能挫其鋒，是以南畿無患。蓋小孤者，安慶之門户，而安慶者，金陵之門户也。

**懷寧縣**，附郭。漢皖縣地，屬廬江郡。三國吴爲皖城，晉義熙中改置懷寧縣，爲晉熙郡治。宋以後因之。隋爲熙州治，唐爲舒州治。今編户五十二里。

**皖城**，在府西北。古皖國及漢皖縣皆治此。後漢建武十七年妖巫李廣等據皖城，遣馬援等討平之。建安四年袁術死，術從弟胤棄壽春，奔廬江太守劉勳于皖城。是年孫策襲皖城，克之。六年孫權以皖城太守李術貳於曹操，攻屠其城。既而操取其地。魏志：「曹公恐江表郡縣爲權所略，皆令内徙，民轉相驚，自廬江、九江、蘄春、廣陵戶十餘萬，皆東渡江，江西遂虛，合肥以南，惟有皖城。建安十九年權攻皖城，克之。魏正始二年權遣諸葛恪屯皖城以伺邊隙。四年司馬懿拔皖，恪退兵柴桑。吳廬江太守治皖城也。」晉咸寧四年吳人大佃皖城，謀侵晉，揚州都督王渾遣州刺史應綽攻破之。晉仍曰皖縣，屬廬江郡，義熙中始改懷寧縣。亦曰晉熙城，以晉熙郡治此也。梁大寶初，侯景遣其將任約西侵江、郢，自將屯晉熙。明年王僧辯東下，景將范希榮棄尋陽走晉熙，尋復遁去。梁敬帝初齊將尉瑾等侵皖城，晉州刺史蕭惠以城降。自隋以來，皆爲州郡治。開皇二十年熙州李英林反，尋討平之。唐武德初殷恭邃據舒州，既而來降。七年趙郡王孝恭等擊輔公祏軍於舒州。上元初江淮都統劉展叛，陷舒州。大歷十一年復爲羣盜陳莊所陷，以濠州刺史張萬福攝舒州事，討平之。咸通九年徐州賊龐勛遣兵來寇。乾符三年賊王仙芝陷舒州。中和四年舒州陷於羣賊吳迥等，廬州刺史楊行密遣兵擊定之。光啓二年滁州刺史許勍襲取舒州，景福二年楊行密復取之。五代周顯德三年伐南唐，拔舒州。既而復爲唐所取，五年以州來歸。宋建炎中屢爲亂賊所陷。紹興初招討使張俊破李成，拔舒州。端平三年蒙古入安慶，尋引却。淳祐六年復掠安慶。德祐初叛帥范文虎以安慶降。至正十八年爲陳友諒所陷。十九年明師攻安慶，尋克之。明年復爲友諒將張定邊所陷，二十一年明師復克之。明正德七年流賊劉六、劉七等掠郡境，官軍追討，賊引去。十四年宸濠攻安慶不能陷，尋潰散，蓋郡當江、淮走集之衝也。城邑攷：「吳呂蒙屯皖，在今城東二里。有呂蒙城，即蒙所築也。臨大江，今爲故倉址。其後漸移而西北。宋端平三年以北兵漸迫，城去江遠，控禦爲難，乃徙治羅刹洲，又移楊槎洲，景定初乃遷城于盛唐灣宜城渡之陰，即今治也。其城北負大龍山，東阻湖，西限河，南瞰大江。元至正十六年修城濬濠，引江水環城，恃以爲固，自是屢經修築。」今城周九里有奇，門五。

**梅城**，府北七十里。高齊天保三年行臺右丞盧潛屯兵築城于此。時龍鳴城内，潛以爲不祥，移屯在外，謂之龍鳴城。唐武德中嘗析懷寧地置梅城縣治此，旋廢。又安樂城，在縣西二十里。梁天監七年軍主武會置城于此，因名武功城。唐武德中析懷寧置安樂縣。又逢龍城，在府北。三國時魏將臧霸伐吴，吴將韓當引兵逆戰于逢龍，後置城于此。唐武德中嘗置皖城縣治焉。城冢記：「唐初析懷寧地置皖城縣，在皖水之北，今濠塹猶存。」又有皖陽城，在今府北三十里。亦唐初所置縣，尋與梅城等俱并入懷寧縣。

**大龍山**，府北三十里。稍東相接者曰小龍山。兩山盤亘，下瞰大江，峰巒巖壑，種種奇勝。山周五十里，高十八里。其附山南出者曰門山，以兩山相夾而名。又南十里爲白麟、火爐諸峰。其脉伏而復見，聳起如脊者曰脊現嶺，訛爲集賢嶺。志云：嶺在城北十五里，有集賢關。今城北門亦名集賢門。

**霧靈山**，在府城西。形如覆釜，登其巔則山川阡陌一覽無遺。又府西四十里曰黄山，當冶湖之口，形如卧象，亦曰象鼻山。○太平山，在府西八十里。其山委蛇深秀。又西二十里曰大雄山，地名釋迦坂。山之東四十里餘曰愚公峰，山之西爲俚子峰，左右夾峙，蹊萬石嶺至絶頂，俯視則衆山如孫，長江如帶。又府西南百二十里曰騰雲山，與望江縣接界。

**百子山**，府西北二十五里。峰巖泉壑，蔚然深秀。又西北五里曰甑山，在石門湖西，甚突兀。又黄梅山在府西北四十里，深鬱多杉木修竹。其並峙者曰鏡山，以石色如鏡也。山之北曰豹嶺，多喬松。又有雙峰，兩峰壁立。○寨基山，在府西北五十里，有三峰疊秀。其並峙者曰寶靈山。又獨秀山，在府西北六十里。脉自潛山而來，相去百里，而挺然傑出，爲羣山長。其相接者曰桑山，中多巖洞，石如層樓，可藏千人。又柘澗山，在府東五十里。面江阻湖，盤旋數里，勢若奔騰。

峽石嶺，府西四十里。高數里，有深林環澗，一統志以爲即掛車嶺也。今詳見桐城縣夾石山。又長安嶺，在縣西三十里。嶺甚遠長，路達潛山縣。明崇禎十年官軍敗賊於此。其相近者曰龍見嶺，嶺甚盤固。又府西北七十里曰醉石嶺，亦道出潛山。

大江，在城外。自小孤匯尋陽、彭蠡而來，入宿松界，經望江，下至府城西，遶城南而東北出，趨池口帶桐城界，又東北入無爲州界。其上二百十里東以海門，其下二百十里界以郎磯，扼東吴、楚，爲東南形勝。江防攷：長江自小孤山而東至池口鎮，府境信地，長三百五十里，俱有官軍戍守。又大勝磯，在府西二十里，濱江。明時撫臣史可法敗賊于此。

皖水，在府西。源出潛山，合於潛水，又南至府西石牌市，東至皖口入江，流長三百四十里。宋志：「元豐五年淮南監司言：『舒州近城有大澤，出潛山，經北門外。比者暴水漂居民，知州楊希元築捍水堤千一百五十丈，洩水斗門二，遂免淫潦入城之患。』賜詔獎諭。」志云：府西七十里有瀼河流合潛水。又西五里曰青河，又西五里爲流珠河，皆合潛水達於瀼河。皖水合潛，亦兼潛水之名也。

長風港，府東北四十里。其上流爲蓮湖，湖匯大龍山谿澗水及江水支流而成。一名段塘，中多蓮。引流爲長風港，達桐城縣之樅陽河入大江。今府東四十里曰長風鎮。又有長風沙，在府東五十里。亦曰長風夾，濱大江，有巡司戍守。風，亦作「楓」。志云：長楓夾路達池州府，自此渡江，亦謂之長楓渡。○張葭港，在府西北五里。其上流曰積石河，在府西北三十里，俗名馬嘴石河。又東南流十里匯爲石門湖，湖濱有鳳凰山，又有甑山，東南達張葭港入江。又有大龍水，出大龍山，西流匯石門、張葭之水入江。

黄馬河，府北九十里，自灊水分流；又府北八十里有高河，流合于黄馬河；又有井田河在府西北六十里，與黄馬諸川俱達于桐城之練潭，合樅陽河入江。○冶塘湖，在府西三十里。湖口有石庫渡，其下流達皖口入江。又府西百里曰麻塘河，繇石牌市達灊水，下流亦注于江。志云：城西有清水塘，有閘，引流入江。元末余闕殉難於此，因名盡忠池。

皖口鎮，府西十五里，皖水入江之口也。吴嘉禾六年，使諸葛恪屯於廬江皖口。陳永定三年遣將徐度將兵城南皖口，既又遣臨川王蒨於南皖口築城，使東徐州刺史錢道戢守之，蓋備王琳也。宋開寶八年曹彬圍昇州，遣將劉遇敗南唐援兵於皖口，即此。今亦爲山口鎮。又宜城鎮，在城東樅陽門外。

石潭鎮，縣東八十里。高齊皇建二年置，爲齊、梁二國界，置兵防禦。陳大建五年廢。唐武德五年復置，八年廢。○石亭，在府東北。三國魏太和二年揚州牧曹休侵皖，吴將陸遜等與休戰于石亭，休敗走，追至夾石，斬獲甚衆是也。

石牌市，在府西九十里。地通四邑，商旅輻聚。亦曰石牌口。宋開寶七年，樊若水請用浮梁濟采石，先試舟于石牌口，及伐唐移置采石，不差尺寸是也。又高河市，在州西六十里。

張店。府北二十里。桐城、灊山分界處也，爲北山之孔道。又源潭店，在府北五十里，道出桐城。○觀音港，在府西北七十里。舊有巡司，今革。又羊鬚店，在府西百二十里，路出望江縣。又同安驛，在府西門外。

桐城縣，府東北百五十里。東北至廬州府廬江縣九十里，東南至池州府百八十里。春秋時楚附庸桐國也。漢爲樅陽縣地，屬廬江郡。後漢省。梁置樅陽郡，治樅陽縣。隋初郡廢，開皇十八年改縣曰同安，屬熙州。唐至德初改曰桐城。今縣無城。編户六十五里。

樅陽城，縣東南百二十里，臨江。漢縣治此。漢紀：「元封五年，〔二〕南巡狩，自尋陽浮江，射蛟江中，獲之。舳艫千里，薄樅陽而出，作盛唐樅陽之歌。」後漢縣廢，蕭梁始復置。太清末蕭範以合肥之軍頓濡須，以待上流援軍。久之，進退失據，乃泝流而上，軍於樅陽，尋詣江州。大寶二年侯景挾太子大器西攻巴陵，敗還建康，道經濡須，景爲荀朗所敗，前後相失。太子船入樅陽浦，從者勸太子因此入北，太子不可。陳永定十年廬江蠻田伯興寇樅陽，合州刺史魯廣達討平之。唐武德七年輔公祏叛，趙郡王孝恭討之，破公祏別將于樅陽。元至正十九年陳友諒之黨趙普勝據安慶，結寨樅陽，明太祖命廖永忠攻拔之是也。城邑攷：「宋末桐陽縣移治樅陽鎮，後又徙池之李陽河，元始還舊治。」今仍爲樅陽鎮，明初置税課局於此，正德中革。志云：鎮西去郡城九十里。有射蛟臺，即漢武射蛟處。

陰安城，縣東南八十里。本漢魏郡屬縣，劉宋時僑置於此，屬晉熙郡。齊、梁因之，隋初廢入樅陽縣。又重城，在縣南六十五里。其城三重，南北川澤，左右陂湖，蓋古戍守之地。亦謂之巢城。又有同安故城，亦在縣南。劉昫曰：「隋時因以名縣。」○山焦城，在縣東南。志云：唐開元中嘗以縣治此。地多猛虎毒蛇，元和中縣令韓震焚薙草木，其害遂除。又魯鎮城，在縣南七十里。相傳吴魯肅嘗屯此。又縣東南有吕蒙城，相傳吕蒙所築。

浮山，縣東九十里。亦名浮渡山，有三百五十巖，七十二峰。巖之最著者三十有六，皆可居可游，其中泉石參差，種種奇勝。西南有獨峰，直上千仞，大江環遶，望之若浮。山半又有大通巖，迴出諸巖之上，懸崖飛瀑，凡數百仞。寰宇記謂之符渡山，符與浮音同也。其相接者曰青山，上有巖洞，草木秋冬亦青。明初徐達擊趙普勝之浮山寨，敗其兵于青山是也。又東三十里曰𠔌山，山濱江，一名蓮花峰。又東十里爲白雲巖，其巖東西相峙，洞壑與浮山競勝。

洪濤山，縣東北四十里。山高廣，每大雨則水下流如濤。其相近者曰旂嶺。又拔茅山，在縣東北九十里。一名城山，以峰巖如城也。又名椒嶺。志云：縣東北十里有魯碪山，相傳魯肅曾居此。明崇禎十四年流賊犯境，據魯碪山焚掠，久之始去。○磨旗山，在縣南百二十里。相傳關羽曾于此駐兵。有鎮有隘口。又梅林山，在縣南百十里。山多梅，亦曰梅嶺。縣南八十里又有横山，以横當驛路之左而名。

北硤山，縣北六十里。有兩崖相夾如闕。又西硤山，在縣北四十七里。舊置軍壘，亦曰南硤戍，即夾石山也。通釋：「淮南有兩夾石，在壽州淮水上者曰北硤石，在桐城者曰南硤石。」薛氏謂淮西山澤無水隔者，有六安、舒城走南硤之路，南硤所以蔽皖也。漢建安十九年孫權攻皖，張遼自合肥馳救，至硤石，聞城已破，築壘硤石南而還，謂之南硤戍。吴黄武六年曹休攻皖，陸遜、朱桓等拒之。桓曰：「休非智勇名將，戰必敗，敗必走。走當繇硤石、掛車，此兩道皆險隘，若以萬兵塞路，則彼衆可盡，而休可擒。擒休則可乘勝長驅，進取壽春，以規許、洛，此萬世一時也。」遜不可。及戰於石亭，休果敗，追至硤石，斬獲無算。會賈逵援休，吴兵斷硤石者退走，逵據硤石以兵糧給休，休軍乃振。今山爲控扼要口，北拒廬、鳳，南指江、黄，此爲通道。○龍眠山，在縣西北五十里。與廬州府舒城縣接界，巖壑甚勝。紀勝云：「山與舒城、六安、太湖、懷寧諸縣接界。」似悮。今詳見舒城縣。

**掛車嶺**，縣西四十里，即朱桓所謂「硤石、掛車，兩道皆險隘」者也。志云：上有掛車石。漢都長安，江、淮往來，此爲要路。九域志桐城縣有掛車鎮，以掛車嶺而名。

**大江**，縣東南百三十里。上自懷寧縣之長風夾，下至無爲州界之六百丈墩，凡百二十里皆屬縣境。史記：「秦始皇三十七年自雲夢浮江渚至丹陽。」括地志：「江渚在同安縣東。」或曰即樅陽也。

**樅陽河**，縣東南百二十里。其源自懷寧縣界之蓮湖引流入界，經縣南百三十里爲石塘湖，又東流繞樅陽故縣曰樅陽河，府西北境諸川及縣東北諸川皆匯流入焉，達于大江。漢武薄樅陽而出，陳友諒自樅陽寇池州、太平是也。志云：樅陽東十餘里接三江口，有鐵坂洲、羅塘洲、木鵜洲，皆在江濱。相傳周世宗與南唐割江爲界，以木鵜浮江中，隨其所至，以定南北，鵜沿洲東下，故以木鵜爲名。又有老洲，在縣東百里，西南去樅陽六十里六百丈，巡司置於此。○長河，在縣東南百三十里。其源爲雙河，一出魯硔山曰東河，一出洪濤山曰西河，流經城東三十里爲孔城河；又有白兔河，出縣東南六十里獨山湖，亦流合焉；匯流爲長河，達樅陽入江。

源子港，縣東三十里，下流入江。志云：縣東百有二十里有破堽、竹子、白蕩諸湖，其白蕩湖亦曰民池湖；又有凾山湖，在縣東南百二十里，凾山之水注焉；皆迴環相接，達源子港入江。○桐溪，在縣城東。源出龍眠諸山，繞城而南，引流入城曰桐渠，復南出溉民田，下流入樅陽河。

團亭湖，縣南六十里。括地志：「湖水發源南硤石山，與白石湖相連。湖中有兩小山，亭亭高峻，白石皎然，故有團亭、白石之號。」昔時樅陽湖水遶團亭湖與江水合而東流，今陵谷變遷，非復舊流也。○練潭，在縣西南七十里。郡北高河、黄馬河諸水俱匯流於此，引而東南曰古湖，又東南達於樅陽。志云：古湖在縣南八里。

北硤關，縣北四十里，以北硤山而名。道出舒城，有巡司戍守。亦爲北硤鎮。

浮山寨，在縣東浮山下。明初徐達攻安慶，自無爲州登陸，夜至浮山寨，擊敗敵兵，又敗賊於沙河，進克潛山。沙河，今見潛山縣。○西陽戍，或云在縣東北。魏太和初賈逵自豫州進兵取西陽，向東關，蓋道出縣境云。

孔城鎮，在縣東三十里。以近孔城河而名。縣東南八十里又有湯鎮。志云：縣東百八十里有源子港巡司，地名湯溝。又有馬踏石巡司，在縣東南三十里，地名樅陽下鎮。又練潭鎮，在縣南六十里，以近練潭而名。

呂亭。縣北十五里。相傳呂蒙嘗駐師於此。宋元嘉二十五年，以豫部蠻民立呂亭左縣，屬晉熙郡，縣尋省，即此地也。今爲呂亭驛。志云：初爲北硤驛，洪武十五年改置。又陶衝驛，在縣西南四十里，地名三安。志云：驛舊置於沙口陂，洪武十五年改置，道出潛山縣。

潛山縣，府西北百四十里。又西北至六安州霍山縣三百六十里，西至太湖縣百里，東至桐城縣百三十里。本懷寧縣之清朝、玉照二鄉，宋置四寨，元至元中立野人原寨，至治三年始置灊山縣。縣無城。今編户六十里。

灊山，縣西北二十里。綿亘深遠，與六安州霍山縣接界，即霍山矣。舊志：灊山與皖公、天柱三峰鼎峙，層巒疊嶂，爲長淮之扞蔽。説者皆以灊、皖、天柱爲三山，其實非也。蓋以形言之則曰灊山，謂遠近山勢皆灊伏也；以地言之則曰皖山，謂皖伯所封之國也，或謂之皖公山，亦曰皖伯臺；以峰言之則曰天柱，其峰突出衆山之上，峭拔如柱也。名雖有三，實一山耳。或又謂「山南爲皖，山北爲灊，雪山盤其東，霍山屏其西」，皆即一山，而强爲之説耳。圖經：「灊山高七千有二十丈，廣二百五十里，周五百里，道家以爲第十四洞天。有峰二十二，嶺八，崖五，巖十二，原四，洞十，臺四，池三，其瑰奇秀麗，不可殫紀。」漢郊祀志：「武帝登禮灊之天柱山。」又爾雅：「霍即天柱山，灊水所經。」山或以邑名，或以水名，志亦謂之灊岳也。詳見前六安州霍山縣。

天堂山，縣西北百四千里。四壁高峻，中敞如堂，平廣可容萬騎，昔嘗屯兵於此。中有温泉及龍湫，又有黄沙、碎石、清風、飛旗諸嶺及雙乳峰、主簿原，旁爲連山，曰羅源、後霍、公蓋、金龜、鯉魚及東山、後山、嬴山諸山，左右環合，稱爲絶險。舊有天堂寨，多事時往往爲跳梁者所據。今有天堂山巡司，在縣西北百里。○牛眠山，在縣北七十里，以形似名。近有牛眠寨，爲據險處。志云：山麓有金鏡潭，甚深。又北三里曰水吼嶺，控天堂之勝。又崑崙山，在縣東北六十里。上有泉。近置崑崙寨於此。其相近者曰龍隱山，亦名白涯山，近有白涯寨。

駕霧山，縣南三十里。峰巒高峻，駕雲霧之上。三國時魏人嘗屯兵於此。又白雲山，在縣南八十里。絶險壁立，上有平坡，懸橋以升，可容萬人。近時有白雲寨結於此下。有嶺曰惟嶺，溪曰滸溪。其相近者又有無愁山。○閔山，在縣西八十里。有果老嶺，產茶甚佳。山最深處曰蟠山，以蟠曲名也。志云：縣西北六十里有寨石嶺，與六安州接界。西南八十里有分流嶺，與太湖縣接界。

**皖水**，縣西北二十里，志云：出天堂山之龍潭，經烏石陂至縣東二里之崩河合於潛水。其潛水亦出天堂附近之羅源山，流爲開源澗，亦曰埭口，經水吼嶺吴塘堰至縣治西，轉北而東合於皖水，達府西石牌口下流入江。志云：皖水一名後河。潛水一名前河，經縣治西分二流，支河出縣南。亦曰黑河，正河遶出縣北，俱達於後河。

**沙河**，縣東六十里。出崑崙山，南流合府北黄馬河諸水匯於練潭。元至正十九年明師破僞漢兵於青山，進向潛山，僞漢將郭泰引兵涉沙河逆戰，明師破斬之，進克潛山是也。

**黄泥港**，縣西北二十里。太湖縣境之水匯流於此，合於潛水。又青河，在縣西十里。亦出潛山，合谿澗水達於潛水曰青河口。

**南湖**，在縣治南。一名靈湖，亦曰南園。三面倚城，多古木，渟泓涵浸，宜於植蓮。又有雪湖，在縣治西。

**吴塘陂**，縣西二十里，潛水所注也。亦曰吴陂堰。魏志：「揚州刺史劉馥開吴陂以溉稻田。」建安十九年曹公遣朱光爲廬江太守，屯皖，大開稻田，吕蒙與争處也。或曰塘即朱光所開。一云吕蒙鑿石通水，灌稻田三百頃，亦即此陂也。通釋：「陂在懷寧縣西二十里。」

**駕霧關**，在縣南駕霧山下。又縣東四十里有龍井關，地名西堡。懸崖瀑布，最爲奇勝。○大關，在縣西四十里，地名籠口。又西十里有小關，地名茅嶺。

野人原寨，縣西北十五里。宋景炎二年，劉源等於此起義兵興復，克黄州及壽昌軍。元置寨。志云：縣有舊寨二，野人原及天堂寨也。其新寨五十有八，俱遶潛山之麓。其著者爲西關、皖澗諸砦，在潛山前；又太河山、小河山、張家、飛旗、從龍、張山、雙峰、紅巖、太平、堆金、伏龍、安龍、桃園、玄圃諸寨，在潛山後；排牙、梅家、胡盧、馬園、石泉、白馬諸寨，在潛山西南；崑崙、馬鞍、英窠、獨山諸寨，在潛山東；外又有埭口、青水諸寨皆在縣界，有事時豪民多結聚於此。

沙灣店。縣東十里，道出桐城。又縣西三十里曰桃花店，道出太湖縣。西南二十里曰八字店，道出望江縣。○撥蒿坂，在縣西二十里。又車輞坂，在縣南三十里，有青山渡。縣東北百里又有黄石坂，與英窠山寨相近。又青口驛，在縣東北五里，亦出桐城之道也。

太湖縣，府西北二百二十里。西北至六安州英山縣二百十里，西至湖廣蘄州百二十里，西南至宿松縣八十里。漢皖縣地，劉宋元嘉二十五年以豫部蠻民立太湖左縣，屬晉熙郡，以地有太湖也。高齊置新安郡，後周郡廢。隋開皇初改縣曰晉熙，屬熙州，十八年復曰太湖縣。唐屬舒州。紹興中省入懷寧縣，尋復置。今縣無城。編户六十八里。

青城廢縣，縣東四十里。志云：曹魏將曹仁所築。唐武德中置縣於此，尋廢。又東陳廢縣，在縣東南四十里。寰宇記：「蕭齊所置，陳大建五年廢。」○荆陽廢縣，在縣東四十五里。唐武德中置荆陽縣，旋廢。又太湖故城，在縣東北二里。志云：劉宋時置縣於此。

司空山，縣西北六十里。高聳雲表，上平坦可數畝，謂之司空原。舊有寨壘。又有洗馬池，雖旱不涸。半山復有清泓，旁有雷洞，甚深邃。旁又有小鵶嶺。志云：山高七里，周四十里。又西北五里曰雷公巖，削壁萬仞，稱爲奇勝。

**四面山**，縣東北十里。山方而鋭，四面如一。又三峰山，在縣東北九十里。有三峰並峙。○嵯峨山，在縣北二十里，又北二十里曰天頭山，俱以高險名也。又北八里曰獨阜山，亭亭秀峙，迴出羣峰中，因名。○大尖山，在縣北九十里。山崇隆而聳峙，羣山皆出其下。又北九十里有珠子山，孤峭干雲。有關，與英、六爲限。

**新寨山**，在縣西南十里，壁立險阻。又有龍門山，在縣西南十三里。兩山對峙，狀如龍門。又縣南三十里曰香茗山，上有原砂。○九重山，在縣西三十里。以盤迴綿亘而名。又夾羅山，在縣西二十里。以夾羅溪而名。其土沃。○隘口嶺，在縣西北二百里，接英山縣界。又縣北六十里有青楓嶺，接潛山縣界。

**羅溪河**，縣西北二十里。出司空山，流經縣西一里匯於馬路河，經縣治而東流六十里至潛山縣界之黃泥港，又東南會於潛水。志云：縣境羣川，自西北出者大率會於馬路河，歸於黃泥河，合潛水而入大江云。○南陽河，在縣西南六十里，源出湖廣蘄州之沙河；又有白沙河，在縣西南百六十里，流合南陽河，東匯於馬路河。

**後部河**，縣西北百二十里。其上流爲銀河，源出潛之天堂山，入縣境經橫崖而入後部河。又有羊角河，源出英山，入縣界流八十里而匯於後部河，並流而東南，凡六十里合龍灣河，亦東達於馬路河。志云：羊角河在縣西北二百里，銀河在縣西北百六十里，龍灣河在縣西北六十里。

**雙河**，縣東南五里。源出四面山，縈迴曲折流合羅溪諸河而達於黃泥港。又銅沖河，在縣東十五里。中有銅礦。其下流合於雙河。○思常河，在縣南三十里，與宿松縣分界。又有棠梨河，在縣西十里。源出龍門山，東南合於思常河，入潛山縣亦匯於黄泥港。

太湖，在縣西南。縣西諸山溪之水鍾而爲湖，東南流經望江縣入於大江。今爲平陸。志云：縣有太湖、小湖、陸鍾、仰天、黄里諸湖，故有五湖之名。今縣東四十里有小池，置驛於此，或即小湖也。餘皆湮没不可考。○翟公隄，舊志云：在縣西南。元末縣尹翟居仁所築，民至今賴其利。

張安撫寨，在司空山上。宋亡，有安撫張德興者立寨於此，以圖恢復，與元人相持十餘年，爲元將昂吉兒所襲，兵敗死之。寨有五門，曰太平，曰歡喜，曰朱砂，曰前部，曰後部。今故址猶存。○桃花寨，在縣西八十里，與蘄州接界。

白沙鎮，縣西百二十里，有白沙巡司。又縣北百二十里有後部巡司。又小池巡司，在縣東四十里。明初置，尋革。今池口驛設於此。志云：縣西北九十里舊有南陽巡司，今亦廢。

載陽橋。在縣西三里。造舟爲梁，南通望江，西通宿松、黄梅。志云：縣西一里馬路渡，向爲津濟要口，近遷渡於此。

宿松縣，府西南二百七十里。東南至江西、彭澤縣二百五十里，西至湖廣黄梅縣九十里，東北至太湖縣八十里。漢皖縣地，後漢縣省。三國魏復置爲安豐國。晉咸和中僑置松兹縣，屬廬江郡。宋仍屬安豐郡，齊因之。晉末僑置松兹縣，屬廬江郡。〔一三〕梁置高塘郡。陳大建二年吴明徹等伐齊，高塘郡來降是也。隋開皇初郡廢，改縣曰高塘。十八年又改爲宿松縣，屬熙州。唐武德四年置嚴州於此，八年州廢，縣屬舒州。宋因之，紹興中省入望江縣，尋復置。縣無城。今編户十六里。

松茲廢縣，縣北五十里。晉以後僑縣治此。今其地曰仙田，有嘉禾，無種自生。志云：縣北三十五里又有舊縣埠，其河亦曰舊河。

得勝山，縣南四十里。元末余闕守安慶，嘗敗賊於此。其相近者曰大爐山，上有鐵冶。又跨池山，在縣南六十里，多事時每爲兵燹之衝。○峰山，在縣東北六十里。山高敞，可以瞻望。高齊時淮南與陳人分江南界，嘗置烽火於此，因名。

馬頭山，縣東八十里。峰岫紆回，巖嶂屈曲，以形似名。晉咸和三年，譙國内史桓宣以祖約作亂，帥衆屯此。約自壽春遣祖渙等襲湓口攻皖，因攻宣，毛寶馳救，擊却之。○陳漢山，在縣西北八十里。相傳昔有陳漢者結砦於此。其地險固，豪民往往據爲屯聚之所。又嚴恭山，在縣北三十里。山突起五十餘丈，環亘十餘里，唐嚴州以此山名。其相近者曰龍門山，又北十里曰石門山。

小孤山，縣東南百二十里。與江西彭澤縣接界，舊時峙江北岸，與南岸羣山對峙，爲控扼處。元天曆中，立鐵柱於山上，長三丈有奇，曰「海門第一關」，江流經此，湍急如沸。至正中余闕守安慶，倚小孤爲扞蔽，小孤敗，安慶遂不支。既而明師西討，至小孤，其守將丁普郎迎降。未幾，明師復繇陸道而進，自宿松抵小孤。成化二十年，江水忽分流於山北，流日益廣，自是屹立中流，大江澎湃，環於四面。山有石級百十有一，紆回而上，巖林泉石，頗饒勝致。其南下曰彭浪磯，磯蹋爲馬當山。北下爲蛾眉洲，與小孤相映帶。正德十四年宸濠以南昌叛，遣將犯小孤，沿江焚掠，進寇望江，抵安慶。説者謂：小孤、安慶，如脣齒相維，爲金陵西面之險云。今詳見江西彭澤縣。

小隘嶺，縣西北八十里，與湖廣黄梅縣分界。志云：縣西百三十里有寨子鎮，即黄梅境内矣。又窑嶺，在縣西二里，以地多陶冶而名。○鼇山洞，在縣東十五里。洞可容千人，爲古僊棲隱處。

大江，在縣南百二十里。江防考：「小孤山爲江面險要，大江經此分流東下，入望江縣境。有小孤巡司，與安慶、九江官兵以時巡哨。小孤之上二十里曰楊家洲，下十五里爲毛湖洲，稍東爲沙灣角，俱盜賊出没處也。」

龍南蓮若湖，縣南三十里。中有浮洲，湧若螺黛。又東南三十里爲白荆湖。其相接者曰灣池，上有山，又有洿池市及洿池渡，中分三十六段。又有棠梨湖、小黄湖，俱相連接，達於縣東八十五里之張富池，趨望江縣之泊湖，至雷港入江。○大、小豆溪，在縣東三十里。又縣東六十里曰大、小伯滂河，合流於張富池，接楊灣口達於泊湖。

攝湖，縣西南四十里。又西南十里曰麻湖。其相接者曰牌湖、周泊湖。又西南八十里曰鹹湖，周迴甚闊，中産鹹魚，又西南注於江。志云：縣北六十里有三溪河，其水出蘄、黄境内，有三派，流入縣境匯於隘口，南入大江。○浮湖在縣東南六十里，又東南十里曰黄湖，又縣東南百里曰茅湖，皆相通注，匯於望江縣之泊湖。

桑洛洲，縣南百三十里。寰宇記云：「洲在縣西南百九十里，與潯陽分中流爲界。」江水自鄂陵派而爲九，於此合流，謂之九江口，即劉毅爲盧循所敗處。又東爲武林洲，即桑落洲之尾也。今詳見江西德化縣。○孟洲，在縣南四十里。洲連龍湖。又有黄洲，連竹墩渡。其相近者曰黄陂洲。又南四十里曰楊柳洲。志云：縣東四十里有望子洲，其相連者曰大泊灣。

涇江口鎮，在縣西南，有巡司。志云：小孤巡司而西六十里有涇江口巡司，又西六十里爲歸林鎮，有歸林灘巡司，俱瀕江戍守處。○楓香店，在縣北四十里。亦曰楓香坂，向有楓香驛。明崇禎十年流寇犯境，官軍禦賊於此，敗績。

屏風寨。在縣西三十里西源山中。有山自麓至頂有九井相貫，層巖峭壁，險固可恃。志云：縣有寨十，在縣北者曰九層、田氏、鐵架、土峰、城河凡五寨，〔三〕在縣東者有北林、石氏二寨，縣西北又有白牙、東林二寨，與屏風爲十寨云。

望江縣，府西南百十里。東至池州府東流縣百二十里，南至江西彭澤縣百里。漢皖縣地，晉置大雷戍，東晉義熙中置新治縣，屬晉熙郡。陳置大雷郡治此。隋廢郡，改縣曰義鄉，屬熙州。開皇十八年改曰望江縣。唐武德五年置高州，尋改爲智州。七年州廢，縣屬嚴州，八年屬舒州。宋末嘗遷治於東流縣之香口鎮，元還舊治。今無城。編户二十四里。

大茗山，縣西北六十里，其旁出者曰小茗山，兩山東西相向。大茗之巔有巨石聳峙，頂平如砥。小茗之上有蓮花峰，峻削而秀麗。又南十里爲鳳棲、鷓鴣、石灰、懸頂諸山，互相映帶。○嵯峨山，在縣西七十里，東去大茗山十里。一名箬山，西接太湖縣界。志云：山下又有連塘城，相傳劉裕與盧循戰處也。

磨叉山，縣北三十里。泉石頗勝。又北二十里曰寶珠山，山近漳湖，濱湖諸山皆伏，山獨圓秀而傑出，因名。○周何山，在縣東一里。志云：周瑜及何無忌皆曾駐軍於此，因名。

大江，縣南十五里。南接蛾眉洲，東北流入懷寧縣界，西去縣城亦三十里。江防考：「大江上自宿松縣毛湖州，下接懷寧縣皖口鎮，凡百五十餘里。」宋志：「自潯陽柴桑沿流三百里至望江。」是也。

泊湖，縣西四十里。自宿松縣界龍南諸湖及縣四境之水俱匯於此，經縣南五里曰楊溪河，其水東泊湖之口亦曰澈水口，又導流爲諸溪港，繞縣而東，下達縣東三十里之雷港入江。今徙從縣南十五里之華陽鎮注於江。又鰣湖，在泊湖西五里。亦自泊湖分流，達於楊溪。

漳湖，縣東北六十里。其上流爲武昌湖，在縣東北三十里，受茗山、鳳溪諸溪澗及縣北羣川之水，匯而爲湖，廣十里，袤三十里。又東北十里爲青草湖，相接者曰白土湖，會上流諸水，其漲彌天，又東北匯於漳湖，導流爲埭溝河，達府西皖口入江。其支流達縣東北七十里之路灌口亦入於江。○慈湖，舊在縣北十八里。志云：縣北二十里有石子港，源出縣西二十里之雪涼泉，匯慈湖、孝感諸水入於武昌湖。明初安慶爲陳友諒所襲陷，明師復克之，命徐達等追友諒至慈湖，焚其舟是也。孝感山，在今縣北十五里。其水亦注於慈湖。又縣西北有大、小豆溪，自宿松分流，達慈湖入江。

懸步河，在城南。其西南六里有白澗，流經城南二里會於龍潭，合上流諸水匯爲懸步河，又東南合於楊溪河入江。又後溪河，在縣北十里。其水分青草、白土諸湖之水，會諸溪流合於懸步河。

馬頭河，縣北五十里。亦受大茗諸山之水，縣西北四十里鵶灘之水亦流匯焉，下流入武昌湖。又蘆薪河，在縣西北三十里。源出鷓鴣諸山，亦流入武昌湖。○埭溝河，在縣北六十里。受漳湖諸流，連懷寧縣境之沙灘，又東經石庫渡至皖口入江。

**雷池**，縣東三十里。源出宿松縣界，東流二百餘里，經縣東南積而爲池，又東十五里入江。三國時有雷池監孟宗，嘗爲雷池漁官是也。其入江處亦曰雷港，亦曰雷江口，亦曰大雷江。晉咸和二年蘇峻以歷陽叛，温嶠欲自江州入衛，庾亮報嶠書曰：「吾憂西陲過於歷陽，足下無過雷池一步。」義熙六年劉裕討盧循軍於雷池，進軍大雷，分兵屯於雷江西岸，先備火具。循自湓口來戰，不勝，回泊西岸，岸上軍發火焚之，循敗走。宋孝建初江州刺史臧質叛，使其黨魯弘下戍大雷。泰始初晉安王子勛舉兵江州，遣將軍俞伯奇斷大雷，禁絶商旅，又以甲士五千人出頓大雷，於兩岸築壘。明年子勛將劉胡等軍敗，悉發南陵諸軍燒大雷諸城而還。梁承聖初王僧辯等討侯景，自尋陽東下，軍於大雷。陳永定二年以王琳軍尋陽，遣軍拒之於大雷。既而琳引軍來攻，不克。今縣城本名大雷戍，蓋以雷江爲名。明正德七年流賊劉六等自黄州趨京口，道雷港，尋又自通州經雷港趨九江，未幾復繇雷港犯金陵，蓋雷港爲濱江要防也。舊置雷港鎮，有巡司戍守，兼置雷港驛。天啓中雷港爲浮沙所塞，於是巡司廢，驛移於華陽鎮。

**楊灣鎮**，縣南三十里，有楊灣口巡司。今移司於東十里之急水鎮。志云：南門外有方公堤，達急水鎮，明天啓中縣令方懋德築。○華陽鎮，在縣南十五里。志云：鎮濱江與宿松界沙灣角、毛湖洲一帶形援相接，向爲奸盜淵藪，有官軍巡戍。又新溝鎮，在縣西。縣北又有埭溝鎮。

**西圩**。縣東北六十里。周三十餘里。堤長三千九百七十餘丈，闊十丈，高二丈。圩中田三萬七千餘畝。志云：孫吴時屯皖口，得穀數萬餘，即此圩也。

## 附見

安慶衛。在府城内。洪武初建。

## 校勘記

〔一〕或目爲界樓城　「目」，底本原作「自」，今據職本、鄒本改。

〔二〕亦曰焦湖　「湖」，底本原作「河」，今據職本、鄒本改。

〔三〕羹頡城　底本原作「頡羹城」，職本、敷本同，惟鄒本作「羹頡城」。史記卷五〇楚元王世家云：「高祖微時，嘗辟事，時時與賓客過巨嫂食，嫂厭叔，叔與客來，嫂詳爲羹盡，櫟釜，賓客以故去……乃封其子信爲羹頡侯。」據此，鄒本作「羹頡城」是，今據乙正。

〔四〕則建業可以奠枕　「業」，底本原作「鄴」，今據鄒本改。此所述爲三國時事，而「業」之改「鄴」在晉太康年間，晉志卷一五云：「太康三年，分秣陵北爲建鄴，改業爲鄴。」故此當作「業」。

〔五〕楚昭王五年吴伐楚　底本原脱「五年」二字，今據鄒本及史記卷四〇楚世家補。

〔六〕又有霍州廢城　「城」，底本原作「縣」，今據職本改。

〔七〕水經注所謂沘水也　「沘」，底本原作「泚」，今據水經沘水注改。

〔八〕其地在霍山縣境内　「山」，底本原作「州」，今據職本、鄒本改。

〔九〕鷹山寨　職本與底本同，敷本、鄒本作「鳴山寨」。

〔一〇〕陶成忠山　職本與底本同，敷本、鄒本作「陶成志山」。

〔一一〕元封五年　「封」，底本原作「豐」，今據職本、鄒本改。

〔一二〕晉末僑置松兹縣屬廬江郡　按上文已云「晉咸和中僑置松兹縣，屬廬江郡」，此不當再云「晉末僑置松兹縣，屬廬江郡。」

〔一三〕凡五寨　「五」，底本原作「六」，鄒本作「五」。此所列明爲五寨，作「六」誤，今據鄒本改。

# 讀史方輿紀要卷二十七

## 南直九

太平府，東至應天府溧水縣百六十里，南至寧國府百七十里，西南至池州府四百五十里，西北至和州九十里，自府治至應天府百三十五里，至京師二千五百九十里。

禹貢揚州之域，春秋時吴地，後屬越，戰國屬楚。秦屬鄣郡，漢屬丹陽郡。晉屬丹陽、宣城二郡，咸和中僑立淮南郡，兼僑置當塗縣，治于湖。又嘗僑立豫州。治蕪湖。後或治姑孰，或治于湖。詳州域形勢。宋爲淮南郡，齊嘗置南豫州，州在建康之南，亦曰南州。梁末亦爲南豫州，治姑孰。陳因之。隋滅陳，改屬蔣州。唐武德四年復置南豫州，八年州廢，改屬宣州，五代時南唐置新和州於此，尋改雄遠軍。宋開寶九年改曰平南軍，太平興國二年改爲太平州。元爲太平路，明初改爲太平府，直隸京師。領縣三。今仍曰太平府。

府控據江山，密邇畿邑。自上游來者則梁山當其要害，自横江渡者則采石扼其咽喉，梁山、采石詳見前名山，即府境形勝也。金陵有事，姑孰爲必争之地。東晉以後，嘗謂京口爲北府，歷陽爲西府，姑孰爲南州，而南州關要，比二方爲尤切，地勢然也。王應麟曰：「太平，江津之要害也。左天門，右牛渚，鐵甕直其東，石頭枕其北，襟帶秦淮，自吴迄陳，常爲鉅屏。」

**當塗縣**，附郭。漢丹陽縣地，晉太康三年分丹陽置于湖縣。咸和中以江北當塗流民南渡者衆，乃於于湖僑立當塗縣及淮南郡。隋罷淮南郡，徙當塗於姑孰，屬蔣州。唐初爲南豫州治，州廢，以縣屬宣州，乾元以後縣屬昇州。南唐屬雄遠軍，宋屬太平州。今編户一百六十九里。

**姑孰城**，今府治。漢丹陽縣地也，迫臨江渚，商賈湊集，魚鹽所聚。東晉時置城戍守，并積鹽米於此。城南臨姑孰溪，因曰姑孰城。咸和二年歷陽内史蘇峻據郡叛，使其將韓晃等襲陷姑孰，取鹽米。興寧二年桓温自赭圻移鎮姑孰。咸安二年桓冲爲豫州刺史，戍姑孰。宋元嘉三十年武陵王駿討元凶劭，至南州，降者相屬，即姑孰城南也。又大明七年校獵於姑孰。齊永明十一年宜都王鏗爲南豫州刺史，鎮姑孰。東昏侯末，蕭衍前軍至蕪湖，監南豫州事申胄棄姑孰走，衍進據之。既而齊主寶融自荆州東至姑孰，禪位於梁。梁承聖初王僧辯等討侯景至姑孰，賊將侯子鑒敗走。隋開皇九年伐陳，韓擒虎自横江濟采石攻姑孰，半日拔之。尋移當塗縣治此，後因之。志云：當塗城舊跨溪水上，唐元和中築，周十五里，東西置水門，曰上、下柵。張舜民曰：「姑孰溪舊經太平州城内。」陸游曰：「姑孰城在當塗北。」今州城正據姑孰溪，溪亦名姑浦。江源記：「姑浦口南岸立津，以譏行旅是也。」宋建炎中郡守郭偉築新城，減舊城三之二，限溪流於城外，西入江。後屢經修築。寶慶二年更置南北二水門，又增甕城一。紹定中復修城濬濠，環城爲備。元仍舊址。明初克太平，既而陳友諒來争，城西南俯瞰姑溪，友諒乘水漲以巨舟薄城，士卒緣舟尾而上，城遂陷。友諒敗，常遇春駐守，乃改築今城，南距姑溪三十餘步，城遂完固。有門五：南面門二，左曰南津，右曰湖孰；東面曰行春；西面曰澄江；北面曰清源，城周六里有奇。

于湖城，在府南三十八里。漢丹陽縣地，三國吴爲督農校尉治，晉太康二年始立于湖縣，屬丹陽郡。太寧初王敦自武昌移鎮姑孰，屯于湖。咸和初僑置淮南郡於此。宋大明六年以淮南郡并入宣城郡，移宣城郡治于湖。又南豫州亦治焉。尋復爲淮南郡治。隋省郡，又并縣入當塗。杜佑曰：「當塗城即姑孰城，于湖故城在其南」云。又丹陽城，在府東北八十里，與應天府接界。今爲丹陽鎮。詳見前。

采石山，府西北二十五里，濱江爲險。昔時自横江渡者必道采石趣金陵，江津襟要，此爲最衝。亦曰采石圻。志云：采石以昔人採石於此而名。其石突出江中，渡江者繇此登躋。今爲采石鎮，置采石巡司及采石驛。又南里許曰牛渚山，亦曰牛渚圻。俱見前名山。

博望山，府西南三十里。亦曰東梁山，與和州西梁山夾江對峙，石磯北出，江流激射。亦謂之梁山磯，又名天門山。亦曰蛾眉山。詳見前名山梁山。

白紵山，府東五里。本名楚山，晉桓溫遊此，奏白紵之歌，因改名焉。登其上則羣山環列，江湖縈帶，稱爲佳勝。志謂之蒲山。宋書「大明七年，巡于湖，至蒲山」，即此山矣。○黃山，在府西北五里。一名浮丘山。山有劉宋時離宮及淩敲臺、懷古臺并浮圖在焉。志云：淩敲臺周五里一百步，高四十丈。又金山，在府北十里。昔時出銅與金類，古所謂丹陽銅也。

龍山，府南十里。桓温嘗以九日與僚佐遊宴於此。陳宣帝謂郡之形勝「牛首北臨，龍山南指」者也。金陵志云：山在建康西南九十五里，周二十五里，高百二十丈。」稍南爲九井山，相傳桓温所鑿。晉元興二年桓玄築禪位壇於九井山北，即此。伏滔北征記：「九井山，五井已堙，四井通大江。」

青山，府東南三十里。一名青林山。唐武德七年李孝恭等討輔公祏，敗其兵於蕪湖。公祏遣舟師屯博望山，復遣其將陳正通將步騎屯青林山。既而孝恭敗公祏梁山之兵，博望、青林二戍皆潰。明初太祖入歷陽，元人戍守於此。志云：山綿亘甚遠，周八十里。唐天寶十二載改名謝公山，以齊宣城太守謝朓居此，山頂有池及井，皆以謝公名也。宋郭祥正詩「重岡複嶺控官道，北望金陵真國門」是矣。○石城山，在府東二十里。有石環繞如城，因名。

褐山，府西南三十五里，臨大江。亦曰曷山。稍東即東梁山也。唐光啓三年，楊行密自廬州謀取宣州，州帥趙鍠遣兵屯曷山，行密擊敗之。天復二年馮弘鐸據昇州，引樓船兵襲宣州，楊行密將田頵帥舟師逆戰於曷山，大破之。三年，田頵以宣州叛，行密使李神福攻頵，破之於曷山。張舜民郴行録：〔一〕「褐山磯在大信口稍西南，去蕪湖縣四十餘里。是也。宋紹興二年，命沿江岸置烽火臺，當塗之褐山其一處云。

馬鞍山，府西北三十五里慈湖港口。江防考：「山至江寧之烈山三十五里，至江寧鎮四十五里，馬鞍而東北五里即江寧接界之慈姥山也。」又望夫山，亦在府西北四十里。志云：山周五十里，高百丈，正對和州城樓。○横望山，在府東北六十里，與應天府接界。亦曰横山。志云：即春秋時楚子重伐吳所至之衡山也。

大江，府西北五里。江行録：「大江自繁昌縣西三十里荻港驛入府界，與池州府接境，過縣北折而東北流有宗三廟，爲沿江要地，又東至蕪湖縣，去繁昌凡百里，又東北四十里爲東梁山，又東北四十里至采石磯，又東北六十里即江寧鎮也。」梁承聖初，王僧辯討侯景，至姑孰，景將侯子鑒度南洲，於岸挑戰，又以鵃舠載戰士，僧辯麾細船令退縮，留大艦夾泊兩岸，子鑒之衆謂水軍欲退，亟出趨之，大艦斷其歸路，合戰江中，賊軍大敗。宋志：「郡濱江爲險，牛渚、天門最爲形勝，誠東南之巨鎮也。」

丹陽湖，府東南七十里。舊志云：應天、廣德、徽寧境内之水，匯而爲三湖，曰石臼，曰固城，曰丹陽，而丹陽最大，東西七十五里，南北九十里。其一枝自蕪湖縣入江，又分爲别派，北過大信，經天門山入江；其一支接溧水縣境，合諸溪港之水北會姑孰溪，經府南，北過江口渡，又北過黄山渡，出抵采石磯入大江。俗以蕪湖之流爲南股，當塗之流爲北股。其上源詳見應天府高淳縣。

姑孰溪，在府南二里。自丹陽湖引流而北，合支流諸水匯爲姑孰溪，亦謂之姑浦，又西過鼉浦，經城南謂之南州津，又西北至府西五里之江口渡，復北經黄山渡，又北歷牛渚、采石磯至寶積山入於大江。志云：采石之北即寶積山，舊有取銅坑，因名。

大信河，府西南二十五里。大江自天門山南釃爲夾河曰大信，下達采石入江。亦謂之南浦。劉宋孝建初，江州刺史臧質以南郡王義宣叛，與王玄謨相拒於梁山，質遣其黨龐法起將兵趨南浦，欲自後掩玄謨，垣護之擊破之。梁承聖初王僧辯等討侯景，至蕪湖，景將侯子鑒據姑孰南州以拒之。景遣人戒子鑒曰：「西人善水戰，宜結營岸上，引船入浦。」浦即南浦，胡氏曰：「今大信港也。」志云：大信河自蕪湖白岸湖分流，北過梅塘、何墓山之間，〔二〕西過馬鞍山，又西過大信下鎮，會龍山港入江。今有大信巡司，亦曰東梁山巡司，置於府西南大信河口之大信鎮。又匾擔河，在府西七里。亦曰古擔河，自大信河分流入江，亦有匾擔渡。

**新河**，府北二十五里。亦曰采石河。志云：在采石鎮西、牛渚磯東。宋慶曆中，以牛渚磯控江流之衝，水勢湍激，爲舟楫害，乃開新河於磯後，南接夾河，北達大江，舟行遂得安濟。○黄池河，在府南六十里。東接固城湖，南至黄池鎮，與宣城縣分中流爲界，西接蕪湖縣河入大江。唐大順二年楊行密保宣州，遣將劉威等擊賊將孫儒於此，爲儒所敗。又天復三年，田頵據宣州叛楊行密，行密將臺濛敗頵於黄池是也。

**慈湖水**，府北六十三里。志云：舊有湖，後湮，其餘水流入大江。江行記：「自建康泝江而上，過白土磯入慈湖夾是也。」吳將笮融嘗屯兵於此。晉咸和中蘇峻以歷陽叛，庾亮使司馬流將兵據慈湖以拒峻，峻遣其黨韓晃襲殺流。咸康初以石虎南游，分命諸將屯慈湖諸處。梁太清二年侯景以壽陽叛，兵至慈湖，建康大恐。明初徐達等破陳友諒於此。元志：慈湖接江寧縣界。有巡簡寨，今廢。○蕪湖水，志云：在府西南八十里。源出丹陽湖，西北流入江。漢末嘗於湖側置縣云。

**青堆沙**，在府西南二十里。或曰即青墩也。梁敬帝初徐嗣徽召齊兵犯建康，陳霸先召周文育於湓城，嗣徽列艦青墩至七磯以斷文育歸路，尋爲文育所敗。志云：今蕪湖縣南有青墩河，亦曰青墩沙。

**陵口戍**，在府北三十里。或謂之東陵口。晉咸和中蘇峻自歷陽濟橫江，登牛渚，軍於陵口。胡氏曰：「在牛渚之東北，亦江濱戍守處。」

黃池鎮，府南八十里，道出寧國府。有黃池公館。志云：府東南二十五里有楊家渡，又東南與固城、丹陽諸湖相接，此爲濱湖津要之所。○薛鎮，在府東二十里。又東二十里爲博望鎮，道出溧水縣。

襄城橋。府北二里。明初太祖伏兵於此，擒元將陳埜先。志云：府城南有南津橋，亦曰上浮橋；城西南又有彩虹橋，亦曰下浮橋；俱跨姑孰溪上。

蕪湖縣，府西南六十五里。西至廬州府無爲州百三十里，西南至寧國府南陵縣百十里。春秋時爲吳之鳩茲邑，漢置蕪湖縣，屬丹陽郡。以地卑蓄水而生蕪藻，因名。後漢因之。晉咸和四年嘗爲豫州治。寧康初僑立上黨郡及襄垣縣寄治蕪湖，尋改蕪湖爲襄垣。宋、齊因之，屬淮南郡。隋省襄垣入當塗。唐爲蕪湖鎮，大順中楊吳復置蕪湖縣，屬昇州。宋初屬宣州，太平興國三年改屬太平州。縣無城，今編户三十五里。

蕪湖城，縣東三十里。古鳩茲也。左傳襄三年：「楚子重伐吳，克鳩茲。」漢置蕪湖縣於此。一名祝松，亦曰祝茲。呂后時封徐厲爲祝茲侯，或以爲松茲也。後漢仍屬蕪湖縣。建安初孫策破劉繇，太史慈遁蕪湖山中，自稱丹陽太守；十五年，孫權迎周瑜之喪於蕪湖；皆此城也。後又使陸遜屯於此。先主嘗謂權曰：「江東形勢，先有建業，次有蕪湖。」是矣。吳黃武初徙縣於今治。杜預曰：「鳩茲，今皋彝也。」地志以爲皋慈。今縣東四十里有鳩慈港。自晉以後皆仍吳治。蕭子顯曰：「蕪湖浦水南入，亦爲險要。」晉太興五年，王敦舉兵武昌，東逼建康至蕪湖。咸和二年宣城内史桓彝以蘇峻作亂，起兵進屯蕪湖，爲峻黨韓晃所敗，晃遂進掠宣城。咸康初，石虎南遊，命諸將列戍蕪湖。梁承聖初王僧辯等討侯景，至蕪湖，景將張黑棄城走。陳天嘉初王琳東下至柵口，侯景督諸軍禦之於蕪湖。

唐武德七年李孝恭破輔公祏之兵於蕪湖，進拔其梁山等鎮。又天復三年淮南將田頵以宣州叛，行密遣李神福自鄂州還軍擊之。頵使其將郭行悰將水軍屯於蕪胡以拒神福，行密使臺濛將兵應之。蓋濱江鎮戍，蕪湖實爲要衝也。今商旅駢集，明天啓中置榷關於此。

上黨城，在縣西南五里。東晉太元中以上黨流民僑置上黨郡及襄垣縣，後省郡爲上黨縣，屬淮南郡，宋元嘉九年又省上黨縣入襄垣。○王敦城，在縣東一里，敦移鎮姑孰時所築城也。陸游曰：「蕪湖即于湖，並大江，有王敦城，氣象宏敞。」晉春秋、北魏書皆言敦屯蕪湖，故游疑以爲即于湖也。

戰鳥山，縣西南五里大江中。舊名孤圻山，相傳桓温鎮姑孰時嘗屯於此，夜中宿鳥驚啼，温疑爲官軍至，因名。梁王僧辯等討侯景，自江陵東下，軍於大雷，景將侯子鑒方攻齊合肥不下，還至戰鳥，西軍奄至，懼奔淮南，即此。隋、唐間建靈山寺於此，因改曰靈山，亦曰戰鳥圻。胡氏曰：「淮南即姑孰也。」又西南二里大江中有蟂磯山。蟂，老蛟也。磯南有石穴，廣一丈，深不可測。志云：磯高千丈，周九畝有奇，往來者皆經其下。磯之西即無爲州界也。大雷，今安慶府望江縣。

赭山，縣東北五里。志云：其山丹赤，漢丹陽郡蓋以是山名。又驛磯山，在縣北八里，臨大江。南唐時嘗設館驛列市肆於此。○荆山，在縣東十六里。有大小二荆山，小荆山在大荆山之東，有巖石之勝。

七磯，縣西北十五里。梁末徐嗣徽引齊兵據蕪湖，列艦於青墩至七磯，以斷周文育湓城還建康之路，即此。一名磧磯。

**大江**，在縣西五里。上至河口鎮接繁昌縣界，下至褐山磯接當塗縣界，凡四十里，與和州對境。

**中江**，在縣南。漢志注云：「中江在縣西南，東至陽羨入海。」今縣河東達黄池入丹陽、石臼等湖至銀林堰，乃中江故道也。蘇、常承中江下流，常病漂没，及五堰築而中江不復東，宣、歙之水皆繇縣西以達於江。志云：今長河在縣南半里，源出廣德、宣州之間，過縣前西行，稍北五里注於大江，蓋即丹陽湖之導流入江處，古所云中江者也。宋史「宣和七年詔太平州判官盧宗原開江東古河，自蕪湖繇宣溪、溧水至鎮江，渡揚子趨淮、汴，免六百里江行之險，蓋亦循中江故流，東北達於大江」云。

**魯明江**，縣南三十餘里。其上源即寧國府境内之青弋江也，昔嘗穿港以釃丹陽湖餘水匯於石硊渡，西北注大江，流遂深闊。亦曰魯港，相傳舊有魯明仲者居此，因名。十國記年：「孫儒與楊行密争宣州，行密將臺濛於魯江作五堰，以輕舟給行密軍食。」五堰蓋在魯明江上源，即今高淳縣之東壩矣。又宋末賈似道軍於魯港，爲元人所敗。今有河口鎮巡司，在縣西南，與繁昌縣接界。

**魯港河**，在縣南。源亦出徽、寧境内，流入縣境西注大江。今縣西有魯港驛。

**天城湖**，縣東南十里。亦丹陽湖下流所匯也，其溢入處爲荆招港，一名天塱。又東有白岸湖，與當塗縣接界。

**石硊市**。縣南三十五里。有石硊渡。志云：渡闊五里，即魯明江之上流也。晉咸和中桓彝嘗屯兵於此以扼蘇峻。又縣東四十里有鳩兹渡，在鳩兹港口，因名。

**繁昌縣**，府西南百六十里。西南至池州府銅陵縣百里，東南至寧國府南陵縣八十里，西北至無爲州百七十里。漢春穀縣地，屬丹陽郡。晉屬宣城郡，東晉僑置襄城郡及繁昌縣，太元中郡廢，縣屬淮南郡。宋、齊因之。梁末置南陵郡，陳置北江州。隋州廢，又并縣入當塗。南唐始復置繁昌縣，屬昇州，宋初屬宣州，太平興國三年改屬太平州。舊治在今縣西北四十里，明景泰末始遷今治。縣無城。今編户十二里。

春穀城，在縣西南。漢縣，屬丹陽郡。晉屬宣城郡，元帝初嘗僑置襄城郡於春穀縣境，封子裒爲襄城郡公，成帝時郡廢，寧康初改爲陽穀縣，後廢。宋白曰：「春穀城在南陵縣西北一百五十里。」

赭圻城，縣西南十里。三國吴所署赭圻屯也。晉哀帝召桓温入朝，至赭圻，有詔止温，温遂築城居此。温表云：「春穀縣赭圻城在江東岸，臨江，西當濡須口二十里，距建康宫三百里，南有聲里，北有高安戍，請城其地。」是也。宋泰始二年晉安王子勛舉兵江州，其將孫冲之爲前鋒，據赭圻。沈攸之等自虎檻洲進攻，大破之。尋拔赭圻，建安王休仁自虎檻洲進屯於此。梁置南陵縣及郡，治赭圻城。陳置北江州於此。隋、唐時爲鎮戍，土俗至今稱爲故縣城。

磕山，縣南十里。上有龍池，大旱不竭。一名孤圻山，又名扊居山。志云：山在江中。又鳳凰山，在縣西南二十里。下臨荻港，有珠金沙。宋末賈似道與蒙古相拒，嘗駐珠金沙，走還揚州。

老山，縣東北三十里。有三峰並秀。亦作「姥山」，或曰姥山蓋縣西南江濱小山也。沈攸之破孫冲之於赭圻，追至姥山而還。又子勛將陶亮屯鵲州，於姥山及諸岡分立營寨，及冲之敗，亦各散還。沙洲移徙，姥山淪入江中矣。胡氏以爲即巢湖中之姥山，似悮。○隱静山，在縣東南七十里。五峰環峙，泉石甚勝。又縣東有浮丘山，有二峰及浮丘洞，又有龍池諸勝。一名隱玉山，相傳浮丘翁隱於此。

馬仁山，縣南六十里。舊名馬人山，唐貞元中改今名。上有五峰及巖池泉石之勝。山之西麓即池州府銅陵縣界。○大陽山，在縣西。其相接者爲小陽山，有龍池，雖旱不竭。山之西麓盡於江中，有板子磯，一名返秦磯。

三山磯，縣東北四十里，臨江濱，有巡司戍守。上至荻港巡司七十里，下至蕪湖縣河口鎮巡司三十里，爲濱江戍守之處。又縣西北有黄石磯，瀕大江。多黄土巨石，因名。

大江，縣北十五里。上自荻港臙脂夾與池州府銅陵縣接界，下至河口鎮與蕪湖縣接界，凡百餘里，與無爲州及和州對境。江面廣闊凡數十里，中有洲曰楊夾沙鎮。

荻港，縣西南二十里。自池州府銅陵縣流入境注於大江，東岸與赭圻城相屬，西對無爲州，乃江流之險要。今縣西北四十里有荻港鎮，置巡司戍守，兼設荻港驛及河泊所於此。○上莪橋河，在縣南。源出浮丘山，接縣東之苧田港，又西接蒼龍州，下流注於江。

小淮水，在縣東六十里。自寧國府南陵縣流經縣境，入蕪湖縣界會於石硊渡，爲魯港之上源。

濃湖，在縣西南三十里。宋泰始二年沈攸之破赭圻，子勛將袁覬等軍於鵲尾，與攸之相拒於濃湖。張興世請帥奇兵潛出濃湖之上奪其錢溪，攸之等因進攻濃湖以綴覬等之兵是也。今湖已湮廢。志云：縣西南二十餘里有官莊湖，即荻港支流所匯也。或以爲濃湖之餘浸。

虎檻洲，縣東三十五里。宋泰始二年晉安王子勛舉兵江州，詔建安王休仁督諸軍討之。休仁軍南州，使沈攸之將兵屯虎檻。既而兗州刺史殷孝祖入援，詔引軍向虎檻，休仁亦自南州進屯焉。陳天嘉元年王琳伐陳，自湓城至柵口，陳將侯瑱自蕪湖進軍虎檻洲，琳亦出船列江西，隔洲而泊。及戰，爲瑱所敗。柵口，見和州柵江。

**鵲尾洲**，縣西南大江中。左傳昭五年：「吴敗楚人於鵲岸。」杜佑曰：「南陵大江中有鵲洲，即古鵲岸也。」宋泰始二年晉安王子勛舉兵江州，遣其將陶亮軍於鵲洲，前鋒孫冲之軍於赭圻。既而亮以臺軍屢捷，召冲之還鵲尾。又劉胡自尋陽率衆繼至，與舊兵合十餘萬軍鵲尾。尋又以袁顗督征討諸軍，帥樓船千艘戰士二萬來入鵲尾。是鵲尾即鵲洲也。今江中有數洲，其大者爲楊夾沙鎮，或以爲即古之鵲尾云。

**南陵戍**，在縣西南，下臨江渚。胡氏曰：「六朝時江州東界盡於南陵。」蓋濱江津要處，非今之南陵縣。晉陶侃領荆、江二州刺史，自南陵迄於白帝數千里，路不拾遺。謂南陵也。義熙六年盧循攻建康不克，南還尋陽，留其黨范崇民將五千人據南陵。宋孝建初臧質以南郡王義宣叛，自江州趣建康，殿中將軍沈靈賜將百舸破質前軍於南陵。梁亦置戍於此。承聖初王僧辯討侯景軍於大雷，遣前軍侯瑱襲南陵、鵲頭二戍，克之。宋白曰：「南陵戍去今宣州南陵縣百二十里。梁武因舊戍置南陵縣，本治赭圻城，亦非今之南陵云。」鵲頭，今見銅陵縣。

**黄滸鎮**。縣西南三十里。滸，一作「火」。有黄火河，匯於荻港。又新林鎮，在縣東南三十里。○縣市鎮，在縣西四十里，稍北即舊縣治也。志云：舊縣治後山，絶頂上有縹緲臺，下臨大江，與濡須津相對，宋熙寧中易名曰表裏江上臺。

附見

建陽衛。府治西南。洪武三十五年建。

池州府，東至寧國府三百二十里，南至江西饒州府浮梁縣三百八十里，西南至江西九江府四百五十里，〔三〕西至安慶府百二十里，東北至太平府四百五十里，自府治至應天府五百五十里，至京師三千一百五十里。

禹貢揚州之域，春秋時吴地，後屬越，越滅屬楚。秦屬鄣郡，漢屬丹陽郡，晉屬宣城郡，宋、齊因之。梁屬南陵郡，陳屬北江州，隋屬宣州。唐武德四年置池州，貞觀初廢，仍屬宣州。永泰初復置，亦曰秋浦郡，志云：時割宣之秋浦，青陽、饒之至德置池州。唐末屬於楊氏。南唐曰康化軍。宋仍曰池州。紹興初嘗移江南東路治此，旋還建康。元曰池州路。明曰池州府，直隸京師。領縣六。今仍曰池州府。

府襟帶江山，控扼肥、皖，居金陵之上游，當江濱之孔道。或自鄱陽而北出，或自淮南而南指，可舟可徒，郡亦設險之所也。宋取江南，以戰艦先取其池州，而後步騎從采石南渡。金陵藩屏，豈惟安慶爲要地歟？

貴池縣，附郭。漢置石城縣，屬丹陽郡，晉屬宣城郡，梁屬南陵郡。隋平陳，縣廢，開皇十九年改置秋浦縣，屬宣州。唐爲池州治，五代時楊吴改曰貴池，宋仍爲池州治。舊府城周七里有奇，今州十四里有奇，爲門七。編户三十九里。

石城廢縣，府西七十里，地名鐵店。亦曰倉埠潭，漢縣治此。志云：以東西兩石山夾河如城而名。後漢建安四年孫策西擊黄祖，行及石城，尋以程普爲丹陽都尉，屯石城。其後孫權封韓當爲石城侯，邑於此。自晉以後皆曰石城縣。水經注：「江水自石城東入爲貴口。」是也。隋縣廢，尋改置秋浦縣於石城故址。唐因之。楊吳徙秋浦於貴池，因曰貴池縣，即今治也。

虎林城，志云：在石城東十五里。孫權封子休爲琅邪王，鎮虎林城是也。括地志：「孫吳時虎林爲戍守處，置督於此。」太平二年，孫琳遣朱异自虎林襲夏口，至武昌，夏口督孫壹奔魏，蓋沿江西上也。又有南太原城，志云：即故石城，梁初置太原郡於此，大同中廢。今建德縣亦有太原城。

齊山，府南三里。山有十餘峰，其高齊等，因名。周必大記曰：「唐刺史齊映所嘗遊也。」山周圍二十里，巖洞三十有二，泉大小十一，亭臺二十餘，其九頂洞亦曰翠微寨，山蓋與九華之勝並擅江南。其西有湖亦曰齊山湖，中有小山曰珠兒山，一名石洲。○六峰山，在府南二十里。有六峰競秀。其相近者曰萬羅山，以圓峰孤突，羣山羅列而名。又南二十里曰大樓山，孤撑碧落，若空中樓閣然。

五山，府東南六十五里。孤峰獨出，其下散爲五支，聯絡相屬，巍然爲羣山之長。又三十六山，在府南七十里。雲峰六六，上插晴空，與九華競秀。又南十里曰七井山，上列七峰，湧泉七穴。山險峻，四時多寒。○碧山，在府東十里，瀕湖。蒼崖翠巘，倒影沉碧。稍南曰石壁山，以形如削壁也。又渚湖山，在府東南四十里。絕頂有田，淵泉旁出，澄泓如練，蒹葭魚鷺，若渚湖然。其田歲無旱憂。又鐵券山，在府東六十里。志云：黄巢就降，受鐵券於此。

黄龍山，府北五里，濱大江。有望江亭。稍西曰鎮山，瀕池口河。○百牙山，在城東北半里。志云：府治主山也。東麓曲水旋繞，曰落蓬灣，相傳貨舟轃泊於此，牙行百人登隴以平其直，因名。上有浮屠。

大雄山，府西南三十里。羣峰排戟，雄峙一隅。又府西三十里有大山，地名黄花坦；其東五里曰龜峰山；皆瀕後湖。又專景山，亦在府西二十五里王家汊之右。俗呼磚井山。崇巒拱揖，支隴環伏，湖水搖光，芰荷交映，擅一方之勝。○白面山，在府西南六十里。雪崖拱北，如傅粉然。下有白面渡。又西南十里曰郎山，一名和龍山。下有玉鏡潭。又秀山，在府西南九十里。疊嶂如屏，煙蘿延蔓。下有蒼隼潭，行旅往來，濟渡於此。志云：府西南七十五里有水車嶺，陡峻臨淵，奔流衝激若桔槔聲。

全山，府西南百二十里。峰巒周匝，拱抱如環。又西南二十里曰城山，以山勢周遭如城也，羅友賢寨址存焉。其相近者曰高明山，有高明洞，甚宏敞。志云：山在城西南百四十五里。○西巖山，在府西南百五十里。高萬仞，周數十里。其相接者曰魚載山；石壁斷崖三級，每級寒潭淵澈，湧泉飛瀑，中有石如魚，一名鯉魚載山。又靈山，在府西南二百里。山巔有田百畝，水泉四時不竭。

大江，府北五里。自溢浦而來，至東流縣西香河口而入府界，過縣北至吉陽河凡六十里，又六十里至鴈汊鎮，北折而東六十里至李陽河，又二十里爲烏沙夾，又四十里至池口，又東爲麻布蓼、梅根、五埠溝，凡六十里而至大通河，又東則銅陵縣也。自銅陵稍折而北爲丁家洲，爲錢家灣，爲胭脂夾，爲荻港，凡八十里接太平府繁昌縣界。對境則安慶府桐城縣至無爲州也。東西幾四百餘里。舊經云：「自馬當順流而界繁昌，横江凡五百里，府境諸水悉流入焉。」宋史：「宣和六年前太平判官盧宗原言：『池州大江，乃上流綱運所經，其東岸皆暗石，多至二十餘處，西岸則沙洲，廣二百餘里，俗謂之拆船灣，言舟至此必毁拆也。今東岸有車軸河口沙地四百餘里，若開道入杜塢，使舟經平水，徑出池口，可避二百里風濤拆船之險，請措置開修。』從之。」志云：今近府之洲曰古夾，曰烏落，曰官，曰新，曰上荷葉，曰武梁，其磯曰欄江，曰羅汊，曰黄龍，曰劉婆，皆濱江相接云。

池口河，城西五里。一名杜塢河。志云：城西四里有杜塢山，以唐杜牧嘗遊此而名，河經其下也。又有鎮山，在城北五里，濱池口江。便民倉置於此。亦謂之貴池。源有五：一出石埭縣西之櫟山，一出府西南百八十里之古源山，亦曰源頭山，一出涍溪，一出石嶺，一出東源。衆流會於秋浦，匯於府西南七十里之玉鏡潭，又迤邐數十里鍾爲谷潭，決爲炭埠港注於杜塢，過鎮山入池口河以達大江。亦謂之貴口。宋泰始二年尋陽王子勛舉兵江州，遣其將劉胡等軍於鵲洲。既而臺軍張興世營於錢溪，胡等糧運中絶，乃遣沈仲玉步趨南陵，載糧數十舫，至貴口不敢進，興世遣壽寂之等擊敗之，即此。張舜民曰：「自銅陵舟行六十里至梅根港，又五十許里至黄池口。」是也。唐以此名州。今有池口巡司，置於濱江黄龍磯上。

清溪河，在城南。源出西南之涍溪及石嶺，與棠溪、峽川之水交於白洋，匯於江祖潭注於上清溪，沿流與上洛嶺水會，遶於平天湖，湧於黄沙灘，過齊山湖瀉於濟川橋，激於響水灘；又一源出縣東南二十里太樸山，俗名太婆山，注於北沙河，折於蝦河，遶於東塘湖，合三水下流至下清溪達江，亦曰清溪口。志云：峽川在城南三十里。

梅根河，府東四十五里。其源一出九華山，瀉於五溪橋，過黄屯至府東四十里之鬬龍山，沿流至府東五十五里之五埠河口，出太婆山瀉馬銜橋，遶龍潭與九華之流合，交於雙河，又北達大江。亦曰梅根港，港東五里即梅根監，歷代鑄錢之所，有錢官司之，故梅根港亦曰錢溪。宋泰始二年晉安王子勛舉兵江州，遣其將袁顗等與沈攸之相拒於濃湖，張興世言於攸之曰：「錢溪江岸最狹，去大軍不遠，下臨回洑，船下必來泊岸，又有横浦可以藏舟，千人守險，萬兵不能過也。若以奇兵數千潛出其上，因險而壁，見利而動，使賊首尾周皇，進退疑阻，中流既梗，糧道自艱，制敵之奇，莫過於此。」攸之從之，興世遂率輕舸過鵲尾，夕宿景洪浦，潛遣别將黄道標帥七千舸徑趨錢溪，立營寨，引兵進據之。劉胡自鵲尾來攻，船入回洑，爲興世所敗。胡氏曰：「梅根港有鑄錢監，故亦曰錢溪。」回洑者，旋流爲回，伏流爲洑也。又爲梅根渚，齊武帝云「昔經樊、鄧役，阻潮梅根渚」，即此矣。

李陽河，府西六十里。源引大江，以江流之消長爲盈縮。本名李王河，以李、王二姓居其地也。自河口出江中，有石槎枒横突，爲攔江、羅汊二磯，奔流激盪，爲運道患。五代晉時南唐發運使周湛役三十萬夫作支流以避其險，自是往來無覆溺之患，謂之新河。其後江面日開，磯勢頗安，而支流頗侵嚙民田，明正德十一年遂塞新河。志云：李陽河亦濱江要地也。宋德祐初元兵犯池州，遊騎至李陽河。今李陽驛及巡司有官兵戍守。○黄溢河，在府西九十里。其源一出府西百里之西溪；一出建德縣境内之良禾、烏沙嶺，合於雙河，播於東流境内之張家灘，沿於坦埠；一出縣西南百二十里之祖山，遶於唐田，注於石龍潭，會於沙山達大江。

大通河，府東北八十里，接銅陵縣界。其源自青陽者四：一出九華山，一出分流嶺，一出黄蘗嶺經木竹潭，一出水龍山經雙河會於管埠，自銅陵者三：一出梅衝山，一出伏牛山，一出天門山；會於車橋河，與諸水交於將軍潭爲大通河流入江。今有大通巡司，屬銅陵縣。

秋浦，在府西南八十里。長八十餘里，闊三十里。志云：池口河自石埭縣之櫟山西流爲管公明溪，歷龍鬚河會於秀山之蒼隼潭，過白面渡匯爲秋浦，四時景物宛如瀟湘、洞庭，繇池口入江。

**查村堰**，府西南百五十里。受諸山谿之水，引流溉田百餘頃。又黄荆堰，在縣西南八十里，亦受諸泉澗水以溉田。志云：府西南有東坑泉出府西毛嶺北，初僅濫觴，其流漸大，匯於玉鏡潭，泉脉所及，引流作堰者凡一十五所。

**梅根監**，府東五十里。亦曰梅根冶，自六朝以來皆鼓鑄於此。張興世營於錢溪，劉胡使陳慶引舸三百攻之，軍於梅根，即此。唐志南陵縣有梅根鎮，今爲梅根港，蓋其地舊屬南陵也。宋至道三年以池州錢監爲永豐監，或曰即故梅根監。

**烏石山寨**，府西南百里。唐永泰初劇賊方清等聚兵於此，絶江爲患，議者始置池州於秋浦以阨要害是也。又城山寨，在府西百三十里。元末建德土豪羅友賢聚衆保障，遂爲亂。至正二十年我師取建德，以友賢歸。二十二年友賢復據城山寨以叛，欲通張士誠，杭、歙震動，既而徐達等討平之。又峽山寨，在府西。宋開寶七年曹彬伐江南，收峽山寨，進克池州是也。

**黄屯**。府東南九十里。志云：唐乾符中黄巢嘗屯此，因名。有黄屯堰。稍東二里有石岡，即鐵券山也。○楊梅坦，在府西九十里石嶺鎮。其地多楊梅，唐置楊梅館，宋改曰驛，今廢。又石壘驛，舊在城東五十里，今廢。

**青陽縣**，府東八十里。東北至寧國府南陵縣百十里，北至銅陵縣九十里。漢陵陽縣地，三國吴臨城縣地，隋秋浦縣地，唐天寶初析置今縣，屬宣州，以在青山之陽而名。永泰七年改屬池州。楊吴時升縣爲勝遠軍，南唐復舊，宋仍屬池州。縣無城。今編户十七里。

臨城廢縣，縣南五里。孫吴赤烏中析陵陽、石城二縣地置，屬丹陽郡，晉屬宣城郡，宋、齊因之，梁屬南陵郡，隋廢。今爲臨城鎮。

陵陽廢縣，縣南六十里。漢縣，屬丹陽郡。孫策討祖郎於陵陽，擒之是也。晉屬宣城郡，咸康二年避杜后諱改曰廣陽。宋、齊因之。隋改曰南陽，避煬帝諱也。尋廢入涇縣。唐武德三年仍置南陽縣，屬猷州，八年又廢。猷州，見寧國府涇縣。今爲陵陽鎮。

九華山，縣西南四十里。舊名九子山，山有九峰如蓮華，唐李白遊此，改今名。高千仞，周百八十里。峰之得名者四十有八，巖十四，洞五，嶺十一，泉十七，原二，其餘臺石池澗溪潭之屬，以奇勝名者甚多。江南名山，九華其最也。唐龍紀初楊行密圍趙鍠於宣州，鍠兄乾之自池州趨救，行密使其將陶雅逆擊之於九華，敗之，遂取池州。明初常遇春守池州，陳友諒來攻，遇春伏鋭卒於九華山下，而以羸弱守城，友諒至伏發，緣山而出，循江而上，絶其歸路，城中出兵夾擊，友諒敗遁。其相連者曰同山。又有幘山，亦在縣南。與九華相接，巍峨如冠幘然。

青山，縣北五里。縣以此名。又古長山在縣東南三十里，秀拔羣山。宋范仲淹嘗讀書其中，更名讀山。又魚龍山，在縣南七十里。其深谷中有小魚龍洞。又有大魚龍洞，水分七流，互相交貫，中多奇勝，東南與石埭縣接界。

五溪山，縣西三十里。衆流環繞，與九華對峙。其相近者曰清泉嶺，泉湧石窟間，相傳岳武穆飲馬於此。○石龍山，在縣東四十五里。蜿蜒如龍。又縣東六十里曰峰山、大有山，皆與九峰競秀。其相近者曰金山，有金山鎮，與南陵縣分界。

五溪水，縣西二十里。五溪者，龍溪、漂溪、雙溪、觀溪、瀾溪也，俱出九華山，合流而北，環遶於五溪山，下入貴池縣境，匯爲大通河入江。

臨城河，在縣南。志云：大通河之別源也。自縣南分流嶺流經故臨城縣爲臨城河，又經縣西南十里之峽山西會於大通河。○石堰，在縣東四十里。諸山澗之水皆匯於此，有北山橋跨其上。明正統中作石堰，山水瀑溢，往往圮壞。正德初邑民章伷倣新安堰壩法，以薪代石，遇圮則修，又鑿渠分流以殺其勢，其下流達銅陵縣界注於天井湖。又華湖堰在縣治南，通臨城水，灌郭西田，民被其利。

九華寨，在九華山。元季土豪趙普勝與陳友諒合兵攻安慶，置寨於此。又山有應天寺。五代唐長興二年吳宋齊丘入九華山，止應天寺，徐知誥强起之，更名應天寺曰徵賢寺。

劉公寨。在縣南。宋建炎中張遇寇境，劉光世因險立寨，禦之於此。又六泉口寨，在縣西南。險固四塞，明初常遇春禦陳友諒，倚以伏兵。又有查家馬站，在縣東北二十五里。元置站於此，今廢。有查家渡。

銅陵縣，府東北百二十里。東至寧國府南陵縣九十里，北至太平府繁昌縣百里，西北至廬州府無爲州百五十里。漢陵陽縣地，東晉末爲定陵縣地，屬淮南郡，隋併入南陵縣。唐末置義安縣，尋廢爲銅官冶。南唐保大九年改義安爲銅陵縣，移治銅官鎮，屬昇州。宋開寶七年改屬池州，元因之。明初屬宣州，尋復舊。縣無城。今編户十五里。

銅陵城，在縣東三十里。唐義安縣置於此，尋爲銅官冶。景福初楊行密保宣州，爲賊將孫儒所攻，欲退保銅官是也。南唐移縣於今治，其地亦名銅官鎮。寰宇記：「梅根監領法門、石埭二場，此即法門場，後爲銅官鎮，南唐因以銅陵名縣。」宋曹彬敗南唐兵於銅陵，長驅而東；元末星吉敗徐壽輝於銅陵，遂復池州；即今縣。其故城亦曰義安廢縣，今爲順安鎮。

定陵城，在縣東。東晉義熙中僑置於蕪湖縣界，屬淮南郡，宋、齊以後因之，隋廢入南陵縣。○胡城，在縣東七十里。凡八所，相去二里許，不相聯屬。劉宋泰始中晉安王子勛舉兵江州，其將劉胡引兵東下，築此屯兵，因名。

鵲頭山，縣北十里。高聳臨江，宛如鵲頭。左傳昭五年：「楚以諸侯伐吴，吴敗諸鵲岸。」唐志宣城南陵縣有鵲頭鎮，蓋因山置鎮，山在鵲洲之頭，故名。宋元凶劭之亂，武陵王駿自尋陽東討，軍於鵲頭。孝建初南郡王義宣舉兵江陵，東至鵲頭。廢帝末邵陵王子元爲湘州刺史，行至鵲頭，會晉安王子勛舉兵尋陽，不敢進，子勛長史鄧琬遣兵劫迎之。泰始二年子勛發兵東下，其將劉胡軍於鵲洲，會張興世營於錢溪，胡欲繇鵲頭内路攻之，不果。既而袁顗以劉胡敗遁，自鵲尾走至鵲頭，與戍將薛伯珍皆走。梁承聖初王僧辯討侯景，遣侯瑱襲鵲頭戍，克之。唐武德七年，李孝恭討輔公祏，拔其鵲頭鎮。宋繫年録：「紹興二年命沿江岸置烽火臺，鵲頭山其一也。」舊志：鵲頭與廬江西岸鵲尾相對。似悮。

銅官山，縣南十里。有泉源，冬夏不竭，可以浸鐵烹銅，唐於此置銅官場，宋置利國監，山亦曰利國山。歲久銅乏，場與監俱廢。稍西有銅官渚。唐文德初楊行密結和州，上元之兵自采石濟侵宣州，行密從銅官渚濟江會之，即此。寰宇記：「山舊產銅，供梅根監。」○石門山，在縣南十五里。兩山石壁對峙如門。又南十五里有伏牛山及羊山，二山相接。縣西南四十里又有天門山，其勢聳插雲表。又有馬仁山，在縣東南七十里。其東與太平府繁昌縣接界。

城山，縣東三十五里。四圍石壁峭立，西南僅通一徑，宛如城門。其上平坦約數十畝。又有井，雖旱不涸，昔人恃以避寇。亦謂之賽城。又有青山，在縣東二十里。一名十里青山，草木叢茂，四時鬱然。○石礲磯，在縣北五里，瀕江。有三石門，水涸可出入，容數十人，一名五霞洞。又有磯曰羊山磯，在縣北三十里。有羊山渡。

大江，縣西北一里。自大通河與貴池縣接界，下至荻港與繁昌縣接界。江中之洲曰下荷葉，曰横港，曰曹韓，曰白沙，曰千斤，曰新湧，曰小蕪，曰錢溪，曰丁溪。磯二，即羊山、石礲也。志云：曹韓、白沙二洲之中有夾河，流經縣西十里，中引大江。

大通河。縣南四十里。出伏牛、天門諸山，匯於車橋湖，至縣西南四十里大通鎮入大江，與貴池縣接界。今有大通巡司。又河口河，在縣治南，會諸溪澗之水流入大江。源微水淺，兑運時漕舟不能達縣，艤舟江滸，遇風恒有漂失之虞。大順間開浚，歲久復淤。嘉靖初又自大通鎮移大通驛於河濱，往來者益以淺塞爲患。二十一年復開濬，於是江流内注，舟楫輻輳，自是以時濬治焉。一統志：「縣西北七里有銅陵河，源亦出諸溪澗，會於横塘閘入市後湖達大江。」

荻港河，縣北八十里。縣東南諸澗谷之水互相灌注，匯而爲河，會於三港口，西接鳳心閘，北接黄火河，經繁昌縣境而入大江。志云：縣有天門水，出天門山石竅中，委蛇曲折，襟帶數里，灌溉民田，流入縣東北永城埭，至荻港達於大江。

天井湖，在縣東門。湖心有井不竭，遠近諸川多匯於此，引流爲河口河。又棲鳳湖，在縣東十五里。志云：縣東五十里葉山有靈寶泉，溉田百頃，水旱如一。

丁家洲口，縣東北二十里。發源縣東南十五里之儀鳳嶺，引而東會於棲鳳湖，通鳳心閘，合胡城、順安之水，一自洲上口，一自洲下口，達於大江。宋德祐初，賈似道師次蕪湖，使孫虎臣爲前鋒，軍於丁家洲，自將後軍軍於魯港，爲元兵所敗處也。

臨上寨。在縣南。元末結砦於此以禦寇，陳友諒將趙普勝攻拔之。今廢。○管山口鎮，在縣東。志云：縣東南又有焦家埠鎮及郎坑鎮，又縣北有鍾鳴鎮。

石埭縣，縣東南百六十里。東至寧國府百五十里，南至寧國府太平縣百里。漢陵陽、石城、涇三縣地，三國吴置石埭場，唐永泰二年割秋浦、浮梁、黟三縣地置石埭縣，屬池州。宋、元因之。明初改屬宣州，尋復舊。縣無城。今編户十里。

石埭故城，縣西百四十里。縣蓋嘗置於此。志云：縣東北二里又有猷州城，袤數百丈，相傳唐初猷州總管左難當嘗守其地，因名。

陵陽山，縣北五里。自西北迤邐而來，有三峰連亘，其二峰屬縣境，其一峰入太平縣界。寰宇記：「山高三百五十丈，廣二十五里，漢陵陽縣以此名。」○金城山，志云：在縣西二里。勢如羅郭，因名。縣西五里爲萬春山，其墩可萬計。又城子山，在縣西九十里。環遶如城，前有紫潭。

櫟山，縣西百六十里。高五百丈，周九十里，石壁峭挺。阿有龍池，波流甚遠，池口河東源出此。其並峙者曰洞山，山有峰巖洞谷及泉石之勝。又五溪山，在縣西南百二十里。有五溪合流其下。又魚龍山，在縣西三十里。有魚龍洞凡二，東西相望，僅里許，與青陽縣接界。○蓋山，在縣南三十里。其脉自太平府黄山，而北屹於河濆，盤紆森聳，望之如蓋。又稠嶺，在縣西七十里。草木叢密，登陟峻險，爲往來之通道。

舒溪，在縣治北。自太平縣西北弦歌鄉流入縣西舒泉鄉，又東與蓋山清泉諸水合流，其間潭洞不一，縣境之水皆流合焉，派衍四注，復東入太平縣界合於麻川而入涇縣界，下流爲青弋江，至蕪湖縣之魯港入於江。志云：舒溪一名舒姑溪。○貢源溪，在縣西。志云：溪西流經上、下二灣，出大河注於秋浦入大江。

龍巖泉，縣西四十里。清洌而甘，大旱不竭，鄉田賴以灌溉。又蕭侯陂，在縣北。明成化中縣令蕭環所築，有二溝交流，瀦此溉田，民被其利。○清水灣，或云在縣南。元至正十二年星吉復池州，分兵攻石埭諸縣，進據清水灣，大破徐壽輝將趙普勝之兵是也。

石埭。縣西北百二十里。寰宇記：「貴池之源有兩石，横亘溪上如埭，縣因以名。」

建德縣，府西南百八十里。南至江西饒州府百七十里，西至江西彭澤縣九十里。漢彭澤、石城二縣地，唐至德二載置至德縣，屬潯陽郡，乾元初改隸饒州，永泰初又改屬池州。楊吴順義二年改曰建德，仍屬池州。縣無城。今編户九里。

太原城，縣南四里。寰宇記：「舊名堯城，一名舜井城，相傳帝堯南巡至此，城中有井，俗以爲舜井也。梁武帝時因僑置太原郡於此，謂之太原城。」今縣有太原鄉。

白象山，在縣治北。縣之主山也，以形似名。傍有蛻龍洞，深廣各數丈許。又鷄鳴山，在縣東二里。傍有朝霞洞，深廣亦數丈許。又東五里曰低嶺。其相連者曰迎春洞，一名藏春洞，高深如屋然。○博陽山，在縣東十里。巖石嵯峨，溪流湍急，宋嘉定中易名廣陽。又五龍山，在縣東三十里。五峰森立，山半有龍池，深不可測。又東十里曰三面山，懸崖峭削，石笋高峙，白如面者凡三。志云：縣東四十五里爲良禾嶺，有徑入祁門縣。嶺下五里有龍池洞，高敞如室，前有三石，池水注懸崖，如瀑布然。

玉峰山，在縣治南。絶頂奇石，光瑩似玉。一名峰山。又縣西二里有西山，羣峰皆秀拔，爲縣境之冠。又九鳳山，在縣南四十里，以羣巒軒聳如鳳翥也。縣西南十里又有梅山，巖壑頗勝。○石印山，在縣北七里。其相近者曰青山，兩崖對峙，爲邑治捍門。上有石印洞。又和山，在縣北二十里。有和山洞，高廣如門。

堯城溪，縣南三里。縣東南諸山谷水匯流爲溪，春夏水溢可通舟楫，西北流達東流縣入大江。今縣西有堯城渡。又茹蘭溪，亦在縣東南。源出迎春、朝霞二洞間，西流會堯城溪達東流縣入大江。

龍口河，縣南九十里。志云：其源有三，一出江西鄱陽南坑達白石溪，一出桃樹嶺達黎痕溪，一出東西澗達鬭龍溪，匯爲昭潭，合爲龍口河，其下流西入大江。○瀝湖，在縣治南。溪澗諸水多會於此。俗名僊人湖。

北栅砦，在縣北。明初羅友賢築砦於此。今有北栅渡。志云：縣南四十里地名桃源，水源深遠，人跡罕至，五季士族往往依此，以免寇患。

永豐鎮。縣西南五十里。北出爲陳家衖，去縣治四十里；南出爲昭潭衖、石澗坂、釀塘、石門站，接饒州界。又有水口通饒州，爲南出之徑道。今有永豐巡司。志云：縣東有葛公鎮。又有古港鎮，在縣北。

東流縣，府西百八十里。東北至安慶府百里，西至安慶府宿松縣百二十里，西南至江西彭澤縣百十里。漢彭澤縣地，屬豫章郡。唐置東流場，以大江東流而名。南唐保大十年升爲縣，屬奉化軍，宋太平興國三年改今屬。縣無城。編户七里。

香山，縣南四十里。香口鎮之主山也。上有石洞。其相近者曰隱山，一峰如削，直聳雲際。○歷山，在縣東三十里。西枕歷池，上有龍湫。又東十里曰龍山，山岡起伏，勢如虬龍。

神山，縣西南一里。高僅百尺，而曠遠無際。又縣北二十五里有密峰山，巔有五峰，勢如列戟。又白雲山，在縣東北七十里。泉流深遠，自洞中出，東接貴池縣界。

馬當山，縣西南七十里。横枕大江，爲古今至險。安慶之宿松，九江之彭澤，皆以馬當爲界。有巡司。今詳見江西彭澤縣。

吉陽磯，縣北三十里江濱。唐天復三年，楊行密將田頵以宣州叛，行密召李神福自鄂州還軍擊之。至吉陽磯，田頵遣其黨王壇等將水軍逆戰，神福擊敗之，又敗之於皖口，蓋戍守要地也。今有吉陽鎮，置巡司於此。○黄石磯，在縣東北五十里，亦濱大江。明正德十四年宸濠犯安慶，泊舟於此，問磯名，左右曰：「王失機也。」濠大惡之，未幾果敗。旁有黄石港，其處皆黄土巨石相綿亘云。

大江，縣西北二里。自馬當山東北流，經香口、吉陽諸鎮，自吉陽而東北，又六十里至黄盆河口，接貴池縣界。江中之洲曰蓮花，曰閣㢓，曰白沙，曰鴈落，曰七團，曰鬼頸，曰雀料，曰大新磯，曰獅子，曰稠林，曰麓貫，曰祝家，曰黄石。舊志：江中有新洲、磨盤洲。又有羅刹石，嶄巖森立，舟帆艱險，其洲亦曰羅刹洲。

江口河，亦在縣西一里。志云：河源有四，一出鄱陽北坑；一出建德縣九鳳山；一出馬坑，交於清潭，播於百步灘，下流歷堯城渡而入縣境；一亦出建德境内之茹蘭溪，合蘇家溝，下流經蒼埠小石潭，逕過路灘，落於青泥灣，溢於傯人湖、團湖，又引流入縣境爲江口河入江。

香口河，縣南六十里。源二，一出彭澤山林港，一出陳倉源，交於三汊，激於蘇菇，逕於查池爲香口河以入江。志云：縣南十里有東流河，其源即建德之堯城溪也，西流入於大江。○大清湖，在縣東北四十里。廣十餘里，澄徹如鑒。

香口鎮。縣西南四十里。西北去安慶府望江縣三十里。宋末嘗移望江縣治此，元復還舊治。今有香口巡司。又縣東有石潭鎮。又東有張家灘鎮，在縣北四十里。舊置河泊所於此，今革。○鴈汊鎮，在縣東北九十里，瀕大江。舊有巡司，今革。

## 校勘記

〔一〕張舜民郴行録　「郴」，底本原作「彬」，本書卷七六嘉魚縣陸水下及卷八〇長沙縣橘洲下均作「郴行録」，宋史卷三四七張舜民傳亦有「改監郴州酒税」之語，此當作「郴」無疑，今據改。

〔二〕何墓山　職本與底本同，敷本、鄒本作「河墓山」。

〔三〕西南至江西九江府四百五十里　「四百五十里」，職本、鄒本作「五百五十里」。

# 讀史方輿紀要卷二十八

## 南直十

寧國府，東至浙江湖州府三百五十七里，南至徽州府三百三十里，西至池州府三百二十里，北至太平府百七十五里，東北至廣德州二百二十里，自府治至應天府三百十里，至京師二千七百五十里。

禹貢揚州之域，春秋屬吴，後屬越，戰國屬楚。秦屬鄣郡，漢爲丹陽郡，漢志：「元封二年更鄣郡曰丹陽，治宛陵。」後漢因之。晉武帝改置宣城郡，丹陽郡移於建康也。劉宋仍爲宣城郡，大明六年以宣城兼領淮南郡，移治于湖，八年復故。昇明初復以淮南并入宣城，尋又復故。梁兼置南豫州，宋泰始四年南豫州治宣城，自是廢徙不一，至梁末宣城遂爲南豫州治。陳因之。隋廢郡改置宣州，大業初復曰宣城郡。唐仍置宣州，天寶初曰宣城郡，乾元初復故，大順初升寧國軍節度。授楊行密也。五代時楊吴亦置寧國軍，南唐因之。宋仍曰宣州，亦曰宣城郡，寧國軍。乾道二年升寧國府。以孝宗嘗爲潛邸也。元爲寧國路。明初改爲寧國府，先是龍鳳三年，元至正十七年也，改寧國路曰寧安府，龍鳳八年又改曰宣城府，十二年改曰宣州府，吴元年始改曰寧國府。直隸京師。領縣六。今仍曰寧國府。

府陪輔金陵，襟帶杭、歙，阻山控江，形勢便利。據險而守，擇利而動，縱横南北，亦創起之緒也，楊行密用宣州遂并淮南，明太祖下寧國克奠南服，非已然之驗哉？

**宣城縣**，附郭。漢宛陵縣，初屬鄣郡，元封二年爲丹陽郡治，晉太康二年始爲宣城郡治，宋、齊因之。隋初廢郡，改縣曰宣城，爲宣州治。唐、宋因之。今編户二百十七里。

**宛陵城**，即今府城。志云：晉咸和中桓彝爲宣城内史時築。值蘇峻之亂，城未及堅，乃移屯涇縣。梁時太守何遠增築之。隋開皇中刺史王選益拓西北隅，連接岡阜。宋乾德中南唐節度使林仁肇復修築焉。建炎三年州守呂好問復奉詔營繕。元至正中廉訪使道童更加甃甓，明亦屢經修治。府治東北有鐵牛門即桓彝所築子城故址也。今城東北帶宛水，西南兩面皆環據峰阜，週迴九里有奇，爲門五。

**逡遒城**，府北六十里。晉成帝咸和初僑置於蕪湖縣界，屬淮南郡，宋、齊因之，隋初并入宣城縣。〇楚王城，在府北百里。相傳吴、楚相拒時築。又有故楚城，在南湖北岸。又温城，在府東十里。志云：唐刺史温璋所築，因名。

**陵陽山**，在府城内。岡巒盤屈，爲郡之鎮。紀勝云：「山自敬亭陂陀而南，隱起三峰，環遶府治。」其南爲鼇峰，又東南曰陽陂。唐獨孤霖謂「郡地四出皆卑，即阜爲垣」，郡治蓋據此山之岡麓也。又響山，在城南二里。兩峰對峙，下瞰響潭。

**敬亭山**，府北十里。一名昭亭山。東臨宛、勾二水，南俯城闉，千巖萬壑，雲蒸霞蔚，爲近郊名勝。東麓有敬亭潭，勾、宛二溪水所注也。自山而東北，峰嶺相接，其得名者凡二十有餘，皆敬亭之支阜也。

**麻姑山**，府東二十五里。高廣過於敬亭山，逶迤嵂崒，屹爲巨鎮。自山而北，羣峰相接，至南湖而止。山之東十里即建平縣界也。志云：府東接廣德，自杭、湖而西可以軼入境内，麻姑山當其要害，因置麻姑山寨爲戍守處。又雲山，在府東北六十里。其西爲大延嶺，路通水陽巡司。又西有白魚嶺及寨口諸山。雲山而北別爲蔣山，下瞰固城湖，接高淳南境。

柏梘山，府東南七十里，與寧國縣接境。山之陽即文脊山也。谿谷邃深，峰巖回曲，飛流界道，跨岫爲梁。其西曰萬人坑。北曰梅村山。又西曰歙溪山，以歙溪流其下也。西北曰查樹嶺，谿寧國縣之涇縣者道出於此。○稽亭山，在府東南六十里。圖經云：「行者玩其幽曠，往往駐步往返，因名。」其東南爲水東諸山。其北爲寨山。又北爲洞山，有洞可容數百人。自此而東北皆羣山相接，以達建平縣界。

華陽山，府南百里。高數百仞，連跨宣、涇、寧、旌四邑之境。南爲密壠嶺、盤嶺，稍西爲金牌嶺，二嶺之間僅通一線，爲涇、旌間道，郡南一阨塞也。盤嶺之麓有洞，深廣容百餘人。山之支壠曰大墨山、洞山、城山。又迤北十餘里曰横山。自横山而北，峰巒相接，以至於城南，陵陽、敬亭諸山皆谿此肇脉。又有曷山，在府西南三十里。志云：下有屯兵寨址。○行廊山，在府西北四十里。兩峰對峙，環抱若廊廡然。其下有大明湖。又西北爲牛頭山，下有寨埠，元末土人保此以禦寇掠。又西北有方山，與南陵縣接境。

青弋江，府西六十里。源出涇縣及池州府之石埭縣，又太平縣及府西南境諸川皆匯入焉，東北流經行廊山下，又北合諸山溪之水，經方山下，又北出揚青口會太平府黄池河，又北入蕪湖縣界注大江。志云：江西岸爲南陵境，有渡，昔時多引流爲陂堰以資灌溉，今舟楫往來此爲津要。又白洋溪，在府西南五十里。出華陽山之金牌嶺，西北流

合諸山谿之水，至行廊山入青弋江。〔一〕

宛溪，在城東。源出城東南三十里之嶧山南，東北流三十里爲九曲河，復折而西合溪澗諸流，至響山下匯爲響潭，遶城東爲宛溪。城西南隅有李家塘，亦曰珍珠塘，昔時北流東折環府治後，出鐵牛坊水門入宛謂之珍珠河；明正德中改從西北流，出城至城北復東流入宛溪。又城西北有石子澗，亦自敬亭南麓東流入焉，至城東北三里許三汊河口合於句溪。舊置河泊所於此。

句溪，府東三里。其上流即寧國縣之東西二溪，合諸溪澗水西北流入境，迴環幾二百里，至城東五里謂之東溪，又西流三里爲句溪，又北二里至三汊河與宛溪合。其東岸爲新城渡。西岸舊有驛亭，今廢。二溪合流，經敬亭山東爲敬亭潭，十里至油榨溝與雙溪合；又北有青草湖自東入焉；又北十里至石頭溝，其東爲渾水港，南湖水繇此合流；又北出羣山間爲沙石灣，有慈溪合高淳之水至此合於句溪；又北至水陽鎮爲龍溪；又西北入黃池，接當塗縣界，西出蕪湖入大江。唐大順二年孫儒寇江南，其將李從立奄至宣州東溪，楊行密危懼，夜使其將臺濛屯溪西。濛使其士卒傳呼，往返數四，從立以爲大衆繼至，引去，蓋即句溪也。又雙溪，在府東十里。其地有土山，亦名玉山，句溪經其北，引爲支流，西北流六七里爲許村湖，又北十里爲掘港，東南諸山之水多匯流於此，入南湖曰雙溪，又西十里出油榨溝仍合於句溪。○華陽溪，在府東南七十里。源出華陽山，東流二十里有魯山，其下爲魯顯水，又東北四十餘里爲魯溪，又北至下西渡合於句溪。志云：下西渡在府東南三十里。

南碕湖，府東北四十里。其北爲北碕湖，今總謂之南湖，周四十餘里。其東北百里有綏溪，一名白沙溪，廣德、建平諸水繇此入於南湖，府東境諸川亦悉匯入焉。西南爲曲河，出油榨溝西北爲湖北河，出渾水港並注於句溪。志云：南湖受宣城諸溪之漲溢北達固城、丹陽諸湖，會於黃池而達大江，府境之巨險也。湖北岸有大山崑山，舊設河泊所於山下之馬山埠，扼湖口之要害，南距府城六十里。

德政陂，府東十六里。唐大曆三年觀察使陳少遊置，引渠溉田二百餘頃。又薛公堰，在府北百十里。志云：唐觀察使薛邕所築，引水溉田處也。

水陽鎮，府東北七十里，臨句溪上。溪北與高淳縣接界。其地有水東山，南唐爲水陽渡，後因爲鎮，今有巡司戍守。又兑軍倉及義倉皆置於此。志云：府東境之備在水陽，繇此東出高淳，越東壩通吳會，此其要防也。

黃池鎮。府北百二十里，與太平府黃池河相接。唐天復三年楊行密將臺濛討宣州叛帥田頵，敗之於廣德，又進敗之於黃池鎮。宋建炎初，盜張遇等掠江上，至黃池，州守呂好問檄諸道兵禦却之。志云：郡境西北鄰蕪湖，北通姑孰，以黃池爲重鎮，今有巡司戍守。○符裏鎮，在府東北八十里。又西北四十里而至黃池鎮。

南陵縣，府西一百五里。東北至太平府蕪湖縣百十里，西北至太平府繁昌縣八十里，西至池州府銅陵縣九十里。漢春穀縣地，屬丹陽郡，梁置南陵縣，唐初移置於此，屬宣州。縣無城。今編户八十五里。

南陵故城，在縣西北。劉昫曰：「梁置南陵縣，治赭圻城，唐長安四年移治青陽城，即今縣治矣。」上元初，劉展作亂陷潤、昇諸州，遣其將傅子昂屯南陵，將下江州徇江西。乾符五年黃巢寇宣州，宣、歙觀察使王凝拒之，敗於南陵，巢攻宣州不能陷，即此。赭圻見繁昌縣。又當塗廢縣，在縣東南。晉咸康末僑置，分于湖爲境，宋、齊因之。隋平陳，移治姑孰，而故縣遂廢。

宣城故城，在縣東四十里青弋江上。漢縣，屬丹陽郡，後漢省。建安三年，孫策定宣城以東，即故城也。晉太康二年置宣城郡，治宛陵，別置宣城縣屬焉。宋、齊因之。隋初改宛陵爲宣城，而故城遂廢。○甘公城，在縣北七里。甃甓甚工，繚以漳水，可容數千人，四旁門址猶有存者。或曰吴將甘寧嘗屯此，俗訛爲甘羅城。

籍山，在縣治東北。陂陀聯絡，爲邑之鎮。○工山，在縣西三十里。山高數千丈，周廣七十里，半山有龍池。其南數里曰朗陵山。自朗陵而西南則羣山相接，至縣西南七十里之黄山與青陽縣接界。繇工山而東十里曰花山，有道出銅陵縣。工山之北則爲射的山。又西北相接者爲馬人山，山下有渡，與繁昌、銅陵縣接境。又北爲七女山，東去縣三十五里。其並峙者爲石潮山、黄連山、同山，皆與繁昌相接也。志云：工山舊有坑冶之害，宋淳熙中縣令郭嶤始請除之。

呂山，縣南六十里。山有石室，其南爲石竇，有泉湧出，即淮水之源也。唐大德初楊行密自銅官濟江，敗宣州兵於呂山，遂克宣州。銅官，見池州銅陵縣。

青弋江，縣東三十里。自涇縣賞溪會衆流入縣界，經縣東之長地塘分爲二支，至縣東北五十里漳陵港復會爲一，江以東即宣城界也，西瀉馬家灘，匯於蕪湖之石硊渡，繇魯港入於江。志云：馬家灘接蕪湖境，蕪民每治灘爲田，水不易泄，爲南陵患云。

漳水，出縣西南六十里龍洞，平地有泉湧出；又淮水出呂山南之石竇中，經縣南五十里孔鎮鋪而與漳水合流爲澄清河，遶縣東門謂之東溪；有鵝嶺溪水，出縣南二十五里之鵝嶺，流至此合焉；又北受籍山諸水及後港水，歷縣河口受蒲橋河水爲小淮河，匯於蕪湖縣之石硊渡入青弋江。○西港水，源出工山朗陵之南，合諸水北流，經縣西謂之西港；分流自西南水門入城，遶縣前過東市爲中港，籍山之水合焉；其出西北水門與西港合者，又北爲後港，經白水灘遶縣後而東合於漳淮。

**蒲橋河**，縣東二十里。自涇縣西匯黄埭諸澗北流，逕麻園渡入縣境會永豐陂，又北經蒲橋，又西出蘆港至縣東北合於漳淮。

**永豐陂**，在縣東南二十里。引青弋江爲陂以溉田。唐史：「咸通五年修南陵永豐陂。」宋時亦屢修築。紹興二十三年詔以永豐圩賜秦檜，乾道初改賜建康都統司。二年臣僚言檜竭江東漕計修築圩堤，以故水患及宣、池、太平、建康，乃命廢永豐圩。又縣南有大農陂，唐韋瓘記曰：「南陵有廢陂，積歲不理，元和四年寧國令范君朝真假南陵印修之，置爲石堰三百步，水所及者六十里，開荒埂數萬畝是也。」宋紹興初亦嘗修治。志云：陂水堰漳淮而成。

**鵝嶺鎮**。舊在縣南二十五里鵝嶺下。明洪武二十八年置巡司戍守。嘉靖二年遷於趙衝舖，北去鵝嶺十五里。十三年又遷於縣南六十里之新店舖。志云：府西境之險，繇繁昌、青陽、銅陵而入者，石硊、鵝嶺是其噤喉也。

**涇縣**，府西南一百五里。西至池州府青陽縣百里，西南至徽州府黟縣二百四十里。漢縣，屬丹陽郡，因涇水爲名。後漢因之，晉以後屬宣城郡，隋屬宣州。唐武德三年置南徐州，尋改爲猷州，八年州廢，縣仍屬宣州。縣無城。今編户六十四里。

猷州城，縣西三十里。隋大業末涇人左難當據縣，武德三年歸唐，尋受猷州刺史，築城於此。七年輔公祏叛，遣兵圍猷州，難當拒却之是也。八年州廢。○安吴城，在縣西藍山南。三國吴建衡中置縣，屬宣城郡，晉以後因之。梁大寶初宣城内史楊白華不附侯景，進據安吴，景遣兵攻之，不克。隋縣廢，唐武德三年復置，屬猷州，八年廢。今有安吴市及安吴渡。

桓公城，縣東四里烏溪嶺。晉咸和中内史桓彝所築，以拒蘇峻將韓晃。志云：縣東六十里曰桓公嶺，即桓彝築處也。今壘塹依然，道通旌、太，稱爲險阸。又俞將軍走馬城，在縣南四十里。晉桓彝將俞縱嘗屯戍於此。

幙山，縣東三里。相傳左難當與輔公祏相持於此，故壘尚存。其西有兩峰最高，與縣西響山對峙，如門户然，爲縣治拱衛。又縣東七里有鼓樓山，前代烽火時置鼓角樓於此。○柏山，在縣東北三十五里。亦左難當拒輔公祏處。有白龜城，即難當所築。志云：柏山而南五里爲琴高山，以晉處士琴高隱此而名，峭壁屹立，下瞰深淵，其上巖洞甚勝；琴高而西，相望者曰昆山，西南去縣亦三十里；又馬頭山，在縣東北四十三里，下爲鎮市，商舟輳集其地；又東北爲鼓樓山；皆縣境鎖鑰，與南陵、宣城分境。

水西山，縣西南五里。林壑邃密，下臨賞溪。循溪而入有塢曰水西坑，最幽勝。唐宣宗微時遊此，有「報道風光在水西」之句。風光，宣宗小字也。又西北五里曰響山，石壁聳峙，與幙山相望。○格山，在縣西北七里。高數十丈，周十餘里，環抱縣治，如郛郭然。又西十餘里曰盤坑，以崖谷宛轉而名，土人嘗陶冶其地。又西北二十里曰孤山，上有黄巢砦。

石巃山，縣東二十二里。有洞甚深廣，宋紹興初羣盜張琪等寇亂州境，民多避居於此。又四角山，在縣東七十三里。諸山環繞，唯此山最高，絶頂可容千人，寇亂時民多避其上。頂有泉，雖旱不竭。

五城山，縣西南七十里。五峰環繞，勢如城郭。東曰藍山，有藍山坑，俯瞰安吴渡，舊安吴縣址也。其西曰郭山，自九華峽嶺至此，高數百丈，爲縣西南巨鎮。其東北爲寨山，元末居民結寨於此以避難。○白雲山，在縣西南七里。下臨白雲潭。舊産茶入貢，今廢。其相接者曰湖山，以山頂有小湖而名。又菥荻山，在縣西八十里。頂平衍，有泉沸出，居民墾以爲田。其西爲望江山，以登眺可見大江也。又石柱山，在縣西南九十里，接青陽縣界。其南與石埭陵陽山相望。

承流山，縣南四十里。有羣峰迴環，聳秀甲於一邑。自承流而南，峰岫盤旋，百有餘里，如城壘然。東連旌德，西接太平，谿谷幽深，最爲嘉勝。○黄帨山，在縣東南八十里。高數百仞，層巒列嶂，狀若蓮花，湧溪源於此。又黄象山，在縣南九十餘里。山高聳。其西北曰銅山，舊嘗冶銅於此。東北爲九里山，有兩山夾行九里，下臨九里潭。其相接者曰水東山。又北爲石女山，山高五百丈，延袤二十里。黄象山之南曰麻嶺，峰崖卓絶，跨旌德、太平之間，爲往來交道。

烏溪嶺，縣東三十五里。其東爲破脚嶺，晉桓彝拒韓晃戰死處也。又雙嶺，在縣東九十里。一名盤嶺。稍南曰桐嶺山，接旌德縣境。○茹蘇嶺，在縣東南六十里。羣山環列，徑道崎嶇，有巡司戍守。嶺北即桓公嶺也。又大嶺、小嶺，俱在縣西二十里，有間道通池州。

**賞溪**，在縣治西。一名涇溪，縣以此名。其上流即石埭縣之舒溪、太平縣之麻川也，二水相合在縣西南百餘里，有麻溪渡，出麻口入縣境，下溷灘，經九里、羅浮、萬村等潭，皆隨山旋繞，與太平縣分界；又北至落馬潭，晉桓彝禦賊韓晃，戰北墮馬處也，有吴村水出縣南七十餘里魁峰山之陽，北流入焉；又北至桃花等潭，合諸山谿澗水，經縣西南二十餘里之後山至巖潭，與藤溪合；又引而北，有楓坑澗出縣西十里楓坑山，亦曰冷澗，東流入焉；至縣治西爲賞溪。其西又有新河，宋熙寧中以溪流東徙，爲井邑患，縣尉劉誼即水西山麓鑿此河以殺水勢，既而溪東出如故。賞溪又北受水西坑水，逕白雲潭，又北則幕溪之水出縣東三十里之巧坑，合諸溪水，經幞山下流合焉；又北逕柏山，則江子港水自盤坑合溪澗水東北流合焉；北過赤灘鎮，則琴溪諸水流合焉；又北逕馬頭山蘆塘而匯爲青弋江。唐五行志「顯慶元年涇縣山水暴出平地四丈，溺死者二千餘人」，蓋縣境山溪環匯也。

**藤溪**，縣東南八十里。源出縣東桐嶺之南，流經此，旌德縣有三溪，其委流亦合焉，又西受諸山溪之水，出縣南官莊，歷高灘渡并入巖潭與賞溪合。又琴溪，在縣東北二里，出寧國縣諸山，經縣東南境西北流至昆山，又西流經琴高山，因名琴溪；又有洗馬澗，源出昆山，至赤灘鎮；俱合於賞溪。

**蘭石鎮**，在縣東南七十里。晉咸和中，桓彝使其將俞縱守蘭石以拒賊將韓晃，晃攻蘭石，縱敗死。郡志：藤溪西流受楓村溪水，又北受窄溪，逕蘭石匯爲星潭，即俞將軍戰死處。○黄沙鎮，在縣東六十里。有黄沙嶺，南香澗出焉，西南會諸溪澗水入於藤溪。唐武德六年舒州總管張鎮周擊輔公祏將陳當世於猷州之黄沙，破之。又枚回鎮，亦在縣境。七年權文誕破輔公祏之黨於猷州，拔其枚回等四鎮是也。○又縣西北有勇里。後漢建安三年太史慈據涇縣，爲山越所附，孫策擊擒之於勇里，即此。

桑坑鎮。縣東北五里有桑坑山，元置巡司於此，尋改置於縣東三十里之巧坑。明洪武中改建茹麻嶺口巡司於茹麻嶺下。又縣北十里有僊石哨臺，縣東四十里有淘金坑哨臺，俱隆慶四年置。縣東三十里曰考壽哨臺，萬曆二年增置。

寧國縣，府東南一百五里。東南至浙江於潛縣一百六十里，西南至徽州府績溪縣一百六十里，東北至廣德州九十里。漢宛陵縣地，後漢建安十三年孫吴分置寧國縣，晉屬宣城郡，宋以後因之。隋省入宣城縣，唐武德三年復置，六年廢。天寶三載復置，仍屬宣城郡。今城周三里。編户十八里。

懷安城，縣南四十里，後漢建安十三年孫權分宛陵置懷安縣，晉屬宣城，宋、齊因之，隋初省。志云：縣南十三里有故縣城，孫吴築城於此以防山越。唐改今治。宋南渡後以縣爲臨安藩蔽，每增築之。有門四，明初龍鳳三年太祖下其城，命築塞北門云。又烏石城，在縣南九十里槊山北。相傳南唐時置城以備吴越處也。

文脊山，縣西北三十里。高數千丈，周三百餘里，西接涇縣、旌德諸山，北接宣城柏梘山，峰巒攢秀，巖洞盤迴，爲郡之雄鎮。亦名曷山。山東南有石壁峭立，劃然中開，儼若城闕，謂之山門。中有山洞五，水洞一，巖石最爲幽勝。又東十餘里爲石嶺。建炎二年叛將戚方犯寧國，邑人方致堯拒之於石嶺，不克，死之。是也。一統志：「文脊山北有鴉山，昔産茶充貢。」〇旗鼓山，在縣北十五里。左旗右鼓，二山並峙。又西北十二里曰石馬山。稍南曰通靈峰，南去縣二十五里。上有雞冠石，絶頂寬平，泉出龍湫，下爲溪流環遶，與旗鼓諸山並爲縣北屏障。又北接宣城縣界。

**雞山**，縣南五里。峰巒秀拔，爲縣治之鎮。又南二里曰薛家山，明太祖南征嘗駐蹕於此，亦名駐蹕山。○北姑山，在縣南九十里。脉自天目來，委蛇舒衍，忽然峭拔。有楊龍巖，深邃容百餘人，下爲泉流飛瀉。又東爲黄顔山，山頂有石室，亦容數百人，峭絶懸虚以登。又千頃山，在縣南百里，與昌化縣接境。

**關口山**，縣東南六十里。兩峰錯峙，若門扃然。一名獅象山。其中徑隘谿深，崖坪相望，巖洞奇勝，泉壑縱横。稍西北曰嶽山。其東南曰鴉髻山，有飛燕洞，容百餘人，鄉人嘗避兵於此。又冷度山，在縣東南九十里。有五峰森聳。相接者曰盤山，其東與千秋嶺相望。○東山，在縣東南五十里。山南谿峒逼隘，至此獨豁然開朗。下有渡曰石口，即東溪所經也。寰宇記：「縣東六十里有銀山。舊有銀冶，久廢。」

**紫山**，縣西百里。高數百仞，周二百里，有龍池、龍井。其北爲前塢諸嶺。稍西北曰蜀洪山，胡樂巡司置於此。又柏山，亦在縣西百里，當往來通道。其西十里曰石鏡山。○龍潭山，在縣西北百里。下有龍潭。山谷深邃，與文脊山相連，亘宣、旌錯界處也。

**籠叢山**，縣西南百五十里。其南屬績溪縣界，峻壁崇關，宣、歙阨塞處也。明正德間姚源盗起，官軍於此防戍。叢山關在焉。

**塵嶺**，縣西南八十里。嶺高險。與籠叢相埒。隋末汪華嘗駐兵於此，有藏馬洞、卓戈泉。又北二十里爲楓樹嶺，明嘉靖四十五年建哨臺於其上。又黄岡嶺，在縣西南五里。

千秋嶺，縣東百五十里。岡巒纚屬，谿谷幽深，道通西浙，楊吳招討使李濤攻吳越取道處也。宋時置戍守。嶺下爲雲梯，舊置僊都巡司於此。志云：縣東南百二十里爲湯公山，一名商山，旁有僊人峰。又東南三十里即浙屬天目山，與千秋嶺岡脉接，面杭背宣，爲兩境屏蔽。有千秋關，詳浙江於潛縣。

東溪，縣東五里。源出天目山，北流受千秋嶺及諸山之水，又西北經東山下石口市至欄杆溪，又北則縣南千頃諸山水及昌化縣洋丁山水皆流入焉，亦謂之杭水，西北去縣十五里。又北流五里至河瀝溪，是爲東溪。有石橋跨其上，長四十丈。又北經縣東五里妙山下，復引而北，諸溪潭水皆流合焉，至縣北十二里五河渡與西溪合。又北十餘里有胡村水自廣德境流入，又經通靈峰北石馬潭，有澄清溪出文脊山下亦流合焉，至港口渡受宣城柏梘溪之水，亦曰乾溪。又五里至西塌，接宣城境爲句溪上源。

西溪，縣西五里。亦曰西津渡。源出籠叢山，北流合諸山溪之水，亦謂之徽水。其昌化縣界之僊人洞水、旌德縣界之篁嶺水亦俱流入焉，北流十餘里，有滑渡水出旌德界之石舄山東流入焉，又北五十里有葛村諸水出涇縣界寄馬嶺亦流入焉，又四十里爲羅陵灣，中有狼石方丈許，激流爲阻，又北有龍潭水源出文脊山亦流合焉，又東北流五里是爲西溪。亦有石梁跨其上，曰同人橋，長亦四十丈。又北十里至五河渡合於東溪。二溪上流皆淺澀，近縣境僅容小舠，合流而後始可以航矣。

千秋關，在縣東千秋嶺上，爲入杭間道。又孔夫關，在縣東南百二十里。旁有夫子堂、夫子井。俗傳夫子曾由此入吳。又有孔關水流入於東溪。其相近者曰濠阡關、唐舍關、白沙關、潼嶺關、黄花關，皆自縣東南通於潛之别徑也。

宋南渡後置關爲臨安藩衛。又叢山關，在縣西南籠叢山，路當徽、寧要口。

胡樂鎮。縣西南九十里。亦曰胡樂市。其地有蜀洪山，明洪武初置巡司戍守。又嶽山巡司舊置於嶽山下，地名何弄塢，洪武中遷於紐口，東去舊所二十里。嘉靖二十五年以礦盜發，議還舊所，未果。三十二年復置於縣東南六十里河口市，仍曰嶽山巡司。

旌德縣，府南二百四十里。東南至徽州府績溪縣七十里。本太平縣地，唐寶應二年析置旌德縣，屬宣州。今縣無城。編户四十二里。

安吴廢縣，在縣西北十五里。或曰三國吴置安吴縣，在今涇縣境内。此蓋唐初所改置也，俗謂之沙城。○桓公城，在縣北五十里。志云：地名蘭石，即俞縱所守處。其地蓋與涇縣接界。

華陽山，縣東五里。其西爲感化山。今縣城東門曰感化，以山名也。又棲真山，在縣西四里。其西接成子山。棲真而北爲西嶺、僊峰、黄龍岡諸山。舊志：縣四面因山，夾徽水爲城是也。○古塘山，在縣南十五里。高三十餘仞，周十五里，東與績溪縣接境。又金鼇山，在縣南四十里。其西爲黄高峰，有兩峰對峙，甚奇峻。其巖壑亦皆秀異。

石壁山，縣北二十里。高數百丈，連亘數里，一水中流，兩崖對峙，峰巒峻絶。舊有道在山半，行者難之，乃緣麓闢爲馳道，縣境之阸塞也。宋宣和中，賊方臘繇寧國轉寇縣境，統制王可誠帥師拒戰於石壁，賊敗却。舊有石壁巡司，久廢。又北爲三溪鎮。又北爲龍首山，山西北有龍潭。徽水經其下，與涇縣接境。○嗣溪山，在縣東三十里。

接寧國縣界，連亘十餘里，以山溪相嗣不絶而名。一峰峭峙，謂之龍峰。稍西曰石梟山，梅溪出焉，東北流入寧國縣爲滑渡水而注於西溪。

正山，縣西三十里。峰巖峭峻，泉石錯列，諺云「正山巍峨接星斗，分別岡巒九十九」，南唐屯戍於此以備吴越。其西爲大幕山，以形如簾幕也。傍起一峰曰小幕山。○蛟山，在縣西南五十里。山形蟉虯，如騰蛟然。後有洞，徑險難入，其中平曠。唐永泰中山寇王萬敵嘯聚於此，招討使袁傪擊平之。又西十里曰石柱山，有巨石雙峙，如立柱然。梁末程靈洗將兵討侯景，誓衆於此。

箬嶺，縣西南八十里。高五百仞。西接太平縣境，南接歙縣境，爲宣、徽通道，相傳隋末汪華所開。有鵲嶺，縣西南七十里，與箬嶺接。○梟陽嶺，縣北十里。又縣西北十五里有烏嶺，一名楓木嶺，亦曰烏山。

徽水，縣治東。源出績溪縣徽嶺北，西北流；清潭水出縣南境清潭山，溉田十餘頃，流數里入徽水；至縣南而東出，經縣東北，有霞溪諸水自績溪縣合流而北，至縣東四里入於東溪。其東溪出籠瑽山，西北流經華陽山，又有績溪北出之龍頭溪及别源之東溪水俱流合焉，並注於徽水。又北逕縣北十里之柳山，過石壁山西十里與抱麟溪、玉溪合，是爲三溪。又北至龍首山入涇縣界爲藤溪上源。〔二〕

豐溪，縣西十里。源出縣西南六十里九峰山，東北流經石柱山南合濠寨水，又北流至縣西北三十里入於三溪。其别出石壁山北者曰戈溪，或謂之渦溪，溪流隨山旋轉，下多險石，經縣東北四十五里亦入涇縣界而合於藤溪。又有楓溪，出箬嶺北，其下流亦至涇縣合於藤溪。

三溪鎮。縣北三十里。有三溪鋪，稍西有盤詰關，又三溪巡司亦置於此，今皆廢。志云：縣東有烏澗嶺，烏嶺巡司蓋置於此。又石子寨，在縣西三十里，南唐所置戍守處也。

太平縣，府西南二百四十里。西北至池州府石埭縣百里，西南至徽州府黟縣百八十里，南至徽州府百八十里。本漢陵陽縣、涇縣地，唐天寶十一載析置太平縣，屬宣城郡。今縣無城。編户十九里。

黄山，縣南三十里。高千一百餘丈，盤亘三百里，寧、徽兩郡之名山也。峰之得名者三十六，而在縣境者有八：曰翠微，下有青牛溪；曰天都，下有香谷源、香泉溪；曰望僊，下有龍鬚巖、弦歌溪；曰九龍，其下巖洞溪源之屬並以九龍名；曰聖泉，其上有泉，人不能至，東南流至峰下爲湯泉；曰疊障，下有石孔巖，亦名滴泉巖，又有陰坑源，水流入白雲溪匯爲白龍潭，又流爲珠沙溪；曰僊人，下有僊人洞；曰芙蓉，下有白馬源。諸峰之中，天都爲之冠，餘悉屬徽郡境内。○尚書山，在縣西南二十里望僊峰之西。高百餘仞。又西南十里爲大龍嶺，高二百丈，亘三十里。别名遊山。又縣西南六十里有湯嶺，多懸崖峭壁。又西南十五里爲梨水嶺，又五里爲棠梨嶺，皆接歙縣境。縣西南百十里曰莊嶺，接黟縣界。西南百三十里曰石礬嶺，接石埭縣界。諸山皆黄山之支阜矣。

陵陽山，縣西六十里。有三峰矗立，屬縣者一，西屬石埭者二。下有三門、六剌灘，舒溪所經也。稍南曰真金山，高二百餘丈。稍東曰密厓山，岡巒連亘二十里，至此兩崖對峙，下瞰深溪，徑道險絶。一名密王關。○龍門山，在縣西四十里。高五百仞，周三十里。巖壁峭拔，中有石竇若門。産茶及藥草。其東爲三門嶺，三方阻絶，一徑中通，縣治據其陽。

箬嶺，縣東南五十里。上下六十里，山頂爲歙縣境，東麓屬旌德縣，往來徑道也。又縣東二十里有石𪩘嶺，又北爲黄瓜嶺，與旌德縣接境。

麻川，縣南三里，源出黄山之麓，經縣東南七里麻陂潭，一名白虎潭，旌德西北境之水多流入焉，謂之麻川；又西北逕縣治東，有富溪水出縣西霧山，逕縣治西南亦名僊源水，又東北流入焉；又北則梅溪水自三門嶺東南流入焉；西北下焦灘、洲灘，至麻口合諸山谿之水，入涇縣爲賞溪上源。

舒溪，縣西六十里。源出黟縣境，流經石埭縣東北入縣界，又東北合於麻川。○瀼溪，在縣西南二十里。有二源，一出黄山九龍泉，一出大龍嶺下，會流而東北入於舒溪。又有青山溪，源出池州府青陽縣九華山，入涇縣西南境，又東南流入縣境亦合於舒溪。又縣西有蟠石水出黄山下，赤溪水亦出青陽縣界，下流俱匯於麻川。

宏潭鎮。縣西百里。志云：自石埭、黟、歙而入郡西南境，宏潭其屏蔽要地也。有巡司戍守於此。又龍門巡司，舊置於縣西龍門山下，今廢。

附見

宣州衛。在府城内。洪武初建。

徽州府，東至浙江杭州府四百七十五里，南至浙江嚴州府淳安縣百八十里，西南至江西饒州府六百里，西北至池州府三百九十里，北至寧國府三百三十里，自府治至應天府七百里，至京師三千一百里。

禹貢揚州之域，春秋時屬吳，後屬越，戰國時屬楚。秦屬鄣郡，漢屬丹陽郡。三國吴分置新都郡，晉改新安郡，治始新縣，今浙江嚴州府淳安縣也。宋、齊因之。梁承聖中析置新寧郡，治歙縣。陳復并入新安郡。隋廢郡置歙州，大業初改爲新安郡。移治休寧縣，義寧中移治歙縣。唐復曰歙州，天寶初曰新安郡，乾元初復故。宋宣和三年改曰徽州。元爲徽州路。明初曰興安府，吴元年復曰徽州府。初屬浙江，尋直隸京師。領縣六。今仍曰徽州府。

府厚金陵之鎖鑰，控江、浙之要領，山川險阻，襟帶百城，郡志：東涉浙江灘險三百有六十，西通彭蠡灘險八十有四，嶺之危有五，南界馬金、白際之高，北倚黄山、章嶺之秀。晏殊類要云：「峰巒掩映，狀若雲屏，實百城之襟帶也。」摇足而定饒、信，運肘而懾杭、嚴，擇利而動，無不可爲也。且土沃民殷，資儲易給，控禦三方，南直、浙江、江西。戰守足恃。明初繇此以靖南服，豈非地利之明驗哉？

歙縣，附郭。秦置，屬鄣郡。縣南有歙浦，因名。漢屬丹陽郡，爲都尉治，後漢因之。三國吴屬新都郡，晉屬新安郡。梁置新寧郡於此。陳郡廢，縣仍屬新安郡。隋平陳，縣廢，未幾復置，屬歙州。義寧中郡爲汪華所據，遷治於歙之烏聊山。唐亦爲歙州治，宋因之。今編户二百十五里。

歙州城，今府城。隋末汪華所築也。東面抱山，西據平麓，自東北而西南，皆有溪流環遶，注於歙浦，稱爲險固。外城周四里有奇，子城周一里有奇，唐大中、中和間屢經修築。羅城周九里有奇。咸通六年於城西北爲堤以禦水，光化中又因堤增築爲城，名曰新城。歷南唐至宋，時有修改。宣和三年爲睦寇方臘所陷，事平改築新城於溪北三里。因民不便，仍還舊城，即唐中和中故址修築。然其地僅七里有奇，而子城遂廢。又光化中所築新城者，堤既圮，每爲溪水所泛溢，因棄爲桑野，名曰新城園。自是又屢加修飾，嘉定十三年大興版築，鼎新雉堞，城南逼溪，復築長堤以衛城址。元時亦嘗修築。至正十二年爲蘄、黄兵所破，明年元兵復取之，因增治城垣。明初龍鳳三年，元至正十七年也，王師平徽州，將軍鄧愈因舊城營葺，周六里有奇，爲門五。東西北三面皆有濠，惟南及東南無之，以山險故也。後復廢壞，成化以後屢經修築。今城周十里有奇。

**歸德廢縣**，府西南五十里。唐永泰初盜方清陷州城，州民保聚於休寧之山險處，賊平，析休寧、歙縣地置歸德縣，大曆五年省入休寧，今爲歙縣境。寰宇記：「府北三十五里有北野廢縣，唐永徽五年析歙縣地置，大曆二年省。」新、舊唐書云：「北野即績溪也。」

**烏聊山**，在城内東南隅。高二十八仞，周八里。東漢末賊帥毛甘屯據於此，吴將賀齊討破之。隋末郡人汪華據郡起兵，初亦屯此。義寧中自休寧萬安山遷郡治於山下，今城東址皆踐山爲之。山之西麓有四水合流。上有汪華廟，俗亦謂之廟山，别名山之東峰爲東山。又披雲峰，在縣治西南。高百仞，周五里，勢峭拔，常有雲氣。俗謂之西峰。

**玉屏山**，在城東北。本名石壁山，上有石方峙如屏帳，其下寬平可以屯兵，明太祖嘗駐蹕其下，因易今名。又問政山，在城東四里。山高秀。唐時有于德晦者爲州刺史，築室於此，以居其從兄方外，時咨訪焉，山因以名。又紫陽山，在府南三里。山高百九十仞，周四十里。一名城陽山，以山在城南也。山之南塢，别號南山。

**飛布山**，府北二十里。高百七十仞，周二十七里。舊名主簿山，相傳寇亂時有縣主簿葛顯者率衆保此，唐天聖中改今名。又靈山，在縣西北三十里。高三百五十仞，周七十里。又黄蘗山，在府北九十里。高五百六十仞，周百里。○石耳山，在府南四十里。突起大障，高出羣峰，多巖石之勝。又柳亭山，在縣南百里。高二百五仞，周四十里。舊名昌山，唐天寶中改今名。

黄山，府西北百二十里。舊名黟山，唐天寶六載改今名。其山盤踞諸州縣，而屬於歙。高千一百八十仞，有峰三十六，水源亦三十六，溪二十四，洞十二，巖八。溪澗流下，合揚之水爲浙江之源。登其巔。則匡廬、長江，隱隱在望。浙之東西，池、饒諸境之山，皆其支脉也。紀勝云：「黄山諸峰，有如削成，烟嵐無際，雷雨在下。其霞城洞室，巖竇瀑泉，則無峰不有。」其西北峰類太華，故亦名小華山，元汪炎昶記曰：「山在宣、歙間，雄鎮東南。」南踰百里爲歙縣治，北三十里爲太平縣，又北抵宣州治二百四十里，不當通都大邑之走集，遊者罕至焉。山之西麓，田土廣衍，口焦村。焦村而南有數峰凌空，最名者曰天都、芙蓉、朱沙，而天都爲尤高，鳥道如線。上多名藥，採者裹糧以上，二日始可達。

箬嶺，府北八十里，黄山之東。上多箬竹。隋末汪華起兵時開嶺路達太平縣。今爲通衢。志云：縣南十五里有藺將軍巖，隋將藺亮嘗屯兵於此。

昱嶺，縣東南百二十里。接杭州昌化縣界，爲往來孔道。舊有昱嶺關，詳見浙江重險。○方吴嶺，在府南九十里。高二十餘仞，有小嶺七十二，自府境往嚴州遂安縣此爲捷徑。其麓有石門水，北合白際之水以達於浙江。又嶺之西曰危峰嶺，脉接休寧縣之白際山。

新安江，在府南。其源有四：一出黄山；一出績溪縣大鄣山，合揚之水會流於府城西，達府東南十五里而爲歙浦；一出休寧縣率山；一出婺源縣浙嶺山，亦合流而達於歙浦，自此而東南流皆謂之新安江。志云：縣歙浦口而東南四十里爲深渡，又五十里爲街口而達浙江淳安縣界，至嚴州府城南合於東陽江，爲浙江之上源。圖經：自浙江桐廬以上抵歙浦皆曰新安江，江中有灘三百六十，至爲艱阻。今詳見浙江大川。

揚之水，在城西。出績溪縣龍從山，西南流凡百餘里，至城東北達於城西謂之練溪，亦曰徽溪，府西北黄山諸水悉流合焉，又環遶而東南達於歙浦，謂之浦口，浦口而東南或謂之苦溪，下抵深渡，凡八十里，名八十里苦，此即新安江之上流也。志云：苦溪中亂石磣磣，洪灘斗折，淙流奔騰，其急如箭，雖三峽不足方其險。又深渡水在郡東百十里爲新安江，東接嚴州之界，而浦口東南四十里亦曰深渡，蓋自嚴州界泝流而上，穹山峻流，峰巒掩映，縈紆旋繞，清深若一，故皆以深渡爲名。

豐樂水，在府西三里。源出黄山，溉田三十餘頃，流至此合於揚之水。又布射水，出黄蘗山，流經縣北三十里，合揚之水。又府北一里曰富資水，源出府北四十里昉村，亦名任公溪，以梁任昉名也。又昌溪水出府南柳亭山、武洪水出休寧縣梢雲山，流入界，皆引水溉田，下流合揚之水。○綿溪水，在縣東南五十里。源出績溪縣佛論嶺，下流入新安江，亦有灌溉之利。

篁墩湖，府西南三十五里。篁，一作「黄」。一名相公湖，亦曰蛟灘，東北流經府城西南曰南岡浦，合於徽溪。志云：篁墩在府西南三十里，地多竹，湖因以名。○吕公灘，在府南十二里。即徽溪下流，長二里。本名車輪灘，水勢湍悍，善覆舟，唐刺史呂季重鑿之，遂爲安流。今亦曰車輪灣。

漢洞坑，在府西南仁愛鄉。洞口險阨，中平廣，上有屯聚遺跡，相傳自漢以來郡人避兵者多保聚於此。或以爲即洞口也。唐初汪華據黟、歙，杜伏威將王雄誕擊之，華拒之於新安洞口，雄誕伏兵山谷，帥羸弱與戰，佯敗走，華進攻之，伏兵襲據其洞口，華窮蹙請降。一云洞口在今績溪縣西南四十里。今謂之洞裏，中多居民，深廣幾百里云。○階坑，在府東百二十里。相傳吴廢太子和所居之地，階迹猶存。

街口鎮，在府東南百里。有街口渡，置巡司戍守，東至嚴州府淳安縣八十里。志云：明初置梅口批驗茶引所，成化十四年并入街口巡司。又有王干巡司，在府東北百里，東至杭州府昌化縣九十里。又管界寨，在府西百八十里。宋置。明初亦嘗置巡司於此。又府南四十五里有深渡寨，亦宋置。明初置巡司，洪武十二年廢。

新館鎮，府東三十里；又有巖寺鎮，在府西二十五里；俱宋時置官榷酒之所。明初亦置税課局兼置巖寺巡司，洪武十四年巡司廢，成化十四年兼革税課局併於税課司。

漁梁。府南三里。有石梁。舊以揚之水及黄山諸水凡四溪會流城西，陡瀉而下，無復停蓄，故爲津梁以緩水勢。宋紹興中廢，嘉定中復修，鑿山取石，爲永久計，後復圮。明弘治中凡再修葺，稱爲完固云。○太平橋，在府城西。志云：宋時自府城西南紫陽門達水西有石橋，後廢。驛道所經，出麻坑七里，溪兩渡，或遇漲潦，輒郵傳不通。端平初郡守劉炳於西門築浮橋跨溪，亘五十餘丈，名曰慶豐，且伐木石以開新路，遂避兩渡之阻。元末兵毁，明初架木爲之，曰太平橋，一名河西橋。又通津橋，今在西關，一名麻坑橋；又西南古城關西七里渡有七里溪橋；皆爲往來通道。

休寧縣，府西六十里。南至浙江開化縣二百四十里，東南至浙江遂安縣二百里，北至祁門縣百五十里，西南至婺源縣二百里。本歙縣地，三國吴析置休陽縣，後以景帝諱改曰海陽。晉曰海寧，屬新安郡，梁屬新寧郡。隋開皇十八年改曰休寧，屬婺州，大業初新安郡治此。唐仍屬歙州。今縣無城。編户二百五里。

海陽廢縣，舊治縣西二里靈烏山，尋移治縣東十三里萬安山上。其城爲隋末汪華所築，華遷新安郡治萬安也。今呼爲古城，有汪王故宫。唐天寶中移縣於今治。又有休寧故城，在縣東三十五里南當水口之上。相傳隋時縣嘗治此。○黎陽廢縣，在縣西北。孫吴析歙縣地置，晉屬新安郡，劉宋大明中省入海寧。梁承聖中復置黎陽縣，屬新寧郡，陳省。今爲黎陽鄉。

松蘿山，縣北十三里。高五六十仞，周十五里，與天葆山相連，爲縣巨鎮。山半石壁懸空，峰巒攢簇，松蘿交映，蜿蜒數里，如列屏障。産茶。又稍雲山，在縣東北二十三里。高百五十仞，周五十里，武洪水出焉。舊名郎山，天寶六年改今名。○萬安山，在縣東十里。隋大業末汪華移郡治於此。本名萬歲山，宋宣和中改曰萬安，避禁苑中山名也。今名古城巖，東北麓有石門。高丈五尺，下闊二丈，稱峻險。又鳳山，在縣西二里。高三十仞。一名靈烏山。址方頂平，下臨孔道，相傳爲舊縣治。又玉几山，在縣南三里。一名塔山。旁有十二峰，互相映帶。

仰山，縣東南五十七里。窮源深谷間，一徑縈紆，陟而復降。其中平衍，羣山環拱，狀若蓮花，亦曰蓮花山。又響山，在縣東南三十五里。平地特起，周五里許。其南有石壁削成，西有石峰特起，名曰柱棒山。

白嶽山，縣西四十里。高三百仞，周三十五里，奇峰四起。其西北曰齊雲巖，高二百仞。懸崖中一小徑，憑梯而上。其三面並峻，絶壁立二百餘丈，不通攀緣。峰頂闊四十餘畝。巖之東北，復有石壁如樓臺，旁又有珠簾及羅漢等洞，宋德祐二年邑人結寨於巖以避寇亂。其並峙者曰獨聳巖，高亦三百餘仞，周十五里。頂有池水，並崖演迤凡數折，里人鑿渠引水下山，溉田千餘畝。山之西曰石門巖，高亦二百餘仞，周二十里。巖之東復有峰巖洞壑，奇勝不一。山之南曰密多巖，高亦二百仞。程敏政曰：「遊白嶽山者率以白嶽爲高，至桃源嶺則白嶽已在其下，至車徙嶺則桃源又下，至齊雲巖則車徙益下。蓋齊雲爲山最高處，黟、祁、歙、婺之山一目可盡也。」

顔公山，縣西南四十里。周三十八里，自麓至巔可三十里。山半稍前則四旁隆起，其窳處有清濁池。又有湖約五畝許。相傳昔有顔公者隱於此，因名。又岐山，在縣西六十里。高二百仞，周二十三里。一名石橋巖，泉石奇勝。又西六十里曰高湖，南接婺源縣。山頂有湖廣十餘畝，歲旱不涸，土人謂之聖湖。

率山，縣西南百六十里。今曰張公山。其脉繇婺源五嶺而北，重岡大嶺，周百餘里，高千四百餘仞。相傳昔有張公者隱此，因名。山當休、婺、浮梁三縣間，鄱江之源出其陽，浙江之源出其陰。婺源志云「山在縣西北百二十里，一名大鄣山，有振衣峰及清風嶺、仰天臺諸勝」，即張公山矣。

白際山，縣南八十五里。高百五十仞。其山繇婺源五嶺而來，連起大峰，相續不斷，東接歙縣之危峰、方吳諸嶺，以界於睦之遂安，衢之開化，蓋羣山之綱領也。又雞籠山，在縣南九十里。高百六十仞，周五十里，以形似名。○方源山，在縣南百八十里。高二百五十仞，周三十里。本名黄土山，唐天寶六載賜今名。一名馬金嶺。舊志：方源、黄土爲二山。朱同云：「方源即黄土，自婺源五嶺分支而來，東連白際，而雞籠則其支也。」今土人謂其尖曰黄尖，水曰璜源，亦曰方源。其陰則水北流入率山之江，其陽則東流者入於睦之遂安，西流者入於衢之常山，而總趨於浙江。

**新嶺**，縣西南七十里。高六百餘仞，周二十里，西合婺源芙蓉諸嶺，爲五嶺往來通道。嶺南有地名黄茅，可繇小徑直達，爲防禦要地。○東密巖，在縣南三十五里。高六十仞。四面皆平山，土田衍沃，惟此特高，周迴絶壁如城。東西二小徑，繇石磴而登，其頂平衍，方廣八百餘步。唐乾符五年黄巢寇郡，郡人程澐率義兵立寨於此以拒之。今塹壘猶存。志云：嶺上有元帥府寨，下有落箭丘，皆以程澐得名。

**浙溪**，縣西南百十里。源出婺源縣之浙嶺，東北流至縣西七十里江潭，又東流百餘里至率口而會於率水。亦名漸溪，水經所謂漸江者也。漢功臣表：「陳嬰定豫章浙江，都漸。」顔師古曰：「漸，水名。」或以爲今縣即古漸地。漢志注「浙江水出黟縣南蠻彝中，東入海」，蓋時未有婺源縣也。文獻通考「休寧漸水溉田二十七頃，發源張公山」，蓋悮以率水爲漸水矣。輿程記：「縣東三十五里有屯溪，漸源至此，會於黟水，亦名南港。黟水即率水也。又東流數十里至浦口會練溪諸水而爲新安江。」○率水，在縣西南。即張公山水也。自山巔流而下，分爲三源，下流俱北會於浙溪，而爲新安江之上源。或謂之大溪。

**白鶴溪**，縣西二里。出黟縣横江、吉陽之水，東流入縣境，亦曰吉陽溪；至縣西鳳山下，有夾溪水出縣西北四十二里石圻山，東南流合焉，曰雙溪口；經縣南一里曰夏紋溪；又東經縣東二里富郎潭，過古城巖，又東南流三十餘里至屯溪而會於南港。志云：夾溪亦曰夾源，其水溉田十餘頃。又璜溪，在縣南。即方源山之水，北流四十里合於率水。志云：縣南五十里有汊水，其源東自白際之珮琅水，南自馬金之璜原水，演迤四十里，至此合流爲一，繞岐陽山下因名汊水，一名紫雲溪，谿溪北流二十里合率口水。岐陽山一名旗山，其支爲萬松山，亦在縣南五十里。

五城水，縣南四十五里。源出婺源五嶺，流入縣境，與顏公山水合流於龍灣溪口，溉田四千餘頃，東會於浙溪。又原坑水，出縣西百五十里之鹿髀山，溉田三千餘頃，南流會於浙溪。又南當水，出縣西三十六里之南當山，俗曰當坑山，亦溉田三十餘頃，東流會於浙溪。

洋湖，在縣東南四十里屯溪南岸。一名陽湖，爲衆水會聚之處。濱溪平衍，每春流漲合，輒汪洋如湖云。

舉嶺寨，在縣東北十五里天葆巖。志云：縣東南方山有白際嶺寨，縣西婺源界有塔嶺寨，又縣西吴田嶺上有馬金寨，縣西南溪口有松陽寨，五寨皆宋置，元廢。○五畬驛，在縣南二十五里。元置。又縣南二十九里有皇華驛，元初曰憩賢驛，尋改。明初廢。

五城村，縣南五城水上。舊爲大鎮。寰宇記：「村傍有五城，斜隅相對，因名。」元置五城務及南五嶺巡司於此，明初廢。嘉靖中以寇亂議設兵防守。萬曆十年議者復以五城爲一郡通達之所，應設哨官，領兵巡緝，與婺源中平鎮爲犄角云。又臨溪村，在縣南九十里。元置臨溪務、白際嶺巡司於此，明初廢。又斷石村，在縣西三里。舊名吴口村，西南有石壁，下臨深溪。

藍渡橋。縣西十五里。元置稅務於此曰藍渡務。又置江潭務於河村溪口，即今縣西七十里之江潭也。明置黄竹嶺巡司於此。

婺源縣，府西南二百四十里。西至江西樂平縣百九十里，南至江西德興縣百十里，西北至江西浮梁縣百五十五里，東南至浙江開化縣百七十里。本休寧縣地，唐開元二十八年析置婺源縣，屬徽州，宋因之。元元貞初升爲婺源州，明洪武二年復降爲縣。舊有城二里，今廢。編户百六十四里。

婺源故縣，在縣北二十五里。志云：唐分休寧回玉鄉并割鄱陽懷金鄉置婺源縣，治清華鎮。中和二年楊行密將陶雅守歙，縣人汪武怨其暴横，率民立營栅，據弦高鎮以抗之，自爲鎮將，遂移縣治於弦高。天祐中武死，陶雅以朱瓌爲新縣制置巡轄等使，復舊縣爲清華鎮，後皆因之。今縣即故弦高鎮也。懷金鄉，在縣西，與樂平縣接境。

軍營山，在縣城内西隅。五代時嘗屯兵於此。山東麓臨西湖，舊爲蚺蛇港。又北曰腰灘港，大溪之水匯流於此。唐中和中汪武立營栅於腰灘、蚺蛇二港，據弦高鎮，即營此山矣。五代唐同光中吴將劉津改營新城，因築南北港口，瀦水爲西湖，使大溪環城而西南出，宋末猶爲近郊之勝，元時漸堙，明初遂爲平陸，惟此山猶以軍營名。又方山，在城南二里。冠佩山，在城西五里。其在城南者又有魚袋山，城西北二里又有錦屏山。

浙源山，縣北七十里。一名浙嶺。高三百餘仞，周二十五里。婺源諸水多西入鄱陽，惟此山之水東會休寧、祁門、黟縣諸水至歙浦，又會績溪、歙縣諸水赴浙江。山有戴公三嶺，泥源九灣，自縣入郡，此爲捷徑。又高湖山，與浙嶺相連，北接休寧縣界。○張公山，在縣西北百二十里，即率山也。詳見休寧縣。

石耳山，縣東南九十里，層巖疊嶂，高險接天，有石室甚深廣，縣衢、信入境，此山爲之望；其支脉曰大鏞山，在縣東百里，高三百仞，相傳洪水時有大鏞上此而名。又小斂山，在縣東南七十里，高九十八仞，周十五里，俱與衢州接界。○石門山，在縣東九十五里，與大鏞相接。山巔有石巖，空洞若門。縣東九十里又有屏障山，高二百餘仞，方峙如屏，下開平壤曰大畈。其左爲陰巖山，右爲石耳山。又龍尾山，在縣東百里。高二百仞，周三十里。石可作硯。一名羅紋山。又蓮花山，在縣東百五里，亦接衢州界。山高極天，羣峰峷嵂，狀若蓮花，因名。志云：縣南四十里有桃源大衢山，石壁峭立，飛瀑懸流，泉石之勝，甲於一邑。

斜山，縣東北七十里。高二百仞，周八十里。斜水出焉，溉田四十頃，下流合於繡水。○倚衡山，在縣北百十里。高八十五仞。與縣北九十里之朗山俱西連回嶺。朗，亦作「閬」。志云：回嶺在縣北百里。有峰高聳，亦名回峰。自縣趨郡之捷路也。

大連山，縣西北百二十里。高四百仞，周九十里，寇亂時鄉人每保聚於此。又大廣山，在縣西北五十八里。一名大尖山。高四百餘仞，周三十里，婺水出焉。○寨山，在縣北三十里。唐開元中土人洪真作亂，居民結寨避寇於此。又縣東北亦有寨山，其地名李坑源頭，亦唐開元中土人避寇處。

梅源山，縣西百二十里。高三百餘仞，周四十餘里。本名梅山，產楊梅充貢，梁任昉爲郡守奏罷之。唐天寶中始曰梅源山。西北接浮梁縣界，一名猏山。又三靈山，在縣西九十里。高二百八十仞，周五十里。又西爲嶘峿山，周迴綿亘凡數十里，峰巒林立，其名者爲傀女、金鍾諸巖，西連樂平縣界。○濬源山，在縣西南百里。高二百十仞。亦名遊山，接樂平及浮梁縣界。有濬源水，溉田三十餘頃，南流合杭溪水入樂平縣界。

芙蓉嶺，縣東八十五里。高千餘仞，周三十餘里。其絶頂爲芙蓉峰，一名靈山，巖石奇勝，屏嶂、龍尾諸山皆其支脉也。又縣東九十五里曰對鏡嶺，高百五十仞，周十里。其並峙者曰羊鬭嶺，高百仞，周二十里。又塔嶺，在縣東北百五十里。高八十仞，周九里。四嶺中芙蓉爲之冠，與休寧新嶺爲五嶺。宋初驛道繇縣東百里中平寨經大畈達休寧之黄茅，沿澗曲折，谷水暴發則橋道皆壞。其後里人汪紹闢路從芙蓉、對境、羊鬭、塔嶺直抵黄茅，較舊路近十五里，且無水患。元末汪同復開拓之，遂爲通衢。今休、婺之界自塔嶺而中分也。

平鼻嶺，在縣北九十里。志云：浙源之大灣與休寧接界。聞見録：「平鼻嶺、回嶺、張公山、查公山及花橋，皆休、婺往來通道也。」今查公山在縣西八十里，花橋亦在縣西百里，蓋自樂平而東北達縣境以入休寧，此爲必經之處。又篁嶺，在縣東九十里。高百仞。地多竹，因名。○靈巖，在縣西北百二十里。中有三洞，東北曰慶雲，西曰蓮花，南曰含虚，皆襟帶浙嶺，聯絡率山，山海經所謂三天子都，或以爲即此巖也。又有洞，曰靈磨、集僊、魚龍、張公、垂鐘、會僊，合爲九洞，幽勝疊出，不可名狀。

繡水，在城北。舊名大溪。縣境羣出之水山自縣東及縣東北者，會流於縣東北二十餘里之汪口，又西而爲北港；其出自縣北者，至清華合流而西爲西港；至縣北二十里曰武口，與北港水合；又南至城北，繞城而西，又西南而遠近諸山水悉附入焉，流入德興縣，下流注於鄱陽。志云：綉水合二港十一源之水匯流城下，繞城三面而西，波紋如繡，又南益合衆流，至德興謂之大溪，至樂平縣謂之樂安江云。

婺水，在縣西。出大廣山，溉田二十二頃有奇，南流入樂平縣界。中有石門灘，兩石夾溪，湧起如闕，一線通流，險比灔澦。志云：婺水南流八十五里繞縣城，又南流四十里合斜水通鄱陽。考斜水在東北，大鏞、龍尾、石耳山諸水俱自縣東流合繡水，則斜水何從越諸水而南會婺水乎？又婺水在縣西北，既繞城而南，則當合繡水，又不容獨南流會斜水也。樂平在縣西，自縣西而南，非樂平境内矣。志恐悮也。

益陽水，在縣北。出浙源山，溉田三十五頃有奇；又有武溪水，亦出浙源山，東南流經龍尾山，溉田十三頃有奇；下流俱入於繡水。○大鏞水，在縣東。出大鏞山，溉田六十餘頃，西北流入斜水。志云「大鏞與芙蓉峰水並入繡水」，蓋斜水合於大鏞矣。又小斂水，出小斂山，溉田十八頃有奇，東流經縣南五里入繡水。又古坑水，出屏障山後，繞山南麓東注鏞溪。

梅源水，在縣西。出梅源山，東流合浙源水，溉田八十頃有奇。又杭溪水，出縣西北七里石龍山，有石龍洞，水出其中，溉田三十八頃有奇，南流至杭口與濬源山水合而入樂平縣界。聞見録：「杭溪水流入婺水，爲往來通道是也。」○澧溪，在縣西。志云：嶇嵎山東有玉帶水。又澧溪源亦出山下，合山谷諸水南流爲澧溪，紆回數百里，下流達於鄱陽。

五福鎮，在縣西北四十里。唐咸通六年置。又有三吴鎮，在縣東七十五里。唐乾符中黄巢作亂，兵馬使汪道安鎮婺源，其子濆分戍於此。今廢。

高砂鎮，在縣西南三十里。元置高砂税務於此，至正十二年兵毀，明洪武八年裁革。聞見録：「自江西樂平縣趨太白巡司，德興縣趨吴家灣，會於高砂，進抵城北是也。」今太白巡司在縣西七十里。志云：縣有大鏞巡司，萬曆二年設於大鏞嶺。又有巖田巡司，嘉靖四十二年革歙縣之黃山巡司而設巡司於巖田。萬曆八年改設於項村，因名項村巡司。○莊坑，在縣南六十里。輿程記：「繇樂平而東六十里至毛橋，又三十里至灣頭，五十里至莊坑以達縣，皆舟楫通行之道也。」

**中平寨**。縣東九十里。宋置寨，元因之，明洪武十八年廢。嘉靖三十四年以後時有寇驚，議設兵防駐。萬曆十年議者謂中平爲一郡要害，應設把總，帥兵屯守。今爲往來孔道。又衡山營，在縣治西北。五代時吴將劉津所置，今有壁壘餘址。○海口隘，在縣南九十里。接德興縣界，往來要口也。

**祁門縣**，府西百八十里。西南至江西浮梁縣百九十里，北至池州府石埭縣百七十里。本黟縣之赤山鎮。東北有峰若旗，謂之祁山；西南有兩石對峙如門，謂之閶門。唐永泰初土寇方清作亂，僞置閶門縣，事平因故壘析黟縣之西、浮梁之東置祁門縣，屬歙州。縣無城。今編户四十六里。

**梅鋗城**，縣西十五里。鋗，吴芮將也。項羽封鋗十萬户，蓋邑於此。

**祁山**，縣東北一里。高四十仞，周十五里，三面皆石壁，上有棲真巖。其東曰青羅巖，旁有湧泉，味甘不竭，一名乳泉。○石新婦山，在縣北三十里。高四十一仞，周二十五里，北接黟縣武亭山。上有三石峰，亦曰三新婦山。

**大共山**，縣北五十里。高六十五仞，接石埭縣界，大共水出焉。山下舊有大共鎮，元置，今廢。又道人山，在縣北二十里。高九十仞，周六十五里，有削壁層巖之勝。

**新安山**，縣西百十里。高百仞，奇秀甲於羣山，爲郡之勝。本屬黟縣境內，相傳郡名新安以此。其相望者曰九峯山，有九峯並峙，高插霄漢。又西峯山，在縣西百二十里。峰巖亦稱靈秀。○歷山，在縣西八十里。高二百五十仞，抵石埭縣界，高插雲霄，險若天塹。巔有池，冬夏不竭。又主簿山，在縣西六十里，高四十五仞；縣西南七十里爲梅南山，高八十仞；俱接浮梁縣界。

武陵嶺，縣西四十五里。高三十仞，周二十八里。經途所出，初甚峻險，唐元和中縣令路旻鑿爲盤道，行者便之。又赤嶺，在縣西百里。本名血嶺，唐元和中改今名。高三十仞，周十五里。嶺下有溪，流入浮梁界。又榔木嶺，在縣東北五十里。志云：嶺下水分東西，東入錢唐江，西入彭蠡湖，皆有灘三百六十。嶺雖平坦，而據地獨高也。○王公峰，在縣南二十五里。高出萬仞，不與羣峰接。又縣北五十里有望江峰，其峰卓立，高凌霄漢。

大共水，在城東。源出大共山，有武亭水出黟縣武亭山，南流合焉，歷祁山麓南流合諸山溪之水，入浮梁縣界。○赤溪水，在縣東北。出黟縣魚亭山，西流五十里合大共水。又鱅溪水，出武陵嶺，西南流六十里爲鱅口，合大共水。又盧溪水出梅南山，大北港水出歷山，小北港水出縣西七十里之櫸根山，又新安水出新安山，俱東流合大共水。諸水皆引流溉田，多者數十頃，少者數頃，民獲其利。

閶門灘，縣南十三里。縣境之水，多會於此。中有巨石，夾水對峙如門，謂之閶門。其水逕浮梁界，下流入鄱陽。昔時灘流奔迅，溪險石蹙，商旅經此，有摧艫折舳之患。唐元和中縣令路旻開斗門以平其險，人號路公溪。咸通中縣令陳甘節、宋嘉定中令陳過亦加疏導，共長五百五十餘丈，今爲安流。

五嶺關。在縣南百里。聞見録：「自浮梁入祁門界，有五嶺關，自此抵縣城皆高山峻壁也。」又江村，亦在縣南。

聞見録：「自浮梁入祁門，至江村，又進至渚口，又進至闞口，即至城下。」志云：今縣西十里有張村，以唐張志和隱此而名。○良禾嶺巡司，在縣西北三十二里良禾嶺。今移置於縣西北二十七里之苦竹港。又貴溪務在縣南十二里，又縣北有柏溪務，皆宋置元廢。

黟縣，府西百四十里。西至祁門縣六十里，西南至婺源縣三百五里，南至浙江遂安縣二百七十里，東南至休寧縣八十里。秦縣，屬鄣郡，以黟山而名。黟，本作「黝」，讀伊。漢仍爲黟縣，屬丹陽郡。鴻嘉二年立中山憲王孫雲客爲廣德王，國於此。王莽時國廢。後漢仍爲黟縣，吴屬新都郡，晉屬新安郡，宋、齊因之。隋初廢，開皇十一年復置。大業末汪華等據其地，置黟州。唐初州廢，縣仍屬歙州。縣無城。今編户二十四里。

林歷山，縣西南十里。高三百仞，周三十里，四面壁立，徑路危陿。漢末山越陳僕、祖山屯此，恃險爲害，建安十三年孫權遣賀齊討之。〔三〕齊陰募輕捷士，於隱險處夜以鐵戈拓山潛上，懸布以援下人，得上者百餘人，令分布四面，鳴鼓角，賊驚，守路者皆逆走，大軍乃上山擊破之。今山上寨基墻壁尚存。東有石洞，西有千丈巖，瀑布自崖而下。稍西曰頂遊峰，亦曰丁峰，亦曰南山，孤峰削立，與縣南十五里之靄峰相映帶。志云：林歷山下有僕城里，亦陳僕、祖山屯據處，故曰僕城。〔四〕又墨嶺，在縣南十六里。産石墨，土人採之，久而成井。今石墨縻爛不可書畫，惟堪染皂。志云：黟與黳同，縣蓋以此而名也。

吉陽山，縣東北十五里。今名三姑山。高三百三十仞，周三十里，有三峰鼎峙，吉陽水出焉。又東山，在縣東十五里。高數百仞，人迹罕到。○石門山，在縣東南二十里。鑿石爲門，下瞰溪潭，壁立千仞，沿巖鑿路，名曰棧閣，僅可通人，斷處以木濟之。古號石門爲小劍門，棧閣爲棧道。

武亭山，縣西南十八里，接祁門界。高二百仞，周五十里。橫江水出其南。危巔削壁，行者趦趄，宋紹興中邑人黄元揮始甃路以便往來，今爲通道。

魚亭山，縣南三十五里。高二百五十仞，周三十里，魚亭水出焉。志云：山即祁門縣櫸木嶺之支也。自櫸木嶺而東十里至魚亭，又東五十里即至休寧縣。舊時江西魚船至祁門，以次泊山之東。縣有四亭、八墅，魚亭其一也。又復山，在縣南三十六里。即魚亭之支也，一名復巖，又名阜巖。高二百六十仞，周三十里。方輿記：「山甚孤峻，兩邊皆石。中有溝纔五六尺許，水甚迅激。石壁四絶，僅通一線，縛木爲梯，僅乃得上。絶頂泉流不竭，鄉人曾避寇於此，賊陳兵其下，意山高無水，欲持久困之，鄉民示以生魚，賊乃引去。其水東南流入休寧縣界。」

石盂山，縣西北十餘里。高五百仞，袤三十里。中有巨石如盂，泉出不竭。南連碧山。志云：碧山在縣西北八里，高百仞，其南有靄峰對峙，爲縣主山。又戢兵山，在縣北十五里。高百仞，周十里。本名石鼓山，唐天寶中改今名。○黄堆山，在縣北三十里。高十餘里，絶頂平坦。又北三十里有五溪山，山高聳，時有雲霧隱蔽頂上。

牛泉山，縣北五十里。高九百餘仞，東接太平縣界。輿地志：「牛泉嶠自麓至頂，每九里一頓，凡九頓，並山爲路，陋處僅容仄足，下臨不測之谿。上多風，盛夏無暑。頂有水方廣丈許，謂之牛泉。山上往往累石爲路，昔時往丹陽之道也。」又章山，在縣西北二十里，章水出焉。○石鷰洞，在縣東二十五里。有石洞，幽邃可容百人。

橫江水，在縣南二十里。出武亭山，東南流二十八里，章山所出之章水東南流經縣西而流合焉；又東至魚亭口，則魚亭山所出之魚亭水北流合焉；又東合吉陽水入休寧縣界。○吉陽水，在縣治東北。出吉陽山西南流，牛泉山水流合焉，又東南經縣東南三十五里之嘻潭，潭旁兩崖石壁削立，水觸石盤洞，面陿底闊，深不可測，又東至白茅渡與横江水合流入休寧縣界。諸川皆引流溉田，爲民利。

魚亭驛。縣東三十五里，宋置；又有魚亭巡司；俱元廢。○廟口鎮在縣西二十里，又西十里有西武鎮，皆宋置元廢。

績溪縣，北至寧國府寧國縣百六十里，西北至寧國府旌德縣七十里，府東北六十里，東至浙江昌化縣百六十里，西至寧國府太平縣百二十五里，南至浙江淳安縣百八十里。本歙縣地，梁大同初析置良安縣，尋廢爲華陽鎮，仍屬歙縣。唐永徽五年置北野縣，尋改爲績溪。一云永泰初所改置，屬歙州，以界内溪水交流如績而名。舊無城，嘉靖八年以倭亂始築土城，周四里有奇。今圮。編户二十五里。

石照山，縣東三里。有石壁立，方廣二丈，光可鑑物，因名。下有白水泉。又龍鬚山，在縣東二十里。高五百仞，周三十里。山頂有池，四時不竭。縣東北三十里又有石金山，高六百仞，周亦三十里。○唐金山，在縣東南九里。其麓寬平，三面臨水，周圍如城，又有岡阜泉石之勝。

徽嶺山，縣西北十里。徽亦作「翬」。舊名大尖山，高四百五十仞，周三十里，西北連瀖山、佛論嶺、新嶺，東連僊人巖抵叢山關，又南接大鄣山。山之陽水流入歙，其陰則水流入旌德，故有嶺南、嶺北之分。上有南北通衢，縈紆陡峻，凌曉常行雲氣中。志云：瀖山在縣西北四十里，高四百五十仞，周十五里。又佛論嶺，亦在縣西北四十里。高四百五十仞，周四十里。又西南接休寧縣之新嶺。其僊人巖在縣北五十里，高亦二百五十仞。

龓嵸山，縣東北二十九里。高三百三十仞，周二十五里。其山四合，中有官道通寧國縣界。舊有寨，呼爲叢山關。下有巧溪，亦名揚溪，流爲揚之水。今亦見寧國縣。又郎山，在縣東北十里。高二百三十仞，周三里。一名郎㟽山，下有郎溪通驛路。志云：縣北四十二里有巖山，高三百仞，延袤二十里。上有壁，甚方整。○大蹲山，在縣北六十里。高四百仞，周百里。前據潭水，獒形矯首。山半有巖，亦名僊人巖，巖下有白龍潭。

大鄣山，縣東六十里。高五百五十仞，周百五十里。一名三王山，祥符圖經云：「即三天子鄣山。」山海經：「浙江出三天子都。」水經因之，蓋訛「鄣」爲「都」。秦置鄣郡，以此山名也。郭璞云：「三天子鄣山在新安歙縣東，今謂之玉山，浙水出其旁。」唐天寶中產銀鉛，今絶。寰宇記：「大鄣山，吳、越於此分界。」○龍塘山，在縣東百餘里。麓有小徑，縈紆險巇，懸絶不通處則倚木架橋，魚貫而進。當徑有石如門，上有洞，軒豁可容百人。再上有池，極深。又借溪山，在縣東北八十里。高五百五十仞，周八十里，西連龓嵸，東北接寧國界。水西流入歙。

大會山，縣西五十里。高聳特出羣山之上，晴霽時陟其巔可以遠望太平、宣、池之境。又蘆山，在縣西北四十里。其麓有脊連徽山之陰。志云：山左有水北入旌德，下流達大江；山右有水南入歙縣，下流達浙江。○古塘山，在縣西北四十五里。高三十五仞，周十五里。一名葛蘿山。緣麓以上，周遭皆田。頂寬平，舊有塘水，冬夏不竭，溉田數十頃。其相連者曰植山，在縣西北四十里。高五百五十仞，周八十里。又有蒿山，在縣西北五十三里。高四十五仞，周十五里。古塘、植山之水西至黄石坑，蒿山之水東至黄石坑，皆與旌德縣分界。

績溪嶺，縣東五十里，因縣治得名。又東十里曰聞鐘嶺，屈曲往復，地近西坑。又縣西爲翠眉嶺，兩山低平，横列左右如眉，因名。○七姑尖，在縣東三十里。一山七峰，中一峰尤峭拔。又十里巖在縣東十里，壁立奇險。又東二十五里曰百丈巖，有石方廣百丈，壁立如屏，下臨深潭。鑿石爲橋，奇勝不一。

遥遥巖，縣東八十里。巑岏陡絶，有大石門，宋寶祐中闢爲磴道，凡五里餘，繇此東達臨安。元大德中復伐石爲欄，以障深險。明成化中亦嘗修治。○大石門，在縣東四十里。有石高數十丈，對峙如門，中有道可通行人。又有石横如門限，水經其上，激盪有聲，下流十里又有小石門。

蒼龍洞，縣北三十里。一名蒼龍塢。深邃窈冥，洞口常有雲霧。石壁峭立，下臨深潭。又登源洞，在縣東十里古登嶺之東。一名長樂洞。山川環繞，四顧周密如洞，因名。有澤穴暗通大溪，折而東經府城南龍井山下。又聖泉洞，在縣西五十里。山高千丈，頂有石洞，水出不竭。洞右兩山對峙，〔五〕下有絶壑，極深廣；上有石，巑岏相接，如架橋然，亦名僊橋巖。

揚之水，在縣西。源出龍叢山下，謂之揚溪，西南流十里經揚溪鋪，又南經縣治西南之三里橋，又西南流十七里，地名臨溪，與徽嶺、大鄣諸山水合流而入歙縣界爲新安江之上源。又常水，在縣西北。源出歙縣界之黄蘖水，南流合揚之水。又登水，在縣東北八十里。出借溪山，亦南流入揚之水。

績溪，在城東。其源亦來自揚溪，下流二十餘里乳溪水東注之，又五里徽溪水南注之，至臨溪會縣南諸水入歙縣界。離而復合，交流如績，縣因以名。又乳溪，出縣北十里大坑之凹，爲臨溪上游，其流清淺，屈曲經縣東北二里東流合於大溪。○徽溪，在縣北。自徽嶺南流十餘里入績溪，又西流四十里入揚之水。

羅公泉，縣南二十五里。水自地湧出，騰上數尺，源甚深長，大旱不竭，溉田數百頃。又泉塘，在縣東二十里。塘中有泉，畜溢深廣，可引以溉。縣西五十里有龍井，水從石中出，大旱不竭，亦溉田百餘畝。

叢山關，在縣北三十里永安鎮，與寧國縣接界。有關城。輿程記：「自關而北三十里爲沙嶺，又北二十里即寧國縣之塵嶺。又繇縣而東凡百里有老竹嶺，高二里，路出浙江昌化縣。」○翬嶺關，在縣西北十五里太平鎮。有關城。又新嶺關，在縣西北二十里。佛嶺關，在縣東二十里。縣東南三十里又有梅嶺關。

濠寨。縣西二十五里，地名馮村。今有巡司戍守。又西坑寨，縣東六十里。元置。又置鎮守軍營於此，明初改置巡司戍守，正統初廢。又大谷務在縣北四十里錦谷村口，又縣東有坑口務，俱元置，明初廢。

附見

新安衛。在府城内。洪武初置。

校勘記

〔一〕至行廊山入青弋江　「江」，底本原作「山」，今據職本、鄒本改。

〔二〕入涇縣界爲藤溪上源　「溪」，底本原作「縣」，今據職本、鄒本改。

〔三〕建安十三年孫權遣賀齊討之　「十三年」，底本原作「十二年」，鄒本作「十三年」。三國志卷四七吴書吴主傳、通鑑卷六五漢紀五七均云賀齊討黟、歙賊在建安十三年，鄒本是，今據改。

〔四〕故曰僕城　底本原作「故曰城僕」，今據職本、鄒本乙正。

〔五〕洞右兩山對峙　「右」，底本原作「石」，今據職本改。

# 讀史方輿紀要卷二十九

## 南直十一

徐州，東至淮安府邳州百八十里，西南至鳳陽府壽州四百八十里，西至河南歸德府五百十里，北至山東兖州府三百六十里，自州治至應天府一千里，至京師二千里。

禹貢徐州之域，古大彭氏國也。春秋、戰國屬宋，後屬楚。秦屬泗水郡，項羽自立爲西楚霸王，都此。孟康曰：「陳爲西楚，江陵爲南楚，此爲東楚。項羽改爲西楚，而以吴爲東楚。」漢爲楚國，地節元年改爲彭城郡，尋復故。後漢亦爲楚國，章帝改爲彭城國。晉因之，仍立徐州以爲重鎮。東晉初徐州陷没，元帝僑置徐州於淮南，又置南徐州於江南，其後移改不恒。太元九年復置徐州於此，義熙七年又改爲北徐州。今詳見州域形勢。宋亦爲徐州及彭城、沛二郡，泰始中没於後魏，亦置徐州及彭城郡。後魏置東南道大行臺於此，東魏及高齊因之，後周改置總管府。隋初廢郡，煬帝廢州，仍曰彭城郡。唐復爲徐州，天寶初亦曰彭城郡，乾元初復爲徐州，貞元十六年建武寧軍，咸通十一年改爲感化軍。石晉時復曰武寧軍。宋仍爲徐州，亦曰彭城郡、武寧軍節度。金因之。元亦曰徐州，屬歸德府，至正八年升徐州路，十二年改曰武安州。明初復曰徐州，隸鳳陽府，尋直隸京師。編户一百五十五里。領縣四。今仍曰徐州。

州岡巒環合，汴、泗交流，北走齊、魯，西通梁、宋，自昔要害地也。後漢建安末，孫權欲取徐州，吕蒙曰：「徐州地勢陸通，驍騎所騁，今日取之，操後旬必來争。」蓋其地爲許、洛襟要，蒙以車騎非步兵所能敵，江南之力，是時未可以争中原也。及晉人南渡，彭城之得失輒關南北之盛衰。太元九年，時河南城堡多附於晉，謝玄欲使朱序屯梁國，自屯彭城，以北固河上，西援洛陽，朝議不久，既而黎陽以南遂至騷動。隆安二年，後魏取後燕之滑臺，慕容德與諸臣韓範等謀先據一方，以立基本，張華曰：「彭城楚之舊都，可攻而據之。」潘聰曰：「彭城土曠人稀，平坦無限，且晉之舊鎮，未易可取。又密邇江、淮，夏秋多水，乘舟而戰者，吴之所長，我之所短也。不如取廣固而據之。」蓋是時慕容德之勢不能取彭城，彭城爲晉必争之地，雖取之而不能保，較之曹魏，有主客懸絶之分也。宋王玄謨曰：「彭城要兼水陸，其地南届大淮，左右清、汴，表裏京甸，捍接邊境，城隍峻整，禁衛周固。又自淮以西襄陽以東，經塗三千，達於濟、岱，六州之人，三十萬户，常得安全，實繇此鎮。」及彭城没於後魏，而淮、泗日以多事。魏尉元曰：「彭城宋之要藩，不有重兵積粟，則不可固守，若資儲既廣，則宋人必不敢窺淮北。」薛虎子曰：「國家欲取江東，先須積穀彭城。徐州良田十萬餘頃，水陸肥沃，清、汴通流，足以溉灌，興置屯田，資糧易積，非直戍卒豐飽，亦有吞敵之勢也。」陳顧野王曰：「彭城險固，繇來非攻所能拔，且其地形都要，不特捍蔽南國，爲必爭之地，而自昔東南用兵，莫不繇此以臨諸夏矣。」唐李泌曰：「江、淮漕運，以甬橋爲咽喉，見宿州，是時在徐州境内。若失徐州，是失江、淮也，國用何從而致？宜急建重鎮於徐州，使運路常通，則江、淮安矣。」事在貞元四年。宋陳無己曰：「彭城之地，南守則略河南、山東，北守則瞰淮、泗，故於兵家爲攻守要地。」蘇軾曰：「徐州爲南北襟要，京東諸郡邑安危所寄也。其地三面被山，獨其西平川數百里，西走梁、宋，使楚人開關延敵，真若從屋上建瓴水也。土宜菽麥，一熟可資數歲。其城三面阻水，樓堞之下以汴、泗爲池，惟南面可通車馬，而戲馬臺在焉。其高十仞，廣袤百步，若用武之世，屯千人其上，築戰守之具，與城相表裏，而積三千糧於城中，雖用十萬人不能取也。」唐庚曰：「魏太武以百萬衆觀兵瓜步，卒盟而還，不復議渡江。元英以大衆困於堅城之下，不敢舍而深入，慮彭城、合肥之議其後也。」胡三省曰：「彭城密邇兖、豫，南北朝時魏人南寇，水行則自清入泗，陸行則歷城、瑕丘，皆輳彭城，故王玄謨以爲要兼水陸也。」自勝國以來，益爲資儲重地。經營天下，豈可以彭城爲後圖哉？

彭城廢縣，今州治。世本：「堯封彭祖於彭城，號大彭氏，國於此。」國語：「大彭爲商伯。」是也。春秋爲宋地。成十八年，楚伐宋拔之，以納魚石。襄元年，諸侯之師救宋，圍彭城，彭城降晉。史記：「楚共王拔宋彭城，以封宋左師魚石。四年諸侯共誅魚石，而歸彭城於宋。」又韓世家：「文侯二年伐宋至彭城，執宋君。」秦置彭城縣，屬泗水郡。始皇二十八年自琅邪還過彭城，欲出周鼎泗水。二世二年秦嘉立景駒爲楚王，軍彭城東。既而楚懷王都此。史記：「沛公、項羽聞項梁軍破，乃與呂臣軍俱引而東，呂臣軍彭城東，項羽軍彭城西，沛公軍碭是也。」乃項羽自立爲西楚霸王，亦都此。漢三年，漢王入彭城，項王西從蕭，晨擊漢，東至彭城，大破漢軍。漢六年爲楚國治。後漢爲彭城國治。初平中，陶謙爲徐州牧，曹操擊謙，敗之於彭城。建安三年，操擊呂布於下邳，屠彭城。晉爲徐州治，太寧中没於石勒，永嘉三年復歸於晉。太元三年没於苻堅，九年謝玄取之。義熙七年分爲北徐州，元熙初劉裕使劉懷慎爲北徐州刺史，鎮彭城。宋仍爲徐州治，泰始三年陷於後魏，魏亦建爲重鎮。梁普通六年魏徐州刺史元法僧以州附梁，梁使其子豫章王綜鎮之，綜仍以州叛入魏。大同初遣元慶和攻東魏城父，高歡分遣侯景趣彭城禦之。中大同二年侯景以河南州鎮來附，詔蕭淵明等攻彭城爲景援，敗還。陳大建七年，吴明徹攻齊彭城不克。九年因周人滅齊，復命明徹攻彭城，爲周將王軌所敗。隋、唐以後州郡皆治彭城縣，元省縣入州。城邑攷：「州外城楚元王友所築。城内有金城。又東北有小城，相傳劉裕所築，壘石高四丈，列塹環之。小城西又有一城，義熙十四年汴水溢，城壞，乃更築之。」城西有小市門，即宋元嘉末魏主燾南侵，遣李孝伯至小市門與張暢應對處也。志云：今城東北八十里有彭城故縣，地據山阜，去河甚遠，或以爲漢縣蓋治此。又州南五里有武安廢城。元至正十三年芝蔴李據徐州，脱脱擊平之，改徐州爲武安，州移治於此。其後河流溢決，州城數毁。明嘉靖中水壞州城，乃復改築環堤爲固，周九里。天啓四年河決魁山隄，城東南隅衝裂，明年移築州城於雲龍山，東去舊城二里。今城周九里有奇，門四。

吕城，州東五十里。春秋時宋邑。襄元年晉以諸侯之師伐鄭，楚子辛救鄭，侵宋吕、留。杜預曰：「彭城郡之吕城、留城也。」漢爲吕縣，屬楚國，後漢及晉皆屬彭城國，宋屬彭城郡，後魏因之，隋廢。志云：吕城臨泗水，高百四十尺，周十七里。城東二里又有三城，一在水南，一在水北，一在水中潬上，蓋高齊所築以防陳者。又泗水至吕城積石爲梁，故稱吕梁。今吕城東十里吕梁洪上有二城，一曰雲夢，一曰梁王，土人謂雲夢即韓信，梁王即彭越。又洪西岸有尉遲城，唐尉遲敬德督徐州嘗鑿吕梁洪，因築此城。今吕梁城，中河分司駐焉。○吕布城，在州東南八十五里。相傳布與曹操相拒時築，城上有戰臺。

南陽平城，在州西。五代志：「劉宋僑置陽平郡於沛郡南界，領館陶、陽平、濮陽三縣，後没於魏爲南陽平郡，以別相州之陽平郡也。後又徙郡寄治彭城。梁普通六年將軍王希聃拔魏南陽平郡，後周始併入彭城郡。」○濮陽廢縣，在州西北五十里。亦劉宋時僑置縣，屬陽平郡，後魏因之，後周廢。寰宇記作「舞陽城」，悮也。

垞城，在州北三十里。面臨泗水。兖州人謂實中城曰垞，蓋南北朝時戍守處也。今謂之茶城，爲運道所經。明嘉靖末黄河北徙，城遂爲漕、黄交會之衝。後河口東移，茶城乃爲内險。志云：今州南二里有古迷劉城，州西北百里又有灰城，又二十里有倉城，皆昔時頓兵貯糧之所云。

雲龍山，城西二里。今爲州治。志云：山出雲氣，蜿蜒如龍，因名。其東南嶺有大石佛，俗因謂之石佛山。述征記：「彭城南二里即石佛山，頂方二丈二尺。」唐景福二年朱全忠遣子友裕擊時溥於徐州，兖帥朱瑾赴救，汴軍敗徐、兖兵於石佛山下。既而汴將龐師古復攻石佛山寨，拔之，徐兵自是不敢出。一統志：「州東北三里又有彭城山。」○定國山，在舊城東四里。梁中大同二年遣貞陽侯淵明伐東魏，進攻彭城，營於此，爲魏將慕容紹宗所敗。

九嶷山，州北五里。其山自東而西綿亘五里，俗謂之九里山，即漢兵敗項王處。明建文中燕兵攻徐州亦嘗伏兵於此。一名象山，以山西一峰如蹲象也。又雞鳴山，在州東北十三里。相傳即張良計散楚兵處。

寒山，州東南十八里。晉大興二年彭城内史周撫叛降石勒，下邳内史劉遐討之，破斬之於寒山。梁中大同二年，命蕭淵明堰泗水於寒山以灌彭城，淵明軍寒山，距彭城十八里，使長史羊侃斷流立堰，再旬而成。侃勸淵明乘水勢攻城，不聽，尋敗没。魏收志彭城縣有寒山是也。又三山，在州東南二十里。上有三峰。其下爲三山隄，明萬曆十四年大河嘗決於此。○桓山，在州東北二十七里。下臨泗水。桓魋葬於此，因名。一名聖女山。又徐山，在州南六十里。以徐偃王曾至此而名。一名武原山。志云：山下有武原故縣。今見邳州境。

赭土山，州西二十里。禹貢：「徐州厥貢，惟土五色。」漢郊祀志「王莽使徐州歲貢五色土」，即此山之土也。山有楚元王冢，遂名楚王山。一名同孝山。○任山，在州西南三十里。唐有任山館，自宿州趣徐州必度睢水踰任山，爲往來通道。唐咸通九年龐勛謡此陷徐州。又勛迎敕使，自任山至子城三十里大陳甲兵，號令金鼓，響震山谷是也。

吕梁山，州東南六十里。其下即吕梁洪也。又東南曰鳳冠山，山有雙翼如鳳翅。其相接者曰塔山，曰峰山，皆與吕梁相望。○境山，在州北四十里。相傳徐之封境盡於此山，因名。又有梁山，在州東北三十五里。與境山相連，漕河所經也。今有梁境閘。

盤馬山，州東北九十里。相傳漢高嘗盤馬於此。山産鐵，漢置鐵官，宋置利國監於山下。其陽有運鐵河，元人置利國監橋於其上。又有銅山在州東北八十里，舊嘗産銅也。志云：州東北百二十里有爬頭山，連徐、邳、滕、嶧之境。晉太元十四年妖賊司馬衡聚衆於馬頭山，劉牢之討平之，蓋即此山矣。或曰州東北四十里有馬山，當是其處。○槖駝峴，在州北。梁蕭淵明攻彭城，軍於寒山，東魏將慕容紹宗馳救，至槖駝峴進至城下，大敗淵明之師是也。

黃河，在州城東北。自河南永城縣流入界，經碭山、蕭縣，又東南流合泗水。今州東南七十里有房村口，在大河南岸，往往繇此潰決。又東爲牛市口、梨林舖、李家井，皆掃灣急溜，防維最切，而州東郭家嘴、魁山堤尤爲要害。詳見川瀆異同。○汴水，舊在州城北。自河南永城縣流入界，經碭山、蕭縣至州城東北而入泗。自唐、宋以來，汴渠多自夏邑、永城達宿州境，又東南至泗州達淮，而入泗之流甚少。其後大河決嚙，遂奪汴渠故道爲經流矣。州志「泗水舊繇境山、茶城至州東北合汴水，後汴流北徙，泗水至茶城即合於汴」，蓋誤以大河挾汴水東下混爲一流也。今詳見河南大川汴水。

泗水，在州城東北。自沛縣流入境，循城東而東南入邳州界。亦曰清河。今黃河經城北，又東奪泗水之流，而泗皆爲河矣。志云：泗水至州北亦謂之鼎伏。昔周顯王時，九鼎淪没於泗水，秦始皇使數千人没水求之，不獲，即此處也。梁普通八年，遣將成景儁攻魏彭城，欲堰泗水灌城，魏徐州刺史崔孝芬等擊却之。既而蕭淵明及陳吴明徹等皆堰泗水以攻城，卒不能拔。今亦曰漕河，亦曰泉河。其河、漕相合之處有鎮口閘，又北爲古洪、内華等閘，蓋一以制黃河之淤澱，一以時黃河之消長，歲漕恃此爲咽喉也。今詳見大川清河及川瀆漕河。

睢水，州南六十里。自蕭縣流入界，又東與鳳陽府宿州接界，即項羽擊漢軍處也。唐咸通九年叛卒龐勛等自宿州而北渡睢水，踰任山，趨彭城陷之。今詳見大川。○穀水，亦在州南。圖經：「睢水自穀熟而支分，其東出者曰穀水，又東北合於泗水，故有穀泗之稱。」漢三年，率諸侯兵入彭城，項羽還擊漢軍，漢軍破走，相隨入穀泗水，死者十餘萬人。自隋以後，穀水堙絶。水經注：「穀水即睢水之支流也。」胡氏曰：「睢水經穀熟而兩分，其南出者曰蘄水，二水所在支分，通兼穀水之稱。」

百步洪，州城東南二里，泗水所經也。水中若有限石，懸流迅急，亂石激濤，凡數里始靜。一名徐州洪。或曰洪有亂石峭立，凡百餘步，故曰百步洪。形如川字，中分三道，中曰中洪，西曰外洪，東曰月河，亦曰裏洪。俗傳唐尉遲敬德經略徐州，鑿徐州、吕梁二洪以通水道。宋元祐中亦嘗修鑿，置月河石隄及上下閘。明永樂中陳瑄復鑿之，亦於洪口置閘。既以運艘損壞，凡再鑿之。嘉靖二十年管河主事陳穆復鑿百步洪，遂成安流。舊有閘，今廢。

吕梁洪，州東南六十里。有上下二洪，相距凡七里，巨石齒列，波流洶湧。列子稱：「孔子觀於吕梁，懸水三十仞，流沫四十里。」水經注：「泗水自彭城東南過吕縣南，水上有石梁，謂之吕梁。」晉太元九年謝玄克苻堅，進平兖州，患水道險澀，糧運艱阻，用督護聞人奭謀，堰吕梁水，植柵立七埭爲派，（一）擁上岸之流以利漕運，公私稱便，遂進伐青州，時謂之青州派。宋泰始二年徐州刺史薛安都以彭城降魏，宋將張永、沈攸之等討之，進攻彭城，不克而還。會大雪，泗水冰合，永等棄船步走，魏將尉元與薛安都前後邀擊，大破永等於吕梁之東。梁太清初蕭弄璋攻東魏磧泉、吕梁二戍，拔之。魏收志吕縣有吕梁城，磧泉蓋在吕梁之東。陳大建七年吴明徹攻彭城，大破齊軍數萬於吕梁。十年明徹伐周，進屯吕梁。周徐州總管梁士彦拒戰，爲明徹所敗。進圍彭城，環列舟艦於城下，堰泗水以灌城。周遣王軌馳救，募壯士夜決堰，至明陳人始覺，遂潰還。蓋吕梁自晉、宋間有之。或謂唐武德中尉遲敬德開此洪，假龍門、吕梁以狀此水之險，悮矣。龍紀初朱全忠將龐師古攻時溥於徐州，拔宿預，軍於吕梁，溥逆戰大敗，退保彭城。光化二年楊行密討朱全忠，進攻彭城，軍於吕梁，不克而還。宋元祐四年，京東轉運使言：「清河與江浙、淮南諸路相通，因吕梁、百步兩洪湍淺險惡，商賈不行，乞度地勢空鑿，開修月河石堤，上下置閘，以時啓閉，通放舟船。」從之。明初傅友德奉命守徐州，未至，元擴廓遣兵來寇，屯州東陵子村，友德引舟泝流至吕梁，捨舟登陸擊却之。宣德初以漕舟艱阻，陳瑄議於舊河西岸鑿渠，深二尺，濶五丈，夏秋有水，可以行舟。七年復鑿渠令深，并置石閘以節水，既而湍險如故。嘉靖二十三年管河主事陳洪範復鑿吕梁洪平之，自是運道益便。舊有上下二閘，今廢。又吕梁巡司亦置於此。

雁麥湖，州西南四十里。其相連者曰張塘湖、馬溝陂，接蕭、碭境，冬春則爲平原，夏秋匯爲巨浸。又汴塘湖，在州東北百里。南入邳州境匯於武河。又成山、青冢二湖，俱在州東南七十餘里。二湖相連，凡四十餘里，下流入於沂河。又有黄山湖，在州北六十里。水漲則通沛縣之昭陽湖。

狼矢溝，州東二十里。又東十五里有磨臍溝，舊時黄水暴漲，從此溢入，通邳州西北境之赤龍潭及蝘蛤諸湖，至宿遷北境落馬湖，出董、陳二溝復合於大河。明嘉靖中大河自狼矢溝東之赤欄村、樊家店溢入磨臍溝，出沂河口，而徐、邳正河斷流。萬曆十七年於溝口築堤防護。又溝地視河口卑數丈，其東有塔山，西有長山，乃建滚水石壩於中間以蓄泄之，自是衝决之患少殺。○李家溝，在州東南三十里。志云：州東北二十里有東、西溝及溜白等溝，俱洩東北諸山水經辛買山入鵝兒湖，復分流出李家溝合於大河。又北溜溝在州北六十里，又南十里爲南溜溝，州西北三十里又有大彭等溝，州東北三十里又有秦溝，皆昔時大河決溢處，通淤不時。今詳見川瀆大河。

七里溝，在州西北。唐建中二年淄青叛帥李納以李洧舉州歸朝，遣其將王温攻之，朔方將唐朝臣救洧，敗温於七里溝。或曰溝在九里山南。○境山溝，在州東北二十里。源出州東北五十里之馬跑泉，西南至境山鎮，又南入於漕河。境山之北又有池浜溝，南流至州東北三十里，明嘉靖四十四年黄河決溢於此，今淤。又新挑溝，在州東北八十里。州東北九十里有運鐵河，宋所鑿也。嘉靖中復濬之合新挑溝，又西南合境山溝。志云：州西九里有九里溝，南通蕭縣之姬村湖，迤南出雙橋入永固湖及土形湖，循宿州西境徐溪口，歷符離橋及靈壁縣之孟山、睢寧縣之高作鎮，直至宿遷縣小河口，約五百餘里，向通舟楫。萬曆中議疏此以寬州境水患，不果。

安王陂，在州西。宋元嘉二十八年魏主燾南侵，北還，驅南口萬餘，夜宿安王陂，去城數十里，江夏王義恭不敢擊，即此。○牛角灣，在州北茶城下。明萬曆初運河經此。既而運河繇茶城東南十里鎮口閘合黄河，舊河遂淤。議者以其地平曠，河易泛溢，因築堨以防之，謂之舊河堨。又東冷泉，在州北八十里。南流經州東北二十里之秦梁洪，又西流三四里爲烏嘴溝，入沛縣界。志云：溝在州西北二十里。今淤。

利國監，州東北九十里盤馬山下。漢元封初從桑弘羊請於沛縣立鐵官，河平二年沛縣鐵官冶廢。宋爲利國監，樂史云：「監本狄丘冶務也。漢屬沛縣界。」今置利國監驛於此。又寶豐監，在州東。宋元豐六年置，鑄錢於此，八年廢。○廣運倉，在舊城南三里。永樂十三年建。今圮於水。

東鎮，州西四十里。亦曰安民鎮。又州東南五十里曰房村驛，州北九十里曰夾溝驛，水驛也。州城南二里曰彭城驛，州南五十里曰桃山驛，州東北四十里曰石山驛，州城外曰黄河東岸驛，與利國驛皆爲陸路所經。

高冢戍，在州西。水經注：同孝山陰有楚元王冢，高十餘丈，廣百步許。魏置戍於此。梁天監五年張惠紹等攻魏彭城，圍高冢戍，爲魏將奚康生所敗。或曰即亞夫冢也。寰宇記：「范增墓在州城南。」宋元嘉二十二年魏主燾南侵至彭城，登亞夫山以望城内，則高塚戍當置於此。○下磕戍，在州東南。劉宋泰始二年薛安都以彭城降魏，詔張永攻之，軍於下磕，即此。又州境有胡村、十八里等砦。金興定二年紅襖賊攻徐州之胡村寨，元光初又襲十八里寨，即此。

戲馬臺，在州城南。高十仞，廣數百步，項羽所築。劉裕至彭城，大會軍士於此。宋元嘉二十七年魏主燾南寇至彭城，立氈屋於戲馬臺以望城中。梁普通六年蕭綜守彭城，密降於魏，魏遣使鹿愈入城，將還，成景儁送之戲馬臺，北望城塹，謂愈曰：「險固如此，豈魏所能取！」蓋未知綜謀也。蘇軾以此臺爲城南之重蔽。今爲臺頭寺，有故塔在焉。○大彭館，在州西南。唐時郵傳所經，亦爲迎餞之地，以古大彭國爲名。咸通九年龐勛作亂，殺觀察使崔彦曾於大彭館，即此。

萬會橋。舊城東北三里。跨泗水上，以鐵索維舟爲之，水陸往來皆集於此。俗名大浮橋。又舊城東北隅有雲集橋，大河經其下，合於泗水，亦維舟爲之，俗名小浮橋。

蕭縣，州西南四十五里，南至宿州百五十里，西南至河南永城縣百八十里。古蕭國，春秋時宋邑。秦置蕭縣，漢屬沛郡，更始初封光武爲蕭王，即此。後還屬沛國，晉因之。宋爲郡治，魏因之。後齊改爲承高縣，屬彭城郡。隋屬徐州，開皇六年改曰龍城縣，十八年改曰臨沛縣，大業初復爲蕭縣。唐仍屬徐州，宋因之，皆治故蕭城，明萬曆五年避河患始遷今治。編户四十三里。

蕭城，在縣西北十里。古蕭國，春秋時爲宋附庸，蕭叔大心之封邑。莊十二年，南宫萬弑閔公，立公子游，羣公子奔蕭。宣十二年，楚伐蕭，蕭潰，即此。秦置蕭縣。二世二年沛公與秦將司馬尼戰蕭西，不利，還收兵聚留。漢二年，漢王入彭城，項羽自齊還至蕭，晨擊漢軍。自兩漢以至南北朝皆爲蕭縣。宋元嘉二十八年魏人南寇，拓跋建進屯蕭城，時武陵王駿鎮彭城，遣將拒之，爲魏所敗。魏收志：「魏沛郡治蕭縣。」黄陽城，或謂之北城。城邑攷：「北城方九里，南去蕭城二十里，相傳蕭子避暑處也。其南城即故蕭國城。」北征記：「蕭城周十四里，南臨汴。」今城方九里三十步，東南遶城有隍，西北無隍。唐時縣治北城，自宋以來治南城。明亦爲蕭縣治，城周僅四里，萬曆五年圮於水，乃遷治於三臺山南麓，即今治也。

杼秋城，在縣西七十五里。漢縣，屬梁國，光武封劉般爲侯邑。明帝改屬沛國，晉因之，後廢。又扶陽城，在縣西南六十五里。漢縣，屬沛郡，宣帝封韋賢爲侯邑。後漢省。○永固城，在縣東南四十里永固山下。元至大中嘗置縣於此，尋省。今爲永固鎮。

龍城，縣東三十里。水經注：「獲水東歷龍城。」〔二〕隋因以龍城名縣。又曹馬城，在縣西北七十里。相傳曹操嘗盤馬其中，因名。中有古塔。○厥城，在縣北。魏收志相縣有厥城。或謂之厥固，梁大通中蘭欽拔魏蕭城、厥固是也。

三台山，在今城北。城東里許有龍蟠山，西一里曰虎踞山。又三僊臺山，在舊城南一里。○大蒙山，在舊縣東二十里。其相接者曰小蒙山、里仁山，與州境楚王山相接。又大方山，在舊縣東南二十里。其相連者又有小方山，亦與州接境。

丁公山，今縣南十五里。相傳楚將丁公追漢王於此，其地亦名丁里村。又綏輿山，在今縣東北二十里。劉裕爲綏輿里人，里蓋因山以名也。○浮綏山，在今縣南三十里。東接蕉子山。又東爲天門山，山谷幽邃，林木蓊蔚。又大觀山，在今縣東南四十里。山多巖洞。其相近者曰白土山，下爲白土鎮。

永固山，在今縣南四十里。下有永固鎮及永固湖。寰宇記「縣南二十里有勝高山，東接丁公山，山陰有黑塢約三畝許，夏秋積雨其中，染人衣即成黑色」云。勝，一作「昇」，在今縣南十里。

黃河，在縣北。志以爲即汴河故道也。自河南永城縣及碭山縣境流經縣西六十五里之新挑溝，又東五里爲趙家圈，又東十里至拖繩橋，又東十里至東鎮渡，又東二十里至曲里渡，又東五里至朱珊渡，又東十二里至舊縣北三里之冀門渡，又東三里至兩河口，與山西湖之委流合，以達州境。宋紹聖中汴水衝決，縣令張淳鑿汴水新渠以避水患。元大德間縣令馬徹里復開南伏道口、北鐵鎖孔二渠以洩水。其後大河挾汴而東，縣境遂爲大河經流。明嘉靖二十七年河決秦溝，自新挑溝以至朱珊渡一帶俱淤，惟冀門渡以東尚存舊流。其後潰決不時，河去縣益遠，萬曆三十四年始復舊道。詳見川瀆大河，下倣此。

**睢水**，在縣南五十里。自河南永城縣流入境，又東入徐、宿二州界。○西流河，在縣南三十里。稍東有浮綏諸湖，北經舊縣治南，匯於東北三里之兩河口而合大河。又有淇河，在今縣西五十里。東北流經楊家集，又經舊縣西南而東北會於兩河口。

**山西湖**，在今縣西南十二里。又南接於永固湖，湖在永固山下。其南爲梧桐湖，稍西曰時村湖，又南曰土形湖，又南合於睢水。○姬村湖，在縣東十五里。又東五里曰姬村泊。明萬曆中議引運艘自靈壁雙溝谿睢水歷永固、姬村諸湖，至徐州九里溝出小浮橋是也。又有青莊湖，在縣南四十里。蘇家湖，在縣東南八十里。稍西又有李家莊湖。

**英州泊**，縣西北五十里。志云：其地有城址，中多水，相傳昔置州於此。又西北五里爲黑沙廢縣，即故英州附郭縣也。元末其地爲水所圮，遂成平陸，今俗呼爲雁門泊。○朱珊泊，在縣西十里，即朱珊渡也。又白米堰，在縣東南三十里。源出縣東南五十里白米山下，導流西北，爲灌溉之利。

**鴻溝**，在舊縣西北四十里。縣西北二十里曰白羊溝，又有白溝，西北十里曰菱溝，東北八里曰涼樓溝，東南五里曰黄柏溝，西南六十里曰渠溝，皆水患時導流分洩處也。今堙廢。

**鄭陂**，在縣西北。曹魏黄初中鄭渾爲沛郡太守，界下濕，患水潦，百姓饑乏，渾於蕭、相二縣界興陂堨，開稻田，郡人不以爲便，渾曰：「地勢洿下，宜溉灌，終有魚稻經久之利，此豐民之本也。」陂成，民賴其利，號曰鄭陂。今堙。

**曲里館**，在舊縣西三十五里。志云：黄河自河南虞城達縣北冀門集，出徐州小浮橋，所謂賈魯故河也，亦謂之趙渠。明嘉靖末始北徙，萬曆初河臣潘季馴議復故道，不果。二十六年河决山東單縣黄堌口，稍復成渠，惟曲里館至三僊臺四十里如故，河臣劉東星欲浚之。又議開支河，自三僊臺至小浮橋，又不果。至三十四年大河復經曲里館而東。今有曲里渡。

紅亭。在今縣西北。杜預曰：「蕭西有紅亭。」昭八年大蒐於紅，即此亭也。紅與宋近，而去魯甚遠，或以爲魯之邊邑云。○趙家圈，在今縣西六十里。有趙家圈渡，大河津要處也。嘉靖四十四年大河谿此衝决，豐、沛皆受其患。有趙家圈巡司。

沛縣，州西北百四十里。東至山東滕縣九十里，西北至山東魚臺縣百十里。古偪陽國地，秦置沛縣，爲泗水郡治。漢高初起於此，改泗水郡爲沛郡，移郡治相，沛縣屬焉。時謂之小沛。吕后封吕種爲沛侯，邑於此。後漢亦爲沛縣，仍屬沛國，晉因之。宋屬沛郡，後魏因之。隋屬徐州，大業初屬彭城郡。唐仍屬徐州，宋因之。金初屬邳州，後屬滕州。元初移滕州治此，州尋廢，尋省縣入豐縣。至元二年復置沛縣，屬濟寧府，十三年屬濟州。明初改今屬。舊城周一里。編户三十六里。

沛故城，在縣治東南微山下。山無石，巋然一土岡耳。漢高初起於沛，爲沛公。後漢興平元年，陶謙表先主爲豫州刺史，屯小沛。建安初吕布奪徐州，先主仍屯小沛。三年布遣兵拔沛城。四年先主取徐州，復屯小沛，爲曹操所敗。自是沛縣皆兼小沛之名。蕭齊建武三年，魏主宏如小沛是也。志云：漢沛縣城在今縣西北。又爲小王城，元至正十七年孔士亨等據其地，因築此城。今圮。縣東又有泗水城，相傳秦泗水郡治此。

**留城**，縣東南五十里。故宋邑，秦置縣。二世元年秦嘉立景駒爲楚王，在留，沛公乃往從之，欲請兵以攻豐。又張良遇漢高於此，因封留侯。尋亦爲留縣，屬楚國。後漢屬彭城國，晉因之。太元三年苻秦將彭超攻彭城，置輜重於留城，謝玄赴救，揚聲遣軍向留城，超等乃釋彭城之圍，還保輜重。宋仍屬彭城郡。元嘉二十七年魏主燾南侵，拓跋建自清西進屯蕭城，步尼公自清東進屯留城。泰始中没於魏，亦屬彭城郡。後齊廢。隋復置，屬徐州，唐廢。今爲運道所經。城北十三里有馬家橋閘，新河所經也。

**廣戚城**，縣東北四十里。漢縣，屬沛郡。武帝封魯共王子將爲侯邑，後除。成帝河平三年又封楚孝王子勛爲廣戚侯。後漢屬彭城國，晉因之，後省。志云：縣西北二十里有灌城，相傳漢將灌嬰所築。又泗河東岸有舊城，俗以爲張士誠所築。

**湖陵城**，縣北五十里。與山東魚臺縣接界。故宋邑，秦置縣。史記：「項梁擊敗秦嘉，進至湖陵。既而并嘉軍，軍湖陵。」又沛公攻湖陵下之。漢二年，東伐楚，入彭城，項羽釋伐齊還救，從魯出湖陵是也。尋亦曰湖陵縣，屬山陽郡。王莽時改曰湖陸。後漢建武二年蓋延破劉永將佼彊、周建等於沛西，永等走保湖陸。東觀記：「時蘇茂殺淮陽太守，得其郡，營廣樂，大司馬吳漢圍茂，茂將精兵突至湖陸，與劉永會，即此。」尋復曰湖陵。建武五年幸沛，進幸湖陵是也。章帝封東平王蒼子爲侯邑，仍改曰湖陸。晉屬高平國。東晉太和四年桓温伐燕，遣檀玄攻湖陸，拔之。既而苻堅滅燕，置兖州於此。宋永初三年，魏人南寇，徐州刺史王仲德將兵屯湖陸。既而兖州刺史鄭順之戍守於此。又元嘉八年到彦之恢復河南，自東平棄師南走。兖州刺史竺靈秀棄須昌犇湖陸，魏將叔孫建攻之，靈秀大敗。既而建還屯范城。孝建元年兖州刺史徐遺寶戍湖陸。尋入魏，并入高平。今有湖陵城閘，南至廟道口十八里，運河所經也。廣樂，見河南虞城縣。

七山，縣西南三十里。亦曰戚山，縣之鎮山也。其相近者曰青龍桂籍山，高僅尋丈。有飲馬池，相傳鄭侯牧馬處。志云：縣無高山大陵，平原曠野，土田肥沃。

葛墟嶺，縣東南九十里。志云：嶺傍南北通衢，南去徐州洪九十里。明萬曆中議開泇河，自縣東南四十里馬家橋，開微山、赤山、吕孟諸湖，起至葛墟嶺下，凡三十里，爲始功處也。

黄河，在縣南，自豐縣流入縣界，又東南接蕭縣境而入徐州界。自正德以後河谿山東曹、單二縣境衝決而東，縣被災最甚。嘉靖四十四年河決蕭縣西趙家圈，東北流，平地河高七尺，谿七山南二里東南入秦溝入泗河，萬曆五年以後漸復故道。

泗河，在縣城東。自山東魚臺縣流經縣北，又至城東南流入州境，即今運河也。舊有金溝口閘，在縣西南十五里。北抵湖陵，南至留城，皆置閘以疏運道。嘉靖四十四年黄河決徙，閘河壅塞，乃於留城北創開新河以利漕，西去舊河四十里，自魚臺之南陽閘至夏鎮抵留城，長百四十里，自是遂爲運艘通渠。

泡河，在縣城西。其上流即豐水也。自山東單縣來，經豐縣北流至此，又循縣城東南至泗亭驛而合於泗。亦曰苞水。水經注：「苞水東逕豐縣故城南，水上舊有梁，謂之苞橋。」宋元嘉中魏將步尼公屯留城，與宋將稽元敬遇，引兵趨苞橋欲渡清西，沛縣民燒苞橋，夜於林中擊鼓，魏以爲宋兵大至，爭渡苞水，溺死者大半。橋在今縣西。河渠攷：「正德四年黄河泛溢，西南接沲水出飛雲橋。嘉靖四十四年河淤，隆慶六年於沲、泗交會處濬新渠十里，接鴻溝河，東北入支河，繇留城入運。萬曆四年築護城堤，截沲河舊道，繇是沲河徙堤外，仍東會於泗河。」

**薛河**，在縣東南十里。出滕縣境，西流合昭陽湖，繇金溝口合於泗河。明嘉靖四十四年開新河，築石堤横截其流，南注微山、吕孟諸湖。○漷河，在縣東北。一名南沙河，出滕縣述山，流入昭陽湖，又西南合於薛水。又有北沙河，自山東魚臺縣流經縣界，至縣東北五十里之三河口合薛水，經鴻溝入泗河。自開新河後，乃築三壩遏之，西注伊、滿二湖。○鴻溝河，在縣東十五里。舊自滕縣界引昭陽湖入薛水，後廢。嘉靖末河臣朱衡開新河。隆慶二年衡復以昭陽湖受黄河之水，而趕牛溝復會鮎魚泉及南陽減水閘南出諸水，胥注於湖，溢則壞民田，乃自湖東南開縣東二十里回回墓支河，上通昭陽湖、湖陵城河口。既而河臣翁大立奏開鴻溝廢渠，自昭陽湖達鴻溝，自鴻溝達李家口，自李家口達回回墓，東出留城。開河長六十餘里，引水濟運，并灌民田數千頃，滕、沛間利之。袁氏云：「鴻溝在新河西昭陽湖東，舊引沙、薛二水從此入舊河，舊河廢而引溝亦淤其半，鴻溝開而新、舊二河俱得宣洩。」

**昭陽湖**，縣東北八里。即山陽湖，俗稱刁陽湖，鄒、滕二縣之水俱匯於此。周二十九里有奇。下流與薛水合，自金溝口達泗。明永樂中於湖口建石閘，東西二湖口建板閘。成化中俱易石閘。弘治中重修，以時蓄洩，爲漕渠之利。嘉靖四十四年大河決入運河，漫入昭陽湖，因改濬運渠出湖之東，而湖爲河流散溢處矣。○吕孟湖，在縣東南四十里。漕河攷：「縣境有張莊、吕孟、微山、赤山諸湖，與昭陽湖並爲瀦水濟漕之處。」

**泥溝**，在縣西北五十里。自魚臺縣流入界，經沙河鎮西南而入於漕河。亦曰泥溝河。又辛莊河，在縣東北。志云：

出滕縣西南五十里，南流十里入昭陽湖。縣東北三十五里又有章公河，明弘治間所濬洩水河也。○趕牛溝，亦在縣東北。出滕縣五花泉，至縣界三河口與沙、薛二河合。明嘉靖中開新河，遏之西合鮎魚泉注於新河。志云：鮎魚泉在縣東北三十里。又荆溝泉，出滕縣東北五十五里，泉眼百餘，水流迅急，西南流八十里至新莊橋入昭陽湖。正統六年參將湯節開渠十里，引流濟運。今廢。

夏鎮，縣東北四十里，南去留城四十四里，即新河所經也。有管界分司鎮焉。明萬曆十六年築夏鎮城。三十二年開泇河起自夏鎮，經徐州東北彭家口迤於邳州東之直河口，凡二百六十餘里，避黄河之險者三百餘里。又天啓中妖賊徐鴻儒作亂，攻夏鎮至彭家口，掠運船，阻絶運河，官軍擊却之。志云：分司舊駐南沽頭。有沽頭城，在縣東南十五里。嘉靖二十二年築，四十四年圮於水。隆慶二年新河成，始移駐夏鎮，在新河西岸，尋築城爲戍守處。又西鎮，在今縣東五十里。

沙河鎮，縣西北六十里。亦曰沙河店，舊有沙河驛及遞運所。明建文三年燕兵南下，駐沙河驛，攻沛縣下之，即此。嘉靖四十五年移驛及遞運所於魚臺之穀亭鎮。今詳見魚臺縣。○廟道口，在縣西北三十里。舊爲黄河衝決處，明嘉靖中屢決屢淤，萬曆中漸爲平陸。又劉家堤口，在縣南三十里。

齧桑亭，在縣西南。徐廣曰：「梁與彭城間有齧桑，謂此地也。」戰國周顯王四十六年，秦張儀及齊、楚之相會於齧桑。漢武帝瓠子歌「齧桑浮兮淮、泗滿」，及塞決口，而梁楚無水災。後漢初王梁擊佼彊、蘇茂於楚、沛間，拔大梁、齧桑是也。

泗水亭，在城東南。漢高爲泗水亭長，即此。向設泗亭驛，明隆慶初移夏鎮。括地志：「沛縣東南二十里有沛宮，即漢高置酒宴父老處。歌風臺亦在焉。」寰宇記云：「俱在沛縣治東南泗水西岸。」

鷄鳴臺，在縣東北五十五里，沙河北岸。明正統中置閘於此，爲運河所經，嘉靖中廢。志云：鷄鳴臺東有小河，出滕縣之三里橋及七里溝泉，西南流百餘里至臺東入漕河。初二泉漫流爲澤，正統六年漕運參將湯節始開渠引入漕河，置閘於河口以積水，既以濟運，又變沮洳爲良田，今淤。○射箭臺，在縣東南五里。明成祖駐師時所築也。又有射戟臺在南門内西偏，相傳吕布射戟處。

飛雲橋。在城南。泡水經其下入泗水，爲往來津要。明正德四年大河決於此入運河，嘉靖八年飛雲橋之水北徙入魚臺，三十七年支流復衝入飛雲橋，四十四年泛濫益甚，爲漕害，萬曆以後遏河南徙，横決始免。

豐縣，州西北百八十里。西至山東單縣九十里，西北至山東金鄉縣百里。秦沛縣之豐邑，漢高沛豐邑中陽里人也。又高祖使雍齒守豐，齒反爲魏，即此。尋置縣，屬沛郡。後漢屬沛國，晉因之。劉宋屬北濟陰郡，後魏因之。隋屬徐州，唐、宋俱仍舊。元屬濟寧路，明初復改今屬。舊城圮於水。編户十七里。

邀城，在縣西南二十里。相傳漢高還鄉，父老邀之於此，因名。亦曰邀駕城。又有偃王城，在縣北五十里。相傳徐偃王所築。

東華山，縣東南三十里。亦曰華山，亦曰小華山，周十餘里，土山也。明嘉靖五年以河患移縣治此，三十一年復還舊治。志云：元時有華山巡司。山北有嵐山，山東北又有堕山，與嵐、華相連。○白駒山，在縣西南二十里。地形高阜，相傳漢高大會父老於此，歌白駒以留賓，因名。

黄河，在縣南。自碭山縣流入境。明嘉靖四十四年，黄河決溢，其北股經華山南而東流入沛縣界。縣西南有秦溝，在河北岸，於是導河入溝濟運。萬曆六年築邵家壩以絶秦溝舊路。又議於華山斜築大壩，東至樓子集，斷遏秦溝、濁河二口。志云：秦溝口亦曰邵家口。其濁河在縣東南。隆慶初黄河自秦溝衝決而南，遂爲濁河。其後河復舊流，秦溝、濁河往往堤塞，無復舊流矣。

豐水，在縣城北。亦曰泡水。自單縣流入境，東入沛縣界。明嘉靖中爲河流溢決，故址僅存。水經注：「泡水經豐西澤謂之豐水，水上承大薺陂，東經己氏及平樂縣，又東逕豐縣故城南，又東合苞水。」漢高爲亭長時，送徒驪山，到豐西澤中止飲，解縱所送徒處也。又有大澤在縣北六十里，縣西二十里又有斬蛇溝，俱漢高遺迹處。

吴康鎮，在縣南。唐文德初，朱全忠欲置戍於楚州，感化帥時溥自將兵屯吴康鎮以遏之，爲全忠將朱珍所敗。今縣南有吴康里。○厭氣臺，在縣治東北。亦曰秦臺。相傳秦始皇東遊厭氣於此。

枌榆社。縣東北十五里。漢初舊里社也。高祖初起兵，禱豐枌榆社。又漢高故宅，在縣西中陽坊，述征記：「宅在豐水西九十里。」魏收志云：「豐縣有漢高舊宅。」是也。

碭山縣，州西百七十里。西北至山東單縣九十里，東南至河南永城縣百二十里。秦置碭郡及碭縣。二世二年沛公攻碭，拔之。漢改郡曰梁國，碭縣屬焉。晉省入下邑，宋初復置，後魏屬碭郡，又分置安陽縣。隋開皇十八年改安陽曰碭山縣，屬宋州。唐因之。昭宗時置輝州，以朱温出自碭山也。尋徙州治單父，縣屬焉。五代唐時縣屬單州，宋因之。金屬歸德府，後廢。元復置，屬濟寧路。明初改今屬。縣無城。編户十八里。

**碭縣故城**，在今縣東三里。故碭縣治，唐、宋以來因之。金興定中圮於河，遷虞山南保安鎮。元至元中復還舊治。明嘉靖四十一年圮於河，遷治縣東南二十里小神集，四十四年復還舊治。舊有護城堤，周九里，門五。萬曆二十六年復圮於河，始遷今治。

**麻城**，縣東北二十五里。漢之麻鄉也。後漢初蓋延嘗駐兵於此。魏收志「魏孝昌二年置安陽縣，屬碭郡，縣治麻城」，即此。隋廢入碭山縣。今爲麻城集。又杼秋城，在縣東六十里，與蕭縣接界。

**碭山**，在縣東南七十里，與河南永城縣接界。其北八里曰芒山，漢高嘗隱芒、碭山澤間是也。山有紫氣巖，即漢高避難處。唐咸通中官軍討叛卒龐勛於徐州，勛窮蹙，自碭山西出襲宋州，不能陷而還。或作「石山」，悞也。又有戲山，在碭山東。碭山之西曰狼牙山，又南曰鐵角山。○虞山，在縣東南五十里。南去芒、碭山十餘里，金時嘗遷縣治於山之南麓。

**黄河**，舊在縣南三十里。即元賈魯所開。繇河南永城縣入境，經縣南狐父聚達杼秋城凡九十餘里，又東出徐州小浮橋入泗。明嘉靖二十八年，河繇縣北二十里戎家口出徐州茶城入漕。萬曆初又自縣西陳孟口分流遶縣之護城堤，達毛城舖、周家口、龍溝一帶出小浮橋。今陳孟口漸淤，每歲夏秋有氾溢之虞。志云：護城堤首起虞城，尾達蕭縣，延袤七十餘里。隆慶中知縣王廷卿募民作堤以防河患，仍於河北築堤，西起市力寨，東至秦溝，通計四千五百八十丈，以障漕渠。

睢水，在縣南五十里。縣東南有徐溪口，睢水繇永城縣流經此，又東南入蕭縣境。嘉靖中，自徐溪至永城俱成平陸。

夾河，縣西南五十里。大河支分處也。或曰即大河之别名。元末劉福通等作亂，自碭山夾河迎韓林兒爲帝，即此。○段莊河，在縣西北四十里。亦大河支流也。繇虞城縣流入境，經縣西回岡集。明嘉靖二十四年，沙淤坡水漫流，至雙溝集南一里，匯流成河，又東三十里合桑葉河，經蕭縣境北流入徐州而合大河。志云：桑葉河在縣東二十五里。又陳霜口河，在縣西。源自虞城縣史家、皮家二口分爲兩河，繇鎮里堌二十里至縣境西南，合流入陳霜口河；又南流十里至汪家口，大河嘗衝決於此；又東復分爲二，一衝縣之小南門，一北流遶縣北門，昔時往往爲害。嘉靖二十四年知縣王紹元於汪家口築堤一道，長七十四丈有奇；又西爲月堤接於高原，沿堤上至鎮里堌，下至高良相口，爲順水堤五十里，以禦水患。

龍扒溝，縣東南三十里。舊通汴水，明嘉靖三十八年淤，創開一派，繇城東南二十五里衝三龍口，又二十里至西鎮㶇，過蕭縣境入胡㶇溝，與大彭等溝爲州西北之五河，俱大河衝溢處也。縣東又有盤盆河。萬曆二十五年河臣楊一魁議：「空碭山之地，北導李吉口下濁河，南存徐溪口下符離，中存盤盆河下小浮橋，三河並存，南北相去五十里，任水游蕩，以不治治之。」蓋好爲異説，而非篤論也。

新匯澤，〔三〕在南郭外。以河徙成澤。南北二十里，東西四十里，經冬不竭，占良田無算，隆慶中知縣王廷卿開新渠十餘里以疏洩之。今淤。

狐父聚。縣南三十里。史記：曹參擊秦將司馬尼於碭東，破之，取碭、狐父。是也。亦作狐父城。又縣南有午溝里，朱温生長於此。○市力寨，在縣北三十五里。舊爲河濱衝要，縣主簿駐於此。又堅城集，在縣西大河北岸，西接虞城縣界。舊爲大河衝要。

附見

徐州衛。在故城内東南隅。明吴元年置。又徐州左衛在故城内西南隅，宣德五年調楚府護衛於此，尋改今名。各領千户所五。

滁州，東至揚州府二百六十里，南至和州一百五十里，西至廬州府二百六十里，西北至鳳陽府二百二十里，北至鳳陽府泗州二百十四里，自州治至應天府一百四十五里，至京師二千二百里。

禹貢揚州之域，戰國時屬楚。秦爲九江郡地，兩漢因之。晉屬淮南郡。宋置新昌郡。〔四〕晉元帝僑置頓丘郡，宋廢郡爲縣，元徽元年割置新昌郡，齊因之。梁置南譙州，東魏因之，北齊亦爲南譙州治。隋廢郡，改南譙州爲滁州，大業初州廢，以其地屬江都郡。唐復置滁州，天寶初曰永陽郡，乾元初復故。宋亦曰滁州。元爲滁州路，後復爲州，隸揚州路。明初以州治清流縣省入，隸鳳陽府，洪武十四年直隸京師。編户十二里。領縣二。今仍曰滁州。

州山川環遶，江、淮之間，號爲勝地。蓋北出鍾離則可以震徐、泗，西走合肥則可以圖汝、潁，而南下歷陽，東收六合，則建康之肩背舉矣。五代周克滁州，遂兼淮南，明初克滁州，馴致奄有南服，豈非已然之明驗哉？

清流廢縣，今州治。本漢全椒縣地，東晉末僑置頓丘縣，宋屬秦郡，元徽初置新昌郡，治頓丘縣，齊因之。梁兼置南譙州，治新昌城，領新昌、高塘、臨滁、南梁等郡。東魏曰譙州，仍治新昌郡。隋開皇初郡廢，改州曰滁州，縣曰新昌縣。十八年又改縣曰清流，大業初州廢，縣屬江都郡。唐武德三年復爲滁州治，後皆因之，明初省。城邑攷：「州東有子城，周一里，唐初築，太和三年重修。其外爲羅城，周三里三百二十步。又有關城，宋建隆二年築，周七里三百五十步，西抵沙河，南抵羅城，外有壕，而四面不匝。明初因舊址修築，開六門，四面爲濠，皆加深廣。城周九里有奇。」

南譙城，在州西南八十里。或曰在全椒縣桑根山之陽。晉太元中僑置南譙郡，治山桑，蓋取山爲名。齊因之。梁又置譙州及南譙郡，皆治蘄，在今巢縣界，而以此爲北譙，復别於渦陽之譙，謂之南譙。高齊又移州治新昌，即今州治云。按梁太清二年，侯景自壽陽襲譙州，進攻歷陽，蓋巢縣之譙，時亦有譙州之名。

建陽城，州東四十里。本秦縣，漢屬九江郡，後漢省入全椒。志云：州東南五十五里有臨滁郡城，梁置郡，治葛城，高齊因之，隋廢。葛城蓋與江浦縣接界，今有西葛城市。又高塘城，在州北。梁置高塘郡，治高塘城，領平阿、盤塘、石城、蘭陵等縣，屬南譙州。齊因之。後周廢郡，改爲高塘縣，隋初省入頓丘縣。志云：今全椒縣北六十里地名高塘，即是城也。○塘惟城，在州南三十里。又南十里有龔家城。又蔣家城，在州東南五十三里。志云：三城皆傍湖澤。相傳南唐築瓦梁堰以距北師，水勢横溢，居民築此城以捍水云。

赤湖城，在州西。魏收志新昌郡領赤湖、荻港、薄陽、頓丘等縣。今州西十里有赤湖及赤湖橋，州北十里有荻港，州南十五里有薄陽壩，或以爲皆因故縣而名。

琅邪山，州南十里。晉伐吳，命琅邪王伷出涂中。時嘗駐此，因名。山谷深七八里，下有琅邪溪，源出兩峰間，謂之釀泉。其餘泉澗溪洞，類皆幽勝。又山南別阜曰鴉頭山。宋建炎二年守臣向子伋因山阻險爲城十餘里，聚民堅守，寇從鴉頭山瞰城中，知其虛實，乃盡銳攻陷之。今故城基曰琅邪山寨。○豐山，在州西南五里。盤亙雄偉，出琅邪諸峰之上。下有幽谷，地形低窪，四面皆山。又龍蟠山，在州南十三里。泉石洞壑，亦甚奇勝。

皇道山，州東二十二里。相傳秦始皇嘗經此。下有秦皇塘，周三里，可灌田數百頃。○曲亭山，在州西六十里。俗呼皇甫山。南唐將皇甫暉與周兵戰，嘗屯此山也。

清流山，州西北二十二里。亦曰清流關山。又西北曰石駝山，其上有關曰北關口，頗險阨。志云：關山而北有羣山列峙，溪澗環錯云。又永陽嶺，在州北三里。唐以此山名郡。其前爲落馬澗，相傳皇甫暉戰敗墜馬處也。一名東渡。

滁河，州東南七十里。源出廬州府廢梁縣，流經全椒縣界與襄水合流，至州東南三汊河與清流水會，入應天府六合縣界下流注於大江。詳見大川涂水。

清流河，在州治西南。源出清流山，東南流至三汊河口合於滁河。又白茅河，在州西北四十里。亦出清流山，州西北有瓦店河、盈福河及來安縣之嘉山河俱流合焉，東會於清流河。○沙河，在州北四里。一名江沙澗。出來安縣界，州西北諸山溪之水多流合焉，俗名大沙河，至州城東合於清流河。又有小沙河，源出州西南三十五里側菱山，溢爲小澗，經州西十里注於石瀨。石瀨者，有石生水底，嵯峨突兀，連亘數十丈，水流其間，縈紆回復，每春夏泛漲，水石相激，澎湃有聲也。又東爲西澗，俗亦名烏土河，其下流爲小沙河，穿城而東出，亦合於清流河。

**菱溪**，州東七里。源出永陽嶺，經皇道山，又東南則琅邪溪亦流合焉，至三汊河注於滁河。又南湖河，在州東南五十里，源出來安縣；又東爲白禪河；下流俱注於滁河。

**清流關**，在州西南二十里。南唐置關於此，地極險要。五代周顯德三年敗唐兵於正陽，唐將皇甫暉等自定遠退屯清流關，周主命趙匡胤襲之。暉等陳於山下，方與前鋒戰，匡胤引兵出山後，暉等大驚，走入滁州，欲斷橋自守。匡胤麾兵涉水，徑抵城下，暉等出戰，擒之，遂克滁州。五代史：「周世宗遣將引兵倍道自蘆子岇出山後，襲清流關。」今其地有中軍帳基。

**大柳砦**，州西北五十里。元末州人保聚於此，今爲大柳樹驛。志云：自州城南滁陽驛而西北六十里爲大柳樹驛，又北四十五里達鳳陽府定遠縣之池河驛。又大鎗嶺巡司亦在州西六十里。〇關山寨，在州西北二十五里。志云：州境舊有鄉寨七：曰關山、該山、白禪、西城、高山、黃悅、白悅等寨。宋置，尋廢。又有鐵佛岡砦，亦在州境。元末州人保聚於此。

**皇華驛**。在故關城内。志云：關城中有龍興寺，南唐臨滁館地也。周顯德五年建寺，賜名龍興。宋淳熙二年于寺中建皇華驛。明初於寺之西建滁陽王郭子興廟，寺之東建太僕寺及滁陽八監、驌驦等十八羣。一統志：「南京太僕寺在今州城外西南三里，洪武六年建。」

全椒縣，州西南五十里。西南至無爲州巢縣百八十里。秦置縣，漢因之，屬九江郡，後漢建武中封馬成爲侯邑。晉屬淮南郡，蕭齊爲嘉平縣，〔五〕屬南譙郡。梁改縣曰北譙，置北譙郡。後齊改郡爲臨滁，後周復曰北譙郡。隋開皇初郡廢，改縣曰滁水，屬滁州。大業初州廢，又改爲全椒縣，屬江都郡。唐仍屬滁州，宋因之。明初廢，洪武十四年復置。縣無城。今編户十二里。

阜陵城，縣東南十五里。漢縣，屬九江郡，文帝六年封淮南王長子安爲侯國，元狩初仍屬九江郡。後漢因之。永平十六年徙淮陽王延爲阜陵王，建初元年又改爲侯國，章和初復阜陵王，以阜陵下濕，爲徙壽春。孫吳黄龍三年，使其將孫布詐降以誘魏，揚州刺史王淩權伏兵於阜陵伺之。晉志：「縣自漢明帝時淪爲麻湖。」咸和初石勒將石聰侵阜陵。三年蘇峻據歷陽將犯建康，孔坦請急斷阜陵。説者曰：「阜陵有麻湖之阻也。」或曰斷阜陵以脅峻之後，且使祖約不能自壽春連兵而前也。宋省。梁天監二年南梁太守馮道根戍阜陵，魏將党法宗等來寇，道根擊却之。胡氏曰：「南梁自宋有之，未詳其實土。」道根以南梁太守戍阜陵，自是爲郡治。陳大建十一年，後周將韋孝寬等侵淮南，北譙、南梁之民皆自拔歸江南是也。後周廢入全椒縣。

豐樂城，縣西南七十里。梁置縣，屬北譙郡，隋廢。志云：縣西北二十五里有北譙城，即梁北譙郡治，遺址尚存。又縣北二里有南譙城，或以爲梁南譙州治云。○襄城，在縣西。或以爲姚襄所築也。襄水經其旁。

南岡山，縣南二里。山勢自西來，連亘數十里，至此益高峻，環繞縣治，爲縣形勝。稍西曰黑龍山，登其巔下瞰井邑，一覽皆盡。有泉曰黑龍泉。○武山，在縣東北十里。上有梁王城。志云：以梁武得名。

九鬭山，縣東南二十五里。一名徐陵山。昔項羽兵敗，欲東渡烏江，道經此山，與漢兵一日九戰，山因以名。其西五里有迷溝，相傳項羽迷道陷大澤處也。志云：今縣南二十里有楚迷溝。○花山，在縣西北二十里。攢峰疊嶂，如花瓣然。又神山，在縣西三十里。有神山洞，極深廣，宋紹興間鄉民多避寇於此。

桑根山，縣西北四十里。宋白曰：「梁大同三年割北徐州之新昌郡、譙州之北譙郡置南譙州於桑根山之西。」是也。或曰故城在山西南二十里新高村。其相接者曰石樓屼。志云：與桑根山、冷水澗相連，雙石高聳，狀如樓閣，背山面溪，景物幽邃。又西北十里曰傴人屼。

北獨山，縣西六十里。峰巒特起，不與衆山相接。上有古塔。又西十里曰銅井山，一名銅官。上有銅井，舊嘗出銅。又西十里爲孤山。相接者曰鎮山嶺，與合肥縣接界。

滁水，在縣南六十里。自廬州府流入境，南至和州亦六十里。志云：縣境羣川合滁水者凡十有五流，又東北經州境。○襄水，在縣治北。源出縣西北二十里石臼山，東南流合澗谷諸水凡十有六派，循縣治後，又東南至石潭口合於滁河。

鄭湖，縣西南三十里。志云：後魏臨滁郡領鄭縣，以湖名也。縣蓋置於此。其下流通滁河。○蔡湖，在縣南十五里。居民多引流以溉田。旁有蔡城，志云：南唐築城湖側，蓄水以禦周師。

六丈鎮。在縣西南。唐置六丈驛於此。又有葛城驛，志云：在縣東南二十里，與江浦縣接界。輿程記：自滁州而東南六十里至東葛城驛，又三十五里至江浦縣之江淮驛，渡江向金陵是也。」

編户七里。

來安縣，州東北三十五里。東北至泗州天長縣百三十五里，西南至應天府江浦縣百二十里，西北至鳳陽府定遠縣百五十里。本清流縣地，唐景龍中析置永陽縣，屬滁州。南唐改曰來安。宋乾道中降爲鎮，尋復爲縣。有土城，周三里。

趙王城，縣東北二十五里。相傳寇亂時有趙、王二將屯此。志云：縣東有頓丘城，或以爲東晉僑置頓丘縣蓋治此。

五湖山，縣東北十八里。下有五湖，因名。山高險，控扼南北，至爲險要。其北有白樺村，一名白樺山。○三山，在縣東二十里。三峰並峙，與天長縣接界。又縣東南二十里有西龍山，勢頗高峻，與六合縣東龍山對峙。

石固山，縣北三十五里。羣山綿亘，此山最險峻。宋紹興中居民多避寇其上，壘石爲城，遺址尚存。又北五里爲尖山，其山特出，下臨大澗。○嘉山，在縣西四十里。山之西北即盱眙縣界。

來安水，在縣東。源出縣北九十里之馬嶺山，東南流，縣治東有龍尾河流入焉，又東南入州界合於清流河。○秋沛水，在縣西三十里。源出泗州盱眙縣，會獨山水入於清流河。

湯河，縣東南三十五里。縣北山澗諸水並流會焉，又南入於滁河。又范莊水，在縣北七十里；縣東北又有常店水；俱會縣境諸山谷水，流入天長縣，爲浮梁河之上源。

白塔鎮。縣東北五十五里。其東南五里有丁城，四面平遠，城址高數丈。其西有高塘山，山下有塘曰高塘，舊可灌田二百頃，今堙。○來安鎮，在縣東三十里。舊置鎮於此，今廢。又東五里曰杜家集，傍峙黄連山，下有大石岯。

又東十里曰朱家岍，與六合縣接界。又水口集，在縣東南三十五里，臨湯河。志云：縣東北十里有來安驛，往來孔道也。

## 附見

滁州衛。在州城內。洪武初設守禦千户所，尋改衛，領千户所五。

和州，東北至揚州府三百二十里，東南渡江至太平府六十里，西南至廬州府無爲州百五十里，西北至廬州府二百八十里，北至滁州百五十里，自州治至應天府百三十里，至京師二千三百五十里。

禹貢揚州之域，春秋、戰國皆爲楚地。秦屬九江郡，漢因之。亦爲揚州治。三國吴爲重鎮。晉屬淮南郡，永興初分置歷陽郡，宋永初二年兼置南豫州，時謂之西府。齊因之。梁初亦爲南豫州治，天監七年仍爲歷陽郡。北齊兼置和州，北史：「天保四年拔歷陽。六年齊、梁通和，因置和州。」後周因之。隋初郡廢，大業初復改州爲歷陽郡。唐仍曰和州，天寶初又爲歷陽郡，乾元初復故。五代屬於楊吴，後屬南唐，周顯德三年取其地。宋仍曰和州。亦曰歷陽郡。元曰和州路，尋復爲州，隸廬州路。明初以州治歷陽縣省入，洪武三年改州爲歷陽縣，隸廬州府，尋復爲和州，直隸京師。編户四十一里。領縣一。今仍曰和州。

州淮南要衝，江表藩蔽。渡横江而出采石，濟滁口而向金陵，則長江不爲固矣；若夫西指昭關而動廬、壽，北走涂中而收濠、泗，則兩淮可以風靡也。自昔國於東南，未嘗不以歷陽爲襟要，而有事江南者，張氏栻所云「繇壽陽、歷陽來者什之七，繇横江、采石渡者三之二」是也。是故孫策起歷陽則渡江而有江南，曹操争江南則相持於東關、濡須之間。晉平吴，使王渾出歷陽渡横江；蘇峻之亂，則據歷陽渡横江而劫姑孰；石虎掠淮南，遊騎徑抵歷陽；苻堅自項城河南項城縣。來壽陽，則使姚萇爲先鋒直趨歷陽也。梁侯景以壽陽叛，則并有歷陽，遂渡采石；隋氏平陳，韓擒虎繇廬州趨壽陽，自横江宵濟矣。唐平江南，始自歷陽。杜伏威爲和州總管，討平江南羣盜。宋紹興中金人犯含山進逼歷陽，葉夢得曰：「金人得和州，長江不可保矣。」因趣諸軍拒守。及金亮南侵，軍於和州而兩淮爲之殘弊。開禧中金人南犯，僕散揆奪安豐圍和州，屯瓦梁河見六合縣。以控真、揚諸州之衝，張旗幟於沿江上下，江表大震。明初亦自歷陽濟江，〔六〕克采石，下太平。吕氏祉嘗言：「歷陽，建康、姑孰之門户。」未有歷陽多故，而江東得以安枕者，豈不信哉？

歷陽廢縣，今州治。秦縣也，項羽封范增爲侯邑。漢爲九江都尉治。後漢時揚州刺史治焉。永平中九江盜范容等屯據歷陽，爲江、淮巨患，久之始平。晉屬淮南郡，永興初爲歷陽郡治，三年陳敏據歷陽以叛，尋入建鄴。咸和二年蘇峻以歷陽叛，進陷姑孰。三年祖約自壽春潰奔歷陽，遂據之。明年，冠軍將軍趙胤攻拔之。〔七〕宋亦爲歷陽郡治，大明七年帝如歷陽。齊亦爲重鎮。梁太清二年侯景自壽陽叛入歷陽。承聖初没於高齊。陳大建五年伐齊，使黄法𣰋分道出歷陽，敗其援軍，歷陽降。隋爲和州治，大業十二年爲杜伏威所據，尋入於唐，自是州郡皆治此。明初廢。城邑攷：「州城一名亞父城，相傳范增所築。漢高令灌嬰還定江、淮，又築之，謂之古羅城。其後修廢不一，宋嘉定中又嘗營繕。明初因舊址增築，後漸廢。正德七年寇亂，增築月城，於各門又開故壕以爲備，尋復廢壞。萬曆初增築六門重城，復濬濠環城於六門之外，又爲東西二水門以蓄洩城中之水。其形勝大抵東南濱江，西南遶溪，西北環山。城周十一里。」

烏江廢縣，州東北四十里。秦烏江亭也，漢爲東城縣地。晉太康六年置烏江縣，屬淮南郡。永嘉初陳敏據建鄴，征東將軍劉準遣揚州刺史劉機出歷陽討之，敏使其弟昶屯烏江拒守。後屬歷陽郡。宋大明六年，帝校獵於烏江是也。梁於此置臨江郡，又爲江都郡。東魏屬臨滁郡，後齊改置齊江郡，陳復曰臨江郡，宇文周曰同江郡。隋初郡廢，縣屬和州。唐因之。宋紹興五年廢爲烏江鎮，七年復爲縣。元因之，明初省。今仍爲烏江鎮。志云：鎮東北去江浦縣七十里。○雍丘城，在州南。本漢陳留郡屬縣，東晉僑置於此，宋、齊俱屬歷陽郡，後周時廢。今裕溪河口有雍家城，或以爲即雍丘之訛也。明洪武初置雍家城驛及裕溪河泊所於此，弘治初徙驛於烏江鎮。萬曆中改爲烏江公館。驛廢。

穀孰城，在州西北。本漢梁國屬縣，東晉僑置，屬南梁郡，宋元徽初改屬新昌郡，蕭齊因之，梁末廢。又酇城，在州北。漢沛郡屬縣也。劉宋元嘉八年僑置酇縣，屬歷陽郡，元徽初改屬新昌郡，蕭齊又改屬臨江郡。梁因之。東魏屬臨滁郡，後周廢。其地與滁州全椒縣接界。○遏虎城，在州西。元和志：「歷陽西有遏虎城，晉王導築以遏石虎。」

湖白城，在州西南。宋泰始二年尋陽王子勛舉兵江州，其將孫冲之屯於赭圻，爲沈攸之所敗，於湖白口築二城，軍主張興世攻拔之。胡氏曰：「湖白口，巢湖、白水之口也。」州南有白石水合於栅江，是矣。讀書記：「湖、白二城當在栅口，濱大江。」張興世以錢溪衝要，請奇兵潛出濃湖之上，率輕舸直前，度湖、白，過鵲尾，夕宿景洪浦是也。赭圻、錢溪諸處，見繁昌、銅陵二縣。

梁山，州南六十里。巉巖峻拔，俯瞰江流，與太平府博望山相對。亦曰西梁山。下爲梁山鎮。詳見前名山。○歷陽山，在州西北四十里。一名石印山，或以爲即吴孫皓時所稱「石印封發」者，悮也。今詳見江西鄱陽縣。

八公山，在州城北三百步。山僅培塿，相傳曾有八僊奕其上，因名。宋開禧中州守周虎破賊於此，更名殺狐岡，築京觀於其上，今廢。○蛾眉山，在州治西北。城跨山脊。又城北有東華山。

雞籠山，州西北四十里。峰巒連亘，雄踞西北，上有巨石寬平約四丈許，削立山巔，爲一州奇勝，道書以爲四十二福地。宋紹興三十一年，金亮駐雞籠山，欲渡采石。明太祖初克歷陽，元人分兵屯戍於高望、新塘、青山、雞籠山諸處，來争歷陽，太祖皆擊却之。今青山在州東北四十五里，高望鎮見江浦縣。

六合山，州西北六十里。山形磅礴，四面皆正。上有石潭，深不可測，名金牛井。志云：山一名如方山，梁武帝嘗登此望六合，因名六合山。天監初江州刺史陳伯之謀舉兵，詭稱奉齊建安王教，帥江北義勇十萬已次六合，時蕭寶寅奔魏也。六合即六合山矣。○陰陵山，在州北八十里。小山多石，俗以爲項王迷道處。又有四潰山，在州北七十里。亦名四馬山。俗傳以爲項羽敗走至此，依山爲陣，四面馳下，潰圍斬將處云。

**烏石山**，州西北六十里。兩山相峙，路經其中。山石多黑，因名。又夾山，在州北五十里。巖嶂環峙，隱如金城，爲一方阨塞，中有夾山關。志云：州東北五十里爲者樂山，一峰亭亭秀出。其相近者曰北大山，山勢高聳，一名北山。○胡桃山，在州西北。晉義熙二年桓玄餘黨桓石虔等聚衆胡桃山爲寇，豫州刺史劉毅遣兵討平之，時州治歷陽也。或云胡桃山即滁州來安縣之五湖山。

**橫江**，州東南二十五里。直江南采石渡處，自昔濟江之津要也。後漢興平元年，揚州刺史劉繇屯曲阿，迫逐丹陽太守吴景，景退屯歷陽，繇遣將樊能等屯橫江拒之，既而爲孫策所破。晉隆安二年殷仲堪舉兵荆州，前鋒桓玄等大破官軍於白石，進至橫江。元興初桓玄自江陵東下，豫州刺史譙王尚之遣楊秋屯橫江，秋叛降玄。宋元嘉二十七年，魏主燾入寇，自彭城南下，使其將魯秀出廣陵，拓跋那出山陽，拓跋仁出橫江，所至殘滅。宋遣劉遵考等將兵守橫江以備之。齊東昏侯永元二年，豫州刺史裴叔業問蕭衍以自安之計，衍曰：「若意外相逼，當勒馬步二萬，直出橫江以斷其後，天下事一舉可定也。」隋開皇八年韓擒虎平陳，亦自橫江宵濟。蓋建康、姑孰，皆以橫江爲噤吭。亦曰橫江浦。江濱有毓麟堂。宋紹興三十一年金亮入和州，臨江築臺誓師，渡江晨炊玉麟堂。玉麟即毓麟之訛也。江防攷：「大江入州境，上接無爲州，下接應天府，凡一百一十里，與太平府中流分界。江流自西南遶而東北，故昔稱和州爲江西。而大江夾岸津要甚多，隨地立名，分途汛守，實皆大江也。」

**柵江**，州西南百五十里。與無爲州分中流爲界，即濡須水入江之口也。曹操進軍濡須攻破孫權江西營，即此地矣。梁末齊將蕭軌出柵口向梁山，陳霸先將黃叢擊却之。陳天嘉初王琳伐陳，軍於柵口，時東關春水稍長，琳引齊人合肥巢湖之軍相次而下，戰於蕪湖，爲陳將侯瑱所敗。大建十一年，時江北之地盡没於周，因遣將軍徐道奴鎮栅口。宋南渡後，於此置栅口寨。明初趙德勝破陳友諒於栅江口是也。宋白曰：「栅江口即古之濡須口，西北距廬州三百八十四里。」今一名新婦口，對岸即繁昌縣。

當利浦，州東南十二里。一名沙口堰，亦大江之别浦也。後漢興平初，劉繇遣其將張英屯當利口以拒吴景，明年孫策擊走之。晉咸和二年蘇峻以歷陽叛，孔坦即急斷阜陵，守江西當利諸口是也。寰宇記：「當利本名揚浦，晉王濬平吴，揚帆順流而下，王渾招之不止，報云『風利不得泊也』，因改名當利。」按後漢已有當利之名，則非晉改矣。阜陵，見滁州全椒縣。○烏江浦，在故烏江縣西里餘，即亭長艤船待項羽處。水經注：「江水又北得黄律口，即烏江渡也。」又鎖石港，在舊烏江縣東北五十里，入大江。

洞浦，在州西南，臨江。亦曰洞口。曹丕黄初三年伐吴，分命曹休等出洞口。晉元興初桓玄使其黨馮該攻歷陽，玄軍斷洞浦，焚豫州舟艦，州刺史譙王尚之帥步卒九千陳於浦上，軍潰而還。洞浦蓋亦江浦之别名矣。今堙。

麻湖，州西三十里。周圍七十里，舊稱巨浸。一作「㵱湖」，又爲瀝湖，淮南子所云「歷陽之都，一夕爲湖」者。宋白云「歷陽縣南有歷水，縣因以名」，即此湖矣。宋建炎三年金人破和州，軍士多潰圍四出，保麻湖水砦。明初高祖嘗困於此。〔八〕永樂初湖水涸，議堰爲田，凡得三萬一千二百餘畝。景泰二年田始成，然地平衍水難洩，時有潦溢之患。○灃湖，在州西十五里。昔時受麻湖水至當利驛港入江，永樂初議置田一萬七千五百餘畝，利病與麻湖同。

後河，州北七十里。出廬州府接境之黄山，經含山縣流入境，與滁州分界，至六合縣瓜埠口入江，即滁河矣。明嘉靖五年議改從州北分水嶺繇者樂山前入江，官私皆以爲不便，事遂寢。○橫江河，在州南里許。亦曰橫江渠。宋開寶八年伐南唐，從西京轉運使李符請，發州民鑿渠以通糧道，自今城南環江門外而南經當利驛入江，即是河也。歲久淤塞，明正統初疏濬。五年復鑿小河，傍出通江，以便舟楫。又開勝河，在城西。繇含山縣流經此，合於橫江河。

石跋河，在州東北三十里石跋鎮。繇大江支流匯州東二十五里之浮沙河口，復出大江，江面約四十里。宋開禧中周虎嘗築石跋城於浮沙口北，今廢。又芝蔴河在州東北四十里，又東北十里曰穴子河，皆通大江。○姥下河，在州西南三十里姥下鎮。源自麻湖，東南流入大江。宋會要：「乾道二年從和州守臣言鑿姥下河，東接大江，防捍敵人，簡制盜賊。」又太陽河，在州南二十里。源亦出澧湖，流入大江。

牛屯河，州南四十里。與江東牛渚磯相對，江面約五十里。志云：孫策攻劉繇牛渚營，晉譙王尚之破庾楷於牛渚，皆此地也。其源出巢湖，從銅城閘入大江。今有牛屯河巡司置於州南六十五里，南至裕溪巡司二十里，東北至浮沙河巡司七十里，又八十里接江浦縣之江淮巡司。

裕溪河，州南九十里。源出巢湖，自無爲州流入境，南注於江。明初元將蠻子海牙帥舟師截采石窺太平，不能陷，退屯於此。既而太祖命康茂才戍守裕溪是也。今有裕溪鎮，置巡司於此，上至無爲州奧龍河巡司九十里。通釋：「裕溪在無爲、歷陽之間，亦南北之衝要，其江面約三十里。」

白石水，在州南。水經注：「水出白石山，西南流注於柵水。」晉咸康五年石虎遣將寇荆、揚北鄙，朱保敗晉兵於白石。海西公末桓温謀廢立，自廣陵將還姑孰，屯於白石。隆安三年殷仲堪以荆州叛，前鋒桓玄大破官軍於白石，進至横江。白石蓋在栅江、横江間也。今含山縣有白石山。

**韋游溝**，在廢烏江縣東南二里。引江水至郭下十五里，溉田五百頃。唐開元中邑丞韋丑所開，貞元十六年令游重彦復治之。民享其利，以姓名溝。亦曰韋游溝渡，接江浦縣界。

**楊林渡**，在州東二十五里。紀勝云：「郡人春遊，自城南横江門出至楊林江口，凡三十五里，皆種柳，號爲萬柳堤，即楊林渡也。」亦曰楊柳河。宋紹興三十一年虞允文敗金人於采石，知必復至，乃部分諸將分海舟綃上流，别遣舟師截金人於楊林河口，敵至夾擊，大敗之。嘉定十一年金人犯淮南，自濠州趨和州之石磧，一時真、揚諸州皆被寇，遊騎至采石、楊林渡，建康大震。通釋：「和州東二十里有西采石，其下爲楊林渡。」石磧，或曰在州西北三十里。○車家渡，在廢烏江縣東南。宋志：「烏江縣界車家渡，可徑衝建康之馬家渡。」其相近又有安陽渡，與上元縣對岸。志云：渡在故烏江縣東南十八里。又新河渡，在州南二十里。志云：今爲江湍所割，去城纔十里許。

**千秋澗**，州西北二十五里。宋志：「淳熙十二年和州守臣請於千秋澗置斗門，以防麻湖、澧湖之水洩入大江，歲旱可藉爲溉田之利，從之。」亦曰千秋壩。明初耿再成襲歷陽不克，元兵追至千秋壩，即此。○香淋泉，在州北三十五里。其水温，相傳梁昭明嘗浴此，因名太子湯。亦曰平疴泉，宋治平中名其地曰平疴鎮。

**銅城堰**，州西南六十里。周回百里，溉田三千頃，皆膏腴，賦入當本州什之三。志云：銅城閘河在含山縣南銅城鄉之六都，受天河、黄洛河支流，東至閘口分流爲牛屯河。其南一支爲三叉河，每江湖水泛，牛屯河隘不易洩，輒衝溢田畝。吴赤烏中築堰設閘以捍水患，遇旱則積，遇澇則啓，遂成膏腴。其後以時修築。明初太祖率巢湖舟師出湖口至銅城閘，已脱敵險而元兵猶塞馬腸河口以阻諸兵，太祖設策敗之，乃盡督諸兵出潯陽橋入大江。洪武初知州李相復修堰閘，以拒江水之暴溢，民獲其利。潯陽橋在州西四十五里，馬腸河見無爲州。

石湖關，在州西北。宋紹興中兀朮犯境，張俊以兵五千守石湖關，兀朮遁去。又石湖寨亦置於此。今廢。○斗焰關，在州西北四十里。其地有斗焰山，亦曰陡陽山，巍然峻絶，一徑中開。明初取歷陽，遣張天祐等將奇兵出陡陽關，進薄小西門，遂克之，即此。又白塔關，在州西四十里。又西五里有含山關。

夾山關，州北五十五里。有夾山鋪。兩山壁立，聳峭夾道，山口崎嶇，與滁州接界，爲南北咽喉。明正德中巨寇劉六等犯境，州同知薛渭野壘石置寨於此，以控守要害。今寨廢而石垣尚存，亦名渭野關。○歲豐鎮，在州西四十里。又州北七十里有青陽鎮。

楊荷橋，舊志云：在州東南二十里。晉咸寧六年王渾等分道伐吴，出歷陽，吴主使張悌迎戰，悌渡江圍渾部將張喬于楊荷橋，以衆降，進與晉將周浚戰於版橋，喬自後擊悌，悌敗死。版橋在楊荷北也。或曰今州北四十里有楊橋，即古之楊荷，恐悮。

祁門驛。州西四十里。舊志云：洪武十五年設祁門馬驛於此，弘治五年遷入含山縣西門内，萬曆中裁。又當利馬驛，舊在州南二十里。洪武十五年設。初名新河口驛，十六年改曰當利，徙置於城南横江門外。

含山縣，州西六十里。西南至無爲州百二十里，西至無爲州巢縣六十里，北至滁州全椒縣百里。漢歷陽縣地，東晉僑置龍亢縣，屬歷陽郡，宋、齊及梁因之，後周大象初省。唐武德六年復改置含山縣，八年廢。長安四年復置武壽縣，神龍初仍改曰含山，屬和州，宋因之。舊無城。明正德七年新築，周三里。編户十七里。

龍亢城，縣南四十里。本漢沛郡屬縣，東晉復置於此，南北朝因之，後廢。志云：縣西三十里有晉王城，晉太元中苻堅侵晉，以姚萇爲先鋒，晉築城於此禦之。今清溪東有土城數十丈。其外十餘里有姚萇村，即故晉王城矣。或曰縣西四十里界首舖有小山，形勢稍峻，城當置於此。

大峴山，縣東北十三里。一名赤焰山。又小峴山在縣北二十里，一名昭關，稍西曰城山，兩山屹峙，爲廬、濠往來衝要。俱見前名山峴山。

含山，縣西二十里。山勢雄峻，衆山列峙，勢若吞含，唐因以名縣。○褒禪山，在縣北十五里，舊名華山；又北三里曰華陽山，亦名蘭陵山；俱有泉洞之勝。又牛頭山，在縣北三十里。山産煤，明正德中居民采以爲業。

梅山，縣東南五里。山多梅樹，俗傳曹操行軍，指梅林以止軍士渴處也。唐天寶中改曰棲隱山。其相近者曰龍角山，有兩峰尖聳，因名。○桑山，在縣西南二十里。麻湖之源出於此。山多野桑，因名。或曰秦始皇設倉於此，亦名倉山，又訛蒼山。山勢峻拔，延袤十餘里，中有龍池。南宋時有雙山寨，居民保聚於此，又蒼山之訛也。

石門山，縣南二十里。兩山夾峙，石壁削立如門，有谷道十里，商旅皆往來其中。○龍洞山，在縣西南五十里。洞深邃，泉流不竭，下流爲魯橋澗，通銅城閘入於江。又太湖山，在縣南七十里。舊有湖，歲久湮廢。山奇峰十餘，削立秀挺，狀如列戟。又南十里曰白石山，巖洞頗勝。洞天記：「山周回七十里，爲第二十一洞天。」唐天寶六載更名檮應山。山蓋與無爲州接界，白石水出焉。水經注：「白石山水西經李鵲城西南注柵水。」李鵲城亦在縣境云。

濡須山，縣西南七十五里。與巢縣七寶山對峙，濡須水出其間，即東關口也。詳見前重險東關。○僊踪山，在縣北五十里僊踪鎮，即黄山也。與合肥、巢縣接界。一名金庭山。詳見廬州府黄山。

濡須水，縣西南七十里。自巢湖東流經亞父山，出東關口爲海子口河，又東南經黄洛河、運漕河，過新裕口至栅江口注於大江。一名天河。志云：縣南八十里有新裕港，港口昔有孝婦居此，因名新婦港，後訛爲新裕，流合濡須，同爲栅江，故栅口亦兼新婦口之名。亞父山，見巢縣居巢城注。

三叉河，縣南八十里。其水西通巢湖，東通大江，北通銅城閘，因名。志云：天河經流合海子口、黄洛河、運漕河，迤邐經此。又銅城閘別流南出匯爲一河，東合裕溪河入於大江。黄洛河亦自巢縣流入境。又運漕河，志云：在縣南八十里。梁敬帝初齊人謀侵建康，運糧於此。今縣南九十里有運漕鎮，以河名也。

縣河，縣南一里。一名觀音橋河。縣西北諸山澗之水會流至城西二里，合清江斷澗，其流始大，可以通舟，又東至和州新河口入大江。議者欲鑿此河上通巢湖以溉田通商，或又以河通則縣且爲江湖之衝，遂不果。○清溪河，在縣西三十里清溪鎮。受縣西南諸山澗水，西流經巢縣亞父山入天河，繇裕溪入大江。

馬跑泉，縣北十五里。即昭關泉，繇縣西清江斷澗入縣河。俗傳伍子胥過昭關，馬跑泉出，此其遺跡云。宋紹興末張浚於昭關築城，置水櫃以遏金人，即此泉也。

東關，縣西南七十里，濡須塢之北，與無爲州巢縣接界。其地峻險，周圍皆石，三國時爲戍守重地。詳重險。

昭關，縣北十里小峴山西。崎嶇險仄，拒守於此可以當廬、濠之衝。志云：縣西四十里有斗陽關，山勢巍然峻絶，中開一徑，其北屬含山，南屬巢縣。

尉子橋，縣北四十八里。宋紹興三十一年金亮南侵，統制姚興拒戰於此，死之。又縣西有倒旗山，亦以姚興戰敗名也。○界首驛，在縣西四十里。明洪武十五年設，弘治五年裁，與巢縣分界處也。

練固。在縣北。晉元興三年桓玄兄子歆引氐帥楊秋寇歷陽，豫州刺史魏詠之等擊斬秋於練固。胡氏曰：「練固在歷陽西北。」○斗米逕，在縣西南八十里。隋末杜伏威將李子建戍栅口，欲穿渠入歷湖通運，率部下人齎斗米就役，米盡逕成，因名。紀勝云：「時子建欲於東關下開溝通黄港陂，運糧入歷湖以濟軍食也。」

附見

滁陽右衛。在州治東。洪武十九年始置和州衛，二十四年衛軍調寧夏，三十五年改置今衛，領千户所五。

廣德州，東至浙江湖州府一百六十里，南至湖州府安吉州百二十里，西至寧國府二百二十里，北至應天府溧陽縣百五十里，自州治至應天府五百里，至京師三千里。

禹貢揚州之域，春秋時吴地，後屬越，戰國時屬楚。秦屬鄣郡，漢爲丹陽郡地，後漢因之。晉屬宣城郡，宋、齊仍舊。梁末置大梁郡，治石封縣。陳改爲陳留郡。隋郡廢，以其地屬湖州，大業初改屬宣城郡。唐武德四年置桃州，七年州廢，仍屬宣州。南唐屬昇州，宋太平興國中復屬宣州，尋置廣德軍。元曰廣德路，明初改爲廣德府，洪武四年降爲州，十三年以州治廣陽縣省入，編户百二十七里。直隸京師。領縣一。今仍曰廣德州。

州山谷盤紆，襟帶吳、越，春秋時楚人嘗與吳争逐於此，所謂桐汭之地也。自後東南有事，州嘗爲控扼之所。朱梁乾化三年，淮南遣軍屯廣德，將攻衣錦軍，吳越錢傳瓘攻拔之。宋建炎三年，兀朮自建康道溧水趨廣德，繇四安陷獨松關，遂入臨安。德祐初伯顔入建康，遣阿剌罕分道出廣德，會師臨安，卒以亡宋。明初下金陵，遂命將下廣德，取長興，蓋不特内固吾圉，又可乘敵之釁，使以爲迂僻而置之，謬矣。

廣陽廢縣，今州治。春秋時地名桐汭，左傳哀十五年「楚子西、子期伐吳，及桐汭」是也。漢爲故鄣縣地，屬丹陽郡。後漢中平二年析置廣德縣，仍屬丹陽郡。晉屬宣城郡。咸和中桓彝爲宣城内史，蘇峻作亂，自宣城退屯廣德，尋又進屯涇縣。劉宋因之，齊時嘗爲郡治。梁末改置大梁郡，廣德縣屬焉。陳屬陳留郡，隋省廣德入石封，尋改石封爲綏安縣。唐於綏安置桃州，又增置桐城、懷德二縣。州尋廢，又并二縣入綏安。至德二載改綏安曰廣德，以廣德故城名也。朱梁乾化三年吳越攻拔廣德，既而淮南復有其地。南唐爲廣德制置司，宋爲廣德軍治，元爲廣德路治。明初改縣曰廣陽，洪武十三年縣省。城邑攷：「州舊無城。宋淳祐六年郡守趙希仁僅建六門，設子城於内。明初命元帥邵榮等築城浚池，後復傾壞，弘治、正德以來屢經修復。」今城周八里有奇，門六。

石封廢縣，在州治東。梁置縣，爲大梁郡治，隋改曰綏安，唐復改綏安曰廣德。蓋州城即故石封縣治，而後漢所置廣德縣在今州西界，唐時故城猶存，今湮。○故鄣城，在州東北九十里，入湖州府長興縣界。又東北至長興縣八十里。秦曰鄣縣，漢曰故鄣，隋縣廢。今詳見長興縣。

橫山，州西五里。高出羣山，四望皆橫。岳武穆嘗駐兵於此，明初亦嘗駐蹕焉。山西南隅有祠，祠漢神張勃。唐天寶中封此山爲祠山。巔有聖井，四時不竭。亦曰龍王潭。又西巇山，與橫山相接，有泉遶其麓。

竹山，州南十五里。疊嶂層巒，回環拱揖，松竹泉石，蔚然巨觀。其並峙者曰方山，山勢盤紆，山口有兩峰對峙，若二柱然。○笄山，在州南二十里。一名鷄籠山，俗曰鷄罩山。中峰最高，左右兩峰並列，蔚然深秀。相近者又有鷹嘴山，山高峻，絶頂有石卓立如鷹嘴。下有深窟，容百餘人。

乾溪山，州東南三十里。峰巒疊出，卓立天外，一溪遶其下，白石齒齒。稍西爲石雲梯山，高百餘丈，有階級可升。又石鼓山，在州東南五十里。昔時巔有巨石如鼓。其相近者曰石婦山，衆山環遶，其中一峰獨高，巔有石卓立，如婦人然。○馬鞍山，在州南五十里。山周七十里，巔有大石，其狀如馬鞍。

巖頭山，州西北四十里。兩山屹立如闕，中夾一溪，州境南山之水皆會於此而入建平縣界，每遇巨潦，藉此以障湍流奔突之勢。○五花巖山，在州北七十里。橫列五峰，高三百餘丈。其相近者曰長樂洞，廣數丈，深不可測。

靈山，州南七十里。泉石爲州之冠。其山水合流而北出，匯爲丁公潭，迤邐數里，合於桐川。又有尖山，亦在州南七十里。衆峰環遶，一峰如筆，清泉白石，最爲佳勝。又南八十里曰桐山，亦曰桐源山，一名白石山，桐水發源於此。○桃花山，在州東南六十里。昔時山多桃樹，唐因此置桃州。又大首山，在州西南八十里。其山最峻，上有井，鼉魚時出没其中。

金牛嶺，州東北七十里。四面皆重山，中一峰，長亘十五里。志云：荆山洞亦在州東北七十里，一名馮家洞，洞口如夏屋四五間，容千人，深不可測。相傳與太湖相通，亦曰大洞。

桐水，州西北二十五里。亦曰桐川，桐汭之名因此。源出州南白石山，西北流經建平縣界，又西入宣城縣界爲白沙川，亦曰綏溪，匯於丹陽湖入大江。或謂之白石水，杜氏曰「白石之水衝突，則三湖皆爲泛溢」是也。

鯉洪溪，州東南二十里。源出石鼓山，分二流，復匯於此，而合於桐川，灌田二萬餘畝。又橫梗溪，在城南。匯諸山澗之水，灌田三千七百畝，其下流亦入於桐川。○大源溪，在州西百里。自寧國府界大陶山流經州境，入南碕湖，又繇丹陽湖、蕪湖達於江。

東亭湖，在州東南三十里。廣五百餘畝，一名浴兵池。州境又有塔湖，周三里。○古塘，在州之十三都。周十里。又有鵶鵲、夏家、胖竹等塘，皆周十里，並爲灌溉之利。

苦領關，州東六十里。路通浙江安吉州。

四安鎮，州東五十里。陸走湖州，此爲通道。宋建炎中兀朮自廣德經此陷獨松關。又杭村鎮，在州北七十里。有巡司。又州西八十里有陳陽巡司，州南八十里又有廣安巡司。

鍾村。在州境。宋建炎二年，兀朮渡江而南寇廣德，岳飛自宜興邀擊至廣德境中，六戰皆捷，駐師鍾村，即此。○嚴公臺，在州西。唐大順二年賊帥孫儒攻楊行密於宣州，屯廣德，行密將陶雅破儒前鋒，屯嚴公臺，即此。

建平縣，州西北九十里。西至寧國府百三十里，東北至應天府溧陽縣百十里。本廣德縣地，宋端拱初置縣，治廊埠鎮，屬廣德軍。縣無城。今編户一百十里。

諸葛城，縣西十里。中可容數千人。旁有驢城、馬城，相去一二里。其間有井數十，蓋昔人屯駐之地。又有浮城，在縣西十里。廣數畝，其地窪下，每遇夏潦，諸圩盡没，惟此巋然若浮，因名。

鎮山，縣南五里。邑之案山也。又縣西南七里曰赤山，麓枕大溪。○伍牙山，在縣東北四十里，與溧陽縣接界。今詳溧陽縣。

大巖山，縣南七十里。巖石崔嵬，峰巒層出，上有池，雖旱不竭。又南十里曰大磊山，羣山横峙，一峰特出，頂有三石如品字，因名。又鴉山，在縣南九十里。周回三十餘里。産茶。山接寧國縣界。

峽子嶺，縣南八十里，與宣城縣接界。又縣南七十里有石佛嶺。

桐川，在縣西南。自州境流入，合於南碕湖。又大源溪，亦在縣南。自州境流入界，入南碕湖。○郎溪，在縣治南。郎步鎮以此名。下流合於銅川。志云：縣東南有白石澗，上接桐川，下達郎溪。

南碕湖，在縣西南十里。承桐川下流，接寧國府界流入丹陽湖。俗謂之南湖。○青陂塘，在縣東，周三十里；又縣東有柘林塘，周十五里；浮湖塘，周五里；縣西又有五丈塘，周十五里；信武塘，廣亦十五里；俱有灌溉之利。

梅渚鎮。在縣西三十里。有梅渚巡司。又縣南四十里有陳村巡司。

## 校勘記

〔一〕立七埭爲派　「派」，底本原作「泒」，敷本、鄒本作「派」，晉書卷七九謝玄傳亦作「派」，今從敷本、鄒本。

〔二〕水經注獲水東歷龍城　底本原作「水經謂之歷龍城」，歷，謂經歷之意，非城名爲歷龍城。今據鄒本及水經獲水注補改。

〔三〕新匯澤　「匯」，底本原作「滙」，職本同，敷本、鄒本作「匯」，今據改。

〔四〕宋置新昌郡　此既爲宋事，則不當在「晉元帝僑置頓丘郡」之前，且下文有「宋廢郡爲縣，元徽元年割置新昌郡」之語，劉宋志卷三五亦云新昌郡元徽元年立，故此「宋置新昌郡」五字實賸，宜删。

〔五〕蕭齊爲嘉平縣　「縣」，底本原作「郡」，今據職本、鄒本改。南齊志卷一四南譙郡領有嘉平縣，可證。

〔六〕明初亦自歷陽濟江　「歷陽」，底本原作「和陽」，今據鄒本改。

〔七〕冠軍將軍趙匡胤攻拔之　「趙匡胤」，晉書卷七成帝紀、通鑑卷九四晉紀一六俱作「趙胤」，此衍「匡」字。職本無「匡」字，是。

〔八〕明初高祖嘗困於此　「高祖」，鄒本作「太祖」。

# 山東方輿紀要序

山東之於京師，犬牙相錯也。語其形勝則不及雍、梁之險阻，語其封域則不及荆、揚之曠衍，然而能爲京師患者，莫如山東。何者？積貯天下之大命也。漕渠中貫於山東，江、淮四百萬粟皆取道焉。繇徐、沛北境以接於滄、景之南，幾八百里，而南旺分南北之流，高下懸絶，於是相地置閘，隨時啓閉，以爲輓輸之助。脱有不逞之徒，乘間竊發，八百里中，丸泥可以塞也，蟻孔可爲灾也。吾虞南北咽喉，忽焉而中斷耳。或者曰漕舟必出於山東，故山東能爲京師患。若修元人海運之制，風帆頃刻，竟抵京師，則山東必無能爲害矣。曰：山東不濱海爲國乎？自濱州、霑利之間，取途勃海，竟指天津，不過五百餘里；繇登、萊而指旅順口，亦不過五百里。天津河漕、海運之道所輳集也，登、萊、旅順間又海運之途所必經也，脱有狡獪之徒，憑依島嶼，遼、碣以南，滄、瀛以東，所在蠭起，海運其能以無阻乎？然則將奈何？曰：山東者，馭之得其道，則吾唇齒之助也；失其理，則肘腋之患也。吾嘗俯仰古今，而知能爲幽、燕患者，必於山東。周錫齊侯之履曰：「東至於海，西至於河，南至於穆陵，北至於無棣。」故山東之國，齊爲最强。桓公北伐山戎，剃令支，斬孤竹，皆在燕之東境。

是時燕弱小。傳曰：「齊謀山戎，以其病燕也。」蓋齊之於燕，直卵而翼之矣。魯昭公七年齊侯伐燕，盟於濡上。是時齊景公之世，燕人猶且納女歸賂於齊，誠畏之也。戰國時齊、燕有不兩立之勢，子噲之亂，齊宣以五都之兵伐之，五旬而遂舉燕。燕昭王以樂毅爲將，合秦、趙、韓、魏之師，而後能雪恥於齊。既而田單復定齊地。燕武成王七年，田單伐燕，拔中陽，燕人不敢報也。是何也？齊之於燕也，壤相錯也，非有過都歷國之艱，涉山逾河之阻也。天下之勝，勢不在秦必在齊，在齊則必起而争燕。起而争燕，道博、濟，向滄、瀛，不出十日，戰於燕之城外矣。觀於元之末季，田豐、毛貴不過烏合之徒，一旦竊據青、齊，遂能北趣河間，踰直沽，破薊州，略柳林，直逼元都。當此時，江、淮以南，元人不遑復問矣。太祖命將取元都，亦先下山東，會師於東昌、臨清之境，然後下德州，克長蘆，逾直沽，舟師步騎，夾河而向元都，元人不且宵遁哉。然則山東其形勢之會乎？是又不然。吾嘗慨夫齊之田氏，席霸國之餘業，不能於縱横之日發憤爲雄。及五國既滅，王賁東下，遂束手而臣妾於秦也。楚、漢之間，田儋、榮、横，非無傑出之材，而皆奔亡不暇。漢高感東西秦之説，分王庶孽，授子肥以七十餘城，無能殄呂氏之禍也。張步、董憲，倔强於臨淄、東海，曾不足當光武之驅除。劉岱擅有全兖，乃竟敗没於黄巾。曹操以兖州始事，而功集於許、鄴，則可謂卓卓者歟？至於曹嶷、段龕、辟閭渾之屬，類皆齷齪庸才，宜不足以自保。慕容德撫有廣固，亦再世而亡耳。宋人經營於碻磝、滑臺，究不足以固三齊。隋末徐圓朗盜有兖州，不旋踵而敗。唐之中葉，淄青叛命，藉河北、淮西相爲影響，及形援既弱，卒以滅宗。朱瑾、朱瑄、王全範，不能以鄆兖、淄青之甲，抗朱温之鋒也。所以然者，豈不以山東之地，褊淺迫狹，雖西峙泰山，曾無重岡複嶺之限；東環大海，亦無奧突險固之都；邢、趙扼其項，而淮、泗犄其足哉？是故郤至入而丘輿馬陘皆爲坦途，樂毅至而即墨、莒城危於累卵。韓信既破歷下以開基，耿弇復攻祝阿而發跡。南入穆陵，慕容遂爲俘囚；東踰汶上，益都之亡也忽諸。謂欲以一隅之守，當四面之師，吾知其必無幸矣。然則山東固不足慮乎？曰：唐末王僊芝起於濮州，黄巢起於冤句，初不過聚饑寒轉死之民，爲縱横竊掠之計，馴至流毒天下，卒傾唐祚，何爲其不足慮也？然則用山東者宜如何？曰：以自守則易弱以亡，以攻人則足以自强而集事。齊桓公南征北伐用霸諸侯，孝公以後齊僅爲自守之國，是以終春秋之世，累代聽命於晉，幾夷於魯、衛，斯不亦用齊之明效大驗耶？

# 讀史方輿紀要卷三十

## 山東一

禹貢：「海岱惟青州。」周禮職方：「正東曰青州。」土居少陽，其色爲青。春秋時齊地。其在天文，虛、危則齊分野，亦兼魯、衛之疆。今泰山以南，兖州府至沂州之境，禹貢徐州地也，春秋時屬魯，天文奎、婁分野。濟、河以北，東昌府及兖州府之西境，濟南府之北境，禹貢兖州地也，春秋時屬衛，於戰國兼得魏、宋、齊、趙之郊。衛分野見河南封域。秦并天下，置齊郡、東郡、薛郡、琅邪及遼東等郡。漢置十三州，此亦爲青州及兖州地，詳見州域形勢，下倣此。後漢因之。魏、晉亦置青、兖二州，永嘉以後陷於石勒及慕容皝，後又入於苻堅，堅敗歸於晉，晉置幽州於廣固，以辟閭渾爲刺史。尋復爲慕容德所據。義熙六年劉裕克南燕，復置青州及兖州。劉宋時兼置冀州，治歷城。其後入於後魏。魏亡屬高齊，尋爲後周所并，其分析不可得而詳也。隋亦置十三部，而不詳所統。唐貞觀初分天下爲十道，河、濟以南屬河南道，以北屬河北道。宋初隸京東路及河北路，後又增置京東西路。曹、鄆諸州屬京東西路。金人分山東東路及山東西路。東路理益都，西路理東平。元亦置益都、濟南等路，直隸中書省。謂之「腹裏」。明初置山東等處承宣布政使司，領府六，屬州十五，縣八十九，總爲里六千四百有奇。夏秋二税約二百八十五萬九百五十三石有奇。而衛所參列其間。今仍爲山東布政使司。

濟南府，屬州四，縣二十六。

歷城縣，附郭。章丘縣，鄒平縣，淄川縣，長山縣，新城縣，齊河縣，齊東縣，濟陽縣，禹城縣，臨邑縣，長清縣，肥城縣，青城縣，陵縣。

泰安州，屬縣二。

新泰縣，萊蕪縣。

德州，屬縣二。

德平縣，平原縣。

武定州，屬縣四。

陽信縣，海豐縣，樂陵縣，商河縣。

濱州，屬縣三。

利津縣，霑化縣，蒲臺縣。

兖州府，屬州四，縣二十三。

嵫陽縣，附郭。曲阜縣，寧陽縣，鄒縣，泗水縣，滕縣，嶧縣，金鄉縣，魚臺縣，單縣，城武縣。
濟寧州，屬縣三。
嘉祥縣，鉅野縣，鄆城縣。
東平州，屬縣五。
汶上縣，東阿縣，平陰縣，陽穀縣，壽張縣。
曹州，屬縣二。
曹縣，定陶縣。
沂州，屬縣二。
郯城縣，費縣。
東昌府，屬州二，縣十六。
聊城縣，附郭。堂邑縣，博平縣，茌平縣，莘縣，清平縣，冠縣。
臨清州，屬縣二。
丘縣，館陶縣。
高唐州，屬縣三。
恩縣，夏津縣，武城縣。

濮州，屬縣三。

范縣，觀城縣，朝城縣。

青州府，屬州一，縣十三。

益都縣，附郭。臨淄縣，博興縣，高苑縣，樂安縣，壽光縣，昌樂縣，臨朐縣，安丘縣，諸城縣，蒙陰縣。

莒州，屬縣二。

沂水縣，日照縣。

萊州府，屬州二，縣五。

掖縣。附郭。

平度州，屬縣二。

濰縣，昌邑縣。

膠州，屬縣二。

高密縣，即墨縣。

登州府，屬州一，縣七。

蓬萊縣，附郭。黄縣，福山縣，棲霞縣，招遠縣，萊陽縣。

寧海州，屬縣一。
文登縣。
遼東都指揮使司，屬衛二十五，州二。
定遼中衛，附郭。又有定遼左、右、前、後四衛及東寧衛、自在州，俱在郭內。
海州衛，
蓋州衛，
復州衛，
金州衛，
廣寧衛，又有中、左、右三衛，俱在郭內。
義州衛，又廣寧後屯衛，在郭內。
廣寧中屯衛，又廣寧左屯衛亦在郭內。
廣寧右屯衛，
廣寧前屯衛，
寧遠衛，
瀋陽中衛，

鐵嶺衛，

三萬衛。又遼海衛及安樂州俱在郭內，羈縻屬部附見。

東據海，

海自登、萊以南，接南直安東所界，環遶而北，接遼東、朝鮮之境，又西至濟南府濱州東北，而北接北直鹽山縣界，凡千餘里。

南距淮，

自沂、兗以南，古所稱淮北地也。

西接梁、宋，

今河南開封、歸德府境，即古梁、宋地。

北走燕、趙。

山東去京畿密邇。水陸往來皆取途於此，遠至浙、閩，近自江、淮，皆以山東爲走集之衝也。

其名山則有泰山，

泰山，在濟南府泰安州北五里。亦曰東岳，亦曰岱宗。舜典：「歲二月，東巡狩，至於岱宗。」詩：泰山巖巖，魯邦所瞻。周職方：兗州，其山鎮曰岱山。孟子：「孔子登太山而小天下。」管子曰：「古者封泰山禪梁父者七十二家。」戰國策：「蘇秦説齊宣王：『齊南有泰山，東有琅邪。』」史記：「昔黄帝東至於海，登岱宗。」又齊世家：「齊自泰山屬之琅邪，北被於海，膏壤二千里。」貨殖傳：「泰山其陽則魯，其陰則齊。」山之東北阯舊有明堂，爲成周時朝會諸侯之處。秦、漢以下，言封禪者必於泰山。秦始皇二十八年，至泰山下議封禪，遂除車道，上自泰山陽至顛，立石頌德，從陰道下，禪於梁父。漢元封初，封泰山，下陰道，禪泰山下阯東北肅然山，乃議以五載一巡狩，用事泰山，令諸侯各治邸泰山下。明年復祠泰山。五年，南巡狩，還至泰山增封。又太初元年行幸泰山，禪高里。二年，修封泰山，禪石閭。天漢二年，行幸泰山修封。太始四年，幸泰山修封，禪石閭。征和四年，復幸泰山修封，亦禪石閭。從來封禪之數，未有如漢武者也。後漢建武中元元年，東巡，封泰山，禪祭地於梁陰。梁父山之陰也。章帝元和二年，幸泰山，柴告岱宗。安帝延光三年，東巡幸泰山。桓帝延熹四年，岱山頹裂，自是天下漸多故矣。通義曰：「王者受命易姓，報功告成，必於岱宗。」白虎通曰：「王者受命必封禪。」封，增高也；禪，廣厚也。天以高爲尊，地以厚爲德，故增泰山之高以報天，禪梁父之址以報地。史稱無懷、伏羲、神農、炎帝、黄帝、顓頊、帝嚳、堯、舜皆封泰山禪云云，禹封泰山禪會稽，周成王封泰山禪社首，秦始皇封泰山禪梁甫，漢武封泰山禪梁甫、肅然及高里、石閭，修封者凡五是也。漢官儀：「泰山盤道屈曲而上，凡五十餘盤，經小天門、大天門，仰視如從穴中視天窗矣。自下至古封禪處凡四十里。」泰山記「山有秦觀望見長安，吴觀望見會稽，周觀望見齊。黄河去泰山二百餘里，於祠所瞻黄河如帶，若在山趾」，蓋侈言之也。又周觀亦曰日觀，相傳鷄鳴時可見日出。吴觀亦曰越觀，又名月觀，以與日觀相對也。與秦觀爲泰山三峰云。隋開皇十五年，東巡頓齊州，爲壇於泰山，柴燎祀天，禮如南郊。大業九年，齊郡丞張須陀擊羣賊王薄於泰山下，大破之。唐乾封元年，登泰山封玉牒，禪於社首。又開元十三年，封泰山，祀昊天上帝於山上，羣臣祀五帝百神於山下之壇，又祭皇地祇於社首。宋大中祥符元年封泰山，亦禪於社首。宋史：時王欽若判兖州，上言泰山醴泉出，錫山蒼龍現。又木工董祚於泰山醴泉北見黄帛曳林木上。既而帝至泰山，登山道，經險峻，降輦步進，鹵簿儀衛列於山下，享昊天上帝於圜臺，陳天書於左，以太祖、太宗配。命羣臣享五方帝及諸神於山下，封祀壇。明旦禪祭皇地祇於社首山，如封祀儀。改乾封縣爲奉符縣。唐六典：「河南道名山曰泰山。山周百六十里，高四十餘里。」郭璞云：「從泰山下至山頭，百四十八里三百步。」一云泰山周回二千里。又山海經云：「泰山上多玉。」尸子謂山中有神房阿閣，以及諸家誇誕之説，今皆不取。羣峰之得名者望秦、獨秀、雞籠、老鵶、獅子、蓮花、懸石，而丈人峰在山頂，特出羣峰之表。又有百丈、馬棚、鵓鴿、捨身諸崖，石經、石壁、酆都、桃花、佛寺、鬼兒、椒子、馬蹄、溪里諸峪，迴馬、鴈飛、黄峴、思鄉、青峰、西横諸嶺，迎陽、吕公、白雲、遥觀、蝙蝠、鬼僊、水簾諸洞，玉女、王母、白鶴、白龍諸池，又有明月嶂、登僊臺及東、西、南三天門，東、西、中三溪，爲山之最勝。其餘峰巒谿峒，層見疊出，不可勝數也。自嶽頂而東南二十里曰鵰窠山，西南十里曰亭禪山，即社首山，亦曰高里。南五十餘里曰石閭山，又南五里曰亭亭山，東六十里曰梁父山，又東曰云云山，志云：嶽頂東南十里有東神霄山，下有東溪神廟。西南十里有西神霄山，下有西溪神廟。又西十里曰石後山、三尖山。其在嶽陰者又有孤山、襁山、鶴山，相去各十里。雖隨地異名，實皆泰山之支峰别阜也。永樂十四年祠祭郎中周訥請封泰山，不許。魏氏曰：「自成皋以東，歷梁、宋、曹、鄆諸州，幾千餘里，大抵經途沃野，無大山重阻，而泰山忽焉特起，博厚崇隆，拱衛南北。自此羣山翼帶，直抵海濱，爲天下之奥區，神臯形勝，直與關中並峙。五嶽爲羣山之尊，而泰山又爲五嶽之長，不信然歟？」灾異志：「漢元鳳三年泰山大石起立，説者以爲宣帝特起民間之象。」明朝成化二十一年泰山屢震，説者謂應在武宗也。

琅邪，

琅邪山，在青州府諸城縣東南百四十里。其山三面皆浸於海，惟西南通陸。山海經：「琅邪臺，在勃海間，琅邪之東。」是也。管子：「齊桓公將東遊，南至琅邪。」孟子：「齊景公問晏子：『欲放於琅邪。』」竹書：「越王句踐二十九年徙都琅邪。」越絶書：「句踐既滅吴，欲霸中國，徙都琅邪，立觀臺於山上，周七里，以望東海。」今山在海濱，蓋築以望遠耳。國策：「蘇秦説齊宣王：『齊南有泰山，東有琅邪。』」史記：「始皇二十八年，南登琅邪，大樂之，留三月。

乃徙黔首三萬户琅邪臺下，復十二歲。作琅邪臺，立石刻，頌秦德。又三十七年從會稽還，過吴，並海上，北至琅邪、之罘。」漢初田肯曰：「齊東有琅邪、即墨之饒，南有泰山之固。」武帝元封五年，東巡，北至琅邪並海。太始三年幸琅邪。封禪書：「八祀，曰四時主，祠琅邪。」子虚賦：「齊東階鉅海，南有琅邪。」是也。郭璞曰：「琅邪臨海有山，嶕嶢特起，狀如高臺，即琅邪臺也。」戰國時齊築長城以拒楚，自琅邪臺入海，即其地矣。

沂山。

沂山，在青州府臨朐縣南百二十五里。周職方：「青州，其山鎮曰沂山。」一名東泰山。史記封禪書：「公玉帶言：『黄帝封東泰山，禪丸山。天子既令設祠具，至東泰山，山卑小，不稱其費，〔一〕乃令禮官祠之，而不封禪。』」魏文帝亦嘗致祠焉。隋開皇十四年詔以沂山爲東鎮，後代因之，載在祀典。志云：山西宗岱嶽，東俯琅邪，背負鳳凰嶺，東接穆陵關。其巔爲百丈崖，壁立萬仞，形如斧削，有飛泉下灑曰瀑布泉。瀰水出其西麓，又沂水亦出其西，沭水出其東也。水經注：「汶水出朱虚縣之泰山，山上有長城，西接岱山，東連琅邪，千有餘里，蓋田氏所遺也。」〔二〕

其大川則有濟水，

濟水舊自河南流入境，其上源曰沇水。禹貢：「導沇水，東流爲濟。」又曰：「浮於濟、漯，達於河。」職方：「兖州川曰河、濟。」春秋時濟水經曹、衛、齊、魯之界。莊三十年，公及齊侯遇於魯濟。杜氏曰：「濟水歷齊、魯間，在齊界爲齊濟，在魯界爲魯濟也。」又僖三十一年，取濟西田，分曹地也。襄十一年，晉率諸侯伐齊，會於魯濟。定九年，齊與衛地，自濟以西。濟之見於春秋者，不一處矣。戰國策：「蘇秦説齊宣王：『齊西有清河，北有勃海。』」所謂清河，即濟水也。又燕王謂蘇代曰：「齊有清濟、濁河，可以爲固，長城鉅防，足以爲塞。」史記：「齊湣王四十年樂毅并護趙、楚、韓、魏、燕之兵以伐齊，戰於濟西，齊師大敗，遂入臨淄。」漢志：「濟水過郡九，河東、河内、陳留、梁國、濟陰、泰山、濟南、齊郡、千乘也。行千八百四十里。」淮南子：「濟水通和，宜麥。」水經：「濟水出河東垣縣王屋山，其下流東北入海。」舊志：濟水自河南鞏縣南入河，並流過成皋縣陽溢爲滎，東過楊武、封丘縣北，又東過冤句、定陶南，又東北流與菏水合，東至乘氏西分爲二：其一東北入鉅野澤，過壽張西合汶水；其一合菏水東南流入泗，故泗水亦有南清河之稱。今詳見曹州。酈道元曰：「王莽之世，川瀆枯竭，濟水便入於河，不復絶流而南，其餘流自東平以東北者皆謂之清水。」晉太和四年，桓温自兖州伐燕，至金鄉，鑿鉅野三百里，導汶水會於清水，温引舟師自清入河。郗超曰：「清水入河，難以通運，若寇不戰，運道又絶，因敵爲資，復無所得，此危道也。」温不聽，敗還。劉氏曰：「時清水入河，亦即在碻磝、東阿間，非禹貢浮汶達濟之道也。」義熙十三年劉裕伐秦，將水軍自淮、泗入清河，泝河西上。宋元嘉七年，到彦之取河南，與魏人戰，不克，乃沿河置守，還保東平，復引兵自清入濟，南至歷城。此悮以鉅野北出者爲清水，汶水合流者爲濟水也。郭緣生述征記亦云：「清河首受洪水，北流入濟。洪水亦鉅野澤之分流，一名桓公瀆。」詳見鉅野縣。八年檀道濟自清水救滑臺，至濟上轉戰至歷城。二十三年魏人寇青、兖、冀三州，至清東而還。時青治東陽，兖治須昌，冀治歷城，皆在清水東也。唐六典：「河南大川曰濟水。」杜佑曰：「濟水絶流已久，今自東平以東北入海者，實菏澤、汶水之合流耳。」宋樂史曰：「東平、濟南、淄川、北海界中有水流入海，謂之清河。」王應麟曰：「濟水通得清水之名，以水道清深也。」宋史：「李師中知濟、兖二州，濟河堙塞久，師中訪古道，自兖城西南啓鑿之，功未半而去。」今大清河自汶上縣北出，其上源會東南諸山泉溝澤之水，與會通河合流。至東平州西安山牐，舊時濟流經此始與汶合，今並注於南旺湖，合流而北出。又西北與運河分流，經東阿縣西復折而東北，逕東阿縣北，又東逕平陰縣北，又東北逕長清縣北，齊河縣東，又北逕歷城縣北，而東北會於濼水，即小清河。又北經臨邑縣東，又東北逕濟陽縣南，又北逕齊東縣北，又東北逕武定州南，又東逕青城縣北及濱州之南，又東北逕蒲臺縣北，至高苑縣北，又北逕利津縣東而東北入於海。縣安山牐而下，皆謂之大清河。近志：元人始於寧陽縣北築堽城壩，遏汶水入洸，以通運河。永樂中又於東平州東築戴村壩，盡遏汶水入會通河。今之大清河，乃自平陰縣南之柳溝諸泉，縣東平州北門外過，西折而東北，夏秋運河泛漲，則張秋迤南東岸，張秋即安平鎮，見東阿縣。有減水閘分流來合而東北出，此即今鹽運所經。鹽船自濼口故關由大清河而上，泊於魚山，又南則由河渠至於東平，西則由小鹽河至於張秋，故大清河有鹽河之名。即濟水之故道，説者謂大清河古濟而今汶者也。舊志：濟水勁疾，故穴地伏流。郭緣生述征記：「濟水入河，性與河别，滲漉入地，伏行而溢爲滎。今之歷下，發地皆是流水，濟所過也。東阿之井，正濟所溢，清而且重，善下，故阿膠能治淤濁逆上之痾。」唐高宗嘗問許敬宗：「濟水甚細，何以列於四瀆？」對曰：「瀆之言獨也，不因餘水，獨能赴海者也。」夫濟流雖與古異，然今東平、歷下諸泉皆入大清河，則仍爲濟水溢流，不得全謂之汶水矣。于慎行曰：「大清第得汶之首尾，實以東平諸泉由濟故瀆入海。」又小清河，一名濼水，源出濟南府城西南趵突泉。水經注：「濼水出歷城故城西南，泉源上湧若輪是也。合馬跑、金線諸泉並城北流，屈而東至城北水門，大明湖水出注之，東北經華不注山合華泉，又東北入大清河。」僞齊劉豫始導之東行，至韓家店西，分一支爲小清河，逕章丘縣及鄒平縣北，又東逕長山縣東北及新城縣北，會孝婦河，又東逕高苑縣及博興縣南，又東逕樂安縣北，至馬車瀆入海，屈曲行幾五百里。自歷下以東之水，昔入濟者，並入小清河。近年河漸淤，其水復由東北入大清河矣。蓋濼水亦即濟水之伏流旁出者，與大清河雖分二流，而脉絡正同也。今見川瀆異同。元五行志「至正二年濟南山水暴漲，衝東西二關，流入小清河。又黑山、天麻、石固等寨及卧龍山水通流入大清河，〔三〕漂没上下民居千餘家」云。

汶水，

汶水，出濟南府泰安州萊蕪縣東北七十二里原山之南，水經所謂北汶也；又有汶水，出縣東南寨子村；俱流經州東南徂徠山陽。又一源出嶽北僊臺嶺，會諸山谷之水，經州東四十里曰塹汶，西南流經徂徠之陰，又南流三十里曰大汶口，而與萊蕪之汶水合流。又有小汶水，在新泰縣東北三十里，出泰山之龍池，西南流百餘里，亦合汶水。自州西南流，經寧陽縣北堽城壩分二流：其正流西經平陰縣南過東平州界，又西南流至汶上縣東北合白馬河、鵝河諸水，凡八十里入南旺湖，南北分流爲分水閘，即今會通河也；支流爲洸河，自寧陽縣西南流達兗州府城西，合沂、泗二水，凡百餘里，至濟寧州南天井閘東，而合於分水南流之汶，亦即運道所經也。運河記：「汶水自泰安州經寧陽、汶上縣界，又西至東平州注濟水，此故道也。元憲宗七年濟倅畢輔國始於汶陰堽城之左作斗門一，遏汶南流，至任城合泗水，以餉宿、蘄戍邊之衆，謂之引汶入泗，而汶始南通於泗。至元間以江、淮水運不通，自任城開渠，達於須城安山；爲一牐於奉符，即堽城牐，時寧陽縣廢，其地屬奉符縣也。以導汶入洸；爲一牐於兗州，今府城東金口牐是也。以導泗、沂會洸合而至會源牐南北分流。二十六年又用壽張尹韓仲暉言，復自安山西開河，繇壽張西北屬衛、漳，謂之引汶絶濟，而汶始北通於漳。」明朝永樂九年，時以北京爲行在，濟寧州同知潘叔正言：「故會通河四百五十餘里，其淤者三之一，可濬之以通漕。」乃命廷臣宋禮等往治。築壩於東平州之戴村，橫亘五里，遏汶水西南流，令盡出於南旺。見汶上縣。至分水龍王廟，分爲二支，四分南流以接徐、沛，六分北流以接臨清，蓋運河之原委全藉汶河也。禹貢「浮於汶達於濟」，詩「汶水湯湯」，史記河渠書「泰山下引汶水穿渠，溉田萬餘頃」，汶水之爲大川，繇來舊矣。

會通河，

會通河，在兗州府濟寧州城南，元至元中所開也。志云：蒙古初於堽城見上。作斗門以遏汶流，益泗漕，而漕渠始開。既而濬濟州泗河至新開河，繇大清、利津諸河入海。未幾以海口沙壅，復從東阿陸輓至臨清入御河。時又開膠萊新河見平度州。以通海道，勞費少成效。至元中伯顏始創海運，與濟州河並行。尋用韓仲暉等言，自安民山見東平州，即安山牐。開河北抵臨清，引汶絕濟，直屬漳、衛，名會通河。元臣宋文瓚言：「世祖開會通河千有餘里，歲運漕粟至京者五百萬石。然河渠易於淺澀，舟不能負重，其後漸減至數十萬石。」於是海運不能廢。明初餉北平、遼東，亦仍用海運。永樂九年濬故道自濟寧北至臨清，凡三百八十五里；南至南直沛縣，凡三百里。而南旺湖地勢特高，於是相地置牐，以時啓閉。自分水北至臨清，地降九十尺，爲牐十有七，而達漳、衛，南至沽頭，見沛縣。地降百有十六尺，爲牐二十有一，而達河、淮。歲漕四百餘萬石，皆取道焉，誠咽喉重地矣。漕河攷：會通河凡七百十里入衛河，又四百里始出境達京師。山東爲府者三，爲州者四，爲縣者六。由魚臺至臨清，得洸、汶、泗、沂四水，其泉百七十餘會於四水，而分流於漕渠，爲牐百三十，爲淺二百有二十，皆有司分掌之，而統於司空御史臺。」議者曰：運河以汶水爲源，然汶水之西全出人力，而南旺土脈特高，水非由地，勢難久安，盡括泉源，千里焦爍，頻年修濬，勞費不訾，民力窮而國計亦病矣。今詳見川瀆漕河。

海。

海在山東東北境者皆謂之勃海。亦曰勃澥。蘇秦曰：「齊北有勃海。」田肯曰：「西有濁河之限，北有勃海之利。」又謂之少海。韓非子：「齊景公遊於少海。」少海猶云小海也。書疏：「青州之境，越海而有遼東。」又云：「青州東北據海。」蓋跨有此小海也。北自平州碣石，南至登州沙門島，皆爲勃海之口，闊五百里，西入直沽幾千里。廣志：「山東自兖州東昌而外，其當大海一面之險者，濟南東北境也；海豐、濱州、利津、霑化、蒲臺皆濱勃海。當兩面之險者，青州府北及府東南境也；博興、壽光，濱勃海，日照則濱大海。當三面之險者，登、萊二府之東南北皆以海爲境也。東面則寧海、文登，南則膠州、即墨，皆濱大海。北則登州、萊州以及昌邑、濰縣，皆濱勃海。至越海而有遼東，則又與山東共險者也。」遼東金州衛，則南面西面皆濱勃海；復州、蓋州、海州三衛，則西面濱勃海；而廣寧、義州中屯、右屯、前屯諸衛，皆南面濱於勃海云。春秋時，吴人嘗遣舟師自海入齊。秦并天下，欲攻匈奴，使天下飛芻輓粟，起於黃、腄、琅邪負海之郡，黃、腄見登州府。轉輸北河。漢滅朝鮮，楊僕等自齊浮勃海而進。三國時孫權遣將周賀使遼東通公孫淵，還至成山，魏人邀擊殺之。及淵滅，吳復遣羊衜擊魏遼東，俘人民而去。詳見南直大海。隋開皇十七年伐高麗，使周羅睺分道自東萊泛海趣平壤。大業七年伐高麗，亦使來護兒自東萊入海趣平壤。唐貞觀十八年征高麗，使張亮自萊州泛海趣遼東。二十一年，復遣牛進達等自萊州渡海擊高麗。又顯慶五年蘇定方伐百濟，自成山濟海。開元二十年勃海大武藝遣將帥海賊寇登州，殺刺史韋俊。蓋山東海道，與高麗、渤海相接也。宋建隆二年女真泛海，自登州來貢馬。重和元年遣馬政從此道使女真，與約攻遼，遂成宋室之亂。金明昌三年尚書省奏遼東北京路北京即今廢大寧都司城。米粟素饒，宜航海以達山東。因按視近海諸處，置倉貯粟，以通漕運。元至元中伯顏建議，海運皆取道登、萊。大約自南直海州以至登州六百里而近，惟登、萊三面島嶼環抱，幾及千里。若從利津至直沽亦六百里而近耳。明朝洪武及永樂初，轉輸遼、薊，亦取道於此。詳川瀆海道。既而海運廢，登、萊至旅順之道亦禁絕，然南北兩岸，漁販往來，動以千艘，官吏不能盡詰也。嘉靖間督臣王忬嘗請因其勢而導之，明開海禁，使山東之粟方舟而下，則遼東可無荒歉之患。詔從其請，時以爲便。未幾復罷。夫海道之險不可不備，而海道之利不可不繇，與時推移，是在救時之君子哉。又海防攷：「山東海防，惟在登、萊二郡，而成山以東白蓬頭諸處，危礁亂磯，伏沙險湍，不可勝紀，故守禦較易。然自宋以前，日本入貢，皆自新羅趣山東。而元人海運故轍，亦出成山以東。風帆絡繹，渤海之險未嘗不視爲坦途，豈可視爲泄泄，無思患預防之策乎？」

其重險則有穆陵，

穆陵關，在青州府臨朐縣東南百有五里大峴山上。山高七十丈，周迴二十里，道徑危惡，一名破車峴。其左右有長城、書案二嶺，峻狹僅容一軌，故爲齊南天險。左傳：「管仲曰：『賜我先君履，南至於穆陵。』」晉義熙五年劉裕伐南燕，慕容超召羣臣議，公孫五樓曰：「吴兵輕果，利在速戰。宜據大峴，使不得入。曠日延時，沮其鋭氣。然後簡精騎循海而南，絶其糧道。兗州兵緣山東下，腹背擊之。此上策也。」慕容鎮曰：「今出峴逆戰，戰而不勝，猶可退守，不宜縱敵入峴，自棄險固。」超不從。裕過大峴，燕兵不出，裕舉手指天，喜形於色曰：「兵已過險，士有必死之志，敵入我掌中矣。」宋景平元年叔孫建攻青州刺史竺夔於東陽，檀道濟自彭城赴援，魏刁雍謂建曰：「大峴以南，處處狹隘，車不得方軌，請據險邀之，破之必矣。」建不聽，道濟至臨朐，建遂燒營遁。又元嘉二十三年魏人寇兗、青、冀諸州，何承天請徙三州新舊降附民三萬餘家於大峴南，以實内地。唐元和十二年李道古以淄青拒命，引兵出穆陵關。宋紹定中李全據淮安，略金臨朐，扼穆陵關。今亦置戍守於此。

按山東界兩都之中，北走景、滄，南達徐、邳，東出遼海，西馳梁、宋，爲輻輳之道。春秋以及戰國，大抵皆齊地也。管仲對楚曰：「賜我先君履，東至於海，西至於河，南至於穆陵，北至於無棣。」季札以爲「泱泱大風」，蘇秦以爲「四塞之國」也。又黄歇説秦曰：「齊南以泗爲境，東負海，西倚河。」又楚人謂頃襄王：「王射噣鳥於東海，還蓋、長城以爲防，〔四〕蓋見沂水縣，長城見平陰縣。朝射東莒，夕發貝丘，見博興縣。或曰謂清河之貝丘也。夜加即墨，顧據午道，則長城之東收而泰山之北舉矣。」韓非説秦曰：「往者，齊南破荆，中破宋，西服秦，北破燕，中使韓、魏，地廣而兵强，戰克攻取，詔令天下，濟清河濁，足以爲限，長城巨防，足以爲塞。齊，五戰之國也。」漢初酈食其曰：「齊負海、岱，阻河、濟，南近楚，雖數十萬師未可歲月破也。」田肯曰：「齊東有琅邪、即墨之饒，南有泰山之固，西有濁河之限，北有勃海之利，地方二千里，持戟百萬，縣隔千里之外，齊得十二焉，此東西秦也。」蓋三齊形勝，擬於關中矣。彭氏曰：「自古及今，天下有事未嘗不起於山東，繇秦、漢以迄宋、元，可更僕數也。若其攻取大略彪炳史册者，莫如樂毅。毅并護趙、楚、韓、魏之兵，爲燕昭王伐齊，敗齊兵於濟西，分魏師以略宋地，部趙師以收河間，身帥燕師長驅逐北，遂入臨淄。又遣左軍渡膠東、東萊，前軍循泰山，東至海，略琅邪，右軍循河、濟，屯阿、鄄以連魏師，後軍并北海而撫千乘，以中軍據臨淄而鎮齊都。六月之間，下齊七十餘城是也。次則莫如元季之察罕。元至正中，山東爲羣盜田豐等所據，察罕奮自草澤，既克河南，乃分兵鎮關、陝、荆、襄、河、洛、江、淮，而以重兵屯太行。既而自陝抵洛，發并州兵，出井陘，見北直重險。遼、沁軍出邯鄲，北直廣平府屬縣。澤、潞軍出磁州，見河南。懷、衛軍出白馬，見北直滑縣。與汴、洛水軍俱下，身將鐵騎渡孟津，見河南府。踰覃懷，見河南懷慶府。鼓行而東，復冠州、東昌。師至鹽河，見東阿縣馬頰河。遣精騎擣東平克之，又克濟寧。時大兵猶未合，羣賊皆聚濟南，而出兵齊河、禹城拒戰。於是分遣奇兵，取間道出賊後，南略泰安逼益都，北徇濟陽、章丘，中循濱海郡邑，乃自帥大軍渡清河，破賊於臨濟，見歷城縣。或作「分濟」。進逼濟南，齊河、禹城來降。南道諸將亦敗益都兵於好石橋，見益都。海濱郡邑皆來降，濟南亦下，乃圍益都。會察罕爲降賊田豐等所殺，其子擴廓代總其兵，攻益都拔之，山東悉定。明洪武初命徐達北討，既下沂州，遣使諭之曰：「聞將軍已下沂州，若向益都，當遣精鋭扼黄河要衝，斷其援兵，可以必克；若益都未下，宜即進取濟南、濟寧，二城既下，益都以東勢力窮蹙，如囊中物矣。」噫，此廟算也。

## 校勘記

〔一〕不稱其費　「費」，史記卷二八封禪書作「聲」，此引誤。

〔二〕東連琅邪千有餘里蓋田氏所遺也　水經汶水注「千有餘里」上有「巨海」二字，「所遺」作「所造」。

〔三〕又黑山天麻石固等寨　「黑山」，底本原作「黑水」；「石固」，底本原作「石國」，今據元史卷五一五行志改。

〔四〕還蓋長城以爲防　此語見史記卷四〇楚世家。集解引徐廣云：「蓋，一作『益』。益縣在樂安，蓋縣在泰山。」索引云：「蓋者，覆也。言射者環遶蓋覆，使無飛走之路，因以長城爲防也。徐以蓋爲益縣，非也。」顧祖禹以蓋爲地名，云在沂水縣，今依顧氏所言標點。

# 讀史方輿紀要卷三十一

## 山東二

濟南府，東至青州府三百二十里，南至兖州府三百三十四里，西南至兖州府濟寧州三百六十六里，西至東昌府三百里，北至北直景州四百五十里，自府治至京師八百里。

禹貢青州之域，春秋、戰國並屬齊。秦屬齊郡，漢初屬齊國，吕后初割齊之濟南爲吕國，文帝初復故。文帝分置濟南國，景帝改爲濟南郡。後漢仍曰濟南國，晉復爲郡。劉宋兼置冀州，後魏改爲齊州，兼置濟南郡，後齊、後周皆因之。隋初郡廢州存，煬帝又改齊州爲齊郡。唐復爲齊州，天寶初年曰臨淄郡，三載改曰濟南郡，乾元初年復曰齊州。宋因之，亦曰濟南郡、興德軍節度。政和六年升爲濟南府。金仍舊。元曰濟南路，明初復改爲府。領州四，縣二十六。

府南阻泰山，北襟勃海，擅魚鹽之利，界河、淮之中，誠肘腋重地也。春秋時諸侯争齊，多在歷下。自戰國以迄秦、楚之際，歷下多事則齊境必危。秦兵次歷下而王建由以亡，田廣罷歷下戰守備而韓信得以收齊，其大較也。後漢初，耿弇攻張步，敗其軍於歷下。光武謂弇曰：「昔韓信破歷下以開基，將軍攻祝阿而發迹，祝阿見禹城縣。此皆齊之西界，功足相方。」蓋其地水陸四通，爲三齊都要也。劉宋孝建三年，議移青、冀二州併鎮歷城，言者多不同。垣護之曰：「青州北有河、濟，時青州鎮東陽。又多陂澤，非敵所向。每來寇掠，必繇歷城。歷城北又近河，歸順者易，近息民患，遠申主威，此安邊上計也。」議遂定。泰始三年，後魏慕容白曜攻歷城未下，青州刺史沈文秀僞以東陽請降，魏司馬酈範曰：「東陽未可輕也，不若先取歷城，克般陽，即淄川縣。下梁鄒，平樂陵，宋僑置樂陵郡於故千乘地，在今壽光縣界。然後按兵徐進，不患其不服也。」白曜從之，而青、冀皆爲所陷。范氏曰：「齊州當四達之衢，南不得齊州則無以問河、濟，北不得齊州則不敢窺淮、泗，西不得齊州則無從得志於臨淄，東不得齊州則無以争衡於阿、鄄，是故山東有難，齊州當爲戰守之衝。」

歷城縣，附郭。齊歷下邑。漢置歷城縣，屬濟南國，後屬濟南郡。或曰晉永嘉初自東平陵移郡治此，後因之。今編户四十二里。

歷下城，在府城西。或以爲即春秋時齊之鞌邑，成二年齊、晉戰於鞌是也。其後謂之歷下。史記：「晉平公元年伐齊，齊靈公戰於靡下。」徐廣曰：「靡當作歷。」又齊王建四十年秦滅魏，兵次於歷下。漢三年，酈食其説齊王廣罷歷下戰守備，韓信度平原襲破齊歷下軍，因入臨淄。後漢建武五年張步聞漢軍將至，使其黨費邑軍歷下，既而爲耿弇所敗。三齊記：「歷下城南對歷山，城在山下，因名。」俗亦呼爲子城。其後通謂之歷城。劉宋泰始四年冀州刺史崔道固守歷城，魏將慕容白曜圍城經年，拔其東郭，道固乃降。城邑攷：「府城，唐、宋以來舊址也。洪武四年甃以磚石，環城爲池。有四門，東曰濟川，西曰濼源，南曰舜田，亦名歷山，北曰會波。成化後屢經修葺，今城周十二里有奇。」

**東平陵城**，府東七十五里。春秋時譚國地也。莊十年，齊師滅譚，譚子奔莒。漢置東平陵縣，以右扶風有平陵，故此加東也。濟南郡治焉。後漢靈帝時濟南賊起攻東平陵。晉初移郡治歷城縣，尋廢。後趙石虎建武八年，濟南平陵城北石虎一夜中自移於城東，虎以爲己瑞也。後魏亦置平陵縣，仍屬濟南郡。高齊廢。唐武德二年復置，并置譚州治焉。貞觀初州廢，縣屬齊州。十七年齊州都督齊王祐據州叛，土人李君求等據縣不從，因改曰全節。元和十年并入歷城縣。〔一〕城址猶存，周二十餘里。又故譚城，在府東南七十里。杜預曰：「譚城在平陵西南。」是也。

**平臺城**，府東北三十里。漢置平臺縣，屬濟南郡。高帝六年封東郡尉戴野爲臺侯，即是城也。後漢曰臺縣，晉省。劉宋復置，爲東魏郡治，後魏因之。魏收志：「東魏郡治臺城，後還歷城。」是也。寰宇記：「後魏孝昌三年濟南郡移治臺縣，齊天保中始還歷城，臺縣旋廢。」或云故城近廢平陵縣北。又鮑城，在府東三十里。志云：齊大夫鮑叔采邑也。叔牙是其後裔。傍有鮑山，俗傳爲管、鮑分金處。

**巨里城**，府東七十里。亦曰巨合。漢武封城陽頃王子發爲巨合侯，即此。後漢建武五年張步將費邑守歷下，分遣其弟敢守巨里。耿弇進兵，先脅巨里。邑趣救，弇分兵守巨里，自引精兵上岡阪，乘高合戰，臨陣斬邑，城中危懼，遂下巨里。水經注：巨里三面有城，西有深坑，坑西即耿弇營。郡國志歷城有巨里聚。今爲龍山鎮。舊有遞運所，今革。龍山馬驛置於此。

**歷山**，府南五里，俗訛爲舜所耕處。或以爲即靡笄山，靡與歷相近也。春秋成二年：鞌之戰，晉師從齊師至於靡笄之下。一名大佛頭山，山南有危石矗立也。亦名千佛山。又有廟山，在府南十里，以上有舜廟而名。

**華不注山**，府東北十五里。虎牙桀立，孤峰特起。左傳成二年：「齊、晉戰於鞌，〔三〕齊師敗績，晉逐齊侯，三周華不注。」山下有華泉，即逢丑父使齊頃公如華泉取飲處也。今涸。司馬貞曰：「華不注山，一名靡笄山。」又伏琛云：「不音跗，與詩『鄂不韡韡』之『不』同，謂花蒂也。」言此山孤秀，如花跗之著於水云。今亦名金輿山。

**石固寨山**，府南五十里。下有渴馬崖，南有瓢峰、鳳凰山，西有丁公嶺，東有虎山，山居其中，頗爲險固，昔人置寨於此，因名。今山上有修真觀。又龍洞山，在府東南三十里。山如重甑，上有東西二龍洞。東洞出萬仞絕壁上，中有泉，昔人嘗避兵於此。其峰巖甚奇勝。○函山，在府南二十里，即泰山北麓也。一名卧佛山。又摽山，在府北十里。童無樹木，有雙峰聳出立如摽，因名。

**黄山**，府西南六十里。山周如城。岱陰諸谷之水奔流至山西匯爲池，周數畝，不溢而伏，流至城西，出爲趵突泉。

**大清河**，府西北四十里。自齊河縣流入界，經府北，有聽水自南來入焉，亦曰響河，又東北過華不注山陰，又東逕下濼堰，即濼水舊合大清河處也；又北入臨邑縣界。○小清河，在府城北，即濼水也。春秋桓十八年「公會齊侯於濼」，即此。地志云：濟之南源也。源發趵突泉，俗名娥姜水，以泉源有舜妃娥英廟也。經城北而東，大明湖自城北水門流合焉，又東北經華不注山陽合華泉，又東北入大清河，舊謂之濼口。宋南渡後，濼水分流入章丘縣界爲小清河，明朝永樂以後漸至堙塞。成化九年嘗濬治之，自歷城以東直至樂安，而小清河復治。嘉靖十二年小清河復塞，歷城西北百里間積潦盤回，道多梗塞，乃復濬博興以西達於歷下，幾三百里，小清河復治。久之故道復淤。今小清河仍自華不注東北入大清河云。詳見前大川濟水。

**大明湖**，在府城内西北隅。源出歷下諸泉，匯而爲湖，周十餘里，繇北水門出，流注小清河。一名西湖。通志：「水經注云：濼水北爲大明湖。」一統志：「湖源出舜泉。」今濼水遶城北流而東出，不入城。舜泉在城内，止成一井，不流。惟北珍珠、濯纓諸泉則在今德府中，北流入大明湖耳。又舊時湖流浩衍，望華不注峰如浸水中。今多爲居民填塞，治圃環沼，僅存曲港，可通小舟，而蔬菓菱芡魚蟹之屬，甚爲民利。宋史：「景定二年李璮以濟南來降，蒙古攻之，城將陷，璮乘舟入大明湖，投水中，水淺不得死，爲蒙古所殺。」

**鵲山湖**，府北二十里。湖北岸有鵲山，因名。志云：濼水自大明湖東北流注華不注山下，匯爲湖，又東北流入大清河。僞齊劉豫自城北導濼水東行，而鵲山湖涸爲平陸。又濯纓湖，在城内倚北，合北珍珠、散水泉、濯纓泉、朱砂泉匯流爲湖，周廣數畝。本名灰泉湖，元人改今名。

**巨合水**，府東七十里。志云：源出章丘縣界之雞山，東源曰榆科泉，西源曰江水泉，北流各五里許而合入小清河，故曰巨合水。水經注：「巨合水北經巨合故城西。」是也。今謂之龍山河。

**趵突泉**，在府城西南。一名瀑流。平地湧出，蓋濟水伏流重發處也。曾鞏曰：「泰山之北與齊東南諸谷之水西北匯於黑水灣，又西北匯於柏崖灣，而至濕馬崖，水之來也衆，其北折而西，悍疾尤甚，及至崖下，則泊然而止。自崖以北至歷城之西，蓋五十里，有泉湧出，高或至數尺，土人名曰趵突。齊人謂嘗有棄糠黑水灣者而見之於此，蓋泉自濁馬崖潛行地中，至此復出也。其水冬温，泉旁蔬甲，經冬長榮，故又謂之温泉。其注而北則謂之濼水，達於清河以入海。」○金線泉，在城西。石甃方池，泉亂發其下，東注城濠，澄澈見底。波心南北有金線一道，隱起水面，因名。又珍珠泉，在城中。有二：南珍珠近東偏，今塞；北珍珠泉在城東迤北，今入德府中。泉瀑如珍珠，匯流入大明湖。又有舜泉及杜康諸泉，俱在城内。曾鞏曰：「齊多甘泉，甲於天下，其顯名者以十數，而色味皆同。以予驗之，蓋皆濼水之旁出者也。」一統志：「濟南名泉七十二，趵突爲上，金線、珍珠次之，餘者不能與三泉侔矣。」

孝感泉，在城北。相傳昔有孝子居此，泉湧其旁，因名。其水溢爲小渠，與四望湖合流入城，歷諸廨署西入濼水。寰宇記：「四望湖在歷城縣西二百步。其水分流入城，與孝感水合。」

堰頭鎮，府東北二十里。亦曰下濼堰，亦曰濼口栅。濼水入大清河處，築堰以分其流，因曰堰頭，堰南即小清河也。今仍爲交流之所，有巡司戍守。

賴亭。在府東，近章丘縣界。後漢志注：「菅縣有賴亭。」左傳襄六年「公如賴」，哀六年「齊侯陽生使胡姬以安孺子如賴」，十年「晉趙鞅伐齊，毁高唐之郭，及賴而還」，即此。

章丘縣，府東百十里。東北至鄒平縣六十里，東至長山縣百里。春秋時齊高唐地，漢爲陽丘縣地，屬濟南郡，後漢省。高齊移高唐縣治此，隋開皇十六年改曰章丘。大業九年羣賊王薄等攻章丘，齊郡丞張須陀擊敗之。唐初縣屬譚州，貞觀初州廢，改屬齊州。宋因之，景德三年置清平軍。金軍廢，改屬濟南府。今編户一百里。

陽丘城，縣東南十里。漢縣治此，文帝封齊悼惠王子安爲侯邑。後漢縣省。又樂盤城，在縣南二十七里樂盤山下。相傳齊孝王爲平陵侯時與陽丘侯餞送處也。又縣北七十里有新城，或以爲劉宋大明中僑置，屬高陽郡。後魏因之，高齊廢。

菅城，縣西北三十里。漢菅縣，屬濟南國。菅音奸。景帝封齊悼惠王子罷軍爲侯邑。後漢亦爲菅縣，晉省。述征記：「歷城至菅城二十里。自城以東，水彌漫無際，南則迫山，實爲險固。」唐武德初亦嘗置菅城縣，八年省入平陵。通志：「故菅城在章丘臨濟鎮北。」述征記似悮。又營平城，亦在縣西。漢宣帝封趙充國爲營平侯，邑於此。漢表「邑在濟」是也。或以營城當之，謬矣。志云：菅城今名水寨。

朝陽城，縣西北六十里。漢縣，屬濟南郡。高帝封華寄爲侯邑，宣帝時封廣陵厲王子舜於此。後漢曰東朝陽，以南陽郡有朝陽，故此加東也。晉因之，改屬樂安國。後魏仍曰朝陽縣，屬濟南郡，後齊廢。隋復置，開皇十六年改曰臨濟。又別置朝陽縣，大業初復并入臨濟。唐初置鄒州，武德八年州廢，縣屬譚州，貞觀初改屬齊州。宋初因之，咸平中廢爲臨濟鎮。又有崔氏城，杜預曰：「在東朝陽縣西北。」左傳襄二十七年「崔成請老於崔氏」，即此。通志云：「崔城在縣西北二十五里。」○猇城，亦在縣西。漢置猇縣，屬濟南郡，武帝封趙敬肅王子啓爲侯邑。後漢省。蘇林曰：「東朝陽有猇亭。」是也。猇音鴞。

亭山城，縣西南六十里。漢東平陵縣地。宋元嘉五年析置衛國縣，後魏廢。北齊復置，隋改曰亭山，屬齊州。唐因之，元和十五年廢。今其地有亭山，蓋隋因以名縣。又通志：「縣東北三十里有古甯戚城。」

長白山，縣東三十里，跨鄒平、長山、淄川三縣界。抱樸子：「長白乃泰山之副嶽，繡江源發於此。高二千九百丈，周六十里。山中雲氣長白，因名。亦名會仙山，孤秀盤鬱，獨壓衆山。」後魏書辛子馥傳：「長白山連接三齊，多有盜賊，子馥受使檢覆，因辨山谷要害，宜立鎮戍之所。又諸州豪右在山鼓鑄，姦黨多依之，得密造兵仗，於是請破罷諸冶。從之。」又建明初，齊州刺史蕭贊爲城民趙洛周等所逐，入長白山。九年賊帥左才相自號博山公，據長白山。蓋自昔爲深險處。○釁山，在縣東二十五里。一名釁堂嶺，達淄川、鄒平二縣界，相傳鄭玄著書處。元史張榮傳：「金末山東羣盗蜂起，榮率鄉民據釁堂嶺拒守處也。」

龍盤山，縣南十八里。山綿亘甚遠，西接歷城界。縣西南二十八里曰東陵山，與龍盤山岡脉相接。莊子「盗跖死利於東陵之上」，即此。○危山，在縣西南四十里。漢景帝時齊孝王與吳、楚通謀，自殺，葬於此山之嶺，俗呼爲鐵墓。又雞山，在縣西南四十里。下有雙柳泉。齊記：「衛國縣雞山，巨合水所出也。」又女郎山，志云：在縣北一里。頂有三陽洞，甚深邃。三齊記：「章亥妾溺死葬此，謂之章丘，縣因以名。」

湖山，縣南五十里。高深可避兵，俗呼爲湖塞。又趙山，在縣西南六十里。山有四峰對峙，下可通行，俗名四門山。其相近者曰虎山，積石巉巖，狀若虎踞，山半有拔注泉。又冶山，在縣西南六十里。唐時冶鐵於此，因名。

長城嶺，縣南九十里，與萊蕪縣接界。志云：嶺間有古長城，昔齊宣王所築，以禦楚寇，西接平陰，東距大海。又分水嶺，在縣東南三十里。其水自嶺上東西分流。又東南四十里曰天倉嶺。旁有趙八洞，虚若斗室，外有井泉。昔樵人趙八居此，因名。○黑牛嶺，在縣南百餘里。高峻深遠，多産巨木。又縣南八十里曰龍堂洞。洞有二：東曰東龍洞，頗高廣；西曰西龍洞，深數里，中有盆石泉。

小清河，縣北三十里。自歷城縣流入界，會濱河、獺河入鄒平縣境。今故道淤塞，仍自府東北入大清河，惟縣東北三十五里柳塘口以東爲獺河所經之道。

漯河，縣東北七里。一名獺河，又名楊緒水，水經注所云楊渚溝也。源出長白山之王村谷，西北流至柳塘口，經小清河故道流入鄒平、長山、新城界，會孝婦河東流入海。水經注：漯水東北至千乘入海。此蓋齊乘所載之獺河，非古漯河也。

濱河，縣東一里，即繡江也。亦出長白山，合百脉泉及東西二麻灣泉，西北流匯爲白雲湖，北流入小清河。○瓜漏河，在縣西南七里。源出西南北里山峪中，東北至明杜莊之石厓泊然而止，土人名其處爲滲水灣。夏秋積雨，羣峪之水來匯，溢至城南五里會於濱河，既霽則枯涸如故，故曰漏河。又巨合水，在縣西南四十里。俗名雙女泉，北合武原水入濟。武原水即江水泉也。詳見歷城縣。

白雲湖，縣西北七里。周六十里，俗名劉郎中泊，流合小清河。湖中多魚藕菱芡蒲葦之利，洪武中設河泊所於此，尋革。

百脉泉，在縣南三十里明水鎮。水經注：百脉水出土鼓縣故城西，源方百步，百泉俱發，因名。西北流逕陽丘縣故城中，又西北出城，北逕黄巾固，東北注於濟。今泉出縣南明水鎮，逕縣東關合於濱河，又分流至濟陽城東北入大清河。曾鞏云：「歷下諸泉皆岱陰伏流所發，西則趵突爲魁，東則百脉爲冠。」泉之西北曰凈明泉，流爲東麻灣，又西有泉流爲西麻灣，俱北流入於清河。

**黄巾固**。在縣城北。後漢末黄巾保聚於此，齊人謂壘堡爲固。晉太元十二年，後燕慕容紹爲晉平原太守辟閭渾所逼，自歷城退屯黄巾固，燕王垂因置徐州於此，使紹鎮焉。亦謂之黄巾城。宋白曰：「北齊天保七年移高唐縣治黄巾城，隋改爲章丘，以縣東南有章丘而名。」

**鄒平縣**，府東北百七十里。東至長山縣二十里。漢置鄒縣，屬濟南郡。後漢曰鄒平，晉復曰鄒縣，屬樂安國。後廢。北齊置平原縣，隋開皇十八年復曰鄒平，屬齊州。唐初屬譚州，尋置鄒州於此，領鄒平、長山二縣。貞觀初州廢，縣屬淄州。宋因之，改屬濟南路。今編户五十七里。

**東鄒城**，在縣東北。漢置東鄒縣，屬千乘郡，後漢省。又鄒平故城，在縣西南二十五里。俗名趙臺城。志云：漢、唐時縣皆治此。今縣城本唐景龍初析高苑地所置濟陽縣也，元和十五年復省入高苑，宋景德初移縣治此。○平原城，在縣東十二里。志云：劉宋時僑置平原縣於此，屬東平原郡。後魏因之，高齊移於今治。今爲平原莊。又濟南城，在縣北十五里。志云：在長山縣西北。隋開皇十六年置濟南縣，屬齊州，大業初省入長山縣。又縣北十八里有濟南郡城。志云：漢郡治也。後漢書注「濟南故城在今長山縣西北」，即此。

**梁鄒城**，縣北四十里。漢縣，屬濟南郡，高帝封功臣武虎爲侯邑。後漢亦曰梁鄒縣，晉省。宋置梁鄒戍。元嘉二十八年青州民司馬順則自稱晉裔，聚衆號齊王，乘虚襲梁鄒城，青、冀二州刺史蕭斌遣振武將軍劉武之等擊平之。孝建二年置平原郡，兼置幽州治焉。泰始三年幽州刺史劉林賓守梁鄒不附魏是也。後魏亦爲東平原郡治，隋初郡縣俱廢。今爲孫家鎮，半屬齊東縣。

長白山，縣西南十里，與章丘、長山、淄川三縣接界。志云：山下有滸山濼，在縣西十五里，下流入小清河。又甕堂嶺，在縣西南三十三里，與章丘縣接界。

大峪山，縣西南十五里。高廣幽深，中多良田嘉木。志云：縣東南曰黄山，上有虎頭巖，土色多黄，因名。又縣南十三里有碬砧山，峰巒尖削，狀如碬砧。縣西南三十里又有鳳凰山，以山形如鳳翥也。

小清河，縣北十三里。自章丘縣流入，又東入長山縣界。今淤。志云：縣西滸山泊，即小清河鍾水之處。

孝婦河，在縣東。源出青州府益都縣之顔神鎮，流入淄川縣界，又北逕長山縣西，又北至縣東，蒙河入焉。蒙河俗曰沙河，源出大峪山，經縣西一里流合孝婦河。又北逕新城縣西，又北至高苑縣南，合於小清河。亦謂之籠水，又謂之籠水。輿地志：「戰國時齊人顔文妻事姑孝，常遠汲以供姑嗜，一旦甘泉湧於室内，常以績籠蓋之，籠發而泉湧，因名籠水。」集異作「顔文姜」，悮。

鄒關，縣西北十三里。昔嘗置關於此，今廢。〇青陽店，在縣西三十里。有青陽店馬驛，兼置遞運所於此。今遞運所革。

臨河鎮。在縣西。臨小清河。宋明道二年廢淄川臨河鎮以避水患，蓋是時大河自東平溢入小清河，爲東方患也。又孫家鎮，在縣北三十里。

淄川縣，府東二百三十里。東至青州府百十三里。漢般陽縣，屬濟南郡。後漢屬齊國，晉省。劉宋僑置清河郡及貝丘縣，後魏因之，曰東清河郡。北齊罷郡，以縣屬齊州。隋初因之，開皇十六年置淄州，十八年改貝丘縣曰淄川。大業初州廢，縣屬齊郡。唐初復置淄州，天寶初曰淄川郡，乾元初復故。宋因之。元曰淄萊路，尋改爲般陽路。明初曰般陽府。洪武九年改爲淄川州，以州治淄川縣省入，屬濟南府。十二年降爲縣。今編户六十里。

般陽城，在縣治西。漢縣也。應劭曰：「縣在般水之陽，因名。」般亦作「盤」。劉宋改置貝丘縣。泰始二年青州刺史沈文秀舉兵應晉安王子勛，清河、廣川二郡太守王玄邈據盤陽應。建康三年冀州刺史崔道固遣其屬房靈寶成磐陽，别將房法壽襲據之降於魏。磐與盤通也。魏收志「劉宋置東清河郡於盤陽」，即此。

土鼓城，縣西五十里。漢置土鼓縣，屬濟南郡。後漢因之，晉省。劉宋復置，仍屬濟南郡。後魏因之，高齊省。或訛土穀城。水經注「百脉泉出土穀城西」，謂此也。○逢陵城，在縣西南四十里。劉宋置縣，屬濟南郡。後魏因之，北齊省。志云：縣西南六十里有反蹤城，相傳齊景公失馬，循蹤逐之於此，因名。三國魏景初三年以遼東沓氏縣吏民渡海來歸，因僑置新沓縣於此，亦謂之新沓城，晉山濤封邑也。

昌國城，縣東北三十五里。本名昌城，齊邑也。趙世家：「惠文王二十五年，攻齊昌城、高唐，取之。」其後燕昭王以封樂毅，號爲昌國君。漢置昌國縣，屬齊郡，晉、宋及後魏因之。北史：「魏孝昌三年，清河民房頊作亂，據昌國城。」時東清河郡治般陽也。高齊時縣廢。又萊蕪故城，在縣東南六十里。或云漢縣蓋置於此。又縣南有古長城，戰國時齊所置云。

夾谷山，縣西南三十里。一名祝其，又謂之甲山。其陽即齊、魯會盟處，萌水出焉。左傳定十年「公會齊侯於祝其，實夾谷」，即此地也。○崑崙山，在縣西南二十里。山形如轂輪。又萬山，在縣南三十里。羣山環遶其左右，因名。

原山，縣南九十里，西去萊蕪縣七十里。一名岳陽山。又東接益都縣界，淄水出其陰，汶水出其陽。又摘星山，在縣東南三十里。山最高聳，因名。縣東十里又有梓潼山，上有鬼谷洞，或云即爨山也。有古井，雖旱不涸。○浮山，在縣北二十里。山勢特立如浮。又縣西北二十五里有明山。山下有水，澄澈見底，因名。

孝婦河，在縣西門外。自益都縣流入，謂之籠溪水，合瀧、萌二水北流入長山縣界。詳見上鄒平縣。

淄水，縣東南七十里。源出原山。志云：出顏神鎮東南二十里岳陽山東麓，亦曰泉河，東北流至縣界入青州府境。又般水，在縣南十五里。一名左阜水。出縣東南二十里龍泉鄉，分二支，北流入孝婦河。又瀧水，出縣西南二十里之冲山，東北流會明水。明水亦曰萌水，出縣西南夾谷山，東流入於瀧水。

龍泉水，縣東南二十五里。源出縣西南八里之倉龍峽，下流入小清河。又豐水出縣東北三十五里之豐泉鄉，下流亦入小清河。

徐關。在縣西。春秋成二年：「齊師敗於鞌，齊侯自徐關入。」又十七年：「齊侯與國佐盟於徐關而復之。」是也。舊志：縣有古徐關。

長山縣，府東北二百里。東至青州府百三十五里。漢於陵縣地，屬濟南郡。後漢屬濟南國，晉廢。劉宋僑置廣川郡及武强縣於此，後魏因之。後齊又改廣川郡曰東平原郡，併東清河、平原二郡入焉。隋初郡廢，縣屬齊州。開皇十八年改縣曰長山。唐初屬鄒州，武德八年州廢，縣屬淄州。宋因之。元初改屬濟南路，尋復舊。明朝洪武十二年又改今屬。編户六十三里。

於陵城，縣西南二十里。本齊邑，陳仲子所居。漢置縣治此，後漢建武中改封侯霸子昱爲於陵侯，尋復爲縣。晉改曰烏陵，旋廢。魏收志：「逢陵縣治故於陵城。」或曰後魏改置縣於此也。

廣川城，在縣東南。東晉僑置廣川縣，屬齊郡。劉宋改屬廣川郡，後魏仍屬齊郡。東魏天平二年，以封延之代侯淵爲青州，淵失州任而懼，行及廣川，遂反，夜襲青州南郭，不克，尋走死。魏收志廣川縣有牛山，蓋與臨淄縣接境。後齊以廣川縣并入武强。又苑城，在縣北二十里。相傳齊桓公築苑於此，舊有苑城店。

長白山，縣西南三十里。縣以此名。今詳見上鄒平縣。○米山，在縣南三十里。相傳齊桓公積土於此，爲虚糧以示敵處也。又有太湖山，在長白山南。

小清河，縣西北三十里，又東入新城縣界。又孝婦河，在縣南門外。自淄川縣流入，又北入鄒平縣界。

乾溝河，在縣西南。出長白山，東流入孝婦河。又泔河，出縣南米山，流至城南亦入孝婦河。又縣西有魚子溝河，水經注：「其水出長白山東，謂之抑泉，〔三〕即陳仲子所隱處，經於陵故城西，又北注孝婦河。」○系水，在縣北。出苑城店，流經新城縣界入於烏河。

于亭。在縣西。杜預曰：「於陵縣西北有于亭，齊夫于邑也。陳桓子以封齊公子周。」○白山馬驛，在城北門外。舊置遞運所於此，今革。

新城縣，府東北三百二十里。東至青州府高苑縣九十里。本長山縣地，元析置新城縣，屬般陽路，明初改今屬。編户四十二里。

會城，縣東北五十里，與高苑縣接境。或謂之高會城，隋因改置會城縣，即今高苑縣也。或曰隋會城縣嘗治此。

馬公山，縣東南三十里。又東南五十里有羅山，狀如羅城，因名。其相接者曰四角山，遥望四方似有頭角之勢。又東爲鐵山，前代嘗設官採鐵於此。

小清河，在縣北。自長山縣流入境，又東北入高苑縣界。○孝婦河，在縣西北二十五里。亦自長山縣流入，又東北入高苑縣界。

烏河，縣東三十里。源出益都縣矮槐樹北，自臨淄縣流入境，即時水也，亦名耏水，又北入小清河。又澇淄河，在縣東南。源出鐵山，自張店至索鎮店西南入烏河。

魚龍灣，在縣東北四十里。或曰即馬常坑也。水經注：「漯水東北爲馬常坑，坑東西八十里，南北三十里，亂河支流而入海。河海之間，於茲爲最。」今漯水湮絶，魚龍灣即小清河所匯。○清沙泊，在縣西北二十五里。又有麻大泊，在縣東北五十里，爲鍾水之區。

索鎮店。在縣東南，與青州府臨淄縣接界。志云：臨淄西安故城亦謂之索鎮，其地相近也。時水經此，可通舟楫。

齊河縣，府西五十里。西北至禹城縣七十里。本禹城縣之齊河鎮，金大定八年置縣，屬濟南府。元屬德州，明初改今屬。編户二十七里。

晏城，縣北二十五里。志云：齊晏嬰采邑也。今縣治南有晏城馬驛，蓋以此城名。又高唐城，在縣西六十里，即齊西邑也。孟子「緜駒處於高唐」，謂此。今見禹城縣。

大清河，在縣東門外。自長清縣流入境，又東北入歷城縣界。○徒河，志云：在縣北八十里。即古徒駭河也，東北流入海。又有鬲津枯河，自縣境經禹城、平原、德州、德平、樂陵，東北至海豐縣入海。今皆湮廢。

耿濟鎮。在縣東一里。後漢建武五年耿弇拔祝阿，遂渡濟水向歷城，鎮因以名。今有耿濟渡口，在大清河上。宋改鎮曰齊河云。○野井亭，在縣東濟河北岸。春秋昭二十五年：「齊侯唁公於野井。」漢書祝阿縣有野井亭，蓋其地舊屬祝阿也。

齊東縣，府東北百八十里。本鄒平縣地，宋於縣之趙巖口置齊東鎮，金初劉豫置夾河巡司於此，元改鎮爲齊東縣，屬河間路。明初改今屬。編户四十六里。

魏王城，縣西南三十里。俗傳魏王李密所築，非也。水經注：「魏泰常七年安平王鎮平原築此，因名。太和二十三年罷鎮爲平原郡，治於此。」今故址猶存。又縣西二里延安鎮有延安城，或曰南燕時所築。又有齊東舊城，在縣治東大清河東岸，遺址尚存。

大清河。在縣北一里。自濟陽縣流入，又東入青城縣界。○減水河，在縣東二里。明朝成化間開濬，自西南引白雲湖流經孽家渡口，由馬家窪入大清河。志云：馬家窪近小清河，與白雲湖相接，一遇水潦，湖水即通小清河而瀰漫於馬家窪，民田多被其患，因鑿渠以泄之大清河，而洿池變爲膏腴矣。又壩水河，在延安鎮西二里。亦成化間開濬，以泄歸蘇鎮水潦，南引白雲湖，經鄒、劉二溝北注大清河。

濟陽縣，府北九十里。東至齊東縣百里。本章丘縣之標竿鎮及臨邑縣地，金天會七年始析置濟陽縣，以在濟水北也，屬濟南府。元屬濟南路。今編户四十五里。

新市城，縣西六十里。故邿國地。或曰南北朝時嘗僑置中山國之新市縣於此，尋廢。又縣西二十五里有邿城，志以爲春秋時邿國也。

大清河，在縣南門外。自臨邑縣流入境，又東北入齊東縣界。志云：縣北有馬頰枯河，又東北接商河縣界。

聞韶鎮。在縣東北三十里。相傳孔子聞韶處，有聞韶臺。

禹城縣，府西北百里。西北至平原縣七十里。春秋時祝國。祝，黄帝後也。後爲齊之祝柯邑。柯與阿通。漢置祝阿縣，屬平原郡，高帝封功臣高色爲侯邑。後漢亦爲祝阿縣。晉改屬濟南郡，劉宋屬太原郡，後魏因之。隋屬齊州。唐仍舊。天寶初改曰禹城縣，以縣西有禹息城而名。宋仍屬齊州，元改屬曹州，明朝洪武二十年改今屬。編户五十六里。

祝阿城，縣西南十七里。禮記：「武王封黄帝之後於祝。」春秋時曰祝柯。襄十九年，諸侯盟於祝柯。傳云：「諸侯還自沂上，盟於督揚。」督揚即祝柯也。漢爲祝阿縣。後漢建武五年耿弇討張步，步使其黨費邑軍歷下，又分兵屯祝阿，别於泰山鍾城列營數十以待弇。弇渡河，先擊祝阿，自旦攻城，未中而拔之，故開圍一角，令其衆得奔歸。鍾城人聞祝阿已潰，大恐懼，遂空壁亡去。晉亦爲祝阿縣。太元十三年泰山賊帥張願帥萬餘人屯祝阿之瓮口是也。隋大業十一年涿郡賊盧明月寇祝阿，齊郡通守張須陀大破之。唐曰禹城。乾元二年史思明侵河南，守將李銑於長清縣邊家口決大河東至縣，縣因淪陷，移治於遷善鎮，即今治也。宋白曰：「故祝阿城在今長清縣豐齊鎮北二里。」

**高唐城**，縣西四十里。春秋時齊邑。杜預曰：「高唐在祝阿西北。」是也。襄十九年，齊夙沙衛奔高唐以叛。慶封圍高唐，弗克。高唐人殖綽、工僂會夜縋納師，醢衛於軍。二十五年，祝陀父祭於高唐。昭十年，齊景公母穆孟姬爲陳無宇請高唐，陳氏始大。又哀十年，趙鞅帥師伐齊，取犂及轅，毁高唐之郭。孟子：「緜駒處高唐。」是也。史記：「齊莊公初，晉伐齊至高唐。」又趙肅侯六年，攻齊拔高唐。齊威王三十四年，與魏惠王會，威王曰：「吾臣有盼子者，使守高唐，趙人不敢東漁於河。」又魯仲連謂田巴「今楚軍南陽，趙伐高唐」者也。漢改置高唐縣。今見高唐州。

**轅城**，在縣西北。一云在縣南百里。亦春秋時齊邑也。左傳哀十年：「晉趙鞅伐齊，取犂及轅。」杜預曰：「祝阿西有轅城。」漢置瑗縣，屬平原郡，後漢省。○斗城，在縣西南。晉太元中張願屯祝阿之瓮口，後燕慕容隆討之，至斗城，去瓮口二十餘里，還擊願，大破之是也。○鍾城，在縣東南百餘里。後漢建武中耿弇討張步，拔其祝阿，鍾城聞之遂潰走。胡氏曰：「鍾城在泰山郡界，故曰泰山鍾城。」劉宋景平元年魏人侵兗州，毁鍾城以立封疆而還，即此。

**漯水**，縣西二里。禹貢：「浮於濟、漯達於河。」漢志注：「漯水出東武陽。」其下流蓋經此，今涸。又黄河，舊志云：在縣南七十里。自長清縣流入，又東北入臨邑縣境。東武陽，詳見朝城縣。

**瓮口戍**。在縣南，即後燕慕容隆破張願處。三十國春秋：「隆兵至斗城，願兵奄至，隆擊却之，謂慕容德曰：『願乘人不備，宜得大捷，而我士卒以懸隔河津，勢迫之故，人思自戰，故能却之。』遂進戰於瓮口，願敗走。」蓋斗城在河津之南，而瓮口又在斗城東南也。○劉普馬驛，舊置於縣西十五里，成化十一年遷於縣治南。

**臨邑縣**，府北百五十里。西至德州德平縣七十里。漢縣，屬東郡。晉屬濟北國，劉宋屬魏郡，後魏屬東魏郡。隋屬齊州，唐初屬譚州，貞觀初州廢，仍屬齊州。宋因之，元屬河間路，明初改今屬。編户三十二里。

**臨邑城**，縣北三十五里。城周七里。漢縣治此。後漢永平初封北海興王子復爲侯邑，其後復爲縣治。隋大業九年，齊郡丞張須陀擊賊王薄於泰山，賊敗走渡河，須陀追敗之於臨邑。唐亦爲臨邑縣治。宋建隆初，河決公乘渡口，縣城壞。三年移縣治孫耿鎮，即今治也。

**著城**，縣東南五十里。秦縣。史記：「曹參戰濟北郡，〔四〕攻著。」又漢書「灌嬰收著、漯陰、平原、鬲、盧」，即此著也。漢亦爲著縣，屬濟南郡。晉、宋及後魏因之，北齊省。○漯陰城，在縣西十里。本齊之犂丘邑。左傳哀十年：「晉趙鞅伐齊，取犂及轅。」二十二年：「晉荀瑤伐齊，戰於犂丘，齊師敗績。」其地亦名曰隰。是時知伯親擒顏庚，陳成子召庚之子曰：「隰之役，而父死焉。」杜預曰：「犂丘，隰也。」漢置漯陰縣，屬平原郡。應劭曰：「縣在漯水之南，因名。」後漢曰隰陰。或曰漯亦音他合反，然則左傳之隰，漢書之漯，或皆傳寫之訛，當以濕爲正也。建安八年袁譚將劉詢起兵漯陰以叛譚。漯亦當作「濕」。晉縣省。石趙復置濕陰縣。宋武平廣固嘗僑置青州於此，尋廢。

**阿陽城**，在縣南。漢縣，屬平原郡，後漢省。應劭曰：「漯陰縣東南九十里有阿陽鄉，故縣也。」○歸化城，在縣西。唐志：「元和十三年析臨邑及安德二縣地置歸化縣，大和四年復省入臨邑。」

**舊黄河**，縣西南四里。志云：縣南二十里有小河，故大河支流也，隄岸陡峻，支分八道。又鉤盤河，在縣西北二十里。今爲盤河店。志云：舊自德平縣流入，經縣東五十里盤河店，又東至樂陵縣南入海。今堙。

**四瀆津**，在縣東，接臨濟廢縣境。水經注：「河水東北逕臨邑縣，又東北流經四瀆津，西岸側臨河有四瀆祠，以白河入濟，自泗入淮，〔五〕自淮達江，水徑周通，故有四瀆之名。」後魏普泰二年高歡入鄴，爾朱世隆在洛，謀拒歡，使齊州行臺尚書房謨募兵趣四瀆，又使其弟青州刺史弼趣般城，揚聲北渡，爲犄角之勢。既而世隆敗，引還。般城見德平縣，或訛爲「亂城」。今津流遷改，故迹已堙。

**鹿角關**。縣北十五里。舊有鹿角津，大河所經也。唐置關於此，周圍四里。

**長清縣**，府西南七十里。又西南至肥城縣九十里。漢盧縣地，屬泰山郡。後漢屬濟北國，晉因之。劉宋及後魏俱屬濟北郡。隋置長清縣，屬濟州，因界内清水爲名。唐天寶十三年屬齊州。〔六〕宋因之。元屬泰安州，明初改今屬。志云：郡所轄州縣俱土城，正德十一年惟縣城甃以石。今編户四十四里。

**長清故城**，縣東南三十里。春秋時石窌邑也。窌音幼。左傳成二年「齊侯以辟司徒之妻爲有禮，與之石窌」，即此。隋初爲盧縣之長清鎮，尋置縣於此。宋至道二年移縣治刺榆店，即今治也。

**盧城**，縣西南二十五里。春秋時齊邑，齊公子傒食采於此。左傳隱三年：「齊侯、鄭伯盟於石門，尋盧之盟也。」成十七年：「齊高弱以盧叛。」襄十八年：「晉趙武、韓起以上軍圍盧。」二十九年：「齊高豎又以盧叛。」戰國時謂之博陽，以在博關南也。項羽封田安爲濟北王，都博陽，即此。漢置盧縣，初屬齊國。文帝分置濟北國，都盧。後屬泰山郡，郡都尉治焉。後漢初東平人爰曾字子路，起兵盧城頭，謂之城頭子路。和帝永元二年，復分泰山置濟北國治此。晉因之。劉宋亦爲濟北郡治，後魏兼置濟州。隋初郡廢州存，大業初復曰濟北郡。唐仍爲濟州，天寶初曰濟陽郡，皆治盧縣，十四載郡縣俱廢。五代周改置濟州於鉅野，即今濟寧州，而盧縣遂廢。博關，見後博平縣。

**碻磝城**，在縣西北。沈約宋書作「敲囂」，今讀曰敲敖。盧縣北一里有碻磝津，津有城，故以爲名。晉永和八年，姚弋仲死，子襄帥其衆屯碻磝津。太元九年謝玄北伐，遣劉牢之據碻磝。十一年慕容垂遣慕容德等攻東阿，濟北太守温詳遣從弟攀守河南岸，子楷守碻磝以拒之。垂遣別將蘭汗等於碻磝西四十里濟河，詳等皆南遁。義熙十三年劉裕伐秦，引軍入河，以向彌爲北青州刺史，留戍碻磝。宋永初三年魏將周幾等南寇，渡河，軍於碻磝。明年魏人立濟州中城於此。元嘉七年遣到彥之等經略河南，取魏碻磝，所謂河南四鎮之一也。尋復没於魏。二十二年魏主燾發冀州民造浮橋於碻磝津。二十七年復伐魏，前鋒申元吉趣碻磝取之。青、冀二州刺史蕭斌等守碻磝，使王玄謨進屯滑臺。既而玄謨自滑臺遁還，斌欲固守碻磝，沈慶之曰：「今青、冀虚弱，而坐守窮城，若敵衆東過，清東非國家有也。」斌乃使玄謨戍碻磝，引軍還歷城。明年江夏王義恭以碻磝沙城不堪守，召玄謨令毁城還歷城，魏人追擊敗之，遂取碻磝。二十九年復遣軍北伐，張永等分道向碻磝，攻圍歷時不能拔，敗還，自是碻磝遂没於魏。魏太和二十年如碻磝，命謁者僕射成淹具舟楫，欲自泗入河，泝流還洛。正光四年濟州刺史刁宣復築碻磝外城。後周武帝平齊，又築第二城，即碻磝中城也。尋又於碻磝津置關曰濟州關，隋末關廢。唐天寶十三載濟州郡縣皆圮於河。其後河流遷徙，碻磝遂成平陸。水經注：「碻磝城本漢東郡在平縣故城，其城臨水，西南隅崩於河，後更城之。魏置濟州治此，河水衝其西南隅，又崩於河。」通典：「唐濟州治即古碻磝城。」胡氏曰：「城西南有津，即碻磝津」

云。

山茌城，縣東北三十里。漢茌縣，屬泰山郡，後漢因之。茌讀曰淄。晉爲山茌縣，仍屬泰山郡。升平三年慕容儁以賈堅爲泰山太守，屯山茌，晉將荀羨擊破之。太元中改屬濟北郡。劉宋屬太原郡，後魏因之。隋廢。唐復置，屬齊州。天寶初改曰豐齊縣，元和十五年以户口凋殘，并入長清。五代時置豐齊驛，梁敬翔編年録「豐齊驛在濟州東南三十里」，謂此。今曰豐齊鎮，鎮北二里即祝阿故城云。○濟北廢縣，在縣西三十里。隋開皇十四年置時平縣，屬濟北郡。大業初改曰濟北縣，貞觀初省。

升城，在縣東北，舊戍守處也。晉義熙中僑置太原縣於此，屬泰山郡。劉宋元嘉十年割濟南、泰山郡立太原郡，治太原縣，屬青州，後兼置并州於此。泰始三年并州刺史房崇吉守升城，不附魏，爲魏將慕容白曜所陷。後魏曰東太原郡。魏收志東太原郡、太原縣俱治升城，是也。水經注：「太原郡治山茌城北。」後齊郡縣俱廢。○鼓城，在縣西。戰國時齊邑，國策所云「齊聞此必効鼓」是也。魏收志盧縣有鼓城。

垣苗城，在縣東北。水經注：「濟水自平陰縣城西，東北逕垣苗城西。本名洛當城，當河、濟之會，宋武西征，令垣苗鎮此，因名。」宋泰始三年肥城、垣苗、麋溝等戍皆不附魏，既而爲魏將慕容白曜所陷。魏收志垣苗、麋溝二城在東太原郡太原縣界。

馬防城，在廢盧縣東。通典「漢臨邑縣故城治此。宋武帝立東魏郡，初治馬防城，後改治臺縣城」云。又石塞城，在縣西南，南燕時戍守要地也。晉義熙二年南燕西中郎將封融奔魏，與羣盜襲石塞城，殺鎮西大將軍餘鬱，國中震恐是也。

**隔馬山**，縣東南六十里。春秋襄八年：「晉師伐齊，齊師遁，殖綽、郭最代閽人夙沙衛殿，衛怨二子，殺馬於隘以塞道，欲使晉師得之也。」後人因以名山。水經注謂之格馬山。

**青崖山**，在縣東南四十里。岡巒綿邈，崖谷長青，有南沙河水與七僊泉、白石泉諸水合流其下。宋嘉定十三年，金長清令嚴實聚衆結砦於此，太行以東實爲雄長。一名青崖崓。稍西北曰五峰山，岡阜環合，泉石甚勝。

**方山**，縣東南九十里，即水經所云玉符山也。四面方正，因名。峰巒高聳，泉流環遶。東南有琨瑞谷，苻秦時沙門僧朗隱此，亦曰朗公谷。山北有靈巖寺，唐李吉甫十道圖以潤之棲霞、臺之國清、荆之玉泉，與此爲四絶者也。唐書：「麟德二年，發靈巖頓，至泰山下。」金史：「靈巖寺有屋三百餘間，且連接泰安之天聖寨，介於東平、益都之間，駐兵於此，足相應援。」元初泰安張汝楫據靈巖以拒蒙古之兵是也。山頂有六泉，皆甘洌。又雞鳴山，在縣東八十里，志云：靈巖寺西山口也。

**大清河**，在縣西南二十里。自平陰縣流入境，又東北入齊河縣界。即濟水也。左傳隱三年：「齊、鄭盟於石門，鄭伯之車僨於濟。」蓋在縣界。

**南沙河**，縣南二十里。源出隔馬山，西北注於大清河。亦謂之沙溝水。劉宋大明二年魏兵攻清口，宋將龐孟虯等敗魏兵於沙溝。〔七〕水經注：「中川水與賓溪水合，北流經盧縣故城東，又北流入濟，俗謂之沙溝也。」清口，見汶上縣。

豐齊河，縣東北三十里。自泰山北下柳埠、都泉諸溪水會而成流，經渴馬崖，又西北經豐齊鎮至縣北入大清河。又耿家陂在縣西北三十里，周三十里，下流入大清河。

濟州關，在縣西，即碻磝津也。高齊末齊主緯自鄴走濟州，復走青州，遣高阿那肱守濟州關，周師至，阿那肱以關迎降，即此。餘詳碻磝城。○石都寨，在縣東南七十五里，有巡司戍守。

清亭，在縣東。春秋隱四年：「公及宋公遇於清。」哀十一年：「齊伐我及清。」杜預曰：「盧縣東有清亭。」以清水所經而名。水經注：「濟水自魚山北逕清亭。」京相璠曰：「東阿東北四十里有清亭。」蓋亭在東阿、盧縣間也。

石門。在縣西南。春秋隱三年：「齊侯、鄭伯盟於石門。」京相璠曰：「石門齊地，今盧縣故城西南六十里。故石門去水三百步，蓋水瀆流移，石門舊在岸側也。」今圮於河。○廣里，在縣西南。志云：平陰城北有防門，又北有光里。齊人言廣音與光同，左傳所謂「塹防門而守之廣里」者也。司馬彪續漢志：「盧縣有光里，亦曰廣里。」東魏初侯淵自齊州罷還，行及廣里，高歡復以淵行青州事，即此。今亦見平陰縣。

肥城縣，府西南百六十里。東南至兗州府寧陽縣九十里。古肥子國，漢置肥成縣，屬泰山郡。後漢屬濟北國，尋省入盧縣。劉宋時濟北郡治於此。後魏復置肥城縣，孝昌三年置東濟北郡治焉。後齊郡廢。後周置肥城郡，隋郡廢，縣屬濟州。唐武德五年以縣屬東泰州，貞觀初州廢，縣省入博城。宋爲平陰縣地，金曰辛鎮寨。元至元十二年於寨置肥城縣，屬濟寧路。明初改今屬。編户三十里。

肥城故城，在縣西，漢治此。劉宋泰始三年魏慕容白曜將攻肥城，司馬酈範曰：「肥城雖小，攻之引日。」因張軍威，以書諭之，肥城遂潰。太子賢曰：「故城在今平陰縣東南。」志云：縣北五十里有古長城。

巫山，縣西北七十五里。左傳襄十八年「晉師伐齊，齊侯登巫山以望晉師」，即此。一名孝堂山，相傳郭巨葬母於此。○陶山，在縣西三十里，達平陰縣界。相傳陶朱公入齊，曾止於此。又金牛山，在縣西十里。上有五龍池。一名鬱葱山。

瀑布山，縣南四十里。瀑水懸崖二十餘丈，其上爲天井峪。旁有嶺蜿蜒高聳，謂之横嶺。又有柱亭、虎門諸山，俱與瀑布山相近。○狼山，在縣西南五十里。其地亦名狼山屯。

五道嶺，縣西北二十五里。當往來通道，舊置馬驛於此。又吴兒嶺，在縣北六十里。縣西北七十里曰孫家嶺。又有吉木嶺，在縣南十五里。

肥河，縣東十里。源出孝堂山。又孤山河，出縣東十里之孤山。合溝河，出縣東南十里之瀰泉，與肥河匯流爲一，西入大清河。○泌水，在縣西。水經注：「肥城有泌水，西南流入平陰縣界，注於汶水。」又開河泉，在縣西北。志云：縣境凡九泉，俱南流入於汶河。

三布口，在縣東。晉太元十二年後燕慕容隆敗張願於龕口，願脱身保三布口，燕人進軍歷城。三布口蓋與太山相近。○句窳亭，在縣南。東觀記：「漢章帝元年，鳳集肥城句窳亭。」今縣南四十里有鳳凰山，即其地也。

安寧村。縣南四十里。舊置馬驛於此，與五馬嶺爲兩驛。嘉靖四十三年并爲一驛，曰五寧驛。又有大石巡司，在縣北十里。

青城縣，府東北二百二十里。西北至武定州九十里。本臨邑、寧津二縣地，唐曰青城鎮，宋因之，金曰青平鎮。元置青城縣，屬濟南路。中統中改屬陵州，至元初又改屬河間路。明初省入鄒平、齊東二縣，洪武十四年復置今縣，屬濟南府。編户三十一里。

大清河。縣北八里。自武定州流入境，又東入濱州界。

陵縣，府西北二百四十里。南至東昌府二百六十里。漢置安德縣，屬平原郡，晉、宋因之。後魏改屬樂安郡，中興初嘗分置安德郡治此。隋爲德州治，唐、宋因之。明初省安德縣，尋改陵縣治此，屬濟南府。今編户三十二里。

故德州城，即今縣治。唐時平原爲河北雄郡，天寶末顏真卿爲平原守，知安禄山必叛，乃修城濬池，陰爲之備。既而河、朔盡陷，惟平原拒守。元王惲云：「德州城壁塹高深，城門内起直城前障，壅蔽内外，左右墁道，其尾相屬，相傳顏魯公制也。」城周二十餘里。明朝改置今縣。永樂初徙其甓以築德州城，而縣僅存土垣，荒凉殊甚。正德六年以流賊犯境，改築土城，亦曰内城，周僅八里，即今城也。

白石城，縣北二十里。漢文帝封齊悼惠王子雄渠爲白石侯，此其食邑也。又重丘城，在縣北五十里，或以爲即春秋襄二十五年「諸侯同盟」處也。漢置重丘縣，屬平原郡。後廢。縣東北又有臨齊城，相傳後魏所置。水經注：「齊地未賓，魏築城以臨之，因名。」後廢。

三汊口城，在縣東南。唐史：「貞元初淄青帥李納於德州南跨河而城守之，謂之三汊城，常置戍以通魏博之路。貞元八年納子師古嗣職，鎮冀帥王武俊引兵至德州，將取三汊，詔師古毁其城是也。」

德河，縣東五里。亦曰五里河，西流入於衛河。志云：縣東南三里有馬頰河，西三里有覆鬴河，皆九河故道也。一云馬頰枯河在縣南七十里，縣西南七十里有鬲津枯河。又故黄河，在縣西南八十里。

神頭店。縣東北二十里。通志云：「漢厭次縣治此。」似悮。

泰安州，府南百八十里。南至兗州府百三十里，西至兗州府東平州百八十里，西南至兗州府濟寧州二百二十里，西北至東昌府三百七十里。

春秋、戰國時齊地，秦屬齊郡，漢爲泰山郡地，晉及後魏因之。隋郡廢，屬兗州，大業初屬魯郡。唐武德五年置東泰州，貞觀初州廢，仍屬兗州。天寶初屬魯郡，乾元初復故。宋仍屬兗州。金置泰寧軍，又改泰安軍，大定三十三年升爲泰安州。元初屬東平路，後隸省部。明初改屬濟南府，以州治奉符縣省入。編户九十七里。領縣二。

州北阻泰山，南臨汶水，介齊、魯之間，爲中樞之地。山東形勝莫若泰山，泰山之形勝萃於泰安，繇此縱横四出，掃定三齊，豈非建瓴之勢哉？

奉符廢縣，今州治。春秋時齊之博邑也。志云：古博城在今州東南三十里。左傳哀十一年：「公會吴子伐齊，克博。」又國語：「吴王使王孫苟告周曰：『遵汶伐博。』」漢三年，韓信襲破齊，田横走博陽。胡氏曰：「謂博縣之陽也。」漢書作「田横走博」。又灌嬰追横至嬴、博，是矣。漢置博縣，屬泰山郡，晉、宋因之。後魏曰博平縣，泰山郡治。北齊改郡曰東平。隋初郡廢，開皇十六年改縣曰汶陽，屬兗州。尋又改汶陽曰博城。唐初置東泰州，尋還屬兗州。乾封初改爲乾封縣，總章初復曰博城，神龍初又爲乾封。宋開寶五年移縣治岱岳鎮，即今州治也。大中祥符初改縣曰奉符。又築新城，在今州東南三里，而以岱岳鎮爲舊城。金置泰安州，復還舊治。今州有石城，即金所築也。元因之。城周七里有奇。

奉高廢縣，州東北十七里。漢置縣，爲泰山郡治，後漢及晉、宋因之。後魏仍屬泰山郡。隋開皇六年改曰岱山縣，大業初并入博城縣。唐初置岱縣，屬東泰州。貞觀中廢。漢志注：「奉高縣西南四里有明堂。」武帝元封初從封禪還，坐明堂。明年作明堂於汶上。後漢元和二年幸泰山，柴告岱宗，進幸奉高，祀五帝於汶上明堂。括地志：「博城東北三十里汶水有明堂故城。」志云：此周明堂也，其在州東十里者曰漢明堂。魏收志奉高有故明堂基。水經注：「古引水爲壁雍處，基瀆存焉，世謂此水爲石汶。」

嬴城，州東南五十里。春秋時齊邑也。左傳桓三年：「公會齊侯於嬴。」哀十一年：「公會吳師伐齊，克博至嬴。」十五年：「公孫宿以其兵甲入於嬴。」又孟子：「反於齊，止於嬴。」漢初灌嬰敗田橫之師於嬴下，尋置嬴縣，屬泰山郡。後漢初陳俊討張步，步連結泰山羣盜與俊戰於嬴。建安中嘗爲嬴郡，曹操表糜竺領嬴郡太守是也。晉仍爲嬴縣，宋因之。後魏移置於廢萊蕪城，即今萊蕪縣也。或云：萊蕪縣北二十里有故嬴城。

泰山，州北五里。亦曰岱宗，五岳之一也。詳見前名山。

亭禪山，州西南五里。一名高里山。漢太初元年幸泰山禪高里是也。高或悮作「蒿」。其左爲社首山，周成王、唐高宗、玄宗、宋真宗皆禪於此。○徂徠山，州東南四十里。詩「徂來之松」，謂此也。一名尤來山，亦曰尤崍山。後漢初赤眉渠帥樊崇保此，自號尤崍三老。桓帝延熹四年岱山及博尤來山皆頹裂。唐李白等嘗隱於此。上有紫源池、玲瓏、獨秀諸峰及天平東西三寨，下有白鶴灣。

石閭山，州南四十五里。漢武太初、太始及征和中皆禪於此。史記封禪書：「石閭在泰山下址南方，方士多言此僊人之閭也，故上親禪焉。〇亭亭山，在石閭南五里。史記：「黄帝禪亭亭。」水經注：「汶水又西南經亭亭山東，〔八〕水上有石門，舊分水下溉處也。劉昭以此爲亭禪山。又云云山，在州東南百二十里。封禪書「無懷、伏羲、神農、炎帝、顓頊、帝嚳、堯、舜、湯皆禪云云」，即此山也。

梁父山，州東南百十里。史記：「秦始皇封泰山禪梁父。」封禪書：八神，二曰地主，祠泰山梁父。後漢書：建武三十二年，禪於梁父。志云：梁父山西接徂徠，南入泗水縣界，其東即云云山也。又介丘山，在州南五十里。志云：宋真宗封泰山，登介丘，即此。

肅然山，州東北七十里。史記：武帝封泰山，下陰道，禪泰山下址東北肅然山。是也。其東南即萊蕪縣界。山勢巍峨，對之肅然，因名。

長城嶺，州西北六十里。志稱齊威王築城以備楚，自平陰緣河歷泰山北岡上，東至海千餘里。按管子云「長城之陽魯也，長城之陰齊也」，則春秋時已有長城矣。戰國策：燕王曰：「齊有長城鉅防。」史記齊世家：威王十一年，趙侵我長城。」又楚世家：「還蓋、長城以爲防。」外紀：「威烈王十六年，王命韓、趙伐齊，入長城。」竹書：梁惠成王二十年，齊閔王築防以爲長城，城緣河經泰山千餘里，東至琅邪臺入海，往往有壁門邸閣。夫魏惠王與齊威同時，作

「閔王」悞也。又齊記：「宣王乘山嶺之上築長城，東至海，西至濟州千餘里以備楚。」長城嶺，蓋即泰山岡阜，以古長城所經而名也。

汶水，州南六十里。源出嶽北仙臺嶺，合諸谿谷之水，經州東四十里謂之塹汶，又西南經徂徠山北，復南會別源諸水，南流三十里至静封鎮，而萊蕪縣境之汶水分二源而西注，經徂徠山南至此合流，所謂大汶口也，又西南入兗州府寧陽縣境。述征記：「泰山郡水皆名曰汶。汶凡有五，曰北汶、瀛汶、牟汶、紫汶、浯汶，皆源别而流同。」

泮河，州西五里。源出岳西北之桃花峪，會諸谷水流經州東南二十里，又東南入於汶。又梳洗河，在州東一里。出岳南黄峴嶺，合諸水爲中溪，東南流會於泮水。又溹河，在縣西一里。出岳西白龍池，亦南流會於泮河並入汶河。○漕河，在州南五十里。志云：出州東淳于野，西南流入汶。

鐵佛寺泉，州東二十五里。又龍灣泉，在州南八里。張家泉，在州西南五里。志云：州境凡二十八泉，多由平地土石中湧出，俱入汶水，達於運河。又州西境有謝過城等五泉，萬曆中新導之泉流也。謝過城與兗州府寧陽縣接界，今詳寧陽縣。

蜀亭，在州西。春秋成二年：「楚侵魯至蜀，魯請盟，遂及楚人及諸侯之大夫盟於蜀。」杜預曰：「博縣西北有蜀亭。」又有紅亭。左傳昭八年：「大蒐於紅，至於商、衛。」杜預曰：「奉高西南有紅亭。」接宋、衛也。

龍鄉。在州西南。左傳成二年：「齊圍龍，取龍，遂南侵及巢丘。」杜預曰：「龍，魯邑，在博縣西南。」劉昭曰：「博縣有龍鄉城。」龍亦作「隆」。○陽橋，在州西北。陸澄曰：「博縣有陽橋，蓋地名，無橋也。」春秋成二年：「楚侵衛，遂侵魯，及於陽橋，孟獻子請往賂之，遂盟於蜀。」陽橋蓋與蜀近。

新泰縣，州東南百八十里。東南至青州府蒙陰縣百五十里。漢東平陽縣地，屬泰山郡，後漢省。晉泰始中改置新泰縣，仍屬泰山郡，後屬東安郡，劉宋因之。後魏屬東泰山郡，隋屬沂州。唐武德五年改屬莒州，貞觀八年仍屬沂州。宋因之。金改今屬。元省，尋復置。明朝因之。今編户二十一里。

東平陽城，在縣西。魯邑也。左傳宣八年：「城平陽。」哀二十七年：「公及越后庸盟於平陽。」〔九〕漢初灌嬰下下邳，擊破楚騎於平陽是也。尋置東平陽縣，以河東有平陽縣，故此加東。晉置新泰縣，而東平陽遂廢。志云：縣西北四里有東、西侯城，相傳漢武所築。

宫山，縣西北四十里。連萊蕪縣界，泰山左翼也。舊名小泰山，即古新甫山矣。詩「新甫之柏」是也。山上有雲衢岫，東有毬杖壑，西有冰寨溪、五雲澗，西北有千人洞。宋常曾云：「漢武易小泰山爲宫山，封三峰爲義山。」義山之北曰黄嶺。下有洞，深遠莫測。○嶅山，在縣東南十里。志云：即嶅山也。左傳：「申繻曰：『先君獻、武廢二山，謂具、敖也。』」獻公名具，武公名敖。具山在嶅山東南二十五里。

龜山，縣西南四十里。山之南即泗水縣界。詩「奄有龜、蒙」，謂此龜山也。春秋定十年：「齊人來歸鄆、讙、龜陰田。」山之北即龜陰田矣。又夫子去魯，作龜山之操。山峰巒層疊，舊爲魯境之望。○榆山，在縣東北十里。山多榆。其相接者曰五峰山，有五峰特起。下有泉澄澈若鑒，謂之寶泉。又有寨山，在縣西北十里，相傳昔人避兵處。

小汶河，縣東北三十里。源出東北四十里之龍池，池在龍亭山下，西南流百里入於汶河。又東河，在城東。源出縣東北三十里之孤山，西南流三十里入小汶河。○泥河，在縣西四十里。源出寨山，亦西南流三十里入小汶河。縣西六十里曰廣平河，源出宮山，西南流二十里亦入小汶河。

和莊泉，在縣西。志云：縣境凡十四泉，俱西流注於汶河。又有劉官莊等五泉，則萬曆中所新導。

上四莊。縣西七十里，有巡司。通志：「縣西五十里有谷里，相傳古齊、魯會盟處。」

萊蕪縣，州東百二十里。東北至淄川縣百六十里。漢置萊蕪縣，屬泰山郡。應劭曰：「魯萊柞邑也。」左傳昭七年「季孫以桃易孟氏之成，其臣謝息辭以無山，與之萊柞」，蓋邑有二小山也。後漢亦爲萊蕪縣，晉因之，劉宋時省。後魏移置嬴縣於此，仍屬泰山郡。隋屬兖州。唐初屬東泰州，貞觀初省縣入博城。長安四年于廢嬴縣置萊蕪縣，屬兖州。元和十七年并入乾封縣，太和初復置。宋初仍屬兖州，尋置萊蕪監。金廢監，以縣屬泰安州，元因之。明初屬濟南府，洪武三年改今屬。編户四十二里。

牟城，縣東二十里。春秋時小國。桓十五年，牟人來朝。僖五年，公孫兹如牟，娶焉，即此。漢置牟縣，屬泰山郡，後漢及晉、宋、後魏皆因之。北齊省。隋開皇十六年分嬴縣置牟城縣，屬兖州，大業初復廢。志云：縣東北六十里有裹頭城，俗傳漢武登蓬萊經此，築城時方簪冠學道，故名。

平州城，在縣西。春秋宣元年：「公會齊侯於平州。」杜預曰：「牟縣西有地名平州。」魏收志牟縣有平州城，魯邑也。漢武封王唊爲平州侯，食邑於此，尋廢。

原山，縣東北七十二里。與淄川縣接界，汶水及淄水出於此。淮南子「淄水出飴山」，即原山別名也。一名馬耳山。

舊有馬耳山關，爲險阨處。亦曰馬耳谷。晉義熙三年，南燕慕容超母、妻自姚秦還，超迎於馬耳關。宋元嘉七年，到彦之屯東平，聞洛陽虎牢不守，欲焚舟步走，引兵南還。王仲德曰：「彼去我猶千里，滑臺尚有强兵，若遽捨舟南走，士卒必散，當引舟入濟，至馬耳谷口更詳所宜。」蓋仲德欲引舟師自濟入淄，至馬耳谷，由此可以南保兖州，東固青州也。魏收曰：「嬴縣有馬耳山，汶水出焉。」是馬耳即原山矣。餘見淄川縣。又肅然山，在縣西北五里，與泰安州接界。

冠山，縣西南五十里。脉起泰山，突峙於此。漢元鳳三年，有大石自立，其形似冠，山因以名，蓋宣帝起於民間之象也。○韶山，寰宇記云：「在縣西北二十里。山出鐵，漢置鐵官於此。」志云：縣東十三里有大石山，産鐵及大石。又鑛山，在縣西北五里。嘗出鐵鑛。又陰涼山，在縣北三十里。産銅鑛。唐志：「縣有鐵冶十三，銅冶十八，銅坑四，又有錫冶。」開元六年令趙建威於縣西北十五里開普濟渠，以運銅鐵，並灌民田。今礦閉而渠亦塞。

瓮口山，縣東北九十里。形如瓮口。或以爲即東晉時張願所據處，似悮。舊嘗置青石關於此。瓮亦作「甕」。又九嶺山在縣東四十里，縣東南三十里又有三尖山，俱以九嶺、三峰之勝而名。○葫盧關山，在縣東南五十里。山形險隘。又縣西南八里有蒼龍峽山，亦曰青龍峽，山狹水急，如噴激然。又縣西南三十里有龜兒山，一名聚勝寨。

萊蕪谷，在縣西南。從征記：「縣城當兩山間，道由南北門，連山凡數十里，謂之萊蕪谷。」後漢末范子雲爲萊蕪令，謂萊蕪故齊地也。春秋定十年「夾谷之會，齊侯使萊人以兵劫魯侯」，即此地矣。應劭以爲魯之萊柞邑。酈道元謂萊柞山名，非邑也。或曰疑以山名邑，即今萊蕪谷旁諸小山矣。舊志：夾谷在縣南三十里，連新泰縣界，水經注以此爲齊、魯會處。又唐史：「中和四年黄巢東竄，李師悦以彭門之師敗之於瑕丘。巢走狼虎谷，爲其甥林言所斬。」狼虎蓋萊蕪之訛。音轉也。又長城嶺，在縣北九十里。地勢高爽，林木鬱茂，蓋戰國時長城經其上。今訛爲長春嶺。

汶水，在縣南二十里。其上源一出原山，〔一〇〕一出寨子村，會流於此，地名勝水峪，俱西入泰安州境。○司馬河，在縣西十里。源出縣東北二十里大室山，西南流入於汶水。

小龍灣泉，縣東北四十里。亦曰小龍灣河，合縣西司馬河，又西南流入於汶。志云：縣西南十五里有郭泉，其旁有牛泉，又縣西北二十里有烏江泉，又四十里有吕公泉，縣東南三十里有湖眼泉及鵬山、蓮花等泉。泉河攷：「縣境之泉凡十六，俱流注汶水達於漕河。」又有韓家莊等五泉，萬曆中所新導也。

馬耳關。在原山西麓，又青石關在瓮口山下，今俱廢。○艾陵亭，志云：在縣東北。春秋哀十一年：「公會吴伐齊，敗齊師於艾陵。」孔氏曰：「博縣南六十里有艾山，即艾陵。」似悮。

德州，府西北二百八十里。東至武定州二百二十里，南至東昌府三百里，西南至北直清河縣二百七十里，西至北直冀州二百三十里，北至北直景州七十里。

春秋、戰國時齊地，後屬趙，秦屬齊郡。漢置平原郡，後漢因之。晉爲平原國。劉宋仍曰平原郡，後魏至後周因之。魏收志：武泰初置南冀州於平原郡，永安初州罷。隋郡廢，改置德州，煬帝時復曰平原郡。唐武德四年復置德州，天寶初亦曰平原郡，乾元初復故。五代因之。

通志：「石晉時德州移治長河縣。」長河見北直景州。宋仍曰德州，亦曰平原郡。金、元皆仍舊。明初以州治安德縣省入，尋廢舊治爲陵縣，而州治於陵縣境内。編户三十四里。領縣二。

州控三齊之肩背，爲河朔之咽喉，戰國時齊、趙往往争衡於此。漢得趙地，亦繇此以臨齊，蓋制馭山東，莫便於平原也。晉失其綱，平原恒爲戰地。劉宋時魏人謀并青州，以平原爲河津要會，恒制重鎮於此。魏主燾及濬時，屢自平原窺青州。唐天寶中漁陽肆禍，惟平原能挫其鋒。五代梁時，晉王存勗襲據德州，而滄、貝中斷。朱梁乾化五年晉王得魏博，時貝州未下，諸將議取貝州，東兼滄景，晉王曰：「貝州城堅兵多，未易猝拔。德州隸於滄州而無備，若得而戍之，則滄、貝不得往來，二壘既孤，然後可取。」遂襲德州，克之。明初取燕京，大軍繇德州而進。靖難之師，先下德州，引軍而南，遂成破竹之勢。蓋川陸經途，轉輸津口，州在南北間，實必争之所也。

廢陵縣，在州東。漢平原郡安德縣地，隋開皇十六年析置將陵縣，仍屬平原郡。唐屬德州。宋屬景州，金因之。元升爲陵州，屬濟南路，尋改屬河間路。明初降爲縣，永樂七年於縣置德州，而移縣治德州城内。城邑攷：「州故土城，洪武三十年始甃以磚，周十一里。正德六年復築羅城，嘉靖七年增修。今城周二十餘里。」

龍湊城，在州東北，蓋河津置戍處。後漢初平三年公孫瓚遣兵擊袁紹，至龍湊，爲紹所敗。又建安九年袁譚軍龍湊，曹操攻之，譚拔平原，走保南皮。胡氏曰：「龍湊在平原、渤海間，爲河津要口。」又雲城，在州西。漢元封四年封齊孝王子信爲雲侯，邑於此。舊志：陵縣西水側有雲城。

衛河，在城西，即漕河也。自東昌府恩縣流經北直故城縣界，又東北流經州城西，又北入北直景州之境。凡東南漕粟，商賈賓旅，以及外夷朝貢，道皆由此。詳見北直大川。

篤馬河，州東南四十里。漢志平原有篤馬河。鴻嘉四年渤海、清河、信都河水溢，灌縣邑三十一。孫禁請決平原金堤間，〔一〕開通大河，令入故篤馬河，至海五百餘里者也。水經注：「篤馬河由平原北首受大河，經安德、平昌、般縣、樂陵之境，又經陽信故城南，東北入海。」今故道僅存，俗呼爲土河，惟水漲時自東昌府魏家灣溢出，循故道入海，餘皆乾涸。又鉤盤河，在州東，又東經德平縣東北入樂陵、陽信縣界。〔二〕今亦枯絶。

陳公堤，州東南五里，西南入東昌府界。宋陳堯佐守滑時，築此堤以障黄河水患，因名。

桑兒園，州北七十里。良店水驛置於此。又北三十里即北直景州之廢安陵城也。正德中馬中錫駐桑兒園招流賊劉六等，即此。又州南七十里爲梁家莊水驛，接北直故城縣界，與城西安德水驛皆爲運道牽輓要途。○太平馬驛在州南七十里，又州城南有安德馬驛，蓋州當南北之孔道。

歇馬亭。州北十里。志云：唐太宗征遼嘗駐於此。又德州遞運所，在城北三里衛河之濱。永樂七年置，并建水次倉於此。今遞運所與太平驛俱廢。

德平縣，州東百六十里。東至武定州六十里。漢置平昌縣，屬平原郡。後漢曰西平昌縣，晉、宋因之。後魏復曰平昌縣，又置東安郡於此。〔三〕北齊郡廢。隋屬德州，唐因之，大和中改屬齊州，尋復舊。五代唐改曰德平，宋熙寧六年省入安德，元符初復置。今編户三十里。

平昌城，縣東北一里。漢縣治此。文帝立齊悼惠王子卬爲平昌侯，尋立爲膠西王是也。宣帝又封王無故爲侯邑。東漢以北海郡有平昌縣，故此加「西」，自晉至隋縣治此也。唐大和中移於今治。

鬲縣城，縣東十里。古鬲國，郾姓，咎繇之後，左傳所云「靡奔有鬲氏」者。漢置鬲縣，屬平原郡，後漢建武中封朱祐爲侯邑。晉、宋仍屬平原郡。後魏亦曰鬲縣，屬東平原郡。後齊廢入安德縣，城址尚存。○般城，在縣東北三十里。漢置般縣，屬平原郡。般讀曰搬。晉屬平原國，劉宋仍屬平原郡。後魏初屬樂安郡，中興初置安德郡治焉。後齊郡縣俱廢。隋開皇十六年復置，屬德州。唐貞觀十七年省入平昌縣。

重平城，縣西北三十里。漢縣，屬渤海郡，後漢省。後魏孝昌中復置重平縣，屬安德郡。後齊省入平昌。應劭曰：「重平東北八十里即重合縣也。」重合，今見北直滄州。

屯氏枯河，在縣東北。水經注：「屯氏北瀆東北經重平故城南，其別河東北逕西平昌故城北，又逕般縣故城北。」今堙。○商河，在縣南。水經注：「商河出楊虚縣東，首受河，亦漯水及澤水所經也。」志云：商河逕平原縣東，又逕縣南，入樂陵縣及商河縣境，東北逕武定州至陽信縣，下流入海。今斷續過半矣。

般河，在縣東北。或曰故鉤盤河也，爲九河之一。自德州經縣界，入樂陵及陽信縣境，下流入海。後漢初平二年公孫瓚破黄巾於盤河。又瓚與袁紹相攻，瓚引軍屯盤河。魏收志：般縣以般河所經而名。水經注：「屯氏別河逕西平昌縣故城北，故渠川派東入般縣爲般河。」顔師古曰：「漢般縣即爾雅之鉤盤。」〔一四〕○馬頰河，在縣南十里。一名新河。唐久視初開此以導河流，尋廢。縣北十里有鬲津河，東南流經縣東二十里，又東入樂陵縣界。水經

注：「大河西流逕平原鬲縣故城西，謂之鬲津。」又土河，在縣西北。自德州流入，又東北入北直寧津縣界。

**白鹿淵**，在縣東北。水經注：「般縣東有白鹿淵，南北三百步，東西千餘步，深三丈。其水冬清夏濁，渟而不流，若夏水洪泛，水深五丈，方通注於般瀆。」又黑水潭，在縣西北三十五里。兩崖陡立，淵深莫測，望之水黑如黛，流注屯氏故河。○鯀堤，在縣西南二十五里。相傳伯鯀所築，斷續高卑約十餘里。

**楊二莊**。在縣境。正德中裨將許達殲賊於此。

**平原縣**，州東南百二十里。又東南至濟南府百五十里。秦置平原縣，漢因之，為平原郡治。魏、晉因之。劉宋仍屬平原郡。後魏以平原郡治聊城，分置東平原郡於此，又置東青州治焉。州旋廢。後周廢東平原郡。隋屬德州，唐因之。今編户四十六里。

**平原城**，劉昫曰：「舊城在縣西南五十里，秦置縣於此。」漢二年齊王田榮與項羽會戰於城陽，敗走平原，為平原民所殺。漢縣亦治此。後漢建安八年袁譚為袁尚所敗，走平原，嬰城固守，尋為曹操所敗。其後平原郡縣皆治此。後齊改築今城，移縣治焉。

**繹幕城**，縣西北二十里。漢縣，屬清河郡。晉因之。永和八年石趙舊將段勤因冉閔之亂，聚雜衆萬人稱趙帝於繹幕，慕容儁遣兵擊平之。太元十年繹幕人蔡匡據城以叛，後燕慕容麟等擊平之。十三年後燕寺人吳深以清河叛，敗保繹幕。劉宋仍屬清河郡，後魏屬東清河郡，後齊廢。隋開皇十六年復置，屬德州。大業初廢入安德縣。

**揚虚城**，〔一五〕志云：在縣北。漢置縣，屬平原郡。文帝四年封齊悼惠王子將閭為侯邑，十六年立為齊王是也。

後漢建武初封馬武爲揚虚侯，即此。晉廢。漯水經其東，商河發源於此。酈道元曰：「揚虚在高唐城之西南。」○桑丘城，在縣西。戰國時齊邑。史記韓世家「文侯七年，伐齊至桑丘」，謂此。

大河故瀆，在縣西北。水經注：「大河故瀆經平原故城西北，絶屯氏瀆，又北經繹幕故城東。」今堙。又篤馬河，在縣東北。班志注：「篤馬河在平原，東北入海，行五百餘里。」漢書：「鴻嘉四年孫禁言：『可決平原金堤，開通大河，令入故篤馬河。』」是也。縣故有金堤，今皆堙廢。

平原津，在縣西南。戰國時齊之西境，以河爲界，此即黄河津濟之所也。孔穎達曰：「平原縣南六十里有張公故城，城東有津，俗名張公渡，即平原津。」秦始皇自海上還，至平原津而病。又韓信擊田儋，渡平原，襲破齊歷下軍。北史：「周師至鄴，齊後主東奔，以顔之推爲平原太守，令守河津，亦即是津也。」今堙。

張公故關。在縣南。唐志德州有張公故關，即縣之張公渡矣。又桃園馬驛，在今縣治西南。縣當往來通道也。

武定州，府東北二百四十里。東至海二百二十里，東南至青州府三百十里，西至德州二百二十里，北至北直滄州二百五十里。

春秋、戰國時齊地，秦爲齊郡地。漢爲平原、渤海二郡地，後漢屬平原郡及樂安國。三國魏分置樂陵郡，志云：本建安中置。晉爲樂安、樂陵二國地。劉宋亦爲樂陵郡，後魏又爲樂安、樂陵二郡地。隋開皇六年置棣州，治陽信縣。大業二年改滄州，明年爲渤海郡。唐武德四年復置棣州，六年省入滄州。貞觀十七年復置棣州，初治樂陵，尋治厭次。胡氏曰：「時自陽信移治厭次。」天寶初曰樂安郡，乾元初復故。宋仍曰棣州。亦曰樂安郡。元置濱棣路，後改棣州，屬濟南路。明初洪武六年改樂安州，以州治厭次縣省入，宣德元年改爲武定州。以討平漢庶人也。編户九十八里。領縣四。

州南連青、濟，北接滄、瀛，左環渤海，右控平原，所以屏蔽畿甸，權衡南北也。消幽、燕之氛翳，静海、岱之風煙，不然，不幾與靖難之師接踵哉？

厭次廢縣，今州治。秦縣也。相傳秦始皇東遊，厭氣於此，因置厭次縣。漢高六年封功臣爰類爲侯邑。尋爲富平縣，屬平原郡。成帝徙封張安世孫延壽爲富平侯，即此。後漢初富平獲索盗掠郡縣，耿弇擊平之。明帝永平二年復改富平爲厭次縣。晉爲樂陵國治。永嘉末幽州刺史王浚以邵續爲樂陵太守，建興二年石勒圍續，鮮卑段匹磾使其弟文鴦救之，續與合兵拒石勒，屯於富城。富城，「富平」之訛也。厭次亦名富平矣。魏收志：「晉邵續爲冀州刺史，治厭次。」其故城在今陽信縣東南三十里。劉宋亦爲厭次縣，後魏因之，俱屬樂陵郡。後齊縣廢。隋開皇十六年復置厭次縣，屬棣州。唐貞觀十七年移縣治棣州郭内，五代梁徙治於舊城東南十里。宋大中祥符四年以河水爲患，徙州治陽信界内喬氏莊，明初省。城邑攷：「唐棣州城在今州東南六十里。五代梁華温琪爲州刺史，苦河水爲害，南徙十餘里，謂之新州，今土人謂之南舊州城。宋李仕衡爲河北都轉運使，復以州治洿下，徙州西北七十里。既而大水没故城丈餘。今州治，即仕衡所移也。城周十四里有奇。」

蛤垛城，在州南。有鹽池，歲出鹽數十萬斛。唐建中初棣州隷淄青，既而歸於朱滔，又歸於王武俊，惟蛤垛猶爲淄青帥李納所據，因城而戍之，以專鹽利。貞元八年納死，子師古襲位，武俊引兵屯德、棣，將取蛤垛及德州之三汊城，師古遣兵拒之。有詔詔武俊罷兵，乃引去。

大清河，州南八十里。自齊東縣東北流經州界，又東入青城縣境。○大河故瀆，在州南五十里。志云：在州城南三里。唐武后長壽二年棣州河溢，即此。今淤。

土河，在州南，即篤馬河下流也。自樂陵縣入州境，東注於海，溢涸不時。明初徐達攻樂安，師至土河，距城五里，命軍士填壩以進，遂下其城。○商河，在州南四十里。亦從商河縣流入境，東北入陽信縣界，俗謂之大河，方十餘頃。其北有堤橫亘，州人賴之。又南十里有聶索河，今淤爲平壤。民居其東南，頗擅桑麻之利；居其西北，輒被餘流所漲溢。成化十二年，州判王璥築堤障之，長五十餘里，民被其利。○大灣，在州南四十里。方十餘頃，北有堤橫亘，多魚鱉之利。

清河鎮。在州東南七十里，有巡司戍守。

陽信縣，州北四十里。東至濱州七十里。漢縣，屬渤海郡，文帝封典客揭爲侯邑。王莽時廢。後漢延光初復置，仍屬渤海郡。魏屬樂陵郡，晉、宋因之。後魏亦屬樂陵郡。隋置棣州於此。唐初亦爲棣州治，尋屬滄州。貞觀初縣廢，八年復置，十七年仍屬棣州。宋因之。編户七十里。

陽信城，志云：故城在縣西南七里，俗所云子務城也。又今城蓋古之厭次城，宋大中祥符中徙棣州及厭次縣於陽信界内之八方寺，而移陽信縣治故厭次城云。又魏收志陽信縣西有故千乘城及博昌城，南北朝時所僑置，高齊併入陽信縣。

馬嶺城，縣東十里。志云：後魏時嘗移厭次縣治此。水經注：「馬嶺城在河曲之中，晉東海王越斬汲桑於此。」又有連城，在縣東北五里。或曰即春秋時齊之轅邑，漢之瑗縣。恐悮。

屯氏故河，在縣南。水經注：「屯氏別河東北逕陽信故城南，又東北流入海。」今涸。○商河，在縣東。自州界東北流經此。水經注：「商河經馬嶺城，自西北屈而東南，〔一六〕又東分爲二水，南爲長聚溝，北爲白薄溝，〔一七〕以入於海。」今遷絶矣。

桑落墅。縣東南四十里。志以此爲古富平縣治。又黄巾寨，在縣東南二十五里。相傳漢末黄巾屯聚處。

海豐縣，州東北六十里。西至北直慶雲縣四十里。漢陽信縣地，隋置無棣縣，屬棣州。唐因之。宋治平中移置保順軍，仍曰無棣縣。元至元二年省入樂陵縣，尋以其地之半屬滄州，半屬棣州。明朝洪武八年改置海豐縣。今編户四十三里。

無棣城，縣北三十里。相傳即春秋時齊之無棣邑，管子所謂「北至無棣」者。隋置縣治此，唐因之。大和二年武寧帥王智興奉詔討横海叛帥李同捷，遣其將李君謀將兵濟河破無棣是也。宋仍治此。治平中移於今城，即五代周所置保順軍也。宋志：「周置保順軍於無棣縣南三十里，宋開寶三年又以滄、棣二州界保順、吴橋二鎮地益之，仍屬滄州。治平中徙無棣縣治保順軍城，仍領軍使是也。」金廢軍。元分其地屬滄、棣二州，而縣治入於棣州。明初改置今縣，又以北直之無棣縣改置慶雲縣。今詳見北直。

廣武城，通志云：「在縣北八十里。相傳漢初李左車所築，因名。」又信城，在縣北十里。志云：韓信下齊時所築城也。今名信城里。又縣北二十里有龍且城，其地高聳，形勢屹然。

馬谷山，縣北六十里。高三里，周六七里。山半有洞廣二丈餘，深不可測。一名大山。或以爲即古之碣石。似誤。又騮山，在縣北百二十里。一名小山。

無棣溝，縣西北十五里。舊合鬲津河，東入海。唐永徽初，滄州刺史薛大鼎開鬲津河，因疏無棣溝故道，以通濱海魚鹽之利。亦曰無棣河。今淤。餘詳北直滄州。○黄龍灣，在縣北七十里。其水雖旱不涸，下流入海。

鬲津河，在縣北九十里。自樂安縣流入境，合於無棣溝。又覆鬴河，在縣西北三十里。自北直慶雲縣流入境，注於海。又縣北一里有古黄河堤，西抵樂陵，南抵德州，舊爲大河所經，築堤以防泛溢云。

豆子䴚，在縣東北。故鹹澤也。隋書：「平原東有豆子䴚。」攷其地蓋在平原、渤海、河間三郡之交，負海帶河處也。自黄河南徙，而故址多不可問。志云：豆子䴚在陵縣東。恐誤。今詳見北直静海縣之鹹水沽。

棗園。縣西北十里。大河東決，嘗漲溢於此。成化二十年伐木爲橋，以便行旅，凡三座，延袤一里餘，謂之棗園橋。又縣東北百八十里有大沽河海口巡司，明初置。

樂陵縣，州西北九十里。西南至德平縣七十里。漢置樂陵縣，屬平原郡，郡都尉治焉。後漢因之。建安中曹操分置樂陵郡，魏黄初中改封曲陽王茂爲樂陵王是也。晉曰樂陵國，劉宋復爲郡，後魏因之。隋初郡廢，以樂陵縣屬棣州。唐初因之，尋改屬滄州。宋仍舊，明初改今屬。編户五十六里。

樂陵故城，縣南二十里。漢縣治此。晉永嘉初新蔡王騰故將田甄等起兵，斬賊汲桑於樂陵，即此。志云：樂陵縣自唐以來徙治不一，宋熙寧中徙縣治於咸平鎮，在今縣東。明朝洪武二年又徙治富平鎮，今縣治是也。

鬲津城，在縣西南。隋開皇十六年析樂陵地置鬲津縣，大業初廢。武德四年平竇建德，又分饒安地置鬲津縣，屬滄州，貞觀初復廢入樂陵。○福城，在縣西北。唐貞元中淄青所置福城戍也。元和十三年橫海節度使程權討李師道，敗之於福城。

屯氏故河，在縣南。水經注：屯氏別河又東逕樂陵縣故城北。今堙。又鉤盤河，在縣南十里。自德平縣流入境内，一名般河。今詳見德平縣。○鬲津河，亦在縣南。自德平縣流入境，又東入海豐縣界。

土河，在縣南。自北直寧津縣流入境，又東入州界。又商河，亦在縣西南。自德平縣流入境，又東南入商河縣界。

舊縣鎮。在縣西北三十里，有巡司戍守。

商河縣，州西南九十里。西北至德平縣百里。漢置朸縣，屬平原郡，後漢省。隋開皇十六年置滴河縣，屬棣州。唐因之，貞觀初改屬德州，十七年復故。宋改曰商河，仍屬棣州。今編户六十八里。

朸縣城，在縣西北。朸音力。漢置縣，文帝封齊悼惠王子辟光爲侯邑，尋立爲濟南王是也。亦曰朸鄉城。應劭曰：「城在般縣東南六十里。」蓋與德平縣接界。後漢廢。志云：隋置縣於此。○麥丘城，亦在縣西北。志云：即春秋時齊之麥丘邑。史記趙世家「惠文王十九年趙奢將兵攻齊麥丘，〔一八〕取之」，即此城也。

商河，縣南三里。自德平、樂陵縣流入境又東北入武定州境。志云：漢成帝時河水爲患，許商鑿渠以殺其勢，因名。

或曰非也。宋大中祥符間以商河爲棣州患，議徙商河南入大清河，因鑿渠於此。○馬頰河，寰宇記：「商河縣北有馬頰河，即九河故道也。」今堙。

高橋。縣東南四十里。舊置驛於此。志云：縣有高橋、商河二驛及三岔口、歸化鎮二巡司。今皆革。

濱州，府東北三百五十里。東至海九十里，西南至武定州百里，西北至北直滄州百二十里。

春秋、戰國時齊地，秦屬齊郡，漢屬千乘郡，後漢因之，魏、晉屬樂陵國。劉宋仍屬樂陵郡，後魏因之。隋屬棣州，唐仍舊。五代唐置榷鹽務，漢改贍國軍。周顯德三年升爲濱州，宋因之。亦曰渤海郡。金屬益都路。元亦曰濱州，屬濟南路，明初以州治渤海縣省入。今編户七十八里。領縣三。

州濱海爲險，魚鹽饒給，固景、滄之屏藩，連遼、碣之形援，蓋海道之襟喉，三齊之户牖也。

渤海廢縣，今州治。漢溼沃縣地，隋爲蒲臺縣地，唐析置渤海縣，屬棣州，五代周始置濱州治焉。土城周七里有奇。〔一九〕

大營城，縣西二十五里。故丁河口也，金人嘗屯兵於此。元史「濱、棣安撫使韓安世敗宋兵於丁河口」，即此地矣。

海，州東北八十里。古千乘海口也。後漢永平中遣王景修治河渠堤，自滎陽東至千乘海口千餘里是也。〔二〇〕今大清河會汶、泗諸流俱由此入海。

大清河，州南二十八里。自武定州南經青城縣之北，又東流入境，又東北入蒲臺縣界。○土傷河，在州北。齊乘：

「土傷河西踰德、棣，東至海，於南北諸河差狹，疑即古之鬲津河。」

秦臺。在州東北二十里。高八丈，周二百餘步。相傳秦始皇東遊，築此以望海。亦曰蒲臺，以是時嘗索蒲繫馬於臺上也。隋置蒲臺縣，以此名。

利津縣，州東六十里。本渤海縣之永利鎮，金明昌三年置利津縣，屬濱州。今編户四十里。

官鼀城，在縣南。舊爲煮鹽之所。金時嘗屯兵於此，因置城戍守。今遺址猶存。

海，縣東北三十里。産鹽，居民資其利。有豐國、寧海、永阜三場，設官掌之，屬於山東都轉運使司。志云：豐國鎮在縣東北七十里，兼置豐國鎮巡司於此。又寧海場，在縣北三十里。永阜場，在縣東北五十里。

大清河，在縣東。志云：自蒲臺縣北流經青州府高苑縣北，又北經縣東至縣東北以達於海。

鐵門關。縣北七十里。舊置關於此，以控濱海之險。稍東豐國鎮也。

霑化縣，州西北六十里。西南至陽信縣五十里。本渤海縣之招安鎮，宋慶曆三年升爲招安縣，熙寧六年復省爲鎮。元豐二年復爲縣，屬濱州。金明昌六年改爲今縣。今編户二十四里。

久山，在縣東北七十里。世傳秦始皇集此山以鎮海口。今有久山鎮巡司。

海。縣東北六十里。濱海有富國、豐國、利國三鎮，亦煮鹽之所也。志云：富國場在縣東七十里，豐國場在縣北七十里，利國場在縣東九十里。

蒲臺縣，州南三十里。東南至青州府高苑縣四十里。漢溼沃縣地，隋開皇十六年置蒲臺縣，屬棣州。唐武德八年改屬淄州，貞觀十七年還屬棣州。五代周屬濱州，宋省。金復置，元初屬濱棣路，尋屬淄萊路。明初屬般陽府，尋改今屬。編户五十九里。

溼沃城，在縣東南。漢縣，屬千乘郡，後漢省。曹魏復置，屬樂陵國，晉、宋及後魏因之。後齊省。地理風俗記「千乘西北五十里有大河，河北有溼沃城」，即此。

大河故瀆，在縣西南七十里。舊時大河經此入海。

大清河，在縣北。自州境東北流經縣北，又東北入利津縣界。

海，縣東百四十里。海畔有沙阜，高一丈，周迴二里，俗呼闞口淀，舊爲濟水入海之處。海潮與濟相觸，故名淀。上有井，可食。海潮雖大，淀終不没，居民於其下煮鹽。

三姑臺。在縣東一里。相傳古貞女蒲氏所築，有三臺並峙，遺址僅存。或以爲卽秦蒲縈臺云。又東十四里曰龍居店，亦曰龍混鎮，相傳宋太祖微時嘗潛寓於此。

## 校勘記

〔一〕元和十年并入歷城縣　舊唐志卷三八與此同，然舊唐書卷一五憲宗紀、新唐志卷三八、唐會要卷七〇、寰宇記卷一九、輿地廣記卷六均云元和十五年併全節縣入歷城，蓋舊唐志脱「五」字，本書又因而誤也。

〔二〕齊晉戰於搴　「晉」，底本原作「魯」，今據職本、敷本、鄒本改。
〔三〕其水出長白山東謂之抑泉　水經濟水注原文作「水南出長白山東柳泉口」，本書誤「柳」爲「抑」。
〔四〕曹參戰濟北郡　「戰」，史記卷五四曹相國世家作「定」。
〔五〕自泗入淮　水經河水注作「自濟入淮」。
〔六〕唐天寶十三年屬齊州　底本原作「唐屬徐州」，然新、舊唐志均云長清屬齊州，無屬徐州事。職本原與底本同，後改爲「唐天寶十三年改屬齊州」，今從之。
〔七〕宋將龐孟蚪　「將」，底本原作「時」，今據職本、鄒本改。
〔八〕汶水又西南經亭亭山東　底本「汶水」下原有「上」字，水經汶水注無，今據删。
〔九〕公及越后庸盟於平陽　楊伯竣春秋左傳注哀公二十六年注云「后」當作「舌」。其文云：「舌，原作后，今從唐石經、宋本、金澤文庫本、段玉裁説及吴語訂正。」
〔一〇〕其上源一出原山　「山」，底本原作「上」，今據鄒本改。
〔一一〕孫禁請决平原金堤間　底本「孫禁」上原有「年」字，職本、鄒本無，今據删。
〔一二〕入樂陵陽信縣界　底本原脱「陽」字，今據本書同卷武定州陽信縣及明志卷四一陽信縣補。
〔一三〕又置東安郡於此　隋志卷三〇平昌縣下云：「後魏置東安郡，後齊廢，並以重平縣入焉。」然據後魏志卷一〇六上，與重平相鄰之平昌縣屬滄州安德郡，非東安郡。南青州雖有東安郡，但領縣中無平昌、重平等縣，則「後魏置東安郡」必有誤。又據後魏志，後魏安德郡有二，一爲滄州安德郡，一爲冀州安德郡。以地望而論，滄州近海，在冀州之東，當是始初修史之人，爲別此二安德郡，於滄州安德郡前加「東」字爲「東安德郡」，隋志脱「德」字，遂成「東安郡」，本書又因而誤也。嘉慶重修一統志卷一六二、光緒山東通志卷一二並作「東安德郡」，不誤。職本原與底本同，後改爲「屬滄州安德郡，尋改置東安郡於此」。「屬滄州安德郡」，是也；「尋改置東安郡於此」，非也。

〔一四〕顔師古曰漢般縣即爾雅之鈎盤　漢志卷二八上般縣注云：如淳曰：「般音如面般之般。」韋昭曰：「音逋垣反。」師古曰：「爾雅説九河云『鈎般』，郭璞以爲水曲如鈎，流般桓也。然今其土俗用如、韋之音。」則師古引爾雅「鈎般」之「般」爲「般」之讀音，非謂般縣即爾雅九河鈎般。

〔一五〕揚虚城　「揚」，漢志卷二八上作「楊」，史記卷一九惠景間侯者年表、漢書卷一五上王子侯表、後漢書卷二二馬武傳、水經河水注並作「楊」。

〔一六〕商河經馬嶺城自西北屈而東南　水經河水注無「自」字，此衍。

〔一七〕南爲長聚溝北爲白溥溝　水經河水注作「南水謂之長叢溝」，「北水世又謂之百溥瀆」，本書引誤。

〔一八〕趙奢將兵攻齊麥丘　「奢」，底本原作「奔」，今據鄒本改。趙奢攻麥丘事見史記卷四三趙世家。

〔一九〕土城周七里有奇　「土」，底本原作「王」，今據職本、敷本、鄒本改。

〔二〇〕自滎陽東至千乘海口千餘里　「滎」，底本原作「榮」，今據職本及後漢書卷七六王景傳改。

# 讀史方輿紀要卷三十二

## 山東三

兖州府，東至南直海州五百六十里，南至南直徐州三百六十里，西南至河南歸德府四百十七里，西北至東昌府三百八十里，東北至濟南府三百五十里，自府治至京師千二百三十五里，至布政司見上。

禹貢徐、兖二州之域，春秋時屬魯。戰國初屬魯，後屬楚。亦爲齊、宋之疆。秦置薛郡。漢爲魯國及泰山、山陽等郡地。後漢爲魯國、任城國及山陽等郡。晉爲魯郡。宋爲高平、東平、魯郡等郡地，元嘉三十年復置兖州，治瑕丘。沈約志：「兖州刺史後漢治山陽昌邑，魏、晉治廩丘，武帝平河南治滑臺，文帝元嘉十三年治鄒山，又寄治彭城，二十年兖州省入徐、冀二州，三十年復置。」杜佑曰：「禹貢兖州在濟、河之間，因濟水發源爲名。周置兖州始兼及今郡之境，其在禹貢則宅徐之方而受兖之名也。然自劉宋以前兖州徙治不一，其以兖州專治瑕丘則自宋元嘉末始也。」後魏亦爲魯郡等郡，北齊曰任城郡。隋初置兖州，大業初又改爲魯郡。唐初徐圓朗據其地，武德五年復置兖州，天寶初亦爲魯郡，乾元初復故。尋置兖鄆等州節度於此，乾符三年賜號泰寧軍。五代因之。周廣順二年罷泰寧軍，以慕容彦超拒命也。宋仍曰兖州，亦曰魯郡、泰寧軍節度。政和八年升爲襲慶府。金亦曰兖州。大定十九年更軍號曰泰定軍。元因之，隸濟寧路。明初亦隸濟寧府，洪武十八年升爲兖州府。領州四，縣二十三。

府據河、濟之會，控淮、泗之交，北阻泰岱，東帶琅邪，地大物繁，民殷土沃，用以根柢三楚，囊括三齊，直走宋、衛，長驅陳、許，足以方行於中夏矣。然自春秋以來，不能抗衡於齊、楚，而紛紜之際，豪傑競起，未見能以兖州集事者，何歟？蓋必懸權而動，所向無前，然後可以拊敵之項背，絕敵之咽喉。若坐擁數城，欲以俟敵之衰敝，未有得免於覆亡者也。是故徐圓朗顛隮於前，朱瑾竄亡於後，豈真形勝之不可爲哉，用之者非其道耳！夫聚天下之轉輸，盡出於百里之內。亞夫昌邑之謀，燕師穀亭之舉，豈非千古之大計乎？策兖州者未可無曲突徙薪之慮也。

**嵫陽縣**，附郭。本魯之負瑕邑。〔一〕漢爲瑕丘縣，屬山陽郡，武帝封魯恭王子政爲侯邑。後漢亦爲瑕丘縣，晉省入南平陽縣，屬高平國。宋元嘉末置兖州，治瑕丘故城，後魏因之。〔二〕隋開皇三年始復置瑕丘縣，仍爲兖州治。唐因之。宋大觀四年避宣聖諱改曰瑕縣，尋又改曰嵫陽，以山爲名。明初省入兖州，洪武十八年復置。編户二十二里。

**瑕丘城**，府西二十五里。魯負瑕邑也。春秋哀七年「季康子入邾，以邾子益來，囚諸負瑕」，即此。漢置瑕丘縣，晉廢。劉宋元嘉三十年爲兖州治，泰始二年没於魏，魏尋置東兖州於此。齊建武二年，魏主宏自瑕丘如魯城。梁大通二年，魏泰山太守羊侃襲兖州刺史羊敦弗克，築十餘城守之，遣使來降，魏將于暉等因擊侃於瑕丘，侃潰圍南走。

東魏天平初，兗州刺史樊子鵠據瑕丘以拒東魏，明年高歡使婁昭攻之，堰泗水灌城，城遂下。隋兗州亦治此。唐中和四年，感化將李師悦等追敗黄巢於瑕丘是也。宋爲嵫陽縣治。明朝洪武十八年改築府城，因移縣於今治。今郡城甃以磚石，有門四。外有帶郭，郭有門五。正德以後屢經修築，周十四里有奇。

昌平城，府東南八十里。春秋僖二十九年：「介葛盧來朝，舍於昌衍之上。」杜預曰：「魯縣東南有昌平城。」是也。今府城西有昌平驛，蓋襲其名。又乘丘城，括地志云：「在瑕丘西北三十五里。」漢縣，屬泰山郡，武帝封中山靖王子將夜爲侯邑。後漢省。」

檀城，在府東北。地理志：「瑕丘有檀城，古灌檀也，周時侯國。」亦曰檀鄉。東漢初刁子都爲其部曲所殺，餘黨與賊會檀鄉，號「檀鄉賊」。亦曰檀丘。東晉大興三年徐州刺史蔡豹敗叛將徐龕於檀丘，時龕以泰山太守叛降石勒也。

又地記云：「卞縣東南有檀丘。」

嵫陽山，府西三十里。宋以此名縣。又甑山在府東北七十里，逶迤綿亘接泗水、寧陽二縣界。

泗水，在府城東。源出泗水縣東陪尾山，四泉並發，故曰泗水。西逕縣北始合爲一，又西經曲阜縣北，至府東五里轉而南，經横河，與曲阜縣之沂水合，入金口牐，貫城而西出，又西南經鄒縣入濟寧州之運河。左傳襄十九年「晉帥諸侯伐齊，次於泗上，疆我田」，蓋正邾、魯之界也。東魏天平二年，高歡使婁昭攻兗，堰泗水灌瑕丘。隋開皇中，薛胄爲兗州刺史，時泗、沂南流，泛濫大澤，淹没爲甚，胄乃於城東二水交流之處積石堰之，決令西注，陂澤盡爲良田，又通轉運，利盡淮海，百姓賴之，號曰薛公豐兗渠。後廢不治。五代周廣順二年慕容彦超據州叛，引泗水注濠中，爲戰守備，故渠益廢。元至元二十年開會通河，乃修胄舊渠爲滚水石壩，引泗入運。延祐四年都水監闞闊始疏爲三洞以洩水，謂之金口牐。每夏秋水潦則開牐洩水，南流會於沂水，由港里河入濟寧州南四十六里之師家莊閘；冬春水微則閉閘遏水，令西入府城，經城西昌平驛前，又西三十里歷土婁、棗林二閘，西南至濟寧州城東共六十里，屈從南門合於洸水，由天井閘入於運河。明朝成化七年工部主事張盛復作石壩，固之以鐵，以時啓閉，爲漕河之利，謂之金口牐河。

**沂水**，府東五里。源出曲阜縣尼山之麓，西流經此，合於泗水。又雩水，亦自曲阜縣流入，至府東五里與沂水並注於泗水。○洙水，在府東北二十里。舊自曲阜縣流入境，合於泗水。水經注：「泗水經瑕丘城東南入石門。向來結石爲門，跨於水上也。又西南流，世謂之杜武溝。」今堙。

**負瑕泉**，府北六里。其東有闕里等泉，西有蔣詡諸泉，凡八泉，俱南流入於泗河。

**新嘉驛**，府西北四十五里。又府南七十里有沙河驛，其相近者又有沙河遞運所。

**高吴橋**。府西北三十里。志云：泗水經杏林閘，稍北爲高吴橋河，即洸水也。汶水經寧陽縣之堽城壩，分流爲洸水，西南流入界，至高吴橋，又西南歷濟寧州城東合泗水，入天井閘。橋爲南北津途，宋元符初建。○金口閘，府東五里。元至元中所建。稍南曰金口堰，成化中所修滚水石壩也。又府西十里曰土婁閘，又西二十里曰杏林閘，皆元至元中建，與濟寧州接界。

**曲阜縣**，府東三十里。南至鄒縣四十五里。古少皞之墟，周公封於此，魯所都也。秦爲薛郡治。漢置魯縣，高帝封功臣奚涓爲侯邑，高后初改爲魯國治。晉爲魯郡治，宋及後魏因之。後齊改屬任城郡。隋開皇三年廢郡，改縣曰汶陽，屬兖州。十六年又改曰曲阜縣。唐武德中省，貞觀八年復置，仍屬兖州。宋大中祥符五年改曰仙源縣，金復爲曲阜縣。今編户十六里。

魯城，今縣治。圖經：「神農氏自陳徙居魯，其後周公封於此，爲魯國都。」其城凡十二門，正南曰稷門，南之左曰章門，右曰雩門；正北曰圭門，北之左曰齊門，右曰龍門；正東曰建春門，東之左曰始明門，右曰鹿門；正西曰史門，西之左曰歸德門，右曰麥門。自春秋至戰國，魯世世都之。後并於楚。秦爲薛郡治。漢五年楚地悉定，惟魯後下，漢王乃封項羽爲魯公。後漢建武五年幸魯。永平十五年至魯，幸孔子宅。元和二年幸魯，祀孔子於闕里。延光二年亦幸魯。隋曰曲阜縣。唐乾封元年至曲阜祀孔子。開元十三年亦幸曲阜，至孔子宅致祭。五代周廣順二年如曲阜，謁孔子祠。宋大中祥符初亦幸曲阜謁孔子廟，遂幸孔林是也。歷宋至元，遷縣治於魯城東十里，謂故城爲闕里，而城址已夷爲平陸。明朝正德七年流賊入兖，陷曲阜，復犯闕里，乃徙縣於魯城故址，築城周八里，而舊縣遂廢。志云：今縣城及郭外之東南，皆魯城故址也。杜預曰：「魯有東城、南城，有上東等門。」左傳定八年：「公斂處父帥成人自上東門入，與陽虎戰於南門之外。」〔三〕上東門蓋魯城東之北門。又國語「臧文仲祭爰居於魯東門之外」，即此門矣。或以爲始明門也。其鹿門則南城東門也。襄二十三年，臧紇斬鹿門之關出奔邾。白褒魯記：「鹿門有兩井，一爲臧武仲井，一爲季桓子井，國語『桓子穿井得土缶，中有羊，以問仲尼』者也。」其雩門則南城西門也。面臨雩水，因名。莊十年，公子偃自雩門竊出，蒙皋比而犯宋師。又哀十一年，冉有帥左師次於雩門之外，即此。其稷門則南城正門也。莊三十二年，圉人犖能投蓋於稷門。定五年，陽虎盟季桓子於稷門之內。又哀八年，吳伐魯，微虎欲以私屬徒宵攻吳，及稷門之內而止。亦謂之高門。僖二十年，春，新作南門。傳曰：「書，不時也。本名稷門，僖公更高而大之，故名高門。」定十年，齊人陳女樂文馴於魯城南高門外，即稷門矣。門內有鬭雞臺二所。昭二十五年，季、郈之雞鬭。括地志：「鬭雞臺二，相距十五步。」是也。城外又有郭門，西郭門則曰子駒門。文十一年，獲長狄僑如，埋其首於子駒之門。又萊門則東北郭門也。哀六年，齊人召公子陽生，陽生請與南郭且于乘，出萊門而告之故。八年，吳伐我，將盟，景伯負載造於萊門。或曰萊門即陽關邑門也。又有爭門、吏門、石門等門。公羊傳：「齊桓公使高子將南陽之甲，立僖公而城魯。」或曰自鹿門至於爭門，或曰自爭門至於吏門是也。爭門，一云當作「净門」。净，魯北門池也。吏門，或以爲吏門矣。呂氏春秋：「歸父居石門。」石門蓋亦郭門名也。又有雉門，有兩觀。定二年五月，雉門及兩觀災。冬十月，新作雉門及兩觀。雉門，蓋公宮之南門。兩觀，闕也。孔子爲魯司寇，誅少正卯於兩觀之下。又雉門之左有亳社，右有周社。成季之繇，曰：「間於兩社，爲公室輔。」兩社之間，朝廷議政事之所也。

奄城，在城東二里，古奄國也。書序：「成王東伐淮夷，遂踐奄，因以封周公。」志云：曲阜舊城即古奄地，亦曰商奄里，又名奄至鄉。〇郕城，在縣西南二十里。志以爲郕國地，郕人於此築小城以備魯，因名。或曰非也，夫子父叔梁紇爲郰邑大夫，此蓋郰邑矣。孔叢子「孔子將適晉，臨河而返，還轅息郰」，即此。志云：今鄒縣西北有東鄒邨、西鄒集，蓋地與鄒縣接界。杜預曰「魯縣東南有莝城」，即此城矣。

**汶陽城**，縣東北四十里。本魯邑。左傳：「公賜季友汶陽之田。」〔四〕漢置縣，屬魯國。晉屬魯郡，宋及後魏因之，北齊省。隋因改魯縣曰汶陽。杜預曰：「汶陽縣北有曲水亭。」春秋桓十二年「公會杞侯、莒子，盟於曲池」，即此。水經注：「漢章帝東巡泰山，立行宮於汶陽，世謂之闕陵城。」杜佑曰：「漢汶陽故城在泗水縣東南。」似悮。

**尼山**，縣東南五十里，連泗水、鄒縣界。一名尼丘山，孔子應禱而生之地。其山五峰連峙，中峰之麓有宣聖廟，其東麓有坤靈洞。山東南相對者曰顏母山，上有聖井及顏母廟。或謂之女陵山。志云：尼山南有魯源村，爲叔梁紇所生之地。○防山，在縣東二十里。春秋僖十四年：「季姬及鄫子遇於防。」禮記：「孔子父母合葬於防。」今其墓在山北二十里。

**九峰山**，縣西北五十里。峰巒相接，參差有九，與寧陽縣接界。志云：山在寧陽東南五十里。○壽丘，在縣東北。帝王世紀：「黄帝生於壽丘，在魯東門北，長六里，高三丈。」史記：「舜作什器於壽丘。」一統志：「軒轅氏葬於此，在縣東北二里。金時改爲壽陵。」又曲阜，應劭曰：「在魯城中，委曲長七八里，縣以此名。」

**泗水**，縣北八里。自泗水縣流入界，又西入嵫陽縣界。左傳哀八年：「齊伐魯，舍於庚宗，次於泗上。」十一年：「師及齊師戰於郊，右師奔，齊人從之，陳瓘、陳莊涉泗。」國語：「宣公夏濫於泗淵，里革斷其罟而棄之。」志以爲皆魯城北之泗水也。從征記：「洙、泗二水交於魯城東北十七里。」

**洙水**，縣北二里。春秋莊九年「濬洙」，蓋以備齊也。水經注：「洙水出泰山蓋縣臨樂山北，西南流至卞縣，〔五〕西南入泗水，又亂流西南至魯縣東北，分爲二流，北爲洙瀆，南即泗水。孔子設教於洙、泗之間，闕里是也。洙水又南經瑕丘城，下流復入泗。」通志：「洙水故道，自縣東北經孔林西而入泗。」今洙與泗水不通，上流在孔林東，止一溝瀆，過夫子墓前，西南流入於沂，其故道不可攷矣。

沂河，縣南二里。出自尼山，西流經此，論語所云「浴乎沂」者也。左傳昭二十五年「季平子請待於沂上以察罪」，杜預謂魯城南之沂水是矣。又西入嵫陽縣境合於泗水。○雩水，亦在縣南二里。源出縣治西南馬跑泉。亦曰泮水。魯頌「思樂泮水」，即此。水側有雩壇，亦名舞雩臺，即樊遲從遊處，曾點所云「風乎舞雩」者。衛宏漢舊儀：「魯雩壇在城東南，引龜山水爲池，至壇西曰雩水。雩水亦入嵫陽縣，注於泗水。」○嶮水，在縣北五十里。源發九峰山，南流入泗水，以谿澗險隘而名。

逵泉縣南五里。左傳莊三十三年：〔六〕「季友以公命酖叔牙，飲之，歸及逵泉而卒。」旁有茶泉等五泉。又南二里有温泉，旁有連珠等泉。又蜈蚣泉，在縣西南三十里，西南流經鄒縣界入漕河。志云：縣境之泉凡二十二，其五入泗，其十六入沂，其一入洸。又有新跑泉，萬曆中所新導之泉也。○垌澤，在縣東九里，即魯僖公牧馬處。俗名連泉澤。

闕里，在今城内，即夫子故宅也。從征記：「闕里背洙面泗，四門各有石閫，北門去洙水百步餘。今無復舊規，即其地爲先聖廟。廟亘南北二門，至爲巍焕，古帝王多祀於此。」闕里記：「漢高祖祀孔子宅，後武帝至後漢光武、明、章諸帝皆幸焉。唐高宗至玄宗亦幸此。五代周世宗謁孔子祠，又拜孔子墓，命葺孔子祠，禁孔林樵採。宋真宗亦幸焉。」今漢、唐以來碑碣多有存者。闕里東南爲漢魯恭王靈光殿址。其西南爲矍相圃，圃周二里，禮記「孔子射於矍相之圃」是也。今爲學址。○孔林，在城北二里。史記：「孔子葬魯城北泗水上，弟子及魯人從塚而家者百有餘室，因曰孔里。」今曰孔林。林廣十餘里，中有亭一所，相傳宋真宗駐蹕處。其南有洙水橋。又顏子墓在防山東南二十里，亦曰顏林。孟子墓，在縣南四十里四基山陽。本屬鄒縣，唐貞觀中割入縣境。今山與鄒縣接界。

少皡陵，在縣東八里。傳云：「魯，少皡之墟也。」世記：「少皡邑於窮桑，以登帝位，徙於曲阜。顓頊始都窮桑，徙帝丘。」或曰窮桑在縣北。左傳「命伯禽封於少皡之墟」，又云「世不失職，遂濟窮桑」是也。又大庭氏庫，在縣治東。大庭，神農氏也。或曰古國名。左傳昭十八年：「梓慎登大庭氏之庫以望氛，曰宋、衛、陳、鄭火。」志云：曲阜有大庭氏之墟，魯於其上作庫。晉譙周曰：「曲阜城東有大庭坡，炎帝所居。」

書雲臺，在城内東南故泮宫中。亦曰泮宫臺，詩所謂「既作泮宫，淮夷攸服」者。左傳僖五年：「日南至，公登臺以望雲物。」後人因謂之書雲臺。又季武子臺，在今城東北二里。舊志云：在魯東門内，定十二年「公山不狃率費人襲魯，公與三子入於季氏之宫，登武子之臺」是也。其東南曰襄仲臺。又有周公臺，水經注云：「在季武子臺西北二里。」○莊公臺，志云：在縣東北八里。左傳莊三十三年「築臺臨黨氏見孟任」是也。稍西南又有昭公臺。述異記：「縣南十里有孔子春秋臺。」

五父衢。水經注：「在魯東門外二里。」襄十一年，季武子將作三軍，盟諸僖閎，詛諸五父之衢。又定六年，陽虎盟公及三桓，詛於五父之衢。〔七〕八年，陽虎取寶玉大弓以出，舍於五父之衢。禮記：「孔子少孤，不知其墓，母死殯於五父之衢。」是也。括地志：「五父衢在曲阜縣西南二里魯城内，衢道也。」似悮。○蒲圃，舊志：亦在魯東門外。

左傳襄四年「季孫爲己樹六檟於蒲圃東門之外」，又十九年「享晉六卿於蒲圃」，定八年「將享季氏於蒲圃而殺之」，即其地矣。又城中舊有棘下里，定八年「陽虎劫公伐孟氏，入自上東門戰於南門之内，又戰於棘下」是也。又有屯鄉，在縣南。史記「定十年，孔子去魯，宿於屯」，謂此。

**寧陽縣**，州北五十里。西北至濟南府肥城縣九十里，東北至泰安州一百有五里。本魯之闡邑，漢置寧陽縣，屬泰山郡，武帝封魯恭王子恬爲侯邑。後漢屬東平國，晉省。後齊僑置平原縣於此，隋屬兖州，開皇十六年改縣曰龔丘。唐因之。宋大觀四年又改曰龔縣，仍屬兖州。金大定二十九年復曰寧陽縣，元至元二年省入嵫陽，大德初復置。今編户二十六里。

**寧陽故城**，縣東北十九里。志云：漢縣治此。又縣北十七里有平原鄉，相傳爲齊平原縣治。縣東南二十里有龔丘城，即隋龔丘縣治也。金人移縣治此。

**鉅平城**，縣東北九十里。春秋時魯之成邑。桓六年，公會紀侯於成。莊三十年，次於成，備齊也。又襄十五年，齊人圍成，公救成，於是城成郛。十六年，齊復圍成。後爲孟氏邑。昭七年，晉人來治杞田，季孫以成與之。後復歸魯。二十六年，齊人圍成，弗克。定十二年，仲由爲季氏宰，將墮成，公斂處父謂孟孫：「墮成，齊人必至於北門。且成，孟氏之保障也。無成，是無孟氏也。子僞不知，我將不墮。」於是公圍成，弗克。哀十五年，成叛入於齊，孟武伯伐成不克，遂城輸以逼成，既而齊歸成。禮記檀弓：「子羔爲成宰。」史記：「齊宣公四十八年，田和取魯之成邑。」是也。漢置鉅平縣，屬泰山郡，晉、宋及後魏因之。後齊廢。括地志：「鉅平城今爲故城社，汶水經其東。上有文姜臺。其東南即魯之故成邑。」

**剛城**，縣東北三十五里。戰國時齊之剛邑。秦昭王三十六年取齊剛、壽，此即剛邑也。漢置剛縣，屬泰山郡。後漢屬濟北國。晉曰剛平縣，屬東平國，後省。水經注：「汶水西南逕剛縣北。」是也。後訛剛爲「堽」。今有堽城壩。○闡城，在故剛城北。春秋哀八年：「齊人取讙及闡。」杜預曰：「剛縣北有闡鄉。」應劭曰：「剛城，故闡邑也。」

**陽關城**，在縣東北，亦魯邑。左傳襄十七年：「齊高厚圍臧紇於防，師自陽關逆臧孫，至於旅松。」定七年：「齊人歸鄆、陽關，先是爲齊所取也。」八年：「陽貨入讙、陽關以叛。」九年：「伐陽關，陽虎使焚萊門，師驚，犯之而出。」齊世家：「威王六年，魯伐我，入陽關。」杜預曰：「陽關在鉅平縣東。」劉昭曰：「鉅平縣有陽關亭。」防在今平陰縣，旅松近防地也。括地志：「陽關在博城西南二十九里，西臨汶水。」是也。今入縣界。

**蛇丘城**，在縣西北。志云：即魯之蛇淵囿。定十二年，築蛇淵囿。漢置蛇丘縣，屬泰山郡。蛇讀移。後漢及晉俱屬濟北國，劉宋因之。後魏屬東濟北郡，北齊廢。劉昭曰：「蛇丘縣有下讙亭。」春秋桓三年：「公子翬如齊逆女，齊侯送姜氏於讙。」定八年：「陽虎入讙、陽關以叛。」哀八年：「齊人取讙及闡，既而復歸於我。」此即讙邑也。亦作「酄」。○鑄城，亦在縣西北。春秋時小國也。禮記：「周武王未及下車，封堯後於鑄。」春秋襄二十三年傳「臧宣叔娶於鑄」，謂此。杜預曰：「鑄即蛇丘縣治。」水經注：「蛇水經鑄城西，春秋所謂蛇淵囿也。」劉昭曰：「蛇丘縣有鑄鄉城。」似非一處矣。其與鑄相近者又有棘鄉。左傳成三年：「叔孫僑如圍棘，取汶陽田。」是也。杜預曰：「蛇丘有棘鄉。」

遂城，在蛇丘廢縣東北。故遂國。左傳莊十三年：「齊人滅遂而戍之。」十七年：「齊人殲於遂。」史記齊世家：「桓公五年伐魯，魯莊公請獻遂邑以和。」劉昭曰：「舊蛇丘縣有遂鄉。」○謝城，在縣東。孔氏曰：「定十年齊侯以夾谷之會，歸所侵魯之鄆、讙、龜陰田以謝過。其地皆在汶北，所謂汶陽田也。魯因築城於此，以旌孔子之功，名曰謝城。」河渠志：「謝過城有泉流入汶河。」城蓋與泰安州接界。

雲山，縣西北十五里。上有穴，雲出其中。又縣北二十里有伏山，一名佛山。其南有小山，謂之寧山。縣在其南，故曰寧陽。○鶴山，在縣西北三十里。稍北曰龜山，連汶上縣界。

魏家寨山，縣西三十里。山高峻，上有石洞，可容數百人。元季，人多避兵於此。○靈山，在縣東九十里，連新泰縣界。樹木葱鬱，四時蒼翠。又東十里有九頂山，山有九峰，參差競勝。

汶水，在縣西北。自泰安州西南流入縣界，至縣東北分而爲二：其一爲元人所改，由縣北三十五里堽城壩而南流別爲洸水；其一由堽城西流入東平州。今詳見汶上縣。

洸水，縣西三里。汶水支流也。自堽城壩西南流經此，又南流三十里至府西北三十里之高吳橋，又西南流三十里，經濟寧城東隅與泗水合入天井閘河。亦謂之光水。晉書：「慕容蘭以數萬衆屯卞城，徐州刺史荀羨自光水引汶通渠，至東阿征之，臨陳斬蘭。」是引洸爲渠，始於荀羡也。元初於堽城左作斗門，遏汶水以益泗、漕，於是其流始盛。至元六年以奔流衝激，泥沙填淤，乃議濬之。自㟪口至石剌，以通其源；又自石剌至高吳橋南至王家道口，凡五十六里有奇，以達其流，而洸河復治。明朝永樂中濬會通河，復築堽城壩以遏汶水入洸之流，惟壩南官莊河入洸，其流漸微。成化十一年主事張盛復爲堽城石閘，稍分汶水支流益之，於是滔滔南注矣。

**淄水**，在縣東北。杜預曰：「出泰山梁父縣，西北入汶。」昭二十六年，齊師圍成，成人伐齊師之飲馬於淄者，即此淄水也。今涸。○漕水，在縣南。源出縣治東北蛇眼泉，南流合縣東南諸泉，經府北三十里西南入於洸河。

**柳泉**，在縣西十里，南流入洸河。又龍魚泉，在縣東北六十里。又東北十里曰龍港溝泉。○魯姑泉，在縣西北三十里。又西北十里曰濼當山泉。又有古城泉，在縣東南十里。志云：縣境之泉凡十三，其四入汶，其九入於洸河。

**青川村**，縣北三十里。置驛於此，曰青川村驛。又東臺，在縣東北十里。俗名梁王點軍臺。

**堽城堰**。在縣東北三十四里。元置堰，永樂中改爲壩。成化十一年主事張盛以舊堰水闊河深，相視其西南八里爲堽城新石堰，置閘啓閉，以時蓄洩，在今城西北三十里。又洸河東西閘，俱在縣西四里。嘉靖六年主事吳鵬以洸水久涸，柳泉復爲積沙所壅，乃置閘於此，引柳泉横過洸河，隨時蓄洩，以達其流。又東至城南會蛇眼諸泉，下流入於漕水，並注洸河以濟運。

**鄒縣**，府東南五十里。東南至滕縣九十里，西至濟寧州七十里。春秋時爲邾國，魯繆公改「邾」曰「騶」，因山爲名。漢置騶縣，屬魯國。晉曰鄒縣，屬魯郡。宋及後魏因之。隋屬兖州，唐仍舊。宋熙寧五年省，元豐七年復置，仍屬兖州。金屬滕州，元因之。明初改今屬。編户三十九里。

**邾城**，在縣東南二十六里。本邾婁之國。記曰：武王克商，封陸終第五子晏安之裔曹挾於邾。隱元年，公及邾儀父盟於蔑。儀父，挾之後也。僖二十二年，邾人獲公胄，懸之魚門。杜預曰：「魚門，邾城門也。」又有范門。哀七年，魯伐邾，及范門，猶聞鐘聲是也。劉薈鄒山記：「邾城在山南，去山三里。」左傳文十三年：「邾文公卜遷於繹。」又哀九年：「邾衆保於繹。」繹即鄒山也。史記「吳夫差九年會騶伐魯」，蓋邾亦通謂之騶。孟子，騶人也。其地去魯甚近。傳曰：「魯擊柝，聞於邾。」故孟子曰近聖人之居。漢置騶縣。或曰秦置，漢因之。自晉以後皆曰鄒縣。東晉咸和初石趙將石瞻攻河南太守王瞻於邾，拔之。胡氏曰：「即故邾城，亦謂之鄒山。」宋時魯郡治焉。元嘉二十七年魏主燾南侵，自東平趣鄒山，李孝伯謂宋張暢曰：「鄒山之險，君家所憑。」是也。宋改置縣於此。其故城址周二十里有奇。

**南平陽城**，縣西三十里。春秋時邾地，後爲魯平陽邑。哀二十七年，越子使后庸來盟於平陽，即此。戰國時爲齊南陽邑。孟子謂「魯慎子一戰勝齊遂有南陽」，魯仲連謂「楚攻南陽」，皆指此也。漢置南平陽縣，屬山陽郡。晉屬高平國。劉宋改置平陽縣，屬魯郡，後魏因之。後齊省。今其地曰平陽社。○漆城，在縣北。左傳襄二十一年：「邾庶其以漆、閭丘來奔。」杜預曰：「南平陽縣東北有漆鄉。」定十五年城漆，即此漆鄉。西北有顯閭亭，即古閭丘也。一云閭丘在今縣南。

**嶧山**，縣東南二十五里。一名邾嶧山，亦曰鄒嶧山。禹貢「嶧陽孤桐」，詩「保有鳧、繹」，繹與嶧同也。左傳文十三年：「邾遷於繹。」宣十年：「伐邾取繹。」哀七年：「魯師入邾，邾人保繹。」杜預曰：「繹，邾山也。」郭璞云：「繹山純石積構，連屬如繹絲然，故以繹名。」史記：「秦始皇二十八年，上鄒嶧山，刻石頌功德。其所刻石鑱名曰書門。」水經注：「嶧山東西二十里，高秀獨出，積石相臨，殆無土壤。石間多孔穴，洞達相通，往往有如數間屋處，俗謂之嶧孔。避亂入嶧，外寇雖衆，無所施害。晉永嘉之亂，太尉郗鑒將鄉曲逃此山，羣賊攻守不能得。」今山南有大嶧，名曰郗公嶧。山北有紀巖，即秦立石處也。晉書：「建興末郗鑒避寇嶧山，琅邪王睿就用爲兗州刺史，鎮鄒山。太寧三年石勒將石瞻攻兗州刺史檀斌於鄒山，殺之。義熙四年南燕司馬叔璠等自留城寇鄒山，魯郡太守徐邕棄城走。」宋元嘉二十七年魏主燾南寇，至鄒山，見秦始皇石刻，使人排而仆之，遂引軍趣彭城。志云：嶧山孔穴甚多，其大者曰妙光峒，相傳中有穴與洞庭通。蓋環魯之山不一，而玲瓏峭特者莫如嶧山。山之西南二里有村曰故縣，即鄒縣舊治也。上冠峰巒，下屬巖壑，稱爲絕勝。宋大中祥符初嘗致封號於此山，載在祀典。金末大名府僧智究者謀作亂，潛結其黨會於嶧山，蓋山巖峻險，可恃爲窟宅也。

梟山，縣西南五十里，連魚臺縣界。詩「保有梟、繹」，此即梟山也。土人呼爲八卦山，相傳伏羲曾畫卦於此。又南麓有吕公洞，甚深遠。○九龍山，在縣東北二十里。山形起伏凡九。上有靈泉，一名靈山。又縣東北三十里曰四基山，山顛有石，狀如堂基。其西麓爲孟子墓。又東北十里曰昌平山。史記：「孔子生魯昌平縣鄹邑。」山北有昌平鄉，與嵫陽縣接界。又東北二十里爲尼山，與曲阜縣接界。

距越山，縣東北七十里。山高大，冠於羣峰。上有龍井。又接輿山，在縣東南五里，以山形如兩車相接也。其相屬者爲塘口山、牙山、陽山。牙、陽兩山間有高皇埠，相傳漢高微時曾潛迹於此。縣北五里又有岡山。志云：山分南北兩岡，並高聳。○光武洞，在縣南六十里，地名瓦曲村。相傳光武曾避兵於此。

泗河，縣西北五十里。自嵫陽縣流入境，又西南經此。有小閘橫截其中，以時蓄洩，濟漕河之淺涸。成化以來屢經修築。○運河，在縣西南七十里。志云：縣境所管河岸，南自濟寧之魯橋牐，北至濟寧之師莊牐，凡三里。

白馬河，在縣北三十里。源出九龍山，西北流經此。有蔞河出九龍山東南之蔞溝，亦西北流至此合焉，又西注於泗水。志云：九龍山麓有溪湖，廣三里，西流入白馬河。○沙河，在縣東。志云：大沙河出城東山谷間，有蘭溝水流合焉；小沙河出岡山下，一名因利溝，經城東與大沙河合，西南流三十里注於陂澤，其下流匯於滕縣之昭陽湖。

白莊泉，縣東南四十五里。其旁又有淵源、柳青、三角灣諸泉。又岡山泉，在縣北十里。其東北又有鱔眼、孟毋、陳家溝等泉。志云：縣境之泉凡十三，其十二流入泗，其一入於魯橋運河。

界河驛。縣東南五十里。又縣城西有郕城驛。

泗水縣，府東九十里。西南至鄒縣九十里，西北至泰安州百里。古卞明國，春秋時魯卞邑，漢置卞縣，屬魯國。晉屬魯郡，宋因之。後魏省入汶陽縣。隋開皇十八年改置泗水縣，屬兗州，唐、宋因之。元省入曲阜縣，尋復置。今編户二十四里。

卞城，在縣東五十里。古卞國。記曰：湯伐有卞。是也。春秋時爲魯卞邑。或曰卞莊子食邑於此。僖十七年，夫人姜氏會齊侯於卞。襄二十九年，季武子取卞。史記魯世家：「頃公亡遷於卞邑。」漢爲卞縣治，晉因之。永和十二年燕將慕容蘭屯卞城，徐州刺史荀羡擊斬之。後魏縣廢，隋改置於此。劉昫曰：「隋分卞縣西界置汴陽縣，而於卞縣古城置泗水縣。」似悮。其南又有姑蔑城。隱元年，公及邾儀父盟於蔑。又定十二年，公山不狃、叔孫輒帥費人襲魯，孔子使申句須、樂頎伐之，費人北敗諸姑蔑。杜預曰：「姑蔑即蔑也，在魯國卞縣南，泗水逕其北。」

梁父城，縣北四十里。漢縣，屬泰山郡，晉因之。南燕置兗州於此。劉宋仍屬泰山郡，後魏因之。隋屬兗州，唐初屬東泰州，貞觀初縣省。水經注：「梁父故城北即梁父山。」舊志云「故城北去泰安州六十里」，蓋接壤處。又西南去寧陽縣亦九十餘里。

郚城，在縣東南。春秋時魯邑。左傳文七年：「城郚。」杜預曰：「卞縣南有郚城。城郚，備邾難也。」漢置郚鄉縣，屬東海郡。郚音魚。後漢省。又桃墟，亦在故卞城東南，魯邑也。左傳襄十七年：「齊侯伐我北鄙，圍桃。」昭七年：「晉人來治杞田，季孫以成與之，而遷孟氏之邑於桃。」世亦謂之陶墟，謂舜所陶處。

陪尾山，縣東南五十里，禹貢「外方、桐柏，至於陪尾」是也。泗水發於山下，有數泉並導，經卞城而西始合爲一。山陰有湖，謂之漏澤云。○龜山，在縣東北五十里，與新泰縣接界。山之北即龜陰也。今詳見新泰縣。

泗水，縣北八里。源出陪尾山，西流與諸泉會，過縣北，又西至曲阜縣界。水經注：「泗水出卞縣東南桃墟西北，墟西澤方一十五里，澤西際阜，俗謂之嬀亭山。阜側有三石穴，廣圍三四尺，澤水從穴而上。自此連岡通阜，西北四十許里。〔八〕岡之西際，便得泗水之源，蓋即陪尾山矣。」又有百丁河在縣東北二十里，馬莊河在縣西北三十里，俱南流入泗河。

玉溝泉，縣西南十一里，西北流入泗水。又有盜泉，在縣東北高陘山陰。淮南子「孔子不飲盜泉」，謂此。志云：縣東南二十里昌山下有鮑村等泉，東南五十里鳳凰山下有珍珠等泉。其出自陪尾山泉林寺旁者凡二十餘泉，波浪翻湧，高出水面，爲山東諸泉之冠。四面旋繞，西北流一里合爲一，遂爲泗水上源。泉河志：「縣境之泉凡五十九，皆匯爲泗河。」

菟裘聚。在縣西北。左傳隱十一年：「公使羽父營菟裘，曰：『吾將老焉。』」杜氏曰：「菟裘，魯邑也，在梁父縣南。」○庚宗亭，在縣東。春秋昭四年傳：「初，穆子去叔孫氏，及庚宗。」又哀七年：「吴伐魯，戰於夷，舍於庚宗，次於泗上。」蓋縣與費縣接境，吴人之師自南武城而前也。

滕縣，府東南百四十里。南至南直徐州百九十里。古小邾國及滕國地，漢置蕃縣，屬魯國。蕃讀爲翻。晉屬魯郡，元康中改屬彭城郡。宋因之。後魏孝昌二年置蕃郡治焉。梁大通二年將軍王弁侵魏徐州，蕃郡民續靈珍攻郡應梁，敗死是也。北齊郡廢。隋開皇十六年改置滕縣，屬徐州。唐、宋因之。金置滕陽軍，大定二十四年復改曰滕州，治滕縣。元因之。明初州廢，縣屬濟寧府，洪武十八年改今屬。今編户八十七里。

滕城，縣西南十四里。周滕國，文王子叔繡所封，至戰國時爲宋所滅。秦置滕縣。漢高祖封夏侯嬰爲侯邑，號滕公。尋改置公丘縣，屬沛郡，武帝封魯恭王子順爲侯邑。後漢仍爲公丘縣，晉屬魯郡，後廢。志云：故滕城周二十里，内有子城。

薛城，縣南四十里。夏車正奚仲國也。左傳定二年：薛宰曰：「薛之皇祖奚仲居薛，爲夏車正，遷於邳。仲虺居薛，爲湯左相。」是也。周爲子男國，春秋時與於盟會，戰國時爲齊所滅。田嬰封於此，謂之薛君。秦置薛縣，二世二年沛公命雍齒守豐，自引兵之薛。又項羽以朱雞石敗，自湖陵引兵入薛，召諸別將會薛計事。漢置薛縣，屬魯國。晉屬魯郡，劉宋屬彭城郡，後魏因之，後齊廢。或謂之邳城。太康地記：「奚仲遷於邳，謂之下邳。」竹書：「梁惠成王三十一年邳遷於薛，謂之上邳。」漢呂后三年封楚元王子郢客爲上邳侯，即薛也。後漢志：「薛城在春秋之季亦曰舒州。」哀十四年，齊陳恒執其君，寘於舒州，尋弑之。亦名爲徐州。史記：「句踐平吳，以兵北渡淮，與齊、晉諸侯會於徐州。齊世家「田氏之徒追執齊簡公於舒州」，〔九〕即徐州也。齊威王謂魏惠王：「吾吏有黔夫者，使守徐州。」及宣王八年，與魏襄王會徐州，諸侯相王也。十年，楚圍我徐州。楚世家：「威王七年，伐齊，敗之於徐州。」竹書謂：「邳遷於薛，改名徐州也。」括地志：「薛城在薛河北，周二十八里。」齊田文封薛，乃改築之。其城堅厚無比，中有田文墓。又有仲虺城，在薛城西三十里。虺，奚仲後也。相湯時居此。俗謂之斗城。漷水經其北，西入於泗。

**郳城**，縣東六里。春秋時小國也。莊五年，郳犂來來朝。僖七年，更爲小邾，即此城矣。杜預曰：「昌慮縣東北有郳城，在南梁水東。」○常城，在縣東南。詩：「居常與許。」鄭氏曰：「常或作『嘗』，在薛之旁。」孟嘗君食邑於薛。今薛城南十里有孟嘗集，或以爲即古嘗邑。史記越世家：「願齊之試兵南陽莒地，以聚常、郯之境。」索隱曰：「常，邑名，即田文所封。」

**昌慮城**，縣東南六十里。春秋時濫邑也。昭三十一年，邾黑肱以濫來奔，即此。漢置昌慮縣，屬東海郡，宣帝封魯孝王子弘爲侯邑。後漢建武五年董憲與劉紆悉兵數萬人屯昌慮，又招五校餘賊拒守建陽。帝至蕃，去憲百餘里。既而進攻憲，大破之。建安五年曹操嘗析置昌慮郡，尋復故。晉亦曰昌慮縣，元康中改屬蘭陵郡。劉宋泰始中爲郡治，後仍屬蘭陵郡。北齊廢。後周大象二年尉遲迥舉兵相州，徐州將席毗羅應之，軍於蕃城，陷昌慮。隋大業十年彭城留守董純大敗賊帥張大虎於昌慮，即故城矣。其城周十里，內有子城。

戚城，縣西南五十里。或曰秦縣也。二世二年泗州守敗於薛，走至戚，即此。漢仍置戚縣，屬東海郡。史記：「曹參嘗遷爲戚公。」是也。後漢及晉皆爲戚縣，後廢。其城周四里，爲運道所經，有泇河通判駐於此。○桃山城，在縣東。漢置桃山縣，屬泰山郡，後漢省。晉爲戍守處。太和六年苻秦將俱難攻晉蘭陵太守張閔子於桃山，桓温遣兵擊却之，即此。

休城，縣西二十五里。戰國時齊邑，孟子去齊居休是也。漢文帝封楚元王子富爲侯邑。今廢。又驩城，在縣西南五十里。相傳齊王驩所居邑。沛縣志：「沛東北四十里有驩城，亦曰驩城。」○靈丘城，在縣東三十里明水之南。城周八里，內有子城。戰國時齊南境邑，孟子謂「蚳鼃辭靈丘而請士師」，指此。史記：「齊威王元年，三晉因齊喪，來伐我靈丘。」是也。

堌城，縣東五十里，馬山之北，薛河之南，半爲河水所圮，蓋南北朝時戍守處。或謂之五固。蕭齊建元二年淮北泗州民不樂屬魏，齊主復遣間諜誘之，於是徐州民桓標之、兖州民徐猛子等所在蠭起爲寇盗，聚衆保五固，推司馬朗之爲主，魏遣尉元等擊平之，即此地也。又有梁城，在縣東漷河之南。有臺，謂之舊城臺，亦昔時戍守處。

高山，〔一〇〕在縣東六十里。上有趙盾祠。迤西爲薛山，薛水源於此。○薛山，在縣東北四十里。巖洞頗勝。下有茶泉，流入薛河。其相接者曰馬山，山南有泉，西流爲明水。又西有石溝，車箱水出焉，下流入漷水。

連青山，縣東北五十里。形如蓮花，亦曰蓮峰山。中有泉，南沙河出焉，即漷河也。自連青山涉漷三十里爲大白山，又十里爲越峰山、大岸阜山，皆高出雲表，峰巒洞壑，迴絶人世。志云：越峰山在縣東北七十里。

**狐駘山**，縣東南二十里。左傳襄四年："臧紇侵邾，敗於狐駘。"哀二十七年："越子使后庸言邾田封於駘上。"杜預曰："蕃縣東南有狐駘亭。"亭因山以名也。○鉅山，在縣東南六十里。張裴記略曰："鉅山盤鬱蓊葱，下有水曰聖泉，不涸不盈，味甘而冽。"又有微山，在縣南百里。純石帶土，所謂岨也，與南直沛縣接界。

**孤山**，在縣東南。魏收志昌慮縣有孤山。梁天監五年桓和侵魏兗州，進屯孤山，魏將樊魯擊破之。○龍山，在縣北二十五里。峰巒奇秀，上有龍湫。又落鳳山，在縣東三十里。峰巒起伏，形如波浪。旁有大公、尖頂、浮柱等山，皆連亘於縣東。

**運河**，縣東南六十里。一名新運河。嘉靖四十四年河決沛縣，淤沽頭閘上下百餘里，遣工部尚書朱衡北自南陽至留城築新河百四十一里，其西岸爲沛縣境，東岸則縣界也。今詳見川瀆漕河。

**薛水**，縣南四十里。源出高、薛二山間，經桃山北，遶薛城而西南流入南直沛縣界。志云：縣西南三十里曰三河口，以薛河、沙河、趕牛溝三水合於此也。趕牛溝，出縣西南五花泉。今見沛縣境內。○梁水，在縣東十五里。自平地湧出。後漢志蕃縣有南梁水。水經注："蕃縣東北平澤泉若輪焉，〔二〕南鄰於漷，亦謂之西漷。首受蕃縣水，西注山陽湖陸。二水皆由沛入泗。以在蕃縣南，故曰南梁也。"今水出縣東北六十里荆溝村，其源亦曰荆溝泉，西流經舊滕縣北，西南流折爲九曲，又西會漷水入於運河。亦謂之梁溪。成化十八年引梁溪源水遶城外郭，即此。

**漷水**，縣南十五里。源出連青山，西南流至三河口合於薛河。左傳襄十九年："取邾田，自漷水。"哀二年："季孫斯伐邾，取漷東田及沂西田。"杜預曰："漷水出東海合鄉縣，西南逕魯國，至高平湖陵縣入泗。"今近出連青山入薛河，亦謂之南沙河。自運河東徙，恐沙爲漕病，築黄甫壩遏之，北出趙溝，西會南梁水入於運河。○北沙河，在縣北十五里。源出龍山，西南流合於漷水。邑志云：源出鄒嶧山，至洪疃分二河，夾休城而西，會白水河入運河。又明水，在縣東北二十里。源出馬山，東南流入漷水。又小白河，在縣西四十里。亦曰白水河。縣南八十里又有伯冢河，又南十里曰三界灣河，舊俱會漷水入運河。

**昭陽湖**，縣西南七十里，接沛縣界。縣境諸泉皆停蓄於此，水盛則溢出沽頭諸閘以濟運，水涸則民皆佃種。嘉靖末大河決入，運道淺淤，乃改濬新河出湖之東，而湖爲河流散溢之處。今詳見南直沛縣。○獨山湖，在縣西五十里，接魚臺縣界。鄒、泗之水餘流所匯也，亦引流入於運河。

**代陂**，在縣東。晉永和五年時石趙衰亂，褚裒帥衆伐趙，徑赴彭城。魯郡民亦起兵附晉，求援於裒。裒遣部將王龕等迎之，與趙將李農戰於代陂，敗没，即此。

**趙溝泉**，縣西南二十六里。旁有紋溝、三山、五花等泉。舊俱由上沽頭閘入漕河，今附南沙河而西北達於運河。又北石橋泉，在縣北二十里。旁有三里橋、大烏等泉，俱注於北沙河。又黄溝泉，在縣東南八十里，與温水、龍灣諸泉舊俱經沛縣留城閘入漕河。泉河考：「縣境凡一十九泉，舊俱入昭陽湖，今皆引流入於漷河以達運河。」

**臨城驛**。縣南七十里。志云：城東有滕陽馬驛，此爲臨城馬驛，南北陸道所經也。又縣南九十里有沙溝集巡司。○逍遥臺，在故薛城南十里。左傳莊三十一年「築臺於薛」，即此臺也。齊宣王時，孟嘗君歸薛，乃更築之，名曰逍遥。又清涼臺，在縣東南四十里。相傳漢武東巡置宫於此，復築臺，曰清涼。今其地名漢宫村。

嶧縣，府東南二百六十里。東北至沂州百八十里，西南至南直邳州一百八十里，西至南直沛縣百五十里。春秋時鄫國，漢爲蘭陵、氶二縣地，屬東海郡，後漢因之。晉元康初置蘭陵郡，治氶城縣，劉宋及後魏因之。隋郡廢，開皇十六年置鄫州。大業初州廢，改氶縣爲蘭陵縣，屬彭城郡。唐初復置鄫州，又改蘭陵爲氶縣。貞觀初州廢，縣屬沂州。宋因之。金改屬邳州，又改氶縣爲蘭陵縣，興定中又置嶧州治焉。元初以州屬益都路，至元二年以縣省入州。明朝洪武二年改州爲縣，屬濟寧府，十八年改今屬。編戶三十六里。

氶城，縣西北一里。漢置氶縣，以氶水所經而名。氶讀拯，俗作「承」，誤也。晉爲蘭陵郡治。劉宋泰始中郡移治昌慮縣，後魏仍爲郡治。隋爲鄫州治，大業初改氶縣爲蘭陵。唐復爲氶縣。元和十四年楚州刺史李聽討淄青叛帥李師道，克海州，敗其兵於沂州，拔氶城是也。宋亦曰氶城。金人復曰蘭陵，嶧州治焉。元省。明初改築今城，成化二十六年始砌以石，其後相繼修葺，周四里有奇。杜預曰：「氶縣東南有向城。」或以爲古向國，蓋其地與沂州接境。

蘭陵城，縣東六十里。史記：「荀卿適楚，春申君以爲蘭陵令。」十三州志：「蘭陵故魯之次室邑，其後楚取之，改爲蘭陵。」漢置縣，屬東海郡。後漢建武四年董憲將賁休以蘭陵降，既而憲復陷之。五年，憲等自下邳還蘭陵，即此。晉屬蘭陵郡，劉宋及後魏因之。隋大業初省入氶縣，尋改氶縣曰蘭陵。唐武德四年改蘭陵爲氶，而別置蘭陵縣，屬鄫州。貞觀初州廢，縣亦併入氶縣。

鄫城，縣東八十里。春秋時小國也。僖十四年，鄫子來朝。襄六年，莒人滅鄫。昭四年，取鄫。史記「夫差七年，敗齊師於艾陵，遂至繒」，即此。後爲楚地。漢置繒縣，屬東海郡。後漢屬琅邪郡，晉因之，後廢。隋復置鄫城縣，大業初嘗置蘭陵郡於此，尋併入氶縣。唐初爲山賊左君衡所據，事平復置鄫城縣，爲鄫州治，貞觀初州縣俱廢。杜預曰：「鄫縣北有蒧亭。」春秋莊九年「公及齊大夫盟於蒧」，即此。

偪陽城，縣南五十里。春秋時小國。城西有柤水。襄十年，晉侯會諸侯及吳子壽夢於柤，遂伐偪陽是也。漢置傅陽縣，屬楚國。傅、偪同音福。後漢屬彭城國，晉因之，後廢。○合鄉城，在縣西北。漢縣，屬東海郡，後漢及晉因之。劉宋屬蘭陵郡，後魏因之。後齊廢。沛縣志：「合鄉即古之互鄉，論語所謂『難與言』者。」

建陽城，在縣西。漢縣，屬東海郡，宣帝封魯孝王子咸爲侯邑。後漢亦曰建陽縣，建武五年董憲招五校餘賊拒守建陽是也。晉省。志云：縣西四十五里有建陵城，在白茅山之陽，亦漢東海屬縣也。景帝封衛綰爲侯邑，又宣帝封魯孝王子遂於此。或曰建陵即建陽之訛也。今南直沭陽縣有建陵城。又陰平城，舊志云：在縣西南三十里。今亦見沭陽縣。○二疏城，志云：在縣東四十里。城方五六里，內有散金臺，相傳漢疏廣、疏受所居。或謂之不其城。

君山，縣北六十里。亦曰抱犢山，又爲抱犢固。述征記：「抱犢固壁立千仞，頂寬平而有水。山去海三百里，天氣晴朗，宛然在目。山上有池，周迴五丈，深三四尺，水旱如一。有地數頃，相傳昔有王老者抱犢耕其上，故名。漢曰樓山，魏號仙臺，高九里，周四十五里。」齊建元三年淮北民桓磊磈叛魏，破魏師於抱犢固。又梁天監五年青、冀二州刺史桓和克魏朐山城，又擊魏兗州，拔固城。既而別將蕭及屯固城，魏將元恒復攻拔之。胡氏曰：「固城當即抱犢固也。」志云：君山之旁又有巨梁山、熊耳山，與滕縣接界。又車稍山亦與君山相接，寰宇記謂之花盤山，亦名三峰山，滄浪淵水出焉，即丞水上源也。今城西有孺子橋，蓋因孟子所稱而名。

僊壇山，縣東北一里。志云：山巔廣數里，攢簇奇秀，望之如廬，相傳古仙人所居。又東北四十里爲榜山，下有洞，泇水出其下。○夾山，在縣北七十里。或誤以爲夾谷。其相接者曰夾兒山，舊有錫場。

青石山，縣東七里。頂有石穴，深數丈。西崖瀑布自削壁而下，達於澗底。中有僊洞。或謂之石城山。晉咸和中彭城内史劉續據蘭陵石城，後趙將石瞻攻拔之。魏收志蘭陵縣有石孤山，當即石城矣。○葛嶧山，在縣東南十五里。丞水環其下。曰葛嶧者，以山川絡繹，如葛之有蔓也。亦名桂子山。又青檀山，在縣西十里。山多青檀樹，有流泉注丞水，俗名龍鳳山。又馬山，在縣南九十里。以山勢若奔馬而名。或謂之馬旺山，武水出焉。

泇河，在縣南。有二：東泇河出榜山，一云出費縣南山谷中，南流經沂州西南卞莊東分一支，經州西南三十里芙蓉山下之芙蓉湖，溉田數千頃，古所稱「琅邪之稻」也；西泇河出君山，東南流至三合村，有魚溝水及東泇河並會於此，因名。南貫四湖，溉田倍於芙蓉湖。又南合丞水謂之泇口，入邳州境注於泗河，淮、泗舟楫通焉。唐志：「丞縣有陂十三，畜水溉田，皆貞觀以來築。」齊乘云：「沂、嶧二州，仰泇、丞二水溉田，青、徐水利，莫與爲匹，皆十三陂遺跡也。」後多堙塞。萬曆三十二年改泇河爲運道，塹山剗石，引泗會沂，泇河遂成大川。今詳見南直邳州。

丞水，縣西七里。出縣北六十里花盤山之車稍谷，其源曰滄浪淵，南流合許池水。今滄浪淵水微，許池遂爲正源，至縣西經青檀山下，縣又南經縣南三十里有金注水流入焉。水出縣西二十里石屋山之瀑布泉，至縣西南五里有橋跨其上，曰蕭橋，又東南入於氶水，又東會彭河水入於泇河。齊乘：「氶水溉田千餘頃，旁多美竹，人賴其利。」今否。邑志：縣西門外有氶治河，出許家泉，東南流入邳州界，即氶水也。

**彭河**，縣東南五十里。一名中心溝。源出縣西四十五里白茅山下之玉華泉，東合衆流，又東會氶水注於泇河，土人謂之運鐵河。王應麟曰：「彭城北至氶有鐵官。其南有鑄錢山，蓋因以名。」又武河，在縣南百里。源出馬山，水經注所謂小沂水也。舊志：泇河南合於武河。氶水亦東流合焉，並入於泗。今詳見邳州。

**光武泉**，縣西北五十里。引流爲巨龍河，相傳光武征董憲時曾駐於此，下流合於泇河。又許池泉，在縣西北二十里。三泉並發，即氶水上源也。又温水泉，在縣西五十里。縣西二十里又有許池泉，西南流會温水諸泉入滕縣百塚河。泉河攷：「縣境有泉五，三入昭陽湖，二入沂水。」今並注於漕河。

**渣口戍**。在縣東南。後漢志偪陽有柤水，謂之柤口。春秋：「諸侯會吳於柤。」又哀六年：「叔還會吳於柤。」是也。梁大通二年魏泰山太守羊侃舉兵襲兗州，不克，南奔至渣口。渣、柤同，並音側加反，蓋即今之泇口云。〇鄒塢鎮，在縣西六十里。今有巡司戍守。

**金鄉縣**，府西南百八十里。東北至濟寧州九十里，東南至南直豐縣百里。古緡國，春秋時宋邑。漢置東緡縣，屬山陽郡。後漢析置金鄉縣，以山爲名。晉屬高平國，劉宋因之，又嘗置金鄉郡於此。後魏仍曰金鄉縣，屬高平郡。隋屬曹州。唐武德四年置金州治焉。明年州廢，縣屬戴州，又徙州治此。貞觀十七年州廢，縣屬兗州。元和十三年武寧帥李愬討淄青叛帥李師道，克其金鄉是也。五代周改屬濟州，宋因之。元屬濟寧路，明朝洪武十八年改今屬。編户三十三里。

東緡城，縣東北二十里。本夏之緡國，傳云：「帝相娶於有緡氏。」是也。春秋時屬宋。僖二十三年，齊伐宋，圍緡，鄒衍曰「余登緡城以望宋都」者也。漢初周勃攻緡，即此。尋置東緡縣。緡讀旻。後漢建初十一年封馮異長子彰爲侯邑。興平二年吕布屯於東緡，與曹操戰，敗走。晉省縣入金鄉。

昌邑城，縣西北四十里。本秦縣。二世三年，沛公擊昌邑，昌邑人彭越以兵屬沛公是也。漢初屬梁國。景帝三年吴、楚七國反，攻梁，周亞夫引兵東北壁昌邑。中六年分梁爲山陽國，治昌邑。武帝天漢四年更爲昌邑國，封子髆爲昌邑王。始元初子賀嗣。十二年徵爲昭帝後，賀廢，國除爲山陽郡，仍治昌邑。後漢爲兖州治。興平初吕布與曹操争兖州，自乘氏東屯山陽。晉泰始初更爲高平國，亦治昌邑。劉宋移高平國治高平縣，以昌邑省入金鄉。隋復分置昌邑縣，屬曹州，大業初省。志云：昌邑城縱横皆六里，一名外城，周三十餘里；中城周十餘里，一名山陽城。或曰山陽城在縣東北二十五里，悮。

梁丘城，在縣西南。杜預曰：「昌邑西南有梁丘城。」左傳莊三十二年「宋公、齊侯遇於梁丘」，即此。亦曰梁丘鄉。括地志「梁丘城在成武縣東北三十二里」，蓋接界處也。○防城，在縣西六十里，亦春秋時宋邑。隱十年，鄭人伐宋入防。杜預曰：「昌邑西南有防城。」亦謂之西防，以别於費縣之防城也。王莽末佼彊爲西防賊帥，後附於劉永。建武三年蓋延等敗劉永於睢陽，佼彊奔保西防。太子賢曰：「西防在單縣北四十里。」蓋境相接也。又有防東城，在縣南。後漢置縣，屬山陽郡，晉省。

陽山，縣西北三十里。山多美石。葛山在其前，魚山在其右，位處衆山之陽，因名。古山陽郡城在其下。志云：葛山在縣西北三十五里，魚山在縣北三十五里。

金莎嶺，志云：在城東里許。西自曹縣、定陶，東抵魚臺，綿亘三百餘里，因地異名，實一嶺也。水經注：「金鄉有數山，皆空中穴口，謂之隧。」戴延之西征記：「焦氏山北數山，有漢司隸校尉魯恭，穿山得白蛇白兔，不以葬，更葬山南，鑿而得金，故曰金鄉山。」今焦氏山東即金鄉山也。有塚謂之秦王陵。山上二百步得塚口，塹深十丈，兩壁峻峭，中有埏門及內外堂。或云昌邑哀王塚。北接鉅野縣界。

大河，在縣西南百里。自曹州及單縣流經縣境，又東南入南直碭山縣界。又濟水，舊亦在縣界。水經：「濟水逕乘氏西分爲二，其一水東流過昌邑縣北，又東逕金鄉縣南，又東過東緡縣北，又東過方與縣北爲菏水。」今堙。

洙水，在縣東北。或曰泗水自魚臺支流入縣境，謂之洙水。宇文周末，于仲文擊尉遲迥將席毗羅於金鄉，毗羅衆潰，爭投洙水死，水爲之不流。水經注：「洙水逕瑕丘城，又西南逕山陽郡南平陽縣之閭丘亭，又西至高平南入於泗水。」高平見鉅野境，洙水在是時應至縣界也。又後漢志乘氏縣有泗水，乘氏今曹縣地，蓋水道遷流，今昔不同久矣。

涞水，舊在城北。志云：單縣城東及縣城北俱有此水，石晉時所開，首受汴水，北抵濟河，南通徐、沛，元以後漸堙，惟下流入沛者水道僅存云。○大義河，在縣北。舊自濟寧州流入境。宋史：「慶曆中濬任城、金鄉之大義河以通漕。」是也。今亦廢。志云：縣北十里有三家灣，源出鉅野縣，經成武入縣界，注濟河。今亦涸。又蛭溝，在縣南八里。東達谷亭鎮，西抵成武界。元末淤，今故迹僅存。

甲父亭。志云：在故昌邑城東南，古國也。左傳昭十五年「齊侯伐徐，徐人行成，賂以甲父之鼎」，〔三〕蓋甲父之重器矣。又茅鄉，杜預曰：「在昌邑西南。」周公之子茅伯所封，後爲郕邑。哀七年，茅成子以茅叛，即此。亦謂之茅鄉城。

魚臺縣，府南百七十里。東南至南直沛縣百十里。春秋時魯棠邑也。隱公觀魚於棠，即此。漢置方與縣，屬山陽郡。方與讀曰房預。後漢因之。晉屬高平國，劉宋及後魏因之。後齊廢。隋開皇十六年復置，屬徐州。唐初屬金州，尋屬戴州，貞觀中改屬兗州，寶應初改縣曰魚臺。五代唐屬單州，宋因之。元屬濟州，至元初省入金鄉，尋復置。明初屬徐州，又改屬濟寧府，洪武十八年改今屬。編户二十七里。

方與城，在縣城北。春秋時宋之方與邑。戰國策：「楚人説頃襄王：『外擊定陶，則大宋、方與二郡者舉矣。』」秦置方與縣。史記：「二世二年秦嘉立景駒爲楚王，引兵之方與，欲擊秦軍定陶下。」又：「沛公取湖陵、方與。」漢仍置方與縣。其北有魯侯觀魚臺，唐因改爲魚臺縣。元和四年淄青帥李師道請移縣於魚臺市，即今縣治。九年武寧節度使李愬奉詔討師道，遣將李祐敗賊於魚臺，進取金鄉。十四年愬攻李師道，自金鄉進至魚臺是也。志云：城北舊有小城，即故方與縣治。○湖陵城，在縣東南六十里。亦春秋時宋邑，後屬楚，春申君謂「魏氏將出而攻銍、湖陵、碭、蕭、相」者也。秦置湖陵縣，漢因之。今詳見南直沛縣。

重鄉城，縣西北十一里。春秋僖三十一年：「取濟西田，分曹地，使臧文仲如晉，宿於重館。」杜預曰：「方與西北重鄉城也。」又郎城，在縣東北九十里。左傳隱元年「費伯帥師城郎」，桓四年「公狩於郎」，十年「齊侯、衛侯、鄭伯來，戰於郎」，莊八年「師次於郎，以俟陳人、蔡人」，三十一年「築臺於郎」，昭九年「築郎囿」，皆此也。蓋魯之邊邑。杜預曰：「方與縣東南有郁郎亭。」郗鑒城，在縣南。志云：在湖陵城西。東晉初郗鑒嘗營於此。水經注：「泗水逕郗鑒城北，又東南逕湖陵城。」是也。

**鳧山**，縣東北六十里，北接鄒縣界。稍東有黄山，即黄良泉所出。縣東北百里又有平山，有泉出焉。其相近者又有獨山、廟山、塞山、兖山。志云：諸山皆在縣東北境。

**運河**，在縣東二十里。謂之舊運河，即泗水也。自濟寧州流入縣東北四十里之南陽閘，又南歷谷亭、八里灣、孟陽泊，凡四閘而逕湖陵城，又南經廟道口閘過沛縣東，歷上沽頭等閘始至留城，凡百六十三里。嘉靖四十四年黄河横決，閘河淤塞，明年開新河於縣東北二十里，自南陽至留城凡百四十里，而舊漕河遂廢。

**菏水**，縣北十里。禹貢：「導菏澤，被孟諸。」又云：「導沇水，東至於菏。」今菏水經金鄉縣界流入，至縣東合於泗水，一名五丈溝，蓋濟水合菏水之下流也。水經注：「菏水即濟水所包注以成湖澤也。濟水屈從桓公溝南至方與縣入菏水。菏水又東逕秦梁，夾岸積石一里，高五丈，世傳秦始皇東巡所造，即五丈溝矣。又東與泗水合於穀庭城下，俗謂之黄水口。黄水西北通鉅野澤亦沿注於菏，故名。」今多堙塞。

**泥河泉**，縣東二十五里。引流爲泥河。又平山下爲平山泉，其東南爲東龍泉，西爲西龍泉。志云：縣境有泉凡十五，俱引流而入於漕河也。

**武唐亭**，縣東北十二里。春秋隱二年：「公及戎盟於唐。」杜預曰：「方與縣北武唐亭是也。」五年「公矢魚於棠」，亦即此。其地有魯侯觀魚臺。水經注：「菏水又東經武唐亭北。城有高臺二丈許，其下臨水，昔魯侯觀魚處。」

**費亭**，在縣西南。春秋時魯大夫費伯食邑也。晉書地道記：「湖陸西有費亭城，魏武初封費亭侯，即此地。」又西有極亭。隱二年，司空無駭入極亭，費芩父勝之，蓋在此。

**穀亭鎮**，縣東二十里。春秋時之甯母亭也。左傳僖十年：「公會齊侯、鄭伯，盟於甯母。」杜氏曰：「方與縣東泥母亭是也。」泥讀如甯。水經注謂之穀庭城，後訛爲穀亭，亦曰谷亭。泗水經此亦曰穀亭河，水深數丈，波濤洶湧。俗名負娘河，相傳昔有孝子負母渡此也。建文三年燕軍至大名，以南軍萃德州，資儲皆在徐、沛，遣將至濟寧穀亭，盡焚軍興以來儲積，南軍於是大困。嘉靖九年黄河嘗衝決至此，俗名黄水口。有谷亭閘，向爲運道所經，運河東徙，閘亦廢。

**塌場口**，縣南四十里，舊爲運道所經。永樂九年刑部侍郎金純濬元人運河故道，引汴水自開封入魚臺塌場口會汶水，經徐、吕二洪入淮。汶水即泗水也。嘉靖九年黄河由單縣侯家村決塌場口，衝谷亭，即此。其北有廣運閘，今廢。

**河橋驛**。縣東北四十里。志云：縣東南五十里舊有沙河鎮驛，接沛縣界，並置遞運所於此。亦曰沙河店。店北有蘇家壩，堨滕縣境内大烏諸泉流以達漕河。隆慶三年廢沙河驛，並廢濟寧州境内之魯橋驛，而改置河橋驛於此，爲往來津要。

單縣，府西南二百十里。東至南直豐縣九十里，南至河南夏邑縣七十里。魯單父邑，漢爲單父縣，屬山陽郡，郡都尉治焉。單父讀曰善甫。後漢初封劉茂爲侯邑，改屬濟陰郡。晉屬濟陽郡，後廢。後魏改置離狐縣，兼置北濟陰郡治焉。魏收志：「郡宋大明中置，魏因之，治單父城。」是也。後齊郡縣俱廢。隋開皇六年更置單父縣，屬曹州。唐初屬戴州，貞觀十七年改屬宋州。光啓中置單州於此，尋移置於碭山。後唐同光二年復置單州於此，宋因之，亦曰碭郡。金屬歸德府，元屬濟寧路。明朝洪武元年以州治單父縣省入，二年改州爲縣，屬濟寧府。十八年改今屬。編户四十二里。

單父城，在今城南半里。春秋時魯邑也。宓子賤、巫馬期皆嘗爲邑宰。秦置單父縣，屬碭郡。吕后父吕公，單父人也。後皆爲單父縣。唐光啓初置單州，領單父、碭山、成武、魚臺四縣。大順二年泰寧節度使朱瑾攻朱全忠之單州是也。明朝嘉靖二年黄河水溢，舊城墊没，因徙今治。志云：府境屬邑多土城，惟縣城甃以磚，嘉靖初所改築。

離狐城，在縣西北。漢縣，屬東郡。後漢屬濟陰郡，晉因之。劉宋屬北濟陰郡，以單父縣并入，後魏因之。後齊廢。隋爲單父縣地。唐復置離狐縣，屬曹州，天寶初改爲南華縣，仍屬曹州。宋因之。金大定六年圮於河，縣廢。○平樂城，在縣東四十里。漢縣，屬山陽郡，後漢省。寰宇記謂之平城，悮。

大陵山，縣西南五里。地高聳，水不能囓，俗謂之土山。山下有長堤以捍黄河。○扞山，在縣東南二里。有三山連峙，狀若倚然。又二里爲棲霞山，相傳梁孝王嘗遊此。

黄河，縣南二十里。自曹縣流入界，又東入南直豐縣界。岸長七十餘里。志云：縣南境黄堌口，即賈魯舊河也。

萬曆中河屢決溢，大約東出豐縣，東南出碭山縣，縣皆爲之孔道。黃堌口亦曰牛黃堌，與河南虞城縣分界。

淶河，在縣東門外。又東入金鄉縣界，北抵濟寧，志以爲宋之運河也。今堙。○豐水，在縣東南。水經注：「豐水上承大薺陂，東經己氏及平樂縣，又東逕豐縣故城南。」大薺陂蓋在今曹縣境，今故流已堙。

呂堌村。在縣南。相傳呂后所居。又有晏堌，在縣東三十里。志云：縣山皆平地突起，類如丘垤，小者謂之堌。

城武縣，府西南二百九十里。東南至單縣五十里，西至曹州定陶縣五十里。春秋時郜地，後屬宋。秦置成武縣，二世三年沛公將周勃攻東郡尉於成武。又曹參攻東郡尉軍，破之於成武南，即此。漢亦曰成武縣，屬山陽郡。後漢屬濟陰郡。晉屬濟陽郡。劉宋屬北濟陰郡，後魏因之。後齊置永昌郡。後周大象二年尉遲迥將檀讓屯成武，于仲文擊破之，遂拔成武。隋初郡罷，開皇十六年置戴州治焉。大業初州廢，縣屬濟陰郡。隋末復置，羣盜孟海公據曹、戴二州，爲竇建德所并。唐初亦屬戴州，貞觀中州廢，縣屬曹州。光啓初屬單州，尋屬輝州。五代唐仍改屬單州，宋因之。元改屬曹州。明朝洪武四年屬濟寧府，尋改今屬，訛成曰「城」。編户二十五里。

郜城，縣東南二十里。古郜國，周文王庶子所封，富辰所謂「郜、雍、曹、滕」者也。後附庸於宋。左傳隱十年「鄭師伐宋，入郜歸於我」，桓二年「取郜大鼎於宋」，即此。漢置郜成縣，屬山陽郡，後漢省入成武。縣志：郜有二城，此爲北郜城，又南二里曰南郜城。

秺城，在縣南。漢置秺縣，屬濟陰郡。秺音妬。武帝征和二年封商丘成爲侯邑。又昭帝始元二年封金日磾爲秺侯。後漢省。地道記：「成武縣有秺城。」劉宋泰始二年薛安都以彭城降魏，魏遣尉元等救安都，進軍於秺，即此。

文亭山，縣西北二里。上有文士亭，相傳漢高曾駐蹕於此。又梁丘山，在縣東北三十里。括地志：「春秋時齊侯、宋公遇於梁丘，蓋在此。」今見金鄉縣梁丘城。

黃水，在縣南，大河支流也。明初永樂中，自河南封丘縣導河入魚臺之塌場口，自曹縣北、定陶南流入界，經縣南而東。後堙廢。然大河東注，縣輒被其患，堤塞恒切焉。

濟水。在縣西。水經注：「濟水又東北經城武城西，又有黃溝水自北注之。」今堙。又菏水，在縣南。舊自曹州流入境，又東經金鄉縣入魚臺縣界。今詳見魚臺縣。

## 校勘記

〔一〕本魯之負瑕邑　「邑」，底本原作「縣」，據同卷瑕丘城下「魯負瑕邑」改。水經泗水注云：「瑕丘，魯邑，春秋之負瑕矣。」是爲證。

〔二〕後魏因之　「後魏」，底本原作「後漢」，上文已有「後漢亦爲瑕丘縣」，此不當再云「後漢因之」，鄒本作「後魏因之」，今據改。

〔三〕與陽虎戰於南門之外　左傳定八年「外」作「内」。

〔四〕公賜季友汶陽之田　「友」，底本原作「支」，今據職本、敷本、鄒本改。

〔五〕西南流至卞縣　「卞」，底本原作「汴」，今據職本、鄒本及水經洙水篇改。

〔六〕左傳莊三十三年　莊公無三十三年，季友以公命酖叔牙，事載左傳莊三十二年，此誤「二」爲「三」。

〔七〕又定六年陽虎盟公及三桓詛於五父之衢　此十七字敷本及鄒本均脱。

〔八〕西北四十許里　「里」，底本原作「步」，今據鄒本及水經泗水注改。

〔九〕齊世家　此所引「田氏之徒追執齊簡公於舒州」爲史記卷四六田敬仲完世家語，非齊世家文。

〔一〇〕高山　按職本「高山」前尚有「桃山」一節，各本皆脱。其文云：「桃山，縣東南五十里，一名華采山，亦曰義珠山，或訛爲陶山。」

〔一一〕蕃縣東北平澤泉若輪焉　水經泗水注「平澤」下有「出」字。

〔一二〕左傳昭十五年　按下所引「齊侯伐徐，徐人行成」云云爲左傳昭十六年文，此作「十五年」誤。

# 讀史方輿紀要卷三十三

## 山東四 兖州府下

濟寧州，府西六十里。東南至南直徐州四百二十里，西南至河南歸德府三百五十七里，北至東平州百五十里。

古徐州地，春秋屬魯，戰國屬宋，後屬齊。秦屬碭郡，漢屬東平國，後漢爲任城國，章帝元和初析東平國置。晉因之。劉宋屬高平郡。後魏復置任城郡，而置濟州於濟北郡之碻磝城。見濟南府長清縣。後齊又改任城曰高平郡。隋初郡廢，此爲兖州及濟州地。大業初改兖州曰魯郡，濟州曰濟北郡。唐亦爲兖、濟二州地，濟州治盧縣，自隋至唐不改。見前長清縣。天寶初改濟州曰濟陽郡，十三載廢入東平郡。五代周復置濟州，治鉅野縣。宋因之。亦曰濟陽郡。金亦曰濟州。改治任城縣。元曰濟寧路。元志：「至元六年以濟州還治鉅野。八年升爲濟寧府，復治任城，尋徙鉅野。十二年以任城當江、淮水陸衝要，改立濟州，屬濟寧府，而廢任城縣。十五年遷府治濟州，以鉅野縣行濟州事。其年復於鉅野立府，仍置濟州於此。十六年升府爲濟寧路，復置任城縣爲濟州治。至正中省濟州，而徙濟寧路治任城縣。」明初洪武元年改路爲府，十八年改府爲州，以州治任城縣省入，編户五十四里。屬兖州府。領縣三。

州南通江、淮，北連河、濟，控邳、徐之津要，扼宋、衛之噤喉。在戰國時，蘇秦所云「亢父之險」也。自是東方有事，必争濟州。元人開會通河，而州之形勢益重。察罕復山東，先下濟寧；太祖命將北伐，亦以濟寧爲先務；燕師南下，則遣奇兵破濟寧，而德州崩潰。豈非以饋餉所經，州實關南北之大命哉？

任城廢縣，今州治。春秋時任國，戰國時爲齊附庸，孟子居鄒，季任爲任處守是也。漢置縣，屬東平國。後漢元和初爲任城國治，晉因之。後國廢縣存。後魏復置任城郡，高齊改置高平郡治此。隋郡廢，縣屬兗州。唐因之。宋屬濟州，金爲州治。元仍屬濟州，後徙濟寧路治焉。明初省。志云：州舊爲土城，洪武四年始甃以磚石。今城周九里有奇。

亢父城，州南五十里。本齊地，戰國策：「蘇秦曰：『秦之攻齊也，倍韓、魏之地，過衛陽晉之道，逕乎亢父之險，車不得方軌，騎不得比行，百人守險，千人不得過。』」謂此也。秦置亢父縣。二世二年項梁引軍攻亢父，又沛公自薛還軍亢父。漢仍爲亢父縣，屬東平國。後漢初光武征龐萌，自將輕兵馳赴亢父是也。尋改屬任城國，晉因之。劉宋屬高平郡，後魏仍屬任城郡。後齊廢。水經注：「黄水又東逕亢父故城西。」是也。

桃鄉城，州東北六十里。春秋時魯邑。襄十七年，齊師伐我，圍桃。漢置桃鄉縣，屬泰山郡，成帝封東平思王子宣爲侯邑。後漢建武四年龐萌叛，自稱東平王，屯桃鄉之北。五年光武擊萌至蒙，聞萌圍桃城，晨夜兼行，至亢父，復行十里宿任城，去桃城六十里，乃按兵不出。既而進擊萌，破走之。水經注：「汶水西南經桃鄉故城。」劉昭曰「任城有桃聚」，即桃鄉也。蓋後漢并縣入任城。蒙城，見河南歸德府。

郜城，在州東南。春秋時郜國。襄十三年取郜，即此。後漢建武二年封劉隆爲侯邑。杜預曰：「亢父縣有郜亭。」又邾瑕城，在州南二十里。春秋哀六年：「城邾瑕。」杜預曰「亢父縣北有邾婁城」，即邾瑕矣。○樊城，在州北。漢置樊縣，屬東平國。文帝封常山相蔡兼爲樊侯，邑於此。後漢屬任城國，晉因之，後省。括地志「樊城在瑕丘縣西南」，或以爲周仲山甫國，皆悮也。

兩城山，州南六十里。志云：以山夾如城而名。又有承斥山，在州南四十里。相傳女媧生於此，有廟祀焉。

會通河，在州城南。元人所開也。泗水自府城之東折而西流，洸水自寧陽縣之北折而南流，會於州城南，由天井牐入河以通漕，自州西三里分水閘北出至臨清州，南至徐州。久而淤塞。明朝永樂九年遣大臣發民夫疏鑿，北達臨清衛河，南入徐州黄河，中間七百里，皆曰閘河，節宣諸山谷泉澗之水，以便轉輸。自州南接魚臺，爲牐十有二，而天井、魯橋、棗林、南陽爲最著。天井在城東南二百餘步，洸、泗二水交注處也。由閘而東南五十四里曰魯橋閘，又五里曰棗林，又十里曰南陽，入魚臺縣界，轉輸商旅，畢出於此。今詳見川瀆漕河。○月河，在州南，會通河之支流也。有上新、中新、下新等牐，仍合於會通河。

馬腸湖，縣西十里，在會通河北岸。本名馬常湖，舊與南旺、蜀山二湖相接，故南旺亦兼馬常泊之名。漕河考：「馬腸湖北接蜀山湖，蜀山之水時溢入焉。萬曆十七年河臣潘季馴於湖北岸爲減水閘三，其東爲堤，西口爲壩，以時蓄洩。」○南池，在城東南二百步。渟泓數畝，洸水所瀦也，亦流入天井閘。

蘆溝泉，在州東，流入南陽閘。稍西有托基泉，入棗林閘。又有馬陵泉，入魯橋閘。東泉志：「自滕縣、嶧縣及曲阜縣界之蜈蚣泉，共十六泉，散入魯橋以下漕河，是爲魯橋圈裡派。又自嵫陽、寧陽界六十三泉，俱入天井閘，是爲天井派。其寧陽龍港溝等四泉，則入分水河。蓋沂、洸之流，來自東北，入於天井，以資運道；牛首之渠，來自西南，出於魚、沛，以洩瀦水；而河漕之利病，交相受焉，譬之於脉在任督之交矣。」牛首渠即鉅野縣之牛頭河也。今詳見川瀆漕河。

魯橋鎮。州南五十四里。唐咸通十年，徐州叛卒龐勛等作亂，兖州發兵戍守魯橋鎮以備侵軼。今爲運道所經，有魯橋閘，又置魯橋驛及遞運所、巡簡司於此，隆慶中驛與遞運所俱廢。又南城水驛，在南門外。其旁有遞運所。又舊置城東、康莊二驛，今俱廢。

嘉祥縣，州西五十里。南至金鄉縣七十里。本任城、鉅野二縣地，金皇統中析置今縣，屬濟州，大定十五年又遷今治。元初屬東平路，至元初改屬濟州，尋屬單州。明朝洪武四年改今屬。編户十四里。

嘉祥舊城，在縣西二十五里。金人置縣於此。本名山口鎮，相傳魯哀公時獲麟處也，縣因以名。正隆初縣圮於水，徙治横山之南。大定十五年又徙於萌山下，即今治也。縣有土城，周四里餘，即金時故址。

爰戚城，在縣西南。秦縣。漢初曹參攻爰戚及亢父，又周勃攻爰戚略東緡，即此。高帝六年封功臣趙成爲侯邑，尋屬山陽郡。後漢省。又廢武城，在縣南五十里。志云：魯有二武城，此其一也。漢文帝四年立齊悼惠王子賢爲武城侯，或以爲即此。近志作「南武城」，悞。又焦城，志云：在縣南十五里青山之東。城冢記：「周武王封神農後於焦，蓋在此。」今其地名焦城村云。

**萌山**，在縣治東北。峰巒峭拔，高百餘仞。出城横亘四五里，亦名横山。其前有獨坐山，後有柏山，桓公溝在其東。○澹臺山，在縣南三里。有澹臺滅明墓。其旁有羣山相接，連亘城南。又南武山，在縣南四十五里。其南有曾子墓。

**郗山**，縣東南五里。相傳晉郗鑒居此。下有郗城，即鑒所築。今爲河水墊没。俗謂之登臺山。○青山，有二：一曰大青山，在縣西南十五里，迤南相接者曰焦氏山、挾山，峰巖泉石，紆迴秀潤；其小青山在縣西八里：皆在運河西岸，亦謂之嘉祥山，大抵皆金鄉山之支阜也。

**塔山**，縣南二十里。旁有數山相連。志云：邑境之山九十九，惟塔山爲最高。又華林山，在縣東南十里。山北高嶺上有寨基，俗謂之東寨山，亦曰龍華山。又崱山，在縣南四十里。其山崱嵂高大，横亘數里，因名。○遂山，在縣南五十三里。其西有古洞，深二三里。又平山，在縣南五十五里。山頂四平，可耕稼云。

**會通河**，縣東二十五里。其東岸即濟寧州界也。志云：縣西南有舊黄河，自鉅野縣流入界，又東南入魚臺縣之塌場口。又縣北十里有古河堤。方輿志：「馬頰河經鄆、濟間，即此堤矣。」○濟河，志云：在縣南五十里平山之西，有姚河水入之，其地名梧桐堌。今堙。

**桓公溝**，在縣東門外。舊志：溝在濟寧州西四十里萌山下。晉太和中桓温伐燕，遣冠軍將軍毛虎生鑿鉅野通濟，水道出此，南入魚臺縣界。今堙。○獲麟渡，志云：在縣東南漕河旁，地名大長溝。

獲麟堆。縣西二十五里。春秋哀十四年：「西狩大野，獲麟。」括地志：「鉅野縣東十二里有獲麟堆。」宗國都城記：「鉅野故城東十里澤中有三臺，廣輪十五步，俗謂之獲麟堆。」今在縣境。

鉅野縣，州西北百里。北至東平州百里，東南至金鄉縣九十里。古大野地，漢置鉅野縣，屬山陽郡。後漢因之。興平二年，曹操破斬呂布將薛蘭等於鉅野。晉屬高平國，劉宋因之。後魏屬任城郡，北齊廢。隋開皇十六年復置，屬鄆州。唐武德四年置麟州治此，明年州廢，縣屬戴州。貞觀十七年仍屬鄆州。乾寧二年兖州帥朱瑾爲朱全忠所攻，遣兵襲曹州，以解兖州之圍。全忠自中都引兵追及之於鉅野南，屠殺殆盡。五代周置濟州於此，宋因之。金徙州治任城，縣省。元復置，濟寧府嘗治此，後又改屬濟寧路。今編户三十五里。

高平城，在縣東南。漢置橐縣，屬山陽郡。王莽曰高平。後漢初復故，章帝仍曰高平縣，屬梁國。晉屬高平國。永嘉五年青州刺史苟晞爲曹嶷所敗，棄城奔高平。劉宋爲高平郡治，後魏因之。北齊郡、縣俱廢。舊志：泗水經高平西。今堙。○乘丘城，在縣東南五十里，隋所置縣也。隋志：「開皇十六年置乘丘縣，屬鄆州。大業初并入鉅野縣。」唐初復置乘丘縣，屬鄆州，貞觀初又廢。近志以爲乘丘城即漢乘氏縣，悮。

高平山，縣南五十里。山東西十里，南北五里，高四里，頂上方平，故名。舊因以名縣。亦曰金鄉山。山形峻峭。山之北有石洞曰清涼洞，南有石閣、石道，相傳秦始皇東遊避暑於此。山之南即今金鄉縣之金菸嶺也。○獨山，在縣北三十里。四野平曠，屹然中起，因名。

會通河，縣東八十里，東岸與濟寧州分界。○舊黄河，在縣西南八十里，所管河岸南自曹州寶珠口，北至曹州訾家口，凡十二里。今堙。志云：縣東八里有八里河，亦黄河支流也。舊時大河流入境，東北經鄆城、壽張至張秋入運河，謂之北道；其分流縣南，又東爲八里河，流合新挑河，經嘉祥縣入運河。

**鉅野澤**，縣東五里。志云：澤東西百里，南北三百里。亦曰大野。禹貢：「大野既豬。」職方：「其澤藪曰大野。」春秋哀十四年：「春，西狩於大野。」爾雅：「十藪，魯有大野。」是也。秦末昌邑人彭越漁於鉅野澤中，爲羣盜。漢元光中河決瓠子，東南注於鉅野。晉太和四年桓温伐燕至金鄉，遣毛虎生鑿鉅野三百里，引汶水合清水，引舟自濟入河。又義熙十四年劉裕伐秦，遣王仲德督前鋒，開鉅野入河，進據滑臺。宋元嘉中何承天言：「鉅野湖澤廣大，南通洙、泗，北連清、濟。有舊縣城，正在澤内。宜修復埭堨，給輕艦百艘，寇若入境，引艦出戰，隨宜應接，於事爲便。」酈道元曰：「濟水自乘氏縣兩分，東北入鉅野。濟之故瀆，又東北右會洪水。洪水上承鉅野薛訓渚。自渚迄於北口一百二十里，名洪水。桓温北伐掘渠通濟，劉武帝入長安又廣其功。自洪口以上亦爲桓公瀆，濟自是北注矣。」自隋以後，濟流枯竭，鉅野漸微。元末爲河所決，河徙後遂涸爲平陸。

**咸亭**，在縣南。春秋桓七年：「焚咸丘。」杜預曰：「鉅野縣南有咸亭。」是也。水經注：「黄水經鉅野縣北，又東經咸亭北。其水大河支流也。」又郥亭，在縣西南。左傳定十三年「齊侯、衛侯次於垂葭，實郥氏」，即此。○廣野亭，在縣東北。韋昭曰：「山陽有廣野亭。」沛公以酈食其爲廣野君，即此。

**合蔡鎮**。縣西北六十里。宋史：「廣濟河之水出濟州合蔡鎮，通梁公泊。」是也。廣濟河，見河南開封府。今涸。又安興墓巡司，在縣西八十里。

**鄆城縣**，州西北百五十里。西南至曹州百三十里。漢廩丘縣地，後周置清澤縣及高平郡。隋廢郡，改縣曰萬安。開皇十年置鄆州治此。十八年改縣曰鄆城，大業初又改州爲東平郡。唐初仍爲鄆州治，貞觀八年州移治須昌縣，以縣屬焉。五代周改屬濟州，宋因之。元屬濟寧路。今編户二十四里。

**鄆城舊縣**，縣東十六里。志云：魯西境邑，亦謂之西鄆。成四年，城鄆。十六年，晉人執季文子於苕丘，公還待於鄆。昭二十六年，齊侯取鄆。公至自齊，處鄆。又定三年，齊取鄆以爲陽虎邑。十年，齊人歸鄆田於魯。杜氏曰：「皆西鄆也。」隋因以鄆名州，自隋以來皆爲縣治。金大定六年大河決溢，徙縣治於盤溝村，即今縣。

**高魚城**，在縣東北。左傳襄二十六年：「齊烏餘以廩丘奔晉，襲衛羊角，取之。又襲我高魚。」杜氏曰：「廩丘東北有高魚城。」後訛爲高梧。唐乾寧二年朱全忠遣朱友恭圍朱瑾於兖州，朱瑄自鄆州馳救，友恭設伏敗之於高梧。胡氏曰：「即高魚也。」俗又訛爲交魚。廩丘，見濮州范縣，蓋縣北與范縣接界。

**獨孤山**，縣東北五十里。以孤峰獨立而名。

**舊黄河**，在縣西三十里。南自曹州界沈家口，北至壽張縣界黑虎廟，長百九十里。舊爲縣境所管河岸，今堙。○濟水，志云：濟水故瀆在縣西南二十里。水經注：「濟水入鉅野澤，過壽張西與汶水合。」是也。宋、金時嘗爲運道，今自鉅野界安興墓入縣境，東流爲八里河，環縣城東北流，經汶上縣北合汶水，至安民山入運河。別開一支，自縣東南經嘉祥縣入會通河。

**灉水**，在縣西。黄河支流也。禹貢：「灉、沮會同。」傳云：「河出爲灉。」王氏炎曰：「灉出曹州也。」自曹州夾河灘入境，受廩丘諸陂之水，逕壽張黑虎廟故范城東，至張秋南沙灣小牌入會通河，土人謂之西裏河。于慎行曰：「河南開封、南陽之粟，由考城、儀封經此可輸張秋，自黄陵岡塞而此河日湮。」又有冷莊河，在縣西南三十里。亦自曹州界流入，與灉河俱東北流至葛皮口出境，入壽張縣界。

梁家樓。在縣東。天啓中妖人徐鴻儒作亂，聚衆卞家屯，置其家於梁山泊。起兵圍魏家莊，遂寇縣境。圍梁家樓，據爲巢穴，去縣二十里，遂進陷縣城是也。

東平州，府西北百五十里。東北至濟南府三百三十里，西北至東昌府二百里，西至東昌府濮州百八十里。

春秋時魯附庸須句國也，後屬魯。戰國屬宋，後屬齊。秦爲碭郡及薛郡地。漢初屬梁國，景帝中六年别爲濟東國，武帝元鼎初改爲大河郡，宣帝甘露二年爲東平國。取禹貢「東原底平」之義。後漢及晉因之。劉宋曰東平郡，後魏因之。魏收志：「泰常中置東平郡，太和末罷，建義中復置。」後周置魯州，隋曰鄆州，治萬安縣。煬帝復曰東平郡。唐初仍置鄆州，貞觀八年徙治須昌。天寶初亦曰東平郡，乾元初復故，元和中置天平軍節度。宋仍曰鄆州，亦曰天平軍、東平郡。政和初升爲東平府。紹興初，金人立劉豫爲僞齊，自大名徙居此，僭稱東京。元曰東平路。明朝洪武初改爲府，八年降爲州，隸濟寧府，以州治須城縣省入，十八年改今屬。編户三十三里。領縣五。

州襟帶河、濟，控援魏、博，舟車四通，屹爲津要。戰國時蘇代説齊湣王曰：「有宋，衛之阸地危；阸地，一作「陽地」。孔氏曰：「今濮陽之地。」有濟西，趙之阿東國危；孔氏曰：「阿即東阿。」非也。阿有二：在趙者曰西阿，在齊者曰東阿。云阿者，大陵又曲限也。蓋阿地在河曲，爲齊、趙之邊境云。有淮北，楚之東國危；東國，謂壽春以東。有陶、即定陶縣。平陸，即汶上縣。梁門不開。」蓋州爲濟西津要也。漢置東平國，嘗爲兗州都會。興平初呂布爭兗州，攻鄄城不下，西屯濮陽，曹操曰：「布一旦得一州，不能據東平斷太山、亢父之道，乘險要我，時操擊陶謙於徐州，還救兗州也。而退屯濮陽，吾知其無能爲也。」南北朝時東平嘗爲戰地。唐季朱全忠謀并山東，則急擊鄆州。及梁之亡，禍亦發於鄆州。五代史：「唐同光初梁鄆州將盧順密來降，請襲取鄆州。唐主曰：『梁人志在澤潞，時澤潞復叛附梁。不備東方，若得東平，則潰其心腹矣。』因遣李嗣源趣鄆州，遂克之。既而唐主亦渡河入鄆州，復踰汶克中都，王彥章時在中都，故先克之。與諸將議所向，李嗣源曰：『梁之重兵皆在河上，未知吾所向，即發救兵直路則阻決河，時梁人自汴以北皆決河以阻晉兵，謂之護駕水。須自白馬南渡。此去大梁至近，前無山險，方陣橫行，晝夜兼程，信宿可至。梁將未離河上，友貞已爲我擒矣。』於是發中都，二日至曹州，又五日至大梁，遂克之。」蓋東平去大梁不過數驛也

須城廢縣，今州治。古須句國地。左傳僖二十一年：「邾人滅須句，須句子來奔。明年，公伐邾，取須句而反其君焉。」文七年：「公伐邾，取須句。」杜氏曰：「時須句復爲邾所滅也。」秦置須昌縣，漢因之，屬東郡，高帝封功臣趙衍

爲侯邑。後漢屬東平國。晉爲東平國治。劉宋因之，元嘉二十三年移兗州鎮焉。後魏亦爲東平郡治，後齊郡廢。隋屬鄆州，開皇十六年改曰宿城縣。唐初因之，貞觀初縣廢。景雲二年復置宿城縣，貞元四年改爲東平縣，移治郭下。大和四年改爲天平縣，六年并入須昌縣。後唐諱昌，改爲須城縣。宋咸平三年以河患，復徙州治於故宿城縣，仍置須城縣爲附郭。宋志：「時徙州治於東南十五里陽鄉之高原。」是也。金、元因之，明朝初省。志云：州自昔爲望郡，金尤爲重鎮，以至於元，並專制一路，城郭規制，甲於東藩。明朝爲水陸之衝，號稱繁庶。州城，蓋宋時故址。今仍爲土城，周二十四里有奇。

須昌城，州西北十五里。本須昌縣地。杜預曰：「須句在須昌西北。」或謂即此城也。隋開皇十六年析置須昌縣於此，而改故縣爲宿城縣，屬鄆州。唐初徐圓朗據兗州，僞置昌州於須昌縣。武德六年仍屬鄆州，貞觀八年自鄆城縣移州治此。後唐改曰須城縣。宋州、縣俱還舊治，此城遂廢。或謂之鄆州城。

無鹽城，州東二十里。春秋時宿國也。隱元年，公及宋人盟於宿。莊十年，宋人遷宿。戰國時爲齊之無鹽邑。項羽紀：「宋義遣其子宋襄相齊，身送之至無鹽，飲酒高會。」漢置無鹽縣，屬東平國。或曰東平國蓋治此。後漢因之。晉仍屬東平國。劉宋大明初，魏寇兗州，向無鹽，敗東平太守劉胡。泰始三年東平太守申纂守無鹽，爲魏將慕容白曜所陷。後魏屬東平郡，北齊省。宋宣和二年置東平監於此，政和三年廢。

鄣城，州東六十里。春秋時小國也。左傳莊三十年：「齊人降鄣。」今有鄣城集。又郈城，在州東南四十里，春秋魯叔孫氏邑也。昭二十五年，臧會奔郈。定十年，侯犯以郈叛，叔孫州仇帥師圍郈。十二年，仲由爲季氏宰，將墮三都，叔孫氏墮郈。杜預曰：「郈在無鹽東南。」是也。亦曰郈鄉亭。

留舒城，在州西。齊邑也。左傳哀二十七年「晉伐鄭，齊陳成子救之，及留舒，違穀七里，穀人不知」，即此城矣。又陽州城，在州東北，春秋時魯邑。襄三十一年「齊侵陽州」，昭二十五年「公孫於齊，次於陽州」，即此。杜預曰：「陽州，齊、魯境上邑。」

瓠山，州北二十里。山圓而長，因名。漢哀帝建平二年，山有立石之異，東平王雲及后謁居，束蓓草祠石，爲息夫躬等告處也。〔一〕又危山，在州東北三十里。亦曰峗山。漢書「哀帝時無鹽危山土自起覆草，如馳道狀」，即此山也。一名金螺山。志云：無鹽城在危山下，亦曰白佛山。又有峗山，在州北五里。

梁山，州西南五十里，接壽張縣界。本名良山，漢梁孝王常遊獵於此，因改爲梁山。史記：「梁孝王北獵良山。」是也。山周二十餘里，上有虎頭崖，下有黑風洞，山南即古大野澤。唐乾寧二年朱全忠擊鄆帥朱瑄，戰於梁山，鄆兵敗走。宋政和中盜宋江等保據於此，其下即梁山泊也。又棘梁山，在州西四十里。頂有崖，東西判爲二，其上架石爲橋，可通往來，名曰天橋。

鼇尾山，州北三十里。聯絡望山、卧牛諸山。下有小洞庭湖。又有黄華山、鳳山在其左右，羣峰環抱，爲州之勝。○金山，在州西北四十里。山色紫赤，其石堅緻，河上諸邑往採以給用。州南有坤山，馬跑泉出焉。又南有土山，日中無影，亦名無影山，在州西三十里。○安山，在州西南三十五里。亦曰安民山。詳見下。

會通河，州西南十五里。南接汶上縣，汶、濟二水合流處也。有牐一，曰安山。西北入東阿縣界。志云：漕河西岸有安民山。山下爲安山湖，湖繞山下，縈洄百餘里，流入小洞庭湖，仍合汶水。亦名積水湖。正統三年於近河處置減水閘以濟漕，後淤爲民田。嘉靖二十年清復，隆慶四年復爲民田。萬曆十六年議復故址而狹小逾半，畜水之處不過三十八里。漕河攷：「由南旺而至臨清亘四百里，惟藉安山一湖以濟漕河。東北有似蛇溝，東有八里灣，皆引水通漕之道。四面有隄，置閘以時畜洩，亦曰水匱。」州志：安民湖在州西十五里，又西三里曰積水湖。

**汶水**，舊在州南一里。其上源自寧陽縣西北流至州東六十里戴村，又西經城南，至安山湖合濟水。自戴村壩築，遂西南流至汶上縣，凡八十里而爲分水河。今導爲運河，西北流經州西南而接安民湖。五代唐同光初，李嗣源守鄆，梁將王彥章引兵踰汶將攻鄆，嗣源遣李從珂逆戰，敗之。既而唐主至鄆州，遂進軍踰汶擊梁軍，追至中都，拔之。宋嘉定十三年，李全攻東平，與金將張林夾汶水而軍是也。又有沙河，在城北。有大隄環之，方三十里。其源爲南沙河，亦即汶水故道。明朝永樂中宋禮言：「東平東境有沙河一道，本汶河支流，至十里口通馬常泊。比年流沙淤塞河口，請及時開濬。」從之。今復淤。

**舊黃河**，在州西七十里，有二：其自北直開州流經濮州東而至州境，又東歷德州、武定、濱州入海者，此自宋以前故道也。明朝景泰四年徐有貞請開分水河，自張秋金堤通壽張之沙河，西南至竹口逾范暨濮以達河、沁，疏爲廣濟渠，即故道矣。其自河南儀封縣流經曹縣東北，歷定陶、曹州、鄆城、壽張而入州界者，此自金、元至明初故道也。昔時州管河岸，西南起壽張范城淺，東北至陽穀高吾淺，長五里。弘治中黃河衝決，築隄黃陵岡障河流盡出於南，而舊河俱堙廢。○赤河，在州西北，亦黃河支流也。宋志：「五代周顯德初，命宰相李穀治楊劉決河。其決河不復故道者，離爲赤河及游、金二河。」宋史所云游、金、赤三河也，俱與北直開州接界。乾德四年赤河決東平之竹村。咸平三年赤河復決，擁入濟、泗。先是鄆州城中常苦水患，至是復以霖雨積潦。及徙州治而東，今故流皆堙滅，不可攷。

坎河，州東北五十里有坎河泉，南流六里入汶河。志云：坎河即汶水下流洩入鹽河處。鹽河即濟河之別名，自戴村壩築而汶水不復由此入濟。萬曆七年築滚水石壩於此以時蓄洩，而汶水無泛溢之患。又桓公溝，在州西南。舊與南旺、鉅野相接，即桓温命毛虎生所開故址也。

七女津，在州西北。昔時河津也。宋元嘉七年，到彦之等復河南地，沿河置守，還保東平。北魏主燾遣兵來寇，諸軍會於七女津，謀南渡。彦之遣裨將王蟠龍泝流奪其船，魏將杜超等擊斬之。志云：州北三十五里有七女泉，出鼉尾山，舊注於河，今入積水湖會汶水。七女津當即其處。

蘆泉，州東北三十里。又東北二十五里有鐵鉤觜泉，旁又有安圈、獨山等泉。志云：州境之泉凡二十五，皆注於汶河。

安民亭，在州西南安民山南。水經注：「汶水西南至安民亭入於濟。」亭北對安民山，東鄰濟水，水東即無鹽縣界。漢建安六年曹操破袁紹，就穀於安民，即此。今爲安山鎮。明初兵下東阿，至安山鎮，守者以州迎降是也。○遞坊鎮，在州南。後唐初李嗣源入鄆，梁王彦章踰汶來攻，嗣源遣李從珂逆戰，敗其前鋒於遞坊鎮。薛史作「遞坊」。

樂亭，在須昌故城西。唐乾寧三年，朱全忠將葛從周擊鄆帥朱瑄，自楊劉而南，戰於故樂亭，大破鄆兵。胡氏曰：

「亭在鄆州西門外。」時從周據爲寨。亦作「洛亭」。○成昌聚，在州西。莽地皇三年，王匡等自無鹽進擊赤眉别校董憲於梁郡，合戰成昌，匡等大敗。胡氏曰：「成昌在無鹽縣界。」

清口戍，在州西。水經注：「濟水東北過安民亭南，汶水從東北來注之，戴延之所謂清口也。」宋元嘉二十七年，北伐不克，蕭斌自碻磝退守歷城，使垣護之據清口。又大明二年魏兵攻清口，宋將龐孟虯敗魏兵於沙溝。既而殷孝祖築兩城於清水之東，魏將封敕文來攻，復爲清口戍主傅乾愛所敗。王象之曰：「禹貢濟水又東北會於汶，今枯渠注鉅野澤北，則清水與汶河會，即所謂清口也。」沙溝，見濟南府長清縣。

馬家口，在州西北。其西南爲鄒家口，又西即東阿縣之楊劉鎮。五代唐同光初李嗣源取鄆州，梁將王彦章攻楊劉，扼河津以絶援兵之路。郭崇韜曰：「彦章據守津要，意謂可以坐取東平，若大軍不南，則東平不守，請築壘於博州東岸以固河津，既得以應接東平，又可分賊兵勢。」嗣源亦遣使請築壘於馬家口，以通鄆州之路。唐主乃命崇韜自楊劉夜發趣博州，至馬家口渡河築城，彦章來争不能得，於是鄆州走報始通。彦章退保鄒家口，仍趣楊劉，爲唐兵所敗。石晉天福九年契丹入寇，白再榮引兵守馬家口。既而博州刺史周儒降契丹，引契丹自馬家口濟營於東岸，攻鄆州北津，尋爲晉將李守貞所敗，遁去。今堙。

鄒家口，在馬家口西南。王彦章攻馬家口城，唐主自楊劉赴救，陳於城西岸，彦章退保鄒家口。既而唐主引兵循河而南，彦章棄鄒家口復趣楊劉，唐主至鄒家口，彦章又解楊劉圍趣保趙村。見北直開州。○劉公橋，在州東二十七里。劉裕北伐時所置，因名。其地有小城，謂之烽倉城，蓋是時立烽堠置倉庫之所。今城址猶存。

**戴村**。在州東六十里，汶水故道所經也。永樂九年用汶上老人白英策，築壩於此，橫亘五里，汶水經流爲壩所遏，乃直趨南旺湖。今謂之戴村壩。○金線閘，在州西北，即張秋鎮河東岸也，有巡司戍守。又州治西有金線閘遞運所。今俱革。志云：州治南有東原馬驛，州西南十五里又有安山水驛云。

**汶上縣**，州東南六十里。東南至府城九十里，南至濟寧州八十里。古厥國，春秋時爲魯中都邑，戰國屬齊爲平陸邑。漢置東平陸縣，屬東平國，後漢及晉因之。宋爲平陸縣，屬東平郡，後魏因之。北齊改爲樂平縣，隋復曰平陸，屬兗州。唐因之。天寶初改爲中都縣，貞元十四年改屬鄆州。宋因之。金曰汶陽縣，泰和八年又改爲汶上縣。今編户四十八里。

**中都城**在縣西。春秋時魯邑，夫子爲中都宰，入爲司寇，以冉伯牛攝宰事是也。郡國志：「須昌縣有致密城，古中都城。」劉昫曰：「中都本治致密城，在今縣西三十九里，天寶中移於今治。」後唐同光初梁王彥章襲鄆州不克，還保中都，唐主襲執之，即此。○平陸城，在縣北。戰國時齊邑，孟子之平陸，又處於平陸是也。史記齊世家：「康公十五年，魯敗齊師於平陸。又威王二十三年，與趙王會平陸。」韓非子「魏安釐王加兵於齊，私平陸之都」，即此。漢置東平陸縣，晉末移治於致密城。水經注：「汶水西逕平陸故城北。」

**郕城**，縣西北二十里。古郕國，周武王封弟叔武於此。春秋隱五年「衛師入郕」，莊八年「師及齊師圍郕，郕降於齊師」，説苑「孔子遊於郕之野」，謂此。杜預云：「郕在亢父縣西南。」似悮。又有夫鍾里，杜預曰：「在郕北。」春秋桓十一年：「公會宋公於夫鍾。」又文十二年：「郕伯卒，太子以夫鍾與郕、邽來奔。」邽亦郕邑也。

蜀山，縣西南四十里。爾雅：「蜀者，獨也。」四望無山，挺立波心，因名。其下曰蜀山湖。〇采山，在縣東北三十五里。與縣北三十里坦山相接，皆出沙金。又太白山，在縣東五十里。山高聳，旁接雲尾山是也。

會通河，縣西南三十五里。自濟寧州流入界，亦接嘉祥縣境，歷南旺湖，又北入東平州境。其旁有月河，各置閘以節宣之。志云：縣境會通河即濟水故道也。濟水合諸陂澤之水，昔時自縣北出東平境內合汶水，今汶水悉入南旺合流而北出矣。詳見川瀆漕河。

汶水，縣東北二十五里。其舊流自東平州東會坎河諸泉，至四汶口而分，其西流者入大清河，此故道也。永樂中開會通河，於寧陽縣北築堽城壩遏其入洸之流，又於汶河西築戴村壩阻其入海之路，使全流盡出於縣北二十五里，受濼當諸泉謂之魯溝；又西南流至城北二里受蒲灣泊水，謂之草橋河；又西南流十里，謂之白馬河；又西南流二十二里，謂之鵝河，鵝河故宋運道也，涸而爲渠，汶水由之；又西南流十五里，謂之黑馬溝；又西南注於南旺，出分水河口，南北分流入運河。見前大川。

南旺湖，縣西南三十五里，會通河之西岸。其地特高，謂之水脊。汶水西南流注於此，分南北二流，中有禹廟及分水神祠。志云：湖即鉅野大澤之東偏，縈迴百餘里。宋時與梁山濼匯而爲一，圍三百餘里，亦曰張澤濼。熙寧十年河道南徙，東會於梁山、張澤濼。元豐初京東安撫黃廉言：「梁山、張澤兩濼淤澱數年，每歲泛浸近城民田，乞自張澤濼下流浚至濱州，可泄壅滯。」從之。後漸淺涸。永樂九年開會通河，遂畫爲二堤，漕渠貫其中。渠之東岸有蜀山湖，謂之南旺東湖，周六十五里。中央有蜀山，望之如螺髻。湖中多菱芡蒲魚之利。漕渠淺澀，則引湖灌渠，有司掌之。隄北有馬踏湖，亦謂之南旺北湖，周三十四里有奇，當南旺東北，亦蓄水以灌渠。居民佃種其間，日就湮没。水經注：「水從桃鄉四分，當其派别之處謂之四汶口，即是南旺湖矣。湖中有南旺上下閘，其北十二里曰開河閘。」河防攷：「蜀山東有馮家壩，地卑而水易洩，因壩以障之。南旺南有何家口，稍卑，汶水就西而下，每決房家口，傷蓮隄，南旺之水即涸。議者每以馮家壩爲蜀山湖之門户，何家口爲南旺之尾閭，皆不可以無備。明永樂中尚書宋禮開會通河成，復請設水櫃以濟漕渠，在汶上曰南旺，東平曰安山，濟寧曰馬腸，沛曰昭陽，各因鍾水相地勢建牐壩，漲則減之入湖，涸則開之入河，名曰四水櫃。」桃鄉，在縣南三十里，與濟寧接界。或云在縣東北四十里，悮矣。

新開河，縣西南二十里。正統八年鑿河以洩山谷諸水，西流入會通河。又石樓濼，亦在縣西南二十里，周三十里；縣西北十五里又有魚營濼，周四十里；縣北三里曰蒲灣濼，舊名仲句陂，周十餘里：俱入於汶。每秋水泛漲，一望無際，遠近村落，悉在烟波杳靄中。

龍鬬泉，縣東北五十里。初出洶湧，流爲龍鬬河，亘四十里而達蒲灣泊，霖潦時輒有漲溢之患。又東北五里曰濼當山泉，西南流會龍鬬泉入於魯溝河。志云：縣境之泉六，其一伏地中，其五俱注於汶河。

闞亭，在縣西南南旺湖中，有高阜六七。春秋桓十一年：「公會宋公於闞。」昭二十五年：「叔孫昭子如闞。」三十二年：「公在乾侯，取闞。」定元年：「季孫使役如闞。」杜氏云：「闞，魯先公墓所在也。自隱、桓以下皆葬此。」戰國策：「信陵君曰：『秦長驅梁北，東至陶、衛之交，北至平、闞。』」陶，陶丘。平，平陸也。史記封禪書：「齊八祀，三曰兵主，祠蚩尤。」正義「蚩尤在東平陸監鄉，監即闞」云。

**開河水驛**。縣西南三十里。又縣東南有新橋馬驛，蓋縣爲水陸通衢也。

**東阿縣**，州西北七十里。北至東昌府茌平縣百里，西南至壽張縣八十里。春秋時齊柯邑，漢置東阿縣，屬東郡。後漢因之。晉屬濟北國，劉宋屬濟北郡，後魏因之。隋屬濟州，唐因之。天寶十三載濟州廢，縣屬鄆州。宋仍舊。今編戶二十四里。

**東阿故城**，縣西二十五里。春秋時爲齊之柯邑。莊十三年，公會齊侯，盟於柯。史記：「齊桓公與魯會柯而盟。」又魯頃公卒於柯。皆此地。後爲阿邑。趙成侯九年與齊戰阿下。又齊威王烹阿大夫。世紀：「周顯王十三年燕、趙會於阿。」秦時謂之東阿。二世二年田儋爲章邯所殺，田榮收餘兵走東阿。又項梁擊破章邯軍東阿下。漢四年，彭越渡河擊楚東阿，殺楚將薛公。後漢亦爲東阿縣，元和二年幸東阿是也。隋、唐縣皆治此。唐史：「元和十三年魏博帥田弘正奉詔討淄青，敗其兵於東阿，又敗之於陽穀。」宋開寶八年徙縣治南穀鎮，太平興國二年徙治利仁鎮，紹興三年金人徙治於新橋鎮，明朝洪武八年又徙今治，蓋即故穀城也。今東阿舊城入陽穀界內，謂之阿城鎮。

**穀城**，今縣治。春秋時齊邑也。桓八年，夫人姜氏會齊侯於穀。莊二十三年，公及齊侯遇於穀。後爲管仲采邑，亦曰小穀。莊三十二年城小穀，爲管仲也。又僖二十六年，公以楚師伐齊，取穀，置齊桓公子雍焉；文十七年，公及齊侯盟於穀；宣十四年，公孫歸父會齊侯於穀；成三年，叔孫僑如會晉荀首於穀；成十四年，齊國佐以穀叛；襄十九年，晉士匄侵齊，及穀；哀二十七年，齊陳成子救鄭，及留舒，違穀七里，穀人不知；皆此邑也。秦曰穀城，漢高以魯公禮葬項王於穀城。又圯上老人謂張良：「後十三年見濟北穀城山下黄石，即我也。」漢五年張良勸漢王自睢陽以北至穀城與彭越。尋置穀城縣，屬東郡。後漢因之。晉屬濟北郡，劉宋因之。後魏屬東濟北郡，後齊廢。唐武德四年復置穀城縣，屬濟州。六年廢。水經注：「穀城西北三里即項王冢。」又今縣東北五里有穀城山，一名黄山，即張良得黄石處。郡志：東阿、穀城本二邑，并穀城於東阿自北齊始，移東阿治穀城自明初始。今縣爲土城，周四里，即穀城故址云。

**桃城**，在縣西南四十里，古桃丘也。春秋桓十年：「公會衛侯於桃丘。」杜預曰：「東阿東南有桃城。」蓋在故縣東南也。漢高封功臣劉襄爲桃侯，邑於此。今安平鎮東十八里爲桃城舖，旁有一丘，高可數仞，即桃丘矣。

**楊劉城**，縣北六十里。舊臨河津，亦曰楊劉鎮。唐元和十三年淄青拒命，魏博帥田弘正請自黎陽濟河，會義成軍進討。裴度以爲不若詔弘正俟霜降水落，自楊劉渡河，直指鄆州，置營陽穀，則賊衆摇心矣。從之。既而弘正自楊劉濟，距鄆州四十里築壘，城中大震。乾寧三年朱全忠將葛從周引兵救魏博，敗河東兵於洹水，復濟河屯楊劉，擊鄆帥朱瑄。朱梁開平五年晉王存勗攻魏州，朱全忠遣兵自楊劉濟河，間道夜入魏州，助魏帥羅周翰城守。乾化五年晉軍入魏博，梁將劉鄩軍於魏縣，梁主遣軍屯楊劉，爲鄩聲援。貞明三年晉王存勗自朝城乘冰堅渡河，急攻楊劉，拔之，列栅置守。後唐同光初遣李嗣源襲鄆州，自德勝趣楊劉，夜渡河徑抵鄆州，拔其城。梁尋遣王彦章克德勝南城，浮河東下攻楊劉，列横艦亘河津，以絶援兵，又於城南爲連營守之。唐將李周悉力拒守，唐主亦引兵自澶州馳救，彦章旋爲唐兵所敗。既而唐主復自朝城至楊劉濟河入鄆州，遂進兵滅梁。石晉天福八年契丹入寇，至黎陽，遣何重進守楊劉鎮。開運三年河決楊劉，西入莘縣。五代史：「大河自楊劉至博州百二十里。自梁季以來，連年東潰，分爲二派，匯爲大澤，瀰漫數百里；又東北壞古堤而出，灌齊、棣、淄諸州，至於海涯，湮没民田，不可勝計。周顯德初詔李穀等塞楊劉決河，三十日而工畢。」胡氏曰：「自德勝北循河而東至楊劉渡口幾二百里，自楊劉經東阿縣復東南趣鄆州幾百里，李嗣源蓋自楊劉徑道入鄆，不經東阿縣治也。」金人疆域圖東阿縣有楊劉鎮。今黄河舊堤隱隱可見，而城迹不可攷。黎陽見北直濬縣，洹水見北直成安縣，魏縣今屬北直大名府，德勝見北直開州，朝城今屬東昌府濮州是也。

碻磝山，縣南七里。劉宋元嘉八年檀道濟與後魏戰於此，置有關城。城南三土堆即道濟唱籌量沙處，亦謂之虚糧塚。廣記：「縣西南三里有虎窟山，南燕建平中濟南太守得白虎於此，因名。」山之南即碻磝也。或以爲即碻磝城，悮。○𡸰山，在縣東南三十里。雲巒秀拔，爲境内羣山之冠。水經注謂之大檻山。一名浮山，相傳洪水時此山不没也。稍北有狼山，一名黄厓山，狼溪水發源於此。

魚山，縣西北八里。一名吾山。史記河渠書瓠子歌：「吾山平兮鉅野溢。」徐廣曰：「東阿縣魚山也。」魏曹植封東阿王，嘗登魚山望東阿。唐乾寧初朱全忠擊鄆帥朱瑄軍於魚山，瑄弟兖帥瑾合兵來攻，爲全忠所敗。宋史：「陳堯咨知鄆州，開新河自魚山至下杷以導積水。」今山在大清河西，鹽舟自濼口來者俱泊於此。山下有唐末營壘遺址。○香山，在縣北十五里大清河西岸，山東北有艾山，兩山相對，河出其中。又少岱山，志云：在城東一里，横亘郭門。上有臺一成，以在岱宗西，故名。又南一里爲寺山。又南四里爲鏵山，形方而隩，〔二〕有泉出焉。

會通河，縣西南六十里。南接壽張縣界，又北接陽穀縣界。

大清河，縣西十里。即濟水也。其上源與會通河合流，至東平安山牐漸分流而西北，至魚山之東復折而東北，經縣北而東入平陰縣境。○馬頰河，在縣西。自陽穀縣界歷安平鎮，又東至魚山合於大清河。或以爲小鹽河，而大清河直謂之鹽河。水經注：「濟水自須昌縣北經魚山東，左合馬頰水。」馬頰蓋濟水之支流，或以爲黄河支流也。唐乾寧二年朱全忠將龐師古敗鄆州兵於馬家河，遂抵城下。元末察罕復山東，師至鹽河，遣精騎擣東平，克之。或曰即馬頰河也。

沙灣河，在安平鎮南十二里，黄河舊決口也。志云：縣西南有土河，即正統中河決原武黑陽山，由范縣、壽張東流衝入張秋之道。又有沙灣東河，其上流即鄆城縣之灉河，流入縣境，自張秋南入會通河。今俱堙廢。

狼溪水，在縣東南二十八里。出狼山下，西北流經縣城内，又北入於大清河。○赤河，在縣北，五代時黄河衝決，析爲支流，此其一也；又有金河，俱自縣境入州界。或誤爲金赤河。今見東平州。

金堤，在安平鎮南。參差隆起，延亘鄆、濮，俗稱始皇堤。漢文時河決酸棗，東潰金堤，即此。或曰後漢王景所修汴渠堤也。

安平鎮，縣西南六十里。運河所經，與壽張、陽穀二縣接界。本名張秋。五代周顯德初河决楊劉，遣宰相李穀治隄，自陽穀抵張秋口，即此。宋曰景德鎮，元因之。至元二十七年會通河成，置都水分監官於景德鎮，掌河渠壩牐之政。俗仍謂之張秋。正統十三年河决滎陽，而東衝張秋，潰沙灣，遣使修塞。景泰三年沙灣復決，徐有貞爲廣濟渠於張秋以西，又於張秋建通源閘以時蓄洩，會通河復治。弘治初河徙汴北，分爲二支，其一東下張秋鎮，入漕河與汶合而北行。六年霖雨大溢，决張秋東岸，截流奪汶，徑入於海。而漕河中竭，南北道阻，乃命劉大夏等治之：於上流西岸疏爲月河三里許，塞决口九十餘丈，而漕始復通；又疏塞其上流數處，於兩岸築堤，减水南下，由徐、淮故道；又於舊决口南一里築滚水石壩，以防復衝張秋之患，亦謂之减水壩。八年功成，賜今名。抱河爲城，周八里，北河都水分司治焉。城北有戊己山，亦弘治間築土所成，下臨龍潭，即故决口也。山名戊己，取土制水之意。志云：黑龍潭在鎮北半里許，深不可測，一名平河泉。又荆門水驛，在鎮城北隅，上下二閘設於此。又有税課局，亦置於鎮城内。

南穀鎮，縣南十二里，以在穀城南也。宋開寶中，移縣治焉。又南十八里曰利仁鎮，太平興國中所改置縣治也。今舊縣馬驛置於此。縣北十里曰新橋鎮，金人徙縣治此，元因之。又北三十里有銅城驛。

尹卯壘，在縣西北。宋永初末北魏主嗣遣兵南寇，渡河，軍於碻磝，兖州刺史徐炎棄尹卯南走。景平初魏軍還，其别將刁雍留鎮尹卯。水經注：「濟水自須昌縣西北經魚山東，又北過穀城縣西，水側有尹卯壘，南去魚山四十里。」

巂下聚，在縣西南。左傳僖二十六年：「公追齊師至巂，弗及。」杜預曰：「穀城縣西有地名巂下。」又周首亭，杜預曰：「亦在穀城東北。」春秋文十一年傳云「齊襄公之二年，大夫王子成父獲長狄僑如弟榮如，埋其首於周首北門」，即此亭也。京相璠曰：「周首邑，世謂之盧子城。」魏收志盧縣有盧子城，蓋近長清縣西界。

清亭。在縣東北。左傳隱四年：「公與宋公遇於清。」京相璠曰：「東阿東北四十里有清亭。」水經注：「濟水自魚山而北經清亭東。又縣西二里有三歸臺，相傳即管仲所築。○鐵塔寺，在縣北新橋鎮。有浮圖十三級，高十二丈，宋熙寧中建。

平陰縣，州東北百里。東北至濟南府長清縣四十里。春秋時齊邑，漢爲肥成縣地。隋開皇十六年置榆山縣，屬濟州，大業二年改曰平陰縣。唐初因之，貞觀初改屬鄆州，大和六年省。開成二年復置，仍屬鄆州。今編户十九里。

平陰故城，志云：在縣東北三十五里。齊平陰邑也。襄十八年，晉會諸侯伐齊，齊侯禦諸平陰，齊師夜遁，晉入平陰。京相璠曰：「平陰在盧縣故城西南十里。」蓋即今縣地，隋因以名縣。又京兹城，在縣東南。左傳：「晉入平陰，荀偃、士匄以中軍克京茲，魏絳、欒盈以下軍克邿，趙武、韓起以上軍圍盧。」杜預曰：「京茲在平陰東南，邿山在平陰西。」是也。盧，見前長清縣。○榆城，在縣西北二十里榆山下。志云：隋榆山縣蓋置於此。

長城，在縣東。左傳襄十八年：「諸侯同伐齊，齊侯禦之平陰，塹防門而守之，廣里。」杜預曰：〔二〕「平陰城南有防，防有門，於門外作塹横行廣一里。」是也。京相璠曰：「防即長城，平陰南有故長城，東至海，西至濟河。防門去平陰三里，其水引濟，故瀆尚存。」防門之北有光里，今其地亦名廣里云。括地志：「長城西北起濟州平陰縣，緣河歷泰山北岡上，經濟州、淄州，東至密州琅邪臺入海。」郡縣志：「故長城，首起鄆州平陰縣北二十九里。」是也。

大清河，縣西北十五里。自東阿縣東流經此，又東北入長清縣界。明朝成化九年以大清河堙塞，自張秋濬至縣西滑口鎮是也。又有新開河，在縣西十里。志云：即清河之下流。其南岸有山曰蹲龍，下有盤石跨河，舟行者患之，宋張方平乃鑿新河，引水北行以避其險，行者便之。

汶河，縣南九十里。自寧陽縣流入界，又西南流入東平州境。志云：縣東南五十里有新柳溝，出高坡沙土中，南流三十里入衡魚河，會肥成縣泌河及諸泉水南流入汶河。亦曰新柳溝泉。志云：縣有泉二，俱南流入汶。是也。

滑口鎮。縣西三十里，有巡司戍守；又縣有陳弘遞運所；今皆革。

陽穀縣，州西北百四十里。北至東昌府八十里。春秋時齊陽穀邑，漢爲須昌縣地。隋開皇十六年析置陽穀縣，屬濟州。唐初因之，天寶十三載改屬鄆州。今編户三十九里。

陽穀舊城，志云：在縣北五十里。春秋時齊邑也。僖三年，齊侯、宋公、江人、黄人會於陽穀。十一年，公會齊侯於陽穀。文十六年，季孫行父會齊侯於陽穀。宣十六年，晉、衛伐齊至陽穀。昭二十九年，齊侯與公衍陽穀。又齊語：「桓公大朝諸侯於陽穀。」皆此地也。隋因置陽穀縣，宋開寶六年縣爲河水墊没，太平興國八年徙縣於上巡鎮，亦謂之孟店，即今治也。又古阿城，志云：在縣東北五十里，蓋與東阿縣接界。今爲阿城鎮，會通河所經也。有阿城上下二閘。

薛陵城，在縣西南。戰國時齊邑。史記齊世家：「威王七年，衛伐我，取薛陵。」又威王語阿大夫「衛取薛陵子不知」，蓋其地與阿近。

穀山，在縣治東北。小阜也，縣以此名。又南土山在縣北二十里，北土山在縣東北十五里。志云：皆昔時戰壘遺址。

會通河，縣東四十里，河之東岸即安平鎮，與東阿、陽穀二縣接界。荆門上下二閘置於此，又北入東昌府界。○

**舊黄河**，在縣東南六十里。舊志：縣境河岸西南至東平州魚護口淺，長六十里。今堙廢。

**沙河**，縣東二十五里。由范縣、壽張流入境，雨潦則會羣川北流，至東昌龍灣入於運河。志云：縣南五十里有清水河，亦自壽張縣流入境。或以爲即故馬頰河也。自縣而東經安平鎮入東阿縣界。

**阿澤**，在縣東。春秋時衛地。襄十四年，衛獻公出奔齊，孫林父追之，敗公徒於阿澤。杜預曰：「東阿西南有大澤，即阿澤也。」水經注：「河水歷柯澤有七級渡。」今運河經縣東北六十里，有七級上下二閘，或以爲古阿澤是其處。又西湖陂，在縣西十五里。亦名黑龍澤，長三十餘里。又縣北二十五里曰鵝鴨陂，周二十餘里。其北即沙鎮也，運河所經。○阿膠井，在縣東阿城鎮。水清洌而甘。水經注：「阿城北門内西側皐上有井，〔四〕巨若輪，深六尺，歲嘗煮膠以貢天府，所謂阿膠也。」今水不盈數尺，色正緑而重，周爲垣，掌之於官。

**會盟臺**。志云：在縣治南。即齊桓公會江、黄時所築。又魯將曹沫挾匕首劫齊桓公處。亦名陽穀亭。○小韓寨，在縣東北二十里。元知院官韓志所修築。亦曰小韓寨城，遺址猶存。

**壽張縣**，州西百二十里。西北至陽穀縣三十里。春秋時齊之良邑，戰國時謂之壽邑。漢置壽良縣，屬東郡。後漢改曰壽張，屬東平國。應劭曰：「光武叔父名良，諱良曰張也。」晉亦曰壽張縣，劉宋改曰壽昌，後魏復曰壽張，俱屬東平郡。隋屬濟州。唐武德四年置壽州於此，五年州廢，仍屬鄆州。宋因之。明朝洪武三年省入須城、陽穀二縣，十四年復置，仍屬東平州。編户十五里。

**壽張故城**，志云：在今縣東南五十里。史記「齊昭襄三十七年客卿竈攻齊，取剛、壽」，此即壽邑也。水經注：「故城北有壽聚。」漢置縣，後漢光武十二年封樊宏爲壽張侯。初平三年曹操擊黄巾於壽張東，濟北相鮑信戰死。劉宋曰壽昌縣，後魏復故。唐武德四年又分置壽良縣，屬壽州，明年仍廢入壽張。金人大定七年河水壞城，乃遷於今縣西十五里之竹口鎮。十九年復還舊治。明朝洪武初又移治梁山之東，十四年復移置於王陵店，即今治也。

**張城**，舊志：在縣南。史記：「周勃襲取臨濟，攻張。」又漢高封毛釋之爲張侯，邑於此。後漢因改壽良爲壽張也。臨濟，見河南陳留縣。或曰縣境舊有臨濟亭，秦置。

**梁山**，縣南三十五里，以梁孝王遊獵於此而名。其東北即東平州界。今有梁山巡司。又西南十七里有土山。又南有戲狗山，亦梁孝王遊獵處。

**會通河**，在縣東三十里。河東岸即安平鎮也。元史：「至元二十六年從壽張尹韓仲暉言，開河以通運道，起須城縣安山渠西南，由壽張西北至東昌，又西北至臨清，引汶水以達御河，長二百五十餘里，中建閘三十有一，以時蓄洩。河成，河渠官張禮孫言：『開魏、博之渠，通江、淮之運，古所未聞。』賜名會通。」延祐六年又復開濬，即今運渠也。

**梁山濼**，在梁山南。汶水西南流，與濟水會於梁山東北，迴合而成濼。水經注：「濟水北經梁山東，袁宏北征賦所云『背梁山，截汶波』者也。又爲大野澤之下流，水嘗匯於此。」石晉開運初，滑州河決，浸汴、曹、單、濮、鄆五州之境，環梁山而合於汶，與南旺、蜀山湖相連，瀰漫數百里。宋天禧三年滑州之河復決，歷澶、濮、曹、鄆，注梁山濼。咸平五年詔漕臣按行梁山濼，開渠疏水入於淮。天聖六年閻貽慶言廣濟河出濟州合蔡鎮，遏梁山泊，請治夾黄河，引水注之。元豐初議者復以梁山等濼澱淤，易於泛浸，乞行疏濬。政和中，劇賊宋江結砦於此。金史：「赤盞暉破賊衆於梁山濼，獲舟千餘。又斜卯阿里亦破賊船萬餘於梁山泊，蓋津流浩衍，易以憑阻也。既而河益南徙，梁山濼漸淤。金明昌中言者謂黄河已移故道，梁山濼水退地甚廣，於是遣使安置屯田，自是益成平陸。」今州境積水諸湖，即其餘流矣。志云：縣南五十里至南旺湖。

沙灣，縣東北三十里，北去安平鎮十二里。志云：國家疏鑿會通河，一循元人故道，惟於開河閘至沙灣北，故河道北徙幾二十餘里。又引黄河支流自河南封丘縣荆隆口東至於沙灣，以達臨清之衛河。弘治中河決於此，自是築塞黄陵岡，而沙灣之流漸涸矣。河漕考：「舊黄河在縣東南二十五里，所管河岸南自鄆城縣黄亮口，北至東平州魚護口，長三十里。」今湮。又野猪腦堰，舊在縣南六十里。縈紆三十里，用土石修築，塞以瀦水，使不衝決沙河隄岸。又師家壩，在縣西南二十五里。舊導黄河水使入安平鎮通源閘，以分沙灣之勢。今亦堙廢。

微鄉，在縣南。京相璠曰：「微鄉在壽張西北三十里。」蓋在故城西北也。水經注：「濟水北經梁山東，又經微鄉東。」春秋莊二十八年：「築郿。」公羊傳以爲微，蓋魯邑也。

高梁亭。在縣東北。宋元嘉八年檀道濟自清水救毛修之於滑臺，至壽張，轉戰至高梁亭，斬魏濟州刺史悉煩庫結，即此亭。蓋近安平鎮。

曹州，府西南三百里。東南至河南歸德府二百四十里，西南至河南開封府三百里，西北至北直開州百二十里，北至東昌府濮州百里。

禹貢豫州地，周爲曹國地，武王封弟振鐸於曹，即此。戰國屬宋，後屬齊。秦屬碭郡。漢初屬梁國，景帝中六年分置濟陰國，建元三年改爲郡，甘露二年更爲定陶國，明年復爲濟陰郡，河平二年又爲定陶國，建平二年復爲濟陰郡。後漢因之。晉曰濟陽郡，劉宋復曰濟陰郡。後魏因之，後又兼置西兗州。後周改曰曹州。隋因之，大業初復曰濟陰郡。唐初亦曰曹州，天寶初又爲濟陰郡，乾元初復故。五代晉開運二年置威信軍節度，周廣順二年改置彰信軍。宋仍曰曹州，亦曰濟陰郡、彰信軍，建中靖國初賜軍額曰興仁。崇寧初升爲興仁府。金復曰曹州，元因之。明朝洪武四年州廢，屬濟寧府，正統十一年復置曹州，編户七十四里。屬兗州府。領縣二。

州爲四達之衝，春秋時曹最爲多事，會盟征伐，幾於無歲不與也。既而侵逼日至，卒以先亡。自戰國以來，河、濟有難，曹輒先受之。朱黼曰：「曹南臨淮、泗，北走相、魏，當濟、兗之道，控汴、宋之郊，自古四戰用武之地也。」

曹城，今州治。即曹叔振鐸所都。魯哀公八年爲宋所滅，遂爲宋邑。十四年，向魋入於曹以叛是也。漢置濟陰郡，治定陶，後皆因之。隋曹州治濟陰縣，唐、宋因之。金大定二十七年河決曹、濮，乃改築城於州之北原，徙州治焉。明初以水患再徙，遂廢州爲縣。正統十年復置州於河北岸舊土城，即金人故址也。城周四里有奇。

冤句城，州西南四十里。漢縣，屬濟陰郡。冤一作「宛」，句音朐。景帝封楚元王子埶爲宛朐侯是也。後漢仍屬濟陰郡。隋屬曹州，唐因之。乾符初黄巢倡亂於此。中和四年李克用擊黄巢，追至冤句而還。宋仍屬曹州，大觀二年改爲宛亭縣，金時圮於河。九域志：「宛句城在州西四十五里。」〇都關城，亦在州東北。秦縣，漢初周勃攻都關、定陶，襲取宛句是也。漢亦爲都關縣，屬山陽郡，後漢省。

**成陽城**，州東北六十里。戰國時齊邑。成亦作「郕」。秦紀：「昭襄十七年，成陽君入朝，秦因置郕陽縣。」亦曰城陽。二世二年項梁使沛公及項羽別攻城陽，屠之。漢二年項羽北至城陽，田榮將兵會戰不勝，走至平原，爲平原民所殺。漢紀：沛公西略地，道碭至城陽與杠里，攻秦壁，破其二軍。」曹參世家：「參擊王離於城陽南，復及之杠里，破之。」又樊噲從擊秦河間守軍於杠里，破之。杠里在城陽西，皆此成陽也。漢曰成陽縣，屬濟陰郡，高祖封功臣奚意爲侯邑。後漢仍爲成陽縣，晉屬濟陽郡，後魏屬濮陽郡，後齊省。隋開皇十六年改置雷澤縣，屬鄆州。今在濮州境内。

**吕都城**，在州西南二十里。漢縣，屬濟陰郡。或曰高后割濟南郡爲吕國，封吕台爲吕王，此其所都也。後因置吕都縣。後漢省爲吕都亭。延熹二年以誅梁冀功，封尚書令虞放爲吕都亭侯，即此。〇煑棗城，在州西。史記：「蘇秦說魏：『東有淮、潁、煑棗。』」又蘇代説田軫：「魏王謂韓馮、張儀曰：『煑棗將拔，齊兵又進。』」是也。劉昭曰：「宛句有煑棗城。」漢高封功臣革朱爲侯邑。又水經注：「北濟水自濟陽縣北，東北經煑棗城南。」今亦見北直東强縣。又離狐城，志云：在州西四十里。漢縣，唐曰南華，金時縣治於此，尋省，今爲李二莊。似悮。詳見前單縣。

**清丘山**，州西南四十里。志云：春秋時晉、宋盟於清丘，即此。又菏山，在州東南三十里，以近菏澤而名。舊志云：菏水源出於此。〇歷山，在州東六十里。志云：舜耕於歷山，漁於雷澤。州北境有雷夏澤，因以此山爲舜所耕之歷山云。

舊黄河，州東五里。南自定陶縣彭家淺，北至鄆城縣紅船口，中間除鉅野縣河岸十二里，所管河岸一百有五里。志云：河至州東雙河口分支東流，經嘉祥及濟寧州西，東南至魚臺縣塌場口入於運河，即洪武初徐達引河入泗以通運處也。永樂中亦嘗修濬，今俱堙廢。

灉河，在州南二十五里。志云：舊自黄河分流，正統中河自黄陵決入，灉爲河所奪。今河去而灉存，雨潦時可通舟楫。○氾水，在州西南三十里。爾雅：「濟别爲濋。」吕忱曰：「水決復入爲氾。」漢高即位於氾水之陽。張晏曰：「氾水在濟陰界，取氾愛弘大而潤下也，有受命壇在焉。」志云：壇在今曹縣、定陶之間，爲水所圮。又孔氏曰：「氾，敷劍反。」又大禰溝，在州西。志云：詩衛風「出宿于泲，飲餞于禰。」謂此水也。一名宛水，漢宛句縣以此名。今堙。

菏澤，州東南三十里。即禹貢之菏澤也。水經注：「濟水又東，菏水出焉。」舊志：濟水西自河南考城縣界來會於菏水，東入成武縣界。今涸。○雷澤，在成陽故城西北。禹貢：「雷夏既澤。」史記：「舜漁於雷澤。」鄭玄曰：「澤在城陽西北十餘里。」其陂東西二十餘里，南北十五里，與濮州接界。今涸。志云：州西南三十里有餓虎牢池，四壁突起如城，内有深淵，廣三頃餘，大旱不竭。又州南四十五里有靈聖湖。

文臺。括地志：「在宛句西北六十五里。」史記：「隱陵君施酒文臺。」又信陵説魏安釐王所云「文臺墮，垂都焚」者。又靈臺，在故成陽縣西，堯冢也。吕氏春秋：「堯葬穀林。」後漢志成陽有堯冢、靈臺。元和二年，東巡狩，遣使祀堯於成陽靈臺。又延光三年，復使使者祀焉。皇甫謐曰：「穀林即成陽也。鄭玄云班固謂堯作遊成陽，蓋堯遊成陽而死，遂葬焉。」水經注：成陽西二里有堯陵，陵南一里有堯母慶都陵，於城爲西南，稱曰靈都，鄉曰崇仁，邑號修義，皆立廟。四周列水，潭而不流，水澤通泉，泉不耗竭，至豐魚筍，栝柏成林。二陵南北列，馳道逕通，階墀修整。蓋宋時尚存，金末黄河決溢，故迹遂堙。

**曹縣**，州東南百二十里。東南至河南歸德府百二十里，西南至河南儀封縣百里。漢定陶縣地，隋析置濟陰縣，爲曹州治。唐、宋因之。金人徙州治乘氏故縣，仍置濟陰爲附郭。元因之。明初以水患徙治安陵鎮，二年又徙盤石鎮，即今治也。四年改州爲縣，屬濟寧府。正統十一年復置曹州，以縣屬焉。今編户四十八里。

**濟陰城**，縣西北六十里。本定陶縣地，或曰漢濟陰郡亦治此。世謂之左城，以在左山南也。哀帝葬其父定陶恭王，并置陵邑，因謂之葬城。後魏謂之孝昌城。魏收志：「孝昌二年置西兗州，治定陶，尋徙左城。」興和二年僑置沛郡，治孝昌城，領考城、己氏、新安三縣。孝昌亦即左城矣。」後齊郡廢。隋改置濟陰縣，爲曹州治。唐因之。通典：「漢濟陰郡治即今縣治。」悮也。自隋以後，州郡始皆治此。城西去黄河十里，金大定二十八年圮於水。

**乘氏城**，縣東北五十里。春秋時乘丘地。莊十年，公敗晉師於乘丘。戰國策：「張儀謂魏王：『齊伐趙，取乘丘，收侵地，虚、頓丘危。』」史記：「周安王二年，三晉伐楚，至乘丘而還。」是也。漢置乘氏縣，屬濟陰郡，景帝封梁孝王子買爲侯邑。應劭曰：「乘氏，故乘丘也。」後漢亦爲乘氏縣，和帝封梁商爲乘氏侯，邑於此。興平初吕布入濮陽，與曹操争兗州，引兵至乘氏，尋爲曹所敗。晉屬濟陽郡，後魏仍屬濟陰郡。隋屬曹州，唐、宋因之。金大定六年縣廢，二十八年移州治於此，改置濟陰，西南去故州城二十八里。明初省縣入州，州治再徙，故城遂墟。虛、頓丘，見北直濬縣及清豐縣。○大鄉城，在縣北。魏收志乘氏縣有大鄉城。宋永初末北魏將刁雍寇青州，爲州兵所敗，收散卒保大鄉山。或曰即大鄉城，似悮。

**楚丘城**，縣東南四十里。春秋時戎州己氏之邑。左傳隱七年：「戎執凡伯於楚丘。」又襄十年：「宋享晉侯於楚丘。」楚丘蓋在曹、宋間。漢置己氏縣，屬梁國，後漢改屬濟陰郡。晉屬濟陽郡，後魏亦屬濟陰郡，魏末改屬沛郡。隋開皇六年改爲楚丘縣，屬宋州。唐初屬戴州，貞觀十七年又改屬宋州。宋因之。金初屬曹州，尋屬歸德府，後又改屬單州。元屬曹州，明初省。志云：春秋時楚丘有二，此爲曹伯境内之楚丘，非衛地之楚丘也。

**句陽城**，縣北三十里。漢縣，屬濟陰郡，後魏因之。晉屬濟陽郡，後省。句讀勾。杜預曰：「句陽縣北有垂地，亦名犬丘。」隱八年，宋公、衛侯遇於垂。傳云：「遇於犬丘。」是也。又桓元年，公會鄭伯於垂。戰國策：「無忌說魏王：『文臺墮，垂都焚。』」謂此也。○安陽城，在縣東。宋衷曰：「楚丘縣西北四十里有安陽故城。」秦二世二年楚宋義救趙，行至安陽，留四十六日不進。又沛公將傅寬從攻安陽，即此城也。魏收志己氏縣有安陽城。

**桂陵城**，在縣西北五十里。本齊邑。史記：「齊威王二十六年，以田忌爲將，大破梁軍於桂陵。」其後秦穰侯葬此，世謂之安平陵，亦曰安陵鎮。明初移曹州治焉。今爲安陵集，有安陵巡司。孔穎達曰：「桂陵在乘氏縣東北二十一里。」似悮。○葭密城，在縣西北三十里。竹書「魯季孫會晉文公於楚丘，取葭密，遂城之」，即此。漢置葭密縣，屬濟陰郡，後漢省。

莘城，縣北十八里。元和志：「古莘仲國也，在濟陰縣東南三十里。」夏本紀：「鯀納有莘氏女，生禹。」又伊尹耕於有莘之野。春秋僖二十八年：「晉侯次於城濮，登有莘氏之墟以觀師。」杜預曰：「古莘國城。」是也。今爲莘仲集。又有莘城，見陝西郃陽縣。○濟陽城，志云：在縣西南七十里。舊志云：在宛句西南五十里。悮也。漢縣。今與河南蘭陽縣接界。詳見蘭陽。又有武父城，杜預曰：「在濟陽東北。」春秋時爲鄭地。桓十二年，公會鄭伯盟於武父。又有戎城，在濟陽東南。春秋隱二年「公會戎於潛」，此即潛地也。水經注：「濟瀆舊自濟陽故城南，東逕戎城北。」其地皆屬縣境。

陽晉城，在縣北。故衛邑。戰國策：「張儀説楚曰：〔五〕『秦劫衛取陽晉，則趙不南，趙不南則魏不北，魏不北則從道絶。』」又説楚曰：「秦下甲攻衛陽晉，必關扃天下之胸。」又韓攻宋，秦王怒曰：「我愛宋，與新城、陽晉同。」史記魏世家：「哀王十六年，秦拔陽晉。」括地志：「陽晉在乘氏縣西北三十七里。」司馬貞曰：「陽晉，魏邑。」蓋適齊之道，在衛國之西南。水經注：「陽晉在廩丘城東南十餘里，與都關爲左右云。」新城，今見河南洛陽。廩丘見濮州。

蒙澤城，在縣西十里。古貰國，春秋時爲宋之貰邑。僖二年，齊侯、宋公、江人、黄人盟於貰。杜預曰：「貰與貫相似，今梁國蒙縣西北有貰城。」史記：「齊宣公四十九年，與鄭人會西城，伐衛，取毌丘。」貰作「世」，又訛世爲「毌」也。時貰邑蓋屬衛。漢爲蒙縣地，元帝封梁敬王子宣爲貰鄉侯。晉仍屬蒙縣。隋初爲濟陰縣地，開皇六年置黄縣於此，十八年改爲蒙澤縣，屬曹州，大業初廢。唐武德四年復置蒙澤縣，仍屬曹州。括地志：「貰城，今蒙澤城是也。貞觀初縣廢。」舊志：蒙澤城在濟陰縣南六十五里。今亦見河南商丘縣。亳城，在縣南二十里曹南山之陽。

旁有蒙城。又漆園城，一統志：「在今縣西北五十里。」括地志：「漆園故城在宛句縣北十七里，莊周嘗爲漆園吏是也。」今與蒙、亳等城俱見河南商丘縣。

**曹南山**，在縣南八十里。詩：「薈兮蔚兮，南山朝隮。」春秋僖十九年：「盟於曹南。」是也。俗謂之土山。又有景山，在縣東南四十里。志以爲衛詩所咏之景山，悮也。○左山，在縣西北六十五里。水經注謂之左岡，岡西南去濟陰城五里，所謂左城也。岡阜連屬，林木交映，蓋即陶丘之別阜矣。今山與曹州及定陶縣接界。

**黄陵岡**，縣西南六十里，黄河經其下。宋嘉定十三年蒙古陷濟南，金兵二十萬屯黄陵岡，分兵襲濟南，爲蒙古將木華黎所敗，遂進薄黄陵岡。金兵陳河南岸，蒙古兵下馬接戰，金兵敗，溺死者甚衆。木華黎遂陷楚丘，由單州趣東平，圍之。又紹定五年金主以汴京危急，帥諸軍東行，進次黄陵岡，謀入開州，不果。元至正十一年賈魯開黄河故道，自黄陵岡南達白茅，放於黄堌、哈只等口，又自黄陵西至楊青村合於故道，凡二百八十里有奇。岡之下即黄陵渡也。二十一年察罕圖復汴梁，使舟師出汴東略曹南，據黄陵渡，即大河津渡矣。明朝弘治十年河决黄陵岡，壞張秋運道，劉大夏乃築大行隄於曹、單二縣南，以護漕河，嗣後以時修治。今亦見河南儀封縣。

**黄河**，縣南五十里。自河南儀封縣流入縣界，又東入單縣界，所管河岸長九十里。志云：黄河舊流自河南祥符縣荆隆口逕蘭陽、儀封入縣境，分爲二支：其一東南流由賈魯河逕單、豐、沛、碭山、蕭至徐州入泗，此近時河道也；其一東北流經定陶及曹州界之高二莊，由鄆城、壽張至張秋之沙灣入會通河，此故道也。弘治中河水大決，衝會通河，遂自黄陵岡築東北一支，河流盡出於南。今縣北三十里曰舊黄河，自儀封東北至定陶縣界，舊時所管河岸長四十里。今淤。河渠攷：「縣西南有梁靖口，黄河衝要也。成化六年劉大夏疏賈魯河，自梁靖口出徐州。嘉靖七年，大河復決於此。又有武家、王家二壩，隆慶六年築迎溜掃灣，逼近老隄，最爲險要。而武家壩尤甚，此壩潰決，則城武、金鄉皆成沮洳，且東鄰閘河，防遏最要。萬曆十七年，武家壩外漸成灘淤矣。」又黄水，在縣西十里。蓋即故黄河之支流，今亦淤。○賈魯河，在縣西四十里。元至正中賈魯所開也。由黄陵岡至楊青村，弘治以前猶爲運道，自塞黄陵岡，而此河遂淤，稍南即大河洪流矣。

**濟水**，縣北三十里。水經注：「濟水自滎澤東流，經濟陰乘氏縣西，分爲二瀆：其南瀆爲菏水，東南流至山陽湖陸縣與泗水合；其東北流入鉅野澤，又東北過東郡壽良縣西界，北逕須昌、穀城，至臨邑縣四瀆津口與河水會。」此濟水舊道也。今縣北及定陶縣境猶有故濟隄，而濟瀆堙廢。

**五丈溝**，縣西南五十里。水經注：「南濟又東北合菏水，水瀆上承濟水於濟陽縣東，世謂之五丈溝。」又縣北有新溝。水經注：「瓠子河自濮陽南出，至濟陰句陽縣南爲新溝。」是也。今皆涸。

**鹿城鄉**，在縣東北。劉昭曰：「乘氏有鹿城鄉。」水經注「僖二十一年，宋人、齊人、楚人盟於鹿上」，蓋此地也。杜氏以原鹿爲鹿上。原鹿，見南直太和縣。

**周橋**。在縣東北。隋大業九年濟陰孟海公作亂，保據周橋，衆至數萬，尋據曹、戴二州。唐武德四年竇建德克周橋，擒孟海公。戴州，今城武縣也。

**定陶縣**，州東南五十里。東至城武縣五十里。春秋時曹地，秦置定陶縣。漢初封彭越爲梁王，都定陶，後爲濟陰郡治，甘露中爲定陶國治。後漢濟陰郡亦治此，晉改爲濟陽郡治，劉宋爲北濟陰郡治。後魏仍置濟陽郡，尋爲西兗州治。隋屬曹州，唐初因之。貞觀初省入濟陰縣，曰定陶鎮。宋乾德初置發運務於此，開寶九年改轉運司，太平興國二年建廣濟軍，四年置定陶縣隸焉。熙寧四年軍廢，縣屬曹州。元祐初復置廣濟軍於此。金軍廢，縣仍屬曹州。元因之。明朝洪武初省，四年復置縣，屬濟寧府，正統十一年改今屬。編户十九里。

**陶城**，在縣西。志云：堯初居此，故曰陶唐。春秋時爲曹地。范蠡以陶爲天下之中，諸侯四通，貨物所交易，乃居陶爲陶朱公。戰國策：「楚人説頃襄王：『外擊定陶，則魏之東外棄。』」又秦穰侯邑於此，所謂「侵剛、壽以廣其陶邑」者。史記齊世家：「蘇代曰：『有陶、平陸，梁門不開。』」韓非子：「魏安釐王攻盡陶、衛之地。」呂氏春秋：「舉陶削衛，地方六百里。」秦置定陶縣。二世二年沛公、項羽攻定陶。又章邯擊楚軍，大破之於定陶，項梁死。漢五年，軍滅項羽，還至定陶。既而封彭越於此，都定陶，自是常爲郡國治。後漢元和二年東巡，耕於定陶。興平二年曹操敗呂布於定陶，拔其城。通釋：「濟陰縣東北三十七里即定陶故城，曹所都也。」平陰，見汶上縣。

**三鬷城**，在縣北。亦曰三鬷亭。尚書大傳：「湯伐桀，桀敗走三鬷。湯并伐之，俘厥寶玉。」孔安國曰：「即今定陶。」杜佑以爲在濟陰也。寰宇記云：「在今縣西南十里。」鬷亦作「朡」。○荆城，在縣東北二十里。皇覽曰：「戰國時龐涓與孫臏相持處。」又十里爲海城，相傳隋末賊帥孟海公陷曹州時所築。

**髳山**，縣北十五里。志云：曹國十五世皆葬此，積壤之高，髳髴如山，因名。

**陶丘**，志云：在縣西南七里。禹貢：「濟水東出於陶丘北。」鄭玄曰：「陶丘在定陶縣西。」爾雅「山再成曰陶」，成猶重也。帝王世紀：「舜陶於河濱，丘因以名。」墨子謂之釜丘。竹書：「魏襄王十九年，薛侯來會王於釜丘。」是也。帝王世紀：「定陶西南有陶丘亭。」

黄河，舊在縣西二十五里。南自曹縣夏侯淺，北至曹州程義淺，所管河岸長十九里。今廢。又濟水，在縣東北。水經注：「南濟水東北逕定陶故城南，又屈從東北流而右合菏水。」今淤。

菏水，縣北二十五里。舊自曹州流入界。又氾水，在縣西北十里。通志云：「漢高於此築受命壇。」今俱堙廢。○黄水，在縣東北，大河支流也。明初自河南封丘縣引河，經長垣、東明而東歷曹縣及縣界，又東入成武縣境。今堙。

彭越臺。縣東一里。亦曰梁王臺，相傳彭越所築。今高阜隆起，即故址云。

沂州，府東三百六十里。東至南直海州二百二十里，南至南直邳州二百八十里，西南至南直徐州三百五十里，北至青州府四百四十六里，東北至青州府莒州二百七十里。

禹貢徐州地，春秋、戰國時爲齊、魯二國境。秦置琅邪郡，漢爲東海、琅邪二郡地。後漢爲琅邪國，晉因之。劉宋亦曰琅邪郡，後魏因之。永安二年兼置北徐州，後周改曰沂州。隋因之，大業初亦曰琅邪郡。唐復曰沂州，天寶初又爲琅邪郡，乾元初復故。宋仍曰沂州。亦曰琅邪郡。元屬益都路。明朝洪武初以州治臨沂縣省入，尋改屬濟寧府，五年改屬濟南府，十八年改今屬。編户百五十里。領縣二。

州南連淮、泗，北走青、齊，自古南服有事，必繇此以争中國。句吴道末口見南直山陽縣。以侵齊伐魯，越人既滅吳，亦出琅邪以覬覦山東也。其後歷秦、楚之際及兩漢之衰，奸豪往往窟穴於此，豈非以聯絡海、岱，控引濟、河，山川糾結，足以自固，而乘間抵隙，又有形便可資哉？晉末劉裕越沂水而復青州，後魏尉元亦沿沂、泗而争淮北。南北紛紜，琅邪大抵爲兵衝。唐之中葉淄青擅命，則守在沂、密。及宋、金之末，州境最爲多事，蓋形勢使然也。明太祖平山東，亦命徐達先下沂州，遂長驅而北，誠齊、魯之噤喉矣。

臨沂廢縣，今州治。漢臨沂縣，屬東海郡，後漢改屬琅邪國。晉因之，後省入即丘縣。隋開皇十六年復置，爲沂州治。志云：漢縣治在今州北五十里，隋始置於此，唐、宋因之。明初縣省。今州城，元末故址也。吳元年甃以磚石，自是相繼修葺，周九里有奇。

即丘城，州東南五十里。孟康曰：「春秋時之祝丘也。」桓五年，城祝丘。又莊四年，夫人姜氏享齊侯於祝丘，即此。後訛爲即丘。漢置縣，屬東海郡。後漢改屬琅邪國，晉因之。劉宋時爲琅邪郡治，後魏因之。梁普通五年遣將彭寶孫拔琅邪，七年將軍彭羣等圍魏琅邪，魏遣兵救却之，即此城也。後齊亦爲琅邪郡治。隋廢郡，尋并縣入臨沂。通志：「即丘城在州西二十里。」悮。

開陽城，州北十五里。春秋時鄅國。鄅讀禹。昭十八年，邾人入鄅。後屬魯。哀三年，季孫斯、叔孫州仇城啓陽。杜預曰：「即故鄅也。」亦曰開陽，荀子説齊相「楚人則有襄賁、開陽，以臨吾左」是也。漢置啓陽縣，屬東海郡，後以景帝諱改曰開陽。後漢仍屬東海郡。元和中琅邪王京都莒，請徙宮開陽，以華、蓋、南武陽、厚丘、贛榆五縣易東海之開陽、臨沂。許之，遂爲琅邪國治。晉因之。劉宋移郡治即丘，縣并入焉。

襄賁城，縣西南百二十里。戰國時齊邑也。魯連子稱：「陸子謂齊湣王『魯費之衆臣甲舍於襄賁』」，即此。漢置襄賁縣，屬東海郡。賁音肥。後漢及晉因之。宋仍屬東海郡。或曰東晉時縣徙於東南境淮水北岸，即今南直安東縣治也。又有鍾離城，志云：與襄賁城相對，後魏時嘗僑置縣於此。○向城，在州西南百里。春秋時小國也。隱二年，莒人入向。桓十六年，城向。僖二十六年，公會莒子、衛甯速盟於向。宣四年，公及齊侯平莒及郯，莒人不肯，公伐莒取向。襄二十年，仲孫速會莒人盟於向。皆此地也。杜預曰：「東海氶縣東南有向城。又譙國龍亢縣東南有向城。」氶縣在今嶧縣境内，龍亢今南直懷遠縣也。寰宇記：「莒州南七十里有向城。」説皆未核，惟州境之向城爲近之。蓋向先爲國，後并於莒，而或屬莒，或屬魯，以攝乎大國間也。今爲向城鎮，亦與嶧縣界相接。

魏其城，在州南。漢縣，屬東海郡，高帝封功臣周止爲侯邑，景帝初改封竇嬰於此，武帝又改封膠東康王子昌爲侯邑。後漢省。又蘭山城，在州西。唐志：「武德四年置蘭山、臨沭、昌樂三縣，屬沂州。六年俱省入臨沂。」○鄆城廢縣，在州東北。漢東郡屬縣也，東晉僑置於此。永和十二年燕將王騰寇鄆城，徐州刺史荀羡擊却之，即此城也。

中立城，州東北三十里。春秋時魯邑。左傳隱七年：「夏，城中丘。書，不時也。」或謂之諸葛城。諸葛武侯琅邪人，相傳曾居此。○穆公城，在州西北九十里。相傳魯穆公所築。東有九女墩，南有青駝鎮。州東五十里又有康王城。前有沙阜墩，謂之康王射箭臺。俗名故縣城。或曰臨沂縣嘗治此。

艾山，州西二十五里。左傳隱六年「公會齊侯於艾」，即此。或以爲艾陵，悮也。又五坪山，在州西四十里。五峰相連，其上平坦，因名。○層山，在州南九十里。有數山相連屬。又有寶山，在州西南九十里。上有銀坑。志云：寶山旁有喬家、黄泥、黑滲、白扭、雙眸等洞，元時取銀礦於此。又爐山，在州東北六十里。舊産金。

沂山，州東五十里，以沂水所經而名。又州東北六十里有湯山，亦曰温泉山。下有温泉，流爲湯河。志云：州北七十里有唐山嶺，又有大峪嶺、走馬嶺，俱險峻。

抱犢崮，州西南百二十里。上平坦，垣墻四周，内有清泉，可以避兵。旁又有柱子崮山，與嶧縣接界，即君山也。又石城崮，在州西南九十里。上有龍潭。

沂水，州東二里。源出青州府臨朐縣沂山，流經沂水縣及蒙陰縣境，又南流入州界。春秋哀十八年：「晉以諸侯之師伐齊，南及沂。」是也。又西南流合費縣之祊水，環城東而南，分流入三十六湖，東通沭水，又南經郯城縣西，又西南合白馬湖，又南合泇河，至南直邳州合泗入淮。禹貢曰：「淮、沂其乂。」職方：「青州，其浸沂、沭。」漢志：「沂水過郡五，行六百里。」郡五，泰山、城陽、琅邪、臨淮、東海也。北魏尉元言：「南國遣兵向青州，水路必由泗入沂，泝沂而經東安，乃可至青州。」是矣。東安，見沂水縣。

沭水，州東五十里。源亦出臨朐縣之沂山，歷沂水縣及莒州境，西南流入州界，合諸溪澗水經郯城縣，又東南入南直沭陽縣境。又州東北六十里有湯河，亦流入於沭水。○祊水，在州北二里。出費縣大崮崮，東南流入州境，又東經城北合於沂水。二水瀠洄，謂之兩河口灣。志云：水名祊者，其地爲古祊田，左傳「鄭伯請以泰山之祊易許田」者也。

泇水，州西南九十里。源出費縣山谷中，南流入境，又東分一支入州西南三十里之芙蓉湖，溉田甚廣，所謂東泇河也。其西泇河出嶧縣君山，東南流合於東泇河，又西南經嶧縣界合氶水而入南直邳州界。志云：西泇河在州西北二十里。今詳見嶧縣及邳州。○涑水，在州西二十里。源出費縣南天井汪，流經州境，又東入於沂水。

漁溝湖，州西南三十五里。源出寶山，東南流匯而爲湖。其下流復西南出，合於東西二泇水。又州西南二十五里曰泥沱湖。中有圓洲，四面水環如鏡。迤南又有蘆蕩、柳莊二湖，又西南五里曰芙蓉湖。○藻溝湖，在州北四十里。夏秋水聚，一望無際，或謂之魚梁溝，東入沭水。迤北曰長溝湖。又有琵琶汪，在州東南二里，元末平章王信蓄水灌田處也。每城壕水溢，則從此以達沂河。○長亭池，在州北七十里，其相近者又有常汪、柳行等池，俱流入沂河。

孝感泉，在州北二十五里王祥墓側。志云：沂水入州境逕諸葛城，又南逕王祥墓西，孝感水入之是也。又白馬泉在州南七里，又南二里有馬跑泉，州北五十里又有桃花阜泉，俱流入沂河。

小河隄，在城北。元人所築，以防涑水衝嚙。又北五里有蘇家隄，又北五里曰安净隄，皆元築。○益都路隄，在州東二十里，元時州屬益都路也。又州南六十里有石拉隄，俱元人所築以捍水患。

亶丘戍，在州東北。梁普通五年彭寶孫克魏琅邪，進拔亶丘，既又拔魏東莞，即此。○下莊，在州西南，東泇水所經也。又西南有三合村，與嶧縣接界。東西二泇水及魚溝水合流於此，因名。志云：州西南九十里有羅滕鎮巡司。

義橋。在州西。唐乾符三年王仙芝等寇沂州，天平軍奏遣將士張晏等赴救，還至義橋，聞北境復有盜起，留使捍禦，晏等不從，噪還鄆州，即此。○次睢之社，在縣境。後漢志臨沂縣有叢亭。博物志：「縣東界次睢有大叢社，民謂之食人社。」左傳僖十九年「宋襄公使邾文公用鄫子於次睢之社」，謂此。

**郯城縣**，州東南百二十里。東至南直海州百二十里，東南至南直宿遷縣百八十里，西南至南直邳州百六十里。古郯子國也。秦末置郯郡。漢置郯縣，爲東海郡治。後漢徐州治焉，晉亦爲東海郡治。後魏屬東海郡，東魏武定八年改爲郯郡治。隋初郡廢，縣屬泗州，大業初屬下邳郡。唐武德四年縣屬邳州，貞觀初省縣入下邳。尋復置，又省入臨沂。宋、金因之。元末復置郯城縣，屬沂州。今編户六十二里。

**郯城**，縣西南百里。古郯國治此。春秋宣四年：「公及齊侯平莒及郯。」襄七年：「郯子來朝。」昭十七年：「復來朝。」戰國策：「楚人説頃襄王：『膺擊郯國，大梁可得而有。』」竹書：「晉烈公四年，越子朱句滅郯。」秦二世二年秦嘉等起兵，圍東海守於郯。東漢初董憲據郯，劉永立爲海西王。建武五年董憲與劉紆敗於昌慮，走保郯。帝幸郯，留吳漢攻圍之。漢拔郯，董憲走朐。初平四年曹操攻徐州牧陶謙於彭城，謙敗走保郯，操攻之不能克。興平元年曹操復擊破劉備於郯東。皆此地也。後魏爲郯城戍。城冢記：「郯城在沂、沭二水間。城周十餘里，西南去邳州八十里。」今與南直邳州接界。志云：古郯城在縣東北。似悮。

**馬陵山**，縣東十五里。志云：山在沂州東九十里。蓋其山岡阜綿亘凡百餘里，北接沂州，南抵宿遷，陵阜高聳，若馬首之昂起，故名。或以爲即古之琅邪山。有由吾洞，甚深邃。○石梁山，在縣西北六十里。有巨石如梁，名天生橋。志云：縣境有白石山，高齊立太平觀於此以居褚伯玉處也。

**蒼山**，縣東北九十里。東望滄海，汪洋無際，因名。宋紹興中魏勝復海州，遣將入沂州降其衆。既而金人圍海州，沂民壁蒼山者數十萬。金人圍之，久不下。寨首滕暴告急於勝，勝擊寇却之，入寨，爲金人所圍。勝度其必復攻海州，因間出寨趣還。金人果解蒼山之圍攻海州，勝復敗却之是也。下有牛口峪，其相連者又有七岌山。

**羽山**，縣東七十里，與南直贛榆縣接界。前有羽潭，一名羽池，左傳「鯀化爲黄能，入於羽淵」是也。今詳見贛榆縣。又縣有三公山。後漢建安六年，曹操遣夏侯淵、張遼圍太山屯帥昌豨於東海，遼説豨降，單身上三公山拜豨妻子。或以爲即馬陵山也。

**沭水**，縣東十里。志云：沭水逕馬陵山東，復東南流入南直沭陽縣界。又沂水，在縣西二十里。自沂州南流經此，又西南入邳州界。○白馬河，在縣西北五里。源出縣東北之九龍山，經縣西南而入沂水。

**大方湖**，縣西南十五里。方廣百畝，有蒲魚之利，其下流亦入沂水。

**磨山鎮**。縣西北五十里。其地有磨山池，鎮因以名。北去州七十里。志云：縣舊有道平、解村二驛，又有磨山巡司，今皆革。

**費縣**，州西北九十里。北至青州府蒙陰縣百二十里。古費國地，後爲魯季氏邑。漢置費縣，屬東海郡，高帝封功臣陳賀爲侯邑。後漢屬泰山郡，晉屬琅邪國。劉宋爲琅邪郡治，後魏因之。隋屬沂州，唐、宋因之。今編户七十五里。

**費城**，縣西南七十里。志云：魯懿公子大夫費伯邑，春秋隱元年「費伯帥師城郎」是矣。僖元年：「公賜季友汶陽之田及費。」自是爲季氏邑。襄七年：「城費。」昭十二年：「南蒯以費叛。」是也。漢置縣治此。後漢移理薛固，在故城之南。尋又移理祊城。後魏太和中自祊城移治陽口山，今縣西北二十五里故費城是也。隋開皇三年復還祊城，即今縣治。杜佑曰：「祊，鄭邑也。在故費縣東南。」秦秋隱八年「鄭伯使宛來歸祊」，即此。

顓臾城，縣西北八十里，在蒙山之陽。魯附庸國。論語「季氏將伐顓臾」，謂此。城東南十里曰南武陽城，漢縣也，屬泰山郡。後漢及晉因之。劉宋曰武陽縣，後魏屬東泰山郡。隋開皇十八年改曰顓臾縣，屬沂州。唐初因之，貞觀初省入費縣。志云：故城在今縣西北七十里。

南武城故城，在縣西南九十里。魯邑也。春秋襄十九年：「城武城。」懼齊也。昭二十三年：「邾人城翼，還自離姑，武城人塞其前，邾師過之，遂取之。」又哀八年：「吳伐我，子洩率，故道險，從武城。」杜預曰：「子洩本魯人，故由險道，欲魯爲備。」是也。論語：「子游爲武城宰。」又云：「子之武城。」孟子：「曾子居武城，有越寇。」皆此。後亦謂之南城。齊威王謂魏惠王：「吾臣有檀子者，使守南城，楚人不敢爲寇。」是也。漢置南城縣，屬東海郡。亦曰南成。武帝封城陽共王子貞爲南成侯。後漢改屬泰山郡，晉因之。咸寧中以羊祜爲南城人，置南城郡封祜，祜不受。尋曰南武城縣。劉宋復爲南城縣，後魏因之，屬東泰山郡。後齊省。或曰南武城一名石門城，以城在石門山下也。論語「子路宿於石門」，即此。今爲石門社。翼、離姑，皆在武城南，故邾邑也。

東陽城，在縣西南七十里。魯邑也。左傳哀八年：「吳伐我，克東陽而進，舍於五梧，明日舍於蠶室。」三邑皆在縣境。呂氏春秋「夏孔甲遊於東陽」，即此邑也。劉昭曰：「南城縣有東陽城。」是也。今爲關陽鎮，置關陽川巡司於此。又五梧城，在縣西。哀二十五年，公至自越，季康子、孟武伯逆於五梧，公宴於五梧，即此。

**華城**，縣西北六十里。漢置華縣，屬泰山郡，後漢并入費縣。初平四年陶謙遣別將守陰平，利曹嵩寶，襲殺之於華、費間，即此。晉復置華縣，屬琅邪郡。後廢。陰平，見南直沭陽縣。○防城，杜預曰：「在華縣東南。」左傳隱九年：「公會齊侯於防。」莊二十二年：「公及齊高傒盟於防。」二十九年：「城諸及防。」又襄十二年：「城防。」臧武仲食邑於此。」十七年：「齊高厚圍臧紇於防。」二十三年：「臧紇自邾如防。」皆此邑也。亦謂之東防城，以別於金鄉之防城云。諸，即今之諸城縣。

**輿城**，在縣西。杜預曰：「南武城西北有輿城。」哀十四年，司馬牛卒於魯郭門外，葬諸丘輿，即此城矣。又原憲城，在縣西北百十里。或曰原憲所居。又有鄭城，在縣西南七十里。相傳鄭玄所居。

**蒙山**，縣西北五十里，跨蒙陰、沂水二縣界。禹貢：「蒙、羽其藝。」魯頌：「奄有龜、蒙。」論語謂之東蒙。孟子云：「孔子登東山而小魯。」東山即蒙山也。山頂有白雲巖，產雲茶。下有蒙城。劉芳徐州記：「蒙山高四十里，長六十九里，西北接新泰縣界。」一云泗水縣之龜山，其址與蒙山相接，綿亘蓋二百餘里，故詩以龜、蒙並稱也。宋泰始七年垣崇祖自郁洲將數百人入魏境七百里，據蒙山，魏東兗州刺史于洛侯擊之，引還。梁天監五年遣角念將兵屯蒙山，招納魏兗州之民，降者甚衆，魏將畢祖朽擊念走之。其山西峰類龜，俗謂之龜蒙頂。金史「石珪破張都統、李霸王之兵於龜蒙山」，即蒙山也。又有聰山，在縣西北百三十里。

**大沬崮**，縣西南六十里。根盤三十里，壁立干霄，如巨柱之擎天也。志云：縣山以崮名者，若太平、不老、佛耳、雲頭之類甚衆。又一泉崮，在縣西南八十里。上有泉一泓，雖旱不涸。又大崖阜，在縣西南百里。亦曰大崖崮，一名貨郎阜，祊水發源於此。

祊水，縣西南五十里。出大崮阜，東流入沂州。又浚河，在縣西北三十里。源出聰山，東南流合於祊水。志云：縣東又有洪河，出縣北三十里紫金關三山下，南流三十里入浚河。又有塔石河，源出蒙山，亦南流入浚河。

蒙陽河，縣西北五十里。發源蒙山下，東南流入於沂河。又猪龍河，在縣南六十里。出費縣馬陵山，東北流入於祊河。○天井汪，在縣南四十里。志云：源自平地湧出，其下流即涑水也。

密如亭。在縣北。左傳閔二年：「莒人歸共仲，及密。」杜預曰：「費縣北密如亭。」是也。又有台亭，在縣東南。襄十二年：「莒人伐我東鄙，圍台。」杜預曰：「費縣南有台亭。」是也。○毛陽鎮，在縣西北百里。有毛陽川巡司。志云：縣境巡司凡二，毛陽川及關陽川是也。

## 校勘記

〔一〕漢哀帝建平二年至爲息夫躬等告處也　漢書卷一一哀帝紀、卷八〇宣元六王傳東平思王宇傳、通鑑卷三四漢紀二六載此事均在建平三年，非二年。又「后謁居」，諸書並作「后謁」，無「居」字，此衍。

〔二〕形方而隳　「隳」，鄒本作「橢」。

〔三〕杜預　底本原作「京相璠」，今據鄒本改。下所引爲左傳襄十八年杜注。

〔四〕阿城北門內西側臯上有井　「阿城」，水經河水注作「大城」。

〔五〕張儀說楚曰　「楚」，當作「魏」。下引張儀之語見戰國策卷二二魏策一，又見史記卷七〇張儀傳。